高等学校教学用书

工程流体力学

袁恩熙　主编

石油工业出版社

内 容 提 要

本书是针对石油及天然气储运工程和石油机械工程专业的需要，在长期的教学实践经验基础上编写成的。

全书分九章。一至五章是各专业通用的基本内容，包括流体及其主要物理性质，流体静力学、流体运动学与动力学基础，流体阻力和水头损失，压力管路的水力计算；六至九章是适应各专业不同需要的专题内容，包括一元不稳定流、理想流体二元不可压缩流动、气体的运动、非牛顿流体的流动。为了教学的需要，每章附有思考问题和习题。

本书可作为石油高等院校有关专业的教科书及厂矿科技人员的参考书。

出版发行：石油工业出版社
　　　　　（北京朝阳区安华里2区1号楼　100011）
　　　　　　网　　址：www.petropub.com
　　　　　　编辑部：(010)64523612
　　　　　　图书营销中心：(010)64523633　　(010)64523731
经　　销：全国新华书店
印　　刷：北京中石油彩色印刷有限责任公司

1986年10月第1版　2023年7月第32次印刷
787毫米×1092毫米　开本：1/16　印张：20
字数：512千字

定价：40.00元
(如出现印装质量问题，我社图书营销中心负责调换)
版权所有，翻印必究

编者的话

本书根据1982年华东石油学院机械系各专业修订的流体力学课程教学内容,参照教育部1982年10月工程流体力学大纲定稿会上由水力学教材编审小组审定的四年制动力机械、热能工程等类专业试用的高等工业学校工程流体力学教学大纲(草案)而写出的。不同专业使用本书时,可按照需要,选择讲授,这些章节在书中都标有 * 号。

本书编写的具体分工为:袁恩熙编绪论及第四、五、六、七、九章;许震芳编第一、二、三章;王汝元编第八章。全书由袁恩熙主编,白家祉教授主审。

鉴于目前工业仪表仍多使用工程单位制,书中以国际单位制为主,兼顾工程单位和物理单位。

由于编者水平所限,内容选择与安排上难免有不当甚至谬误之处,敬希读者给予指正。将表示深切感谢。

目 录

绪论 …………………………………………………………………………………… (1)

第一章 流体及其主要物理性质 ……………………………………………… (3)
 §1-1 流体的概念 …………………………………………………………… (3)
 §1-2 流体的主要物理性质 ………………………………………………… (3)
 §1-3 作用在流体上的力 …………………………………………………… (10)

第二章 流体静力学 …………………………………………………………… (13)
 §2-1 流体静压力及其特性 ………………………………………………… (13)
 §2-2 流体平衡微分方程式 ………………………………………………… (15)
 §2-3 重力作用下的流体平衡 ……………………………………………… (19)
 §2-4 几种质量力作用下的流体平衡 ……………………………………… (26)
 §2-5 静止流体作用在平面上的总压力 …………………………………… (30)
 §2-6 静止流体作用在曲面上的总压力 …………………………………… (32)
 §2-7 物体在液体中的潜浮原理 …………………………………………… (35)

第三章 流体运动学与动力学基础 …………………………………………… (45)
 §3-1 研究流体流动的方法 ………………………………………………… (45)
 §3-2 流体运动的基本概念 ………………………………………………… (48)
 §3-3 连续性方程 …………………………………………………………… (52)
 §3-4 理想流体运动微分方程及伯努利方程 ……………………………… (54)
 §3-5 实际流体总流的伯努利方程 ………………………………………… (60)
 §3-6 泵对液流能量的增加 ………………………………………………… (70)
 §3-7 系统与控制体 ………………………………………………………… (72)
 §3-8 稳定流的动量方程和动量矩方程 …………………………………… (75)

第四章 流体阻力和水头损失 ………………………………………………… (87)
 §4-1 管路中流动阻力产生的原因及分类 ………………………………… (87)
 §4-2 两种流态及转化标准 ………………………………………………… (88)
 §4-3 实际流体运动微分方程——纳维-斯托克斯方程式 ……………… (91)
 §4-4 因次分析和相似原理 ………………………………………………… (97)
 §4-5 圆管层流分析 ………………………………………………………… (109)
 §4-6 紊流的理论分析 ……………………………………………………… (113)
 §4-7 圆管紊流沿程水力摩阻的实验分析 ………………………………… (121)
 §4-8 局部水力摩阻 ………………………………………………………… (128)
 *§4-9 附面层理论基础 …………………………………………………… (131)

第五章 压力管路的水力计算 ………………………………………………… (144)
 §5-1 管路特性曲线 ………………………………………………………… (144)
 §5-2 长管的水力计算 ……………………………………………………… (145)

*§5-3　沿程均匀泄流及装卸油鹤管 ……………………………………………(158)
　§5-4　短管的水力计算 ………………………………………………………(160)
　§5-5　孔口和管嘴泄流 ………………………………………………………(163)
第六章　一元不稳定流 …………………………………………………………………(171)
　§6-1　一元不稳定流基本方程 ………………………………………………(171)
　§6-2　水击现象 ………………………………………………………………(174)
　§6-3　水击压力的计算 ………………………………………………………(177)
　*§6-4　水击基本方程 …………………………………………………………(179)
　§6-5　变水头泄流及排空 ……………………………………………………(185)
第七章　理想流体二元不可压缩流动 …………………………………………………(191)
　§7-1　流体微团运动的分析，势流和涡流 …………………………………(191)
　§7-2　平面势流 ………………………………………………………………(198)
　§7-3　势流的叠加原理 ………………………………………………………(205)
　§7-4　绕流的升力和阻力 ……………………………………………………(211)
第八章　气体的运动 ……………………………………………………………………(221)
　§8-1　气体动力学诸方程 ……………………………………………………(221)
　§8-2　滞止参数、气体动力学函数及其应用 ………………………………(228)
　§8-3　微弱扰动在亚声速流和超声速流中的传播 …………………………(239)
　*§8-4　激波 ……………………………………………………………………(241)
　§8-5　气体的加速与减速 ……………………………………………………(249)
*第九章　非牛顿流体的流动 ……………………………………………………………(266)
　§9-1　非牛顿流体的流变性和流变方程 ……………………………………(266)
　§9-2　非牛顿流体的研究方法 ………………………………………………(269)
　§9-3　塑性流体的流动规律 …………………………………………………(271)
　§9-4　幂律流体的流动规律 …………………………………………………(278)
　§9-5　管流研究的特性参数法 ………………………………………………(280)
　§9-6　幂律流体的雷诺数及紊流的水头损失 ………………………………(284)
　§9-7　非牛顿流体物理参数的测定 …………………………………………(286)
中外人名对照表 …………………………………………………………………………(294)
附录 ………………………………………………………………………………………(295)
　附录Ⅰ　不同温度下水和空气的密度、重度和粘度 ………………………(295)
　附录Ⅱ　输水管局部阻力计算表 ……………………………………………(295)
　附录Ⅲ　输油管水力计算用表 ………………………………………………(299)
　附录Ⅳ　气体动力学函数表 …………………………………………………(301)
　附录Ⅴ　国际单位、工程单位、物理单位对照换算表 ……………………(312)
参考书目 …………………………………………………………………………………(313)

绪 论

一、工程流体力学的研究对象

工程流体力学属于力学的一个分支。它研究流体的平衡和运动的基本规律,以及流体与固体的相互作用的力学特点,用以分析解决工程设计和使用中的实际问题。

流体按压缩性的大小分气体和液体。气体极易压缩,亦称为可压缩流体;液体几乎不可压缩,即称为不可压缩流体。按变形特点又把流体分为牛顿流体和非牛顿流体。牛顿流体指受力后极易变形,且切应力与变形率成正比的低粘性流体;凡不同于牛顿流体的都称为非牛顿流体。

从学科上看,属于这一范畴的有理论流体力学、工程流体力学和水力学。理论流体力学侧重于用数学分析方法进行理论探讨,水力学侧重于用物理分析和实验方法进行实用计算,而工程流体力学则趋向于两者互相结合,从实用角度,对工程实际中涉及的问题建立相应的理论基础。

本书主要结合石油及天然气储运、石油机械等有关石油工程涉及的水力现象和问题,从理论上作较系统的阐述,在实验方法上作相应的补充,并结合工程实际列举例题和习题,以提高分析和解决问题的能力。因此,这是一本工程流体力学的教材。主要的研究对象是牛顿流体,包括液体和气体,对非牛顿流体仅作扼要的介绍。

二、流体力学的发展简况

研究流体通常以水为代表,因为它是人类生产和生活中一刻也不能缺少的物质。从古以来,人类逐水草而居。劳动人民为了生存而与自然斗争,兴水利,除水害,在治河防洪、农田灌溉、河道航运、水能利用各方面总结了丰富的经验。我国秦代李冰父子设计建造的四川都江堰工程具有相当高的科学水平。隋代大运河工程,至今为人称颂。早在秦汉时代就不断改进水磨、水车和水力鼓风设备,汉代张衡还创造了水力带动的浑天仪,说明水力机械当时已有很大进展。又如我国古代计时用的铜壶滴漏就已应用了孔口泄流原理。因此,我们的祖先对水流的性质、水流的运动规律,已有相当的认识,使流体力学原理在很多方面得到应用。但由于我国长期处于封建王朝统治,生产力得不到较快发展,因而虽有很多经验,却未能从理论上加以提高。

在西方也和我国类似。公元前数百年就已有了水压唧筒等水力机械,公元前 250 年阿基米德就发表了一篇"论浮体"的文章,但以后,长期也处于封建统治,科学停滞不前。直到了 17 世纪,才陆续出现了一些水力原理的基本论著。如托里拆利(1643 年)提出孔口泄流定律,巴斯加(1650 年)提出压强传递定律,牛顿(1686 年)提出液体内摩擦定律等等,对简单水力现象提供理论依据。

18 世纪英国大规模产业革命,生产力大幅度上升,流体力学也伴随其他学科有了较大进展。伯诺利能量方程、欧拉平衡和运动微分方程给流体力学奠定了理论基础。随后,在 19 世纪这些理论又得到进一步发展,在纳维—斯托克斯、泊阿松等人的努力下,形成粘性流体力学理论和旋涡理论。同时在实验方面也在雷诺、谢才、达西等人的工作下,发现了两种流态并进行了水力摩阻的研究。20 世纪航空事业的发展,促进了空气动力学的研究,儒柯夫斯基、普朗特、卡门等人作出了重大贡献,附面层理论也在此时逐渐形成。非牛顿流体力学也在近二三十年来由于各种新工业的需要有了很大的发展。近代流体力学更进一步划出许多分支,如磁流体力学、化学流体力学、生物流体力学等等。随着科学的飞速发展,电子计算机的广泛应用,流体力学的研究领域将不断扩大和加深。

三、流体力学在石油工业中的地位和作用

我国的石油工业正以前所未有的速度向前发展,60年代做到原油自给,70年代出口逐年有所增加,80年代正面临进入世界的前列。由于新技术的应用,后备储量持续增长。钻井、采油工艺、炼油设备、油品储存和运输,都离不开管、罐、泵的设计与使用,这就涉及到流体力学的许多方面,诸如分析流体在管道内的流体规律,压力、阻力、流速和输量的关系,据以设计管径,校核管材强度,布置管线以及选择泵的大小和类型,设计泵的安装位置等;我们也需要用流体力学原理分析校核油罐或其他储液容器的结构强度;估计容器、油槽车、油罐的装卸时间;解释有关气蚀、水击等现象;以及了解计量用的水力仪表的原理等。有时还会遇到输送"三高"(高含蜡、高粘度、高凝固点)原油、增粘或降粘剂以及某些化工产品,这就涉及到非牛顿流体的力学原理。所有这些,都要求从事石油工艺技术的科学工作者必须具备工程流体力学的知识,以便在工程的建设和管理中,更好地发挥作用。

学习工程流体力学,不仅为了掌握油、气、水运动的规律,更重要的是运用这些规律改进工程的设计与管理,开展技术革新和技术革命,使石油工业赶超世界先进水平。

流体的流动虽有千变万化,我们只要从实际情况出发,运用辩证唯物主义观点和历史唯物主义观点,在分析中抓住主要矛盾和矛盾的主要方面,就能找出变化的实质。要注意矛盾的普遍性和特殊性,掌握一分为二的观点以及一现象与他现象的联系。通过观察、实践、学习,提高分析问题的能力。工程流体力学就是以物理为基础,数学为工具,力学为依据,在不断地总结生产实践和科学实验的经验的基础上发展起来的。

第一章 流体及其主要物理性质

流体的物理性质决定于流体平衡和运动规律的内部原因,因此在没有讨论流体力学规律之前,应首先了解流体的概念和流体的主要物理性质。

§1-1 流体的概念

流体包括液体和气体。它同固体相比较,分子间引力较小,分子运动较强烈,分子排列松散,这就决定了液体和气体具有相同特性,即不能保持一定的形状,而具有很大流动性。

从力学性质来看,固体具有抵抗压力、拉力和切力三种能力。因而在外力作用下,通常只发生较小的变形,而且到一定程度后变形就停止。流体由于不能保持一定的形状,所以它仅能抵抗压力而不能抵抗拉力和切力。当它受到切力作用时,就要发生连续不断的变形即流动。以上就是流体和固体的显著区别。

液体的分子距和分子有效直径差不多是相等的。当液体加压时,由于分子距稍有缩小,而出现强大的分子斥力来抵抗外力。这就是说,液体分子距很难缩小,而可以认为液体具有一定的体积,因此通常称为不可压缩流体。又由于分子引力作用,液体有力求自身表面面积收缩到最小的特性,所以在大容器里只能占据一定的体积,而在上部形成自由分界面。

一般地说,气体分子距很大,分子引力很小。例如常温常压下,空气分子距为 3×10^{-7}cm,其分子有效直径的数量级为 10^{-8}cm。可见分子距比分子有效直径大得很多。因此当分子距缩小很多时,才会出现分子斥力。故通常称气体为可压缩流体。又因分子距很大,分子引力很小,这就使气体既没有一定形状,也没有一定体积。因而一定量气体进入较大容器内,由于分子不断地运动,结果使气体均匀充满容器,而不能形成自由表面。

流体的真实结构是由分子组成的。显然,分子间是有空隙的。但是流体力学研究的并不是个别分子微观运动,而是研究由大量分子组成的宏观流体在外力的作用下所引起的机械运动。因此在流体力学中引入连续介质的假定,即认为流体质点是微观上充分大、宏观上充分小的分子团,它完全充满所占空间,没有空隙存在。这就能摆脱了复杂的分子运动,而着眼于宏观机械运动。这在应用上既方便,又有足够的精确性。因为在标准状态下,1mm³ 气体中有 2.7×10^{16} 个分子,1mm³ 液体中有 2.7×10^{21} 个分子。所以忽略分子间隙是有根据的,而且是可行的。流体看成连续介质的单元体,则反映宏观流体的各种物理量都是空间坐标的连续函数。因此以后讨论中都可以引用连续函数的解析方法来研究流体平衡和运动状态下有关物理参数之间的数量关系。这一假设对大多数流体是适用的。但对稀薄的气体,连续假设便不能适用,而必须考虑为不连续流体。

§1-2 流体的主要物理性质

一、密度

惯性就是物体要维持原有运动状态的物理性质,任何运动状态的改变都必须克服惯性。

表征惯性的物理量是质量,质量愈大,惯性也愈大,运动状态愈难改变。

流体单位体积内所具有的质量称为密度,以 ρ 表示,单位为 kg/m^3。对于均质流体,其体积为 V,质量为 M,则

$$\rho = \frac{M}{V} \tag{1-1}$$

对于非均质流体,根据连续介质的假设,则

$$\rho = \lim_{\Delta V \to 0} \frac{\Delta M}{\Delta V} = \frac{dM}{dV} \tag{1-2}$$

二、重度

物体之间相互具有吸引力,这个吸引力称为万有引力,作用是企图改变物体原有运动状态而使其相互接近。在流体运动中,仅考虑地球对流体的引力。表征地球引力大小的物理量就是重力。流体在重力作用下便显示出重量。

流体单位体积内所具有的重量称为重度,或称为容重、重率,以 γ 表示,单位为 N/m^3。对于均质流体,设其体积为 V,重量为 G,则

$$\gamma = \frac{G}{V} \tag{1-3}$$

对于非均质流体,根据连续介质的假设,则

$$\gamma = \lim_{\Delta V \to 0} \frac{\Delta G}{\Delta V} = \frac{dG}{dV} \tag{1-4}$$

在气体中,常用比容这一物理量。比容是单位重量流体的体积,以 v 表示,单位为 m^3/N。比容和重度成倒数关系,即

$$v = \frac{1}{\gamma} \tag{1-5}$$

根据牛顿第二定律可知,质量和重量的关系为

$$G = Mg$$

对此式两边同除以体积 V 后,则得

$$\gamma = \rho \cdot g \tag{1-6}$$

式中重力加速度 g 在国际单位制中数值为 $9.80 m/s^2$。

再说明一下相对密度这个概念。液体的相对密度是指液体的质量与同体积的温度 4℃ 蒸馏水质量之比。为什么选择 4℃ 呢?这是由于蒸馏水在 4℃ 时密度最大,此时它的密度是 $1000 kg/m^3$。相对密度是一个比值,是个无因次数。

相对密度一般用 d 表示。就液体来说,它与密度或重度有以下的关系

$$d = \frac{\rho}{\rho_水} = \frac{\gamma}{\gamma_水} \tag{1-7}$$

而气体的相对密度是指在同样的压强和温度条件下,气体密度与空气的密度之比。某些常见的液体的相对密度见表1-1。

表1-1 某些常见液体的相对密度

液 体	相对密度	温 度 ℃	液 体	相对密度	温 度 ℃
蒸馏水	1.00	4	航空汽油	0.65	15
海 水	1.02~1.03	4	轻柴油	0.83	15
重原油	0.92~0.93	15	润滑油	0.89~0.92	15
中原油	0.88~0.90	15	重 油	0.89~0.94	15
轻原油	0.86~0.88	15	沥 青	0.93~0.95	15
煤 油	0.79~0.82	15	丙三醇	1.26	0
航空煤油	0.78	15	汞(水银)	13.6	0
普通汽油	0.70~0.75	15	乙醇(酒精)	0.79~0.80	15

三、压缩性和膨胀性

1. 压缩性

在温度不变的条件下,流体在压力作用下体积缩小的性质称为压缩性。压缩性大小,用体积压缩系数 β_p 表示,它代表压力增加1Pa时所发生的体积相对变化量,即

$$\beta_p = \frac{\frac{dV}{V}}{dp} \tag{1-8}$$

式中 V——原有体积,m^3;

dV——体积改变量,m^3;

dp——压力改变量,Pa;

β_p——体积压缩系数,Pa^{-1}。

因为 dV 与 dp 的变化方向相反,即压力增加时体积减小,故上式中加一负号,以便系数 β_p 永为正值。水的 β_p 值如表1-2所示。

表1-2 水的体积压缩系数

压力,10^5Pa	5	10	20	40	80
β_p,$10^{-9}Pa^{-1}$	0.529	0.527	0.521	0.513	0.505

从上表可以看出,压力为 $5×10^5$Pa 情况下,每增加 10^5Pa 时,水的体积只改变万分之0.529,可见水的压缩性是很小的,其他液体压缩性也是很小的。在一般情况下,可以略去这种微小的体积变化,当作不可压缩流体来处理。对于不可压缩流体,体积保持不变,根据式(1-2)得

$$\rho = 常数$$

气体易于压缩,它的体积变化由状态方程来决定,所以气体密度的变化可以表示为

$$p = \rho RT \tag{1-9}$$

其中 p 为压力,T 为绝对温度,R 为气体常数,对于空气 $R = 287.06 \text{J}/(\text{kg} \cdot \text{K})$。气体在高速流动时,它的体积变化不能忽略不计,可作为可压缩流体来处理。对于可压缩流体,体积的变化由温度和压力来决定,因而它的密度表示为

$$\rho = f(p, T)$$

即密度可表示为压力和温度的函数。当密度仅是压力的函数,而与温度无关时,密度表示为

$$\rho = f(p)$$

最后要指出的是:研究一个具体流体问题时,是否考虑压缩性的影响不决定于流体是气体还是液体,而是由具体条件来决定。例如在标准大气压条件下,当空气的流速等于 68m/s 时,不考虑压缩性所引起的相对误差约等于 1%,这在工程计算中一般可以忽略不计。所以低速流动的气体可以认为是不可压缩流体。而在研究管中的水击现象时,需把水作为可压缩流体来处理,因为水的压缩性虽然小,但在这类问题中却不能忽视。

2. 膨胀性

在压力不变的条件下,流体温度升高时,其体积增大的性质称为膨胀性。膨胀性大小用体积膨胀系数 β_t 表示,它代表温度每增加 1℃ 时所发生的体积相对变化量,即

$$\beta_t = \frac{\dfrac{dV}{V}}{dt} \tag{1-10}$$

式中 dt——温度改变量,℃;

β_t——体积膨胀系数,℃$^{-1}$。

实验指出,在 1 大气压下,在温度较低时(10~20℃),温度每增加 1℃,水的体积相对改变量仅为万分之 1.5;温度较高时(90~100℃),也只改变万分之 7。所以在实际计算中,一般不考虑液体的膨胀性。

表 1-3 给出水的体积膨胀系数随压力和温度而变化的数值。

表 1-3 水的体积膨胀系数

$p,10^5\text{Pa}$ \ t,℃	0~10	10~20	40~50	60~70	90~100
1	0.000014	0.000150	0.000422	0.000556	0.000719
100	0.000043	0.000165	0.000422	0.000548	0.000704
500	0.000149	0.000236	0.000429	0.000523	0.000661

四、粘性

粘性是流体具有的一个重要性质。粘性指的是当液体微团发生相对运动时产生切向阻力的性质。流体是由分子组成的物质,当它以某一速度流动时,其内部分子间存在着吸引力。此外,流体分子和固体壁之间有附着力作用。分子间的吸引力和流体分子与壁面附着力都属于抵抗流体运动的阻力,而且是以摩擦形式表现出来。其作用是抵抗液体内部的相对运动,从而

影响着流体的运动状况。由于粘性存在,流体在运动中克服摩擦力必然要作功,所以粘性也是流体中发生机械能量损失的根源。

1. 牛顿内摩擦定律

为了定量确定流体的粘性,可以取两块相互平行的平板,其间充满流体。下板固定不动,上板以 u_0 速度平行下板运动时,由于流体的粘性,两板间流体便发生不同速度的运动状态:粘附在动板下面的流体层将以 u_0 的速度运动,愈往下速度愈小,直到附在固定板流体层的速度为零,速度分布按直线规律变化,如图 1-1 所示。

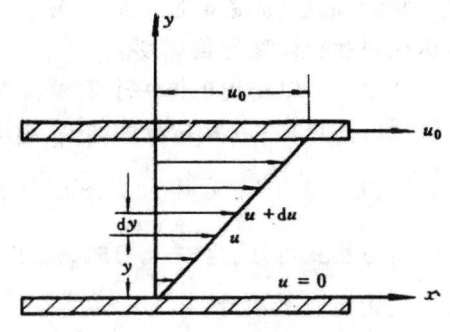

图 1-1 速度分布规律

从以上事实说明:运动较慢的流体层,都是在较快的流体层带动下才运动。同时,快层也受到慢层的阻碍,而不能运动得更快。这样,相邻流体层发生相对运动时,快层对慢层产生一个切力,使慢层加速。根据作用与反作用原理,慢层对快层有一个反作用力,使快层减速,它是阻止运动的力,称为阻力。切力和阻力是大小相等方向相反的一对力,分别作用在两个流体层的接触面上。这一对力是在流体内部产生的,所以也叫内摩擦力。为了确定内摩擦力,牛顿在 1686 年根据试验提出并经后人加以验证的液体内摩擦定律,其内容如下:取无限薄的流体层进行研究,坐标为 y 处流速为 u,坐标为 $y+\mathrm{d}y$ 处流速为 $u+\mathrm{d}u$,显然在厚度为 $\mathrm{d}y$ 的薄层中速度梯度为 $\dfrac{\mathrm{d}u}{\mathrm{d}y}$。液层间内摩擦力 T 的大小与液体性质有关,并与速度梯度 $\dfrac{\mathrm{d}u}{\mathrm{d}y}$ 和接触面积 A 成正比,而与接触面上压力无关,即

$$T = \pm \mu A \frac{\mathrm{d}u}{\mathrm{d}y} \tag{1-11}$$

符合这样内摩擦定律的流体称为牛顿型流体,否则称为非牛顿型流体。

设 τ 代表单位面积上的内摩擦力,即粘性切应力,则

$$\tau = \frac{T}{A} = \pm \mu \frac{\mathrm{d}u}{\mathrm{d}y}$$

式(1-11)中的速度梯度 $\dfrac{\mathrm{d}u}{\mathrm{d}y}$ 是一个重要概念,我们讨论如下:

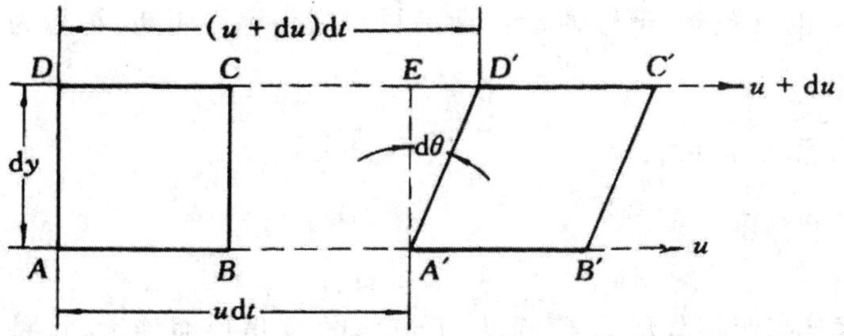

在运动流体中取一微小矩形 $ABCD$,如图 1-2,AB 层速度为 u,CD 层速度为 $u+\mathrm{d}u$,两层间垂直距离为 $\mathrm{d}y$,经过 $\mathrm{d}t$ 时间后 A、B、C、D 各点分别运动至 A'、B'、C'、D' 点,可见

$$ED' = DD' - AA' = (u+\mathrm{d}u)\mathrm{d}t - u\mathrm{d}t = \mathrm{d}u\,\mathrm{d}t$$

图 1-2 速度梯度

因此
$$\mathrm{d}u = \frac{ED'}{\mathrm{d}t}$$

由此得速度梯度

$$\frac{du}{dy} = \frac{ED'}{dydt} = \frac{\text{tg}d\theta}{dt} \approx \frac{d\theta}{dt}$$

我们知道 $d\theta$ 是矩形 $ABCD$ 在 dt 时间后剪切变形角度,这就表明速度梯度实质上就是流体运动时的剪切变形角速度。

从以上可以得出流体一个重要特性,即流体中的切应力与剪切变形角速度成正比。

式(1-11)中 μ 是与流体种类、温度有关的系数,称为动力粘性系数,或简称粘度。

式(1-11)中 ± 号是为 T、τ 永为正值而设的,即当 $\frac{du}{dy} > 0$ 时取正号,当 $\frac{du}{dy} < 0$ 时取负号。

由方程式可知,当 $\frac{du}{dy} = 0$ 时,则 $T = \tau = 0$,就是指流体质点间没有相对运动,即流体处于静止或相对静止状态。

2. 粘性系数或粘度

粘性系数的物理意义:在相同的 $\frac{du}{dy}$ 情况下,μ 值表征流体粘性大小;另一方面,当 $\frac{du}{dy} = 1$ 时,在数值上 μ 等于 τ。因此,也可以说,当速度梯度等于1时,在数值上 μ 就等于接触面上的切应力。

在国际单位制中,τ 的单位是 N/m^2,而 $\frac{du}{dy}$ 在单位是 $1/s$,故 μ 的单位为 $N\cdot s/m^2$。在物理单位制中,μ 的单位是(泊)。$1P = 0.1 Pa\cdot s$。因为泊单位有时用之过大,常用泊的百分之一来表示,叫做厘泊,符号为 cP。

$$1P = 100cP$$

在流体力学的分析计算中,常出现动力粘性系数 μ 与流体密度 ρ 的比值,称为运动粘度,以 ν 表示之,即

$$\nu = \frac{\mu}{\rho}$$

其国际单位为 m^2/s;物理单位是 cm^2/s,也叫做斯,符号为 St。斯的百分之一称为厘斯,符号为 cSt。

$$1St = 100cSt$$

因为 ν 具有运动学量纲,故称为运动粘度。

3. 温度对粘度的影响

温度对粘度的影响比较显著。温度升高时液体的 μ 值降低,而气体的 μ 值反而加大。这是由于液体的分子间距较小,相互吸引力起主要作用,当温度升高时,间距增大,吸引力减小。气体分子间距较大,吸引力影响很小,根据分子运动理论,分子的动量交换率因温度升高而加剧,因而使切应力也随之增加。

水和空气在不同温度下的动力粘度和运动粘度值见附录Ⅰ。

实际流体都是有粘性的,因此在流体流动时,都产生内摩擦力。考虑摩擦力来研究运动规律是很复杂的。在流体力学中为了使研究问题简化,而引入理想流体的概念,即忽略粘性,认为是没有粘性的流体,称为理想流体。这样,理想流体运动时,是不产生内摩擦力的。在研究流体运动问题时,可以先研究简化了的理想流体,待得出结果后,再考虑实际流体的粘性,对所得理论结果进行相应的修正。

必须指出,上述牛顿内摩擦定律对于诸如含胶质和沥青质较多的原油及钻井液等是不适用的,这些液体称为非牛顿流体,其特性在第九章讨论。

五、表面张力

由于液体的分子引力极小,一般来说,它只能承受压力,不能承受张力。但是在液体与大气相接触的自由面上,由于气体分子的内聚力和液体分子的内聚力有显著差别,使自由表面上液体分子有向液体内部收缩的倾向,这时沿自由表面上必然有拉紧作用的力,使自由表面处于拉伸状态。单位长度上这种拉力便定义为表面张力,以表面张力系数 σ 来表示。

表面张力除产生在液体和气体相接触的自由表面外,在液体与固体相接触的表面上,也会产生附着力。

因表面张力系数 σ 值不大,在工程上一般可以忽略不计。但是,在毛细管中,这种张力可以引起显著的液面上升和下降,即所谓毛细管现象。因此,在用某些玻璃管制成的水力仪表中,必须注意到表面张力的影响。如图 1-3 所示,当玻璃管插入水(或其他能够润湿管壁的液体)中时,由于水的内聚力小于水同玻璃间的附着力,水将润湿玻璃管的内外壁面。在内壁面由于管径小,水的表面张力使水面向上弯曲并升高。当玻璃管插入水银(或其他不润湿管壁的液体)中时,由于水银的内聚力大于水银同玻璃间的附着力,水银不能湿润玻璃,水银面向下弯曲,表面张力将使玻璃管内的液柱下降。

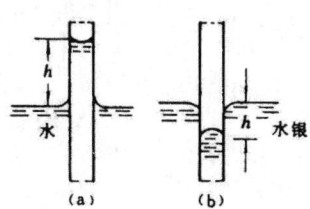

图 1-3 表面张力的影响

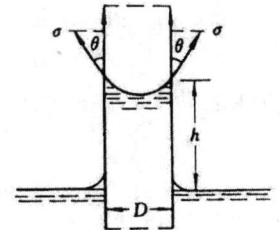

图 1-4 毛细管升高

现以水为例推导毛细管中液面升高的数值。如图 1-4 所示,表面张力拉液柱向上,直到表面张力在垂直方向上的分力与所升高液柱的重量相等时,液柱就平衡下来。如果 D 为管径,θ 为液体与玻璃的接触角,γ 为液体重度,h 为液柱上升高度,则管壁圆周上总表面张力在垂直方向的分力为 $\pi D \sigma \cos\theta$,其方向向上。上升液柱重量为 $\gamma \dfrac{\pi}{4} D^2 h$,其方向向下。此二者相等,有

$$\pi D \sigma \cos\theta = \gamma \frac{\pi}{4} D^2 h$$

所以

$$h = \frac{4\sigma\cos\theta}{\gamma D}$$

可见,液体上升高度与管子直径成反比,并与液体种类及管子材料有关。在 20℃ 时,水与玻璃的接触角 $\theta = 8° \sim 9°$,水银与玻璃接触角 $\theta = 139°$。考虑到水与水银的 σ 及 γ 值后,即可得出 20℃ 时水在玻璃毛细管中上升高度为 $h = \dfrac{29.8}{D}$ mm,水银在玻璃毛细管中下降的高度为 $h = \dfrac{10.15}{D}$ mm,式中 D 的单位为 mm。

§1-3 作用在流体上的力

流体每一质点无论处于运动或平衡状态，都受到各种力。所以在研究力学规律之前，可按流体的概念及物理性质来分析作用于流体上的力，如按力的表现形式分为质量力和表面力两类。

一、质量力

质量力作用于流体每一质点上，并与所作用的流体质量成正比。在均质液体中，质量力也必然与受作用的流体的体积成比例，所以又称体积力。设在密度为 ρ 的运动流体中，取一体积为 ΔV 的单元体，如图 1-5 所示，其质量 $M=\rho\Delta V$。现分析其质量力。

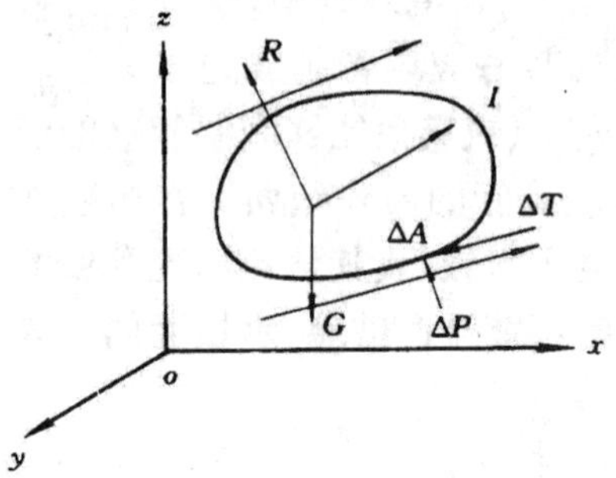

由于流体受地心引力，故必受重力

$$G = Mg$$

当我们应用达朗伯原理研究流体的加速运动时，虚加在流体质点的惯性力也属于质量力。这种力，在直线加速运动中，只有沿直线的惯性力 I

$$I = M \cdot a$$

图 1-5 作用在流体上的力

在一般曲线运动中有离心惯性力 R

$$R = M\omega^2 r$$

式中　a——直线加速度；
　　　$\omega^2 r$——向心加速度；
　　　ω——角速度；
　　　r——质点对回转轴的距离。

上述三种力的大小与流体质量 M 成正比，并且都作用在质量中心上，因而称为质量力（或体积力）。总的质量力以 F 表示，则单位质量力为 $f = \dfrac{F}{M}$。设 F 在各坐标轴上分力为 F_x、F_y、F_z，则单位质量力在各个坐标轴上的分力 X、Y、Z 为

$$X = \frac{F_x}{M} \qquad Y = \frac{F_y}{M} \qquad Z = \frac{F_z}{M}$$

二、表面力

表面力作用于流体表面上，并与受作用的流体表面积成正比。表面力不仅是作用在流体外表面的力——外力，也包括作用在流体内部任一表面的力——内力。尽管流体内部任一对相互接触的表面上彼此间相互作用的表面力是大小相等，方向相反，相互抵消的。但在流体力学中，常从流体内部取一单元体，这时周围流体对单元体表面上的作用力就是外力。

表面力又可分为垂直于作用面的压力和平行于作用面的切力。设作用在微小面积 ΔA 上的微小压力 ΔP，$\dfrac{\Delta P}{\Delta A}$ 的极限值用 p 表示

$$p = \lim_{\Delta A \to 0} \frac{\Delta P}{\Delta A}$$

p 表示各点处的压应力,故面上的压力为

$$P = p \cdot A$$

同时在微小面积 ΔA 上,切力 ΔT, $\frac{\Delta T}{\Delta A}$ 的极限值用 τ 表示

$$\tau = \lim_{\Delta A \to 0} \frac{\Delta T}{\Delta A}$$

τ 表示各点处切应力,故面上的切力为

$$T = \tau \cdot A$$

从以上分析知道,流体受质量力和表面力二类力作用,在一般运动中,这些力都是存在着的。但是在一些特例中,可能存在其中的某几个。所以正确分析作用在流体上的力,是研究流体平衡和运动规律的基础。

思 考 题

1-1 液体与气体有哪些不同性质?
1-2 何谓连续介质?引入的目的意义何在?
1-3 密度、重度和相对密度的定义以及它们之间的关系如何?
1-4 流体的压缩性和膨胀性如何去量度?温度和压力对它们怎样影响?
1-5 何谓流体的粘性?如何量度流体粘性的大小?液体和气体的粘性有何区别?其原因何在?
1-6 作用在流体上的力包括哪些力?在何种情况下有惯性力?何种情况下没有摩擦力?

习 题

1-1 轻柴油在温度15℃时相对密度为0.83,求它的密度和重度。
1-2 甘油在温度0℃时密度为 1.26g/cm^3,求以国际单位表示的密度和重度。
1-3 水的体积弹性系数为 $1.96 \times 10^9 \text{N/m}^2$,问压强改变多少时,它的体积相对压缩1%?
1-4 容积 4m^3 的水,温度不变,当压强增加 10^5N/m^2 时容积减少 1000cm^3,求该水的体积压缩系数 β_p 和体积弹性系数 E。
1-5 用200L汽油桶装相对密度为0.70的汽油。灌装时液面上压强为1个大气压。封闭后由于温度变化升高了20℃,此时汽油的蒸气压为0.18大气压。若汽油的膨胀系数为 0.0006℃$^{-1}$。弹性系数为 14000kg/cm^2。试计算由于压力及温度变化所增减的体积?问灌桶时每桶最多不超过多少公斤为宜?
1-6 石油相对密度0.9,粘度28cP。求运动粘度为多少 m^2/s?

1-7 相对密度 0.89 的石油,温度 20℃ 时的运动粘度为 40cSt。求动力粘度为多少?

1-8 图示一平板在油面上作水平运动,已知运动速度 $u=1$m/s,板与固定边界的距离 $\delta=1$mm,油的动力粘度 $\mu=1.147$Pa·s,由平板所带动的油层的运动速度呈直线分布,求作用在平板单位面积上的粘性阻力为多少?

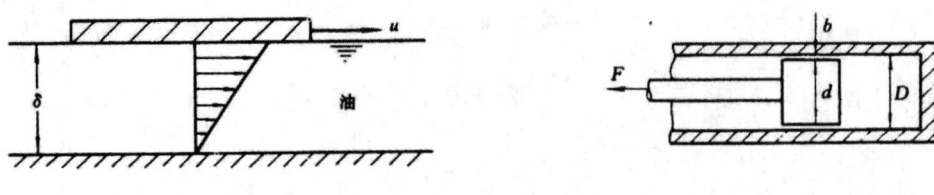

题 1-8 图　　　　　　　　　　　题 1-9 图

1-9 如图所示活塞油缸,其直径 $D=12$cm,活塞直径 $d=11.96$cm,活塞长度 $L=14$cm,油的 $\mu=0.65$P,当活塞移动速度为 0.5m/s 时,试求拉回活塞所需的力 $F=?$

第二章 流体静力学

流体静力学研究的是流体在静止状态下的平衡规律及其应用。

所谓静止是一个相对的概念,如果流体对地球没有相对运动,我们称它们是处于静止状态。这是因为把参考坐标系固定在地球上。而实际上,地球本身亦处于运动中,如果把参考坐标系放在其他星球上,则静止流体是随地球一起运动。与这种情况类似,如果容器中的流体随容器在运动,而流体对容器没有相对运动,则对于固定在容器上的参考坐标系来说容器中的流体也是静止的,我们就称此种情况下的流体是处于相对静止或相对平衡。因此,流体静力学是研究流体质点相对于参考坐标系没有运动的情况。

既然处于静止或相对静止状态的流体对参考坐标系没有运动,则流层之间没有相对运动,这时不呈现切应力。所以本章讨论的流体平衡规律对理想流体和实际流体都是适用的。

由于流体处在静止状态时,流体质点之间以及质点和壁面之间的作用,是通过压力形式来表现的,所以本章中心问题是根据平衡条件来研究静止状态下压力的分布规律,进而确定静止流体作用在各种表面上的总压力大小、方向、作用点。因此,流体静力学对工程实践有重要意义,也为流体动力学打下必要基础。

§2-1 流体静压力及其特性

前面已经提到压应力即压力的概念。在静止流体中有一作用面积为 ΔA,其上压力为 ΔP,则当面积缩为一点时,平均压力 $\dfrac{\Delta P}{\Delta A}$ 的极限值就是该点静压力,用符号 p 表示。因此静压力的数学表示方法是

$$p = \lim_{\Delta A \to 0} \frac{\Delta P}{\Delta A} \tag{2-1}$$

静压力表示作用在单位面积上的力,亦称为压强,其单位常用 Pa。作用在某一面积上的总静压力称为总压力,以 P 表示,其单位常用 N。

流体静压力有两个重要特性。

特性一、静压力方向永远沿着作用面内法线方向。

证明:用任意一个平面将静止流体切割为两部分,如图 2-1。取阴影部分为隔离体,如果切割平面上某一点 m 处静压力方向不是内法线方向而是任意方向的,则 p 可以分解为切向分力 τ 和法向分力 p_n。静止流体既不能承受切应力,也不能承受拉力,如有拉力或切应力则将破坏其平衡,这与静止前提不相符。所以静压力唯一可能的方向就是和作用面内法线方向一致。

特性二、静止流体中任何一点上各个方向的静压力大小相等,与作用面方位无关。

证明:如图 2-2 所示,在静止流体中取出边长为 dx、dy、dz 的无限小四面体 $ABCo$,相应坐标轴为 x、y、z。以 p_x、p_y、p_z 和 p_n(n 方向是任意的)分别表示坐标面和斜面 ABC 的平均压

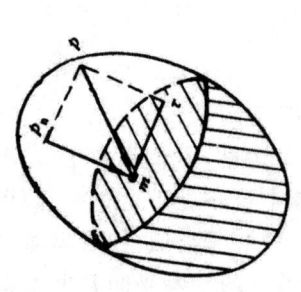 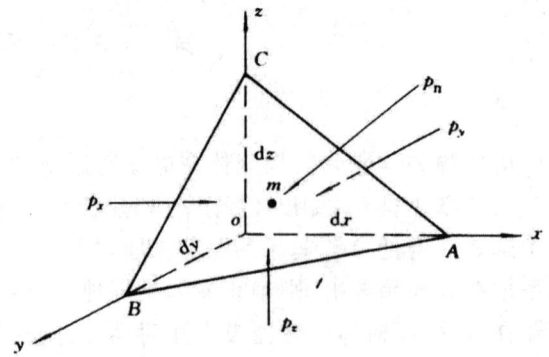

图 2-1 静止流体中的单元体　　　图 2-2 流体静压力特性二的分析

力,用 P_x、P_y、P_z、P_n 分别垂直于 x、y、z 轴的平面及斜面上的总压力,则有

$$P_x = \frac{1}{2} p_x \mathrm{d}y \mathrm{d}z$$

$$P_y = \frac{1}{2} p_y \mathrm{d}x \mathrm{d}z$$

$$P_z = \frac{1}{2} p_z \mathrm{d}x \mathrm{d}y$$

$$P_n = p_n \triangle ABC$$

四面体体积是 $\frac{1}{6}\mathrm{d}x\mathrm{d}y\mathrm{d}z$,质量是 $\frac{1}{6}\rho\mathrm{d}x\mathrm{d}y\mathrm{d}z$。设单位质量的质量力在坐标轴方向的分量分别是 X、Y、Z,则质量力 F 在坐标轴方向分量是

$$F_x = \frac{1}{6}\rho\mathrm{d}x\mathrm{d}y\mathrm{d}zX$$

$$F_y = \frac{1}{6}\rho\mathrm{d}x\mathrm{d}y\mathrm{d}zY$$

$$F_z = \frac{1}{6}\rho\mathrm{d}x\mathrm{d}y\mathrm{d}zZ$$

根据平衡条件,四面体处于静止状态下各个方向的作用力之和均为零。以 x 方向为例

$$P_x - P_n\cos(n,x) + \frac{1}{6}\rho\mathrm{d}x\mathrm{d}y\mathrm{d}zX = 0 \tag{2-2}$$

式中 (n,x) 表示斜面法向 n 与 x 轴的夹角。将上面各式代入后得

$$\frac{1}{2}p_x\mathrm{d}y\mathrm{d}z - p_n\triangle ABC\cos(n,x) + \frac{1}{6}\rho\mathrm{d}x\mathrm{d}y\mathrm{d}zX = 0$$

因为 $\triangle ABC\cos(n,x)$ 为 $\triangle ABC$ 在 yz 平面上的投影面积，故

$$p_n \triangle ABC\cos(n,x) = \frac{1}{2}p_n \mathrm{d}y\mathrm{d}z$$

于是，上式变为

$$\frac{1}{2}p_x\mathrm{d}y\mathrm{d}z - \frac{1}{2}p_n\mathrm{d}y\mathrm{d}z + \frac{1}{6}\rho\mathrm{d}x\mathrm{d}y\mathrm{d}z X = 0$$

当 $\mathrm{d}x$、$\mathrm{d}y$、$\mathrm{d}z$ 趋于 0，也就是四面体缩小到 0 点时，上式中的质量力和前二项表面力相比为高阶微量，可以忽略不计，因而可得

$$p_x = p_n$$

同理，在 y 方向可得 $p_y = p_n$，在 z 方向可得 $p_z = p_n$，所以

$$p_x = p_y = p_z = p_n \tag{2-3}$$

因为 n 方向是任意选定的，故上式表明，静水中同一点处各个方向的静压力均相等，与作用面方位无关，可以把各个方向的静压力写成 p。在连续介质中，一点的静压力 p 将是点坐标的连续函数，故

$$p = p(x,y,z) \tag{2-4}$$

§2-2 流体平衡微分方程式

一、流体平衡微分方程式的建立

从前面分析可知，作用在流体上的力有表面力和质量力。现在讨论在平衡状态下这些力应满足的关系，建立表示流体平衡条件下的微分方程式。

在静止流体中取出以 A 为中心的微小平行六面体，如图 2-3 所示。六面体各边 $\mathrm{d}x$、$\mathrm{d}y$、$\mathrm{d}z$ 分别与各直角坐标轴平行。

首先我们分析作用在这个流体微小六面体上的外力。

1. 作用于六面体各表面的表面力

取六面体为单元体，则邻近流体作用于它上面的压力即为作用于各表面的表面力。设六面体中心点 $A(x,y,z)$ 的压力为 p，那么根据连续性的假定，它是坐标的连续函数，即 $p = p(x,y,z)$。于是根据压力 p 在 A 点附近的变化，沿 x 方向作用边界面上

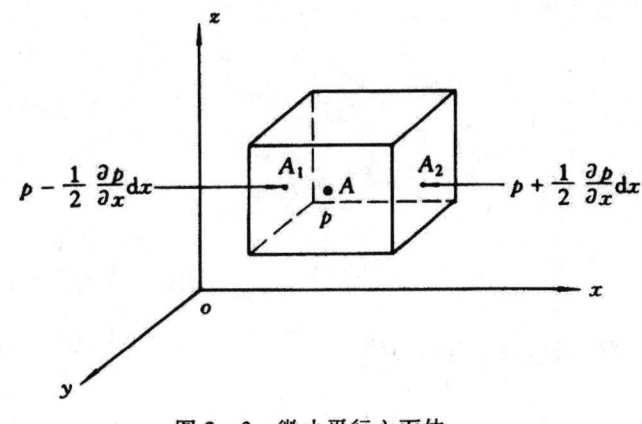

图 2-3 微小平行六面体

中心 A_1 和 A_2 点上的压力分别为 p_1、p_2，可用泰勒级数展开，并略去高阶无穷小项来求得。

边界面中心 A_1 及 A_2 的坐标分别为 $(x-\frac{1}{2}\mathrm{d}x,y,z)$ 及 $(x+\frac{1}{2}\mathrm{d}x,y,z)$。已知 $p=p(x,y,z)$，应用泰勒级数可求得 A_1 点上的压力为

$$p_1 = p(x-\frac{1}{2}\mathrm{d}x,y,z) = p(x,y,z) + \frac{\partial p}{\partial x}(-\frac{1}{2}\mathrm{d}x) + \frac{1}{2}\frac{\partial^2 p}{\partial x^2}(-\frac{1}{2}\mathrm{d}x)^2 + \cdots + \frac{1}{n!}\frac{\partial^n p}{\partial x^n}(-\frac{1}{2}\mathrm{d}x)^n$$

略去级数中二阶以上各项时，则得

$$p_1 = p - \frac{1}{2}\frac{\partial p}{\partial x}\mathrm{d}x$$

同理可得

$$p_2 = p + \frac{1}{2}\frac{\partial p}{\partial x}\mathrm{d}x$$

$\frac{\partial p}{\partial x}$ 为压力沿 x 方向的变化率，称为压力梯度，$\frac{1}{2}\frac{\partial p}{\partial x}\mathrm{d}x$ 为由于在 x 方向的位置变化而引起的压力差。由于六面体是无限小的，并可以把面中心点的压力代表该面上的平均压力，因此作用在边界面 $abcd$ 和 $a'b'c'd'$ 上的总压力分别为

$$(p - \frac{1}{2}\frac{\partial p}{\partial x}\mathrm{d}x)\mathrm{d}y\mathrm{d}z \text{ 和 } (p + \frac{1}{2}\frac{\partial p}{\partial x}\mathrm{d}x)\mathrm{d}y\mathrm{d}z$$

同理，对 y、z 轴相平行的面上的力也可以写出相应的表达式。

2. 作用于六面体的质量力

设作用于单位质量流体上的质量力在 x 方向的分量为 X，则作用于六面体上的质量力在 x 方向的分力为 $X\rho\mathrm{d}x\mathrm{d}y\mathrm{d}z$，其中 ρ 为流体的密度，$\rho\mathrm{d}x\mathrm{d}y\mathrm{d}z$ 为六面体的质量。当然沿 y、z 方向也同样有质量力的相应分力 $Y\rho\mathrm{d}x\mathrm{d}y\mathrm{d}z$ 和 $Z\rho\mathrm{d}x\mathrm{d}y\mathrm{d}z$。

根据流体的平衡条件，静止六面体中六面体上各个方向作用力之和均应为零。对 x 方向可以写出

$$(p - \frac{1}{2}\frac{\partial p}{\partial x}\mathrm{d}x)\mathrm{d}y\mathrm{d}z - (p + \frac{1}{2}\frac{\partial p}{\partial x}\mathrm{d}x)\mathrm{d}y\mathrm{d}z + X\rho\mathrm{d}x\mathrm{d}y\mathrm{d}z = 0$$

用 $\rho\mathrm{d}x\mathrm{d}y\mathrm{d}z$ 除上式，简化后得

同理，在 y、z 方向，可得
$$\left.\begin{array}{l} X - \frac{1}{\rho}\frac{\partial p}{\partial x} = 0 \\ Y - \frac{1}{\rho}\frac{\partial p}{\partial y} = 0 \\ Z - \frac{1}{\rho}\frac{\partial p}{\partial z} = 0 \end{array}\right\} \quad (2-5)$$

这就是流体平衡微分方程式,是 1755 年欧拉提出的,又称为欧拉平衡方程式。根据这个方程可以解决流体静力学中许多基本问题,它在流体静力学中具有重要地位。因为推导公式时考虑质量力总和是空间的任意方向,因而它既适用于绝对静止状态,也适用于相对静止状态。同时,推导中也没有考虑整个空间密度 ρ 是否变化及如何变化,所以它不但适用于不可压缩流体,而且也适用于可压缩流体。

该方程的物理意义:当流体平衡时,作用在单位质量流体上的质量力与压力的合力相平衡。它们沿三个坐标轴来说,质量力分量 (X, Y, Z) 和表面力分量 $(\frac{1}{\rho}\frac{\partial p}{\partial x}, \frac{1}{\rho}\frac{\partial p}{\partial y}, \frac{1}{\rho}\frac{\partial p}{\partial z})$ 是对应相等的。

二、流体平衡微分方程式的积分

为了求在质量力作用下静止流体内压力 p 的分布规律,把上面三个分量式依次乘以 dx, dy 和 dz,相加后则得

$$\frac{\partial p}{\partial x}dx + \frac{\partial p}{\partial y}dy + \frac{\partial p}{\partial z}dz = \rho(Xdx + Ydy + Zdz)$$

因为 $p = p(x, y, z)$,所以上式左边是静止流体中压力的全微分,从而得到流体平衡微分方程式的全微分表达式

$$dp = \rho(Xdx + Ydy + Zdz) \qquad (2-6)$$

由于流体的密度 ρ 是个常数,因而从数学角度来分析,式(2-6)右边括号内三项总和也应是某一函数 $U(x, y, z)$ 的全微分才有意义,即

$$dU = Xdx + Ydy + Zdz \qquad (2-7)$$

而

$$dU = \frac{\partial U}{\partial x}dx + \frac{\partial U}{\partial y}dy + \frac{\partial U}{\partial z}dz$$

由此得

$$\left.\begin{array}{l} X = \frac{\partial U}{\partial x} \\ Y = \frac{\partial U}{\partial y} \\ Z = \frac{\partial U}{\partial z} \end{array}\right\} \qquad (2-8)$$

满足式(2-8)的函数 $U(x, y, z)$ 称为力函数(或势函数),而具有这样的力函数的质量力称为有势的力。例如重力、惯性力都是有势的力。因而可得下列结论:流体只有在有势的质量力作用下才能保持平衡。

把式(2-7)代入式(2-6)得

$$dp = \rho dU \qquad (2-9)$$

积分,得

$$p = \rho U + C \tag{2-10}$$

式中 C 为积分常数。如果已知液体表面或内部任意点处的力函数 U_0 和压力 p_0，则由式(2-10)可得 $C = p_0 - \rho U_0$，从而得

$$p = p_0 + \rho(U - U_0) \tag{2-11}$$

这就是在具有力函数 U 的某一质量力作用下，静止流体内任一点压力 p 的表达式。

通常在实际问题中，U 的一般表达式并非直接给出，因而实际计算压力分布时采用式(2-6)比式(2-11)更为方便。

还应注意，在式(2-11)中，$\rho(U - U_0)$ 仅由流体的密度和质量力的势函数所决定，而与 p_0 无关。也就是说，如果 p_0 值有所改变，则 p 相应地也有大小数值的变化。因此，在平衡状态下的不可压缩流体中，作用在其边界面上的压力，将等值、均匀地传递到流体的所有各点，这就是巴斯加定律。

三、等压面

从流体平衡微分方程中可以分析等压面性质。所谓等压面，就是在同一种连续的静止流体中，静水压力相等(p = 常数)的各点所组成的面。不同的等压面有不同的常数值。例如静止流体的自由表面就是一个等压面，因为在自由液面上各点的压力都等于大气压力。在等压面上 p = 常数，也就是 $dp = 0$，由式(2-9)得 $dp = \rho dU = 0$。但 $\rho \neq 0$，因此 $dU = 0$，即 U = 常数。所以在静止流体中，等压面就是等势面。

由式(2-6) $dp = \rho(Xdx + Ydy + Zdz)$ 得等压面微分方程式

$$dp = \rho(Xdx + Ydy + Zdz) = 0$$

$$Xdx + Ydy + Zdz = 0 \tag{2-12}$$

式中 dx、dy、dz 可设想为流体质点在等压面上任意微小位移 ds 在相应坐标轴上的投影。因此式(2-12)表示：当液体质点沿等压面移动 ds 距离时，质量力作微功为零。但是质量力与 ds 都不为零，所以，必然是等压面与质量力垂直。因此，等压面的重要性质是：作用在静止流体中任一点的质量力必然垂直于通过该点的等压面。

根据等压面的性质，我们可以已知质量力的方向去确定等压面形状；或已知等压面的形状去确定质量力方向。例如当质量力仅仅为重力时，其单位质量力的分量 $X = Y = 0, Z = -g$，则式(2-12)为

$$-gdz = 0$$

即

$$z = 常数$$

这表明等压面是 $z = C$ 的一簇水平面，即重力作用下静止液体等压面是水平面。如果除重力之外，作用在流体上还有其他种类的质量力时，那么等压面就应与质量力的合力垂直。此时，由于质量力的合力不一定是铅垂方向的，因而等压面(包括自由液面)也就不再是一个水平面。

§2-3 重力作用下的流体平衡

在工程上最常见的流体平衡是指流体相对于地球没有运动的静止状态,也就是质量力只有重力作用下的情况。下面我们对这种流体平衡情况进行分析。

一、静力学基本方程式

设在重力作用下的静止流体如图2-4所示。将直角坐标系的原点选在自由面上,z轴垂直向上,液面上的压力为 p_0。此时,作用在单位质量液体上的质量力在各坐标轴方向的分量为

$$X = 0, Y = 0, Z = -g$$

所以流体平衡微分方程式(2-5)可以写成

$$dp = -\rho g dz = -\gamma dz$$

$$dz + \frac{dp}{\gamma} = 0$$

对于不可压缩流体,$\gamma =$ 常数,积分上式,可得

$$z + \frac{p}{\gamma} = C \qquad (2-13)$$

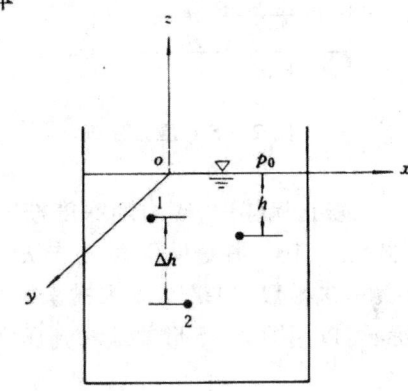

图2-4 重力作用下的静止液体

上式表明:在静止流体中,任何一点的 $(z + \frac{p}{\gamma})$ 总是一个常数。对流体内任意两点,上式可写成

$$z_1 + \frac{p_1}{\gamma} = z_2 + \frac{p_2}{\gamma} \qquad (2-14)$$

式(2-13)也可写成

$$p = -\gamma z + C' \qquad (2-15)$$

其中 $C' = \gamma C$ 仍为常数。

在流体自由表面上 $z = 0$, $p = p_0$,代入式(2-15)则得

$$C' = p_0$$

在实际应用中,对于流体中各点来说,一般用该点在液面以下深度 h 代替 $-z$ 更为方便。因此将 $h = -z$, $C' = p_0$ 代入式(2-15)则得

$$p = p_0 + \gamma h \qquad (2-16)$$

上式为重力作用下的平衡方程,也就是水静力学基本方程式。它说明:

1) 静止流体中任一点的压力 p 等于表面压力 p_0 与从该点到流体自由表面的单位面积上的液柱重量 (γh) 之和。于是,应用式(2-16)便可求出静止流体中任一点静水压力。

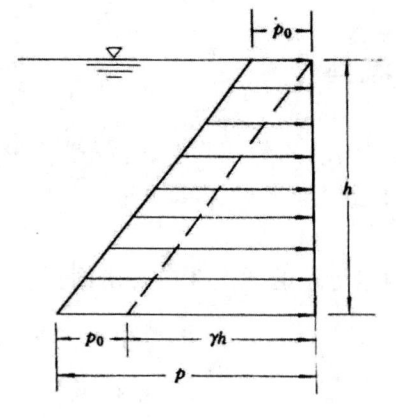

图 2-5 压力分布

若自由表面上的压力 $p_0 = p_a$ 时,则式(2-16)可写为

$$p = p_a + \gamma h$$

又如在同一个连通的静止流体中,已知某点压力,则应用式(2-16)可推广到求任一点的压力值,即

$$p_2 = p_1 + \gamma \Delta h$$

式中 Δh 为两点间深度差。

2) 在静止流体中,压力随深度按线性规律变化。式(2-16)中变量仅为 p 与 h,而 $p = f(h)$ 为一次函数,如果以 p 为横坐标,以 h 为纵坐标,可以用图 2-5 形象地看到压力分布情况。

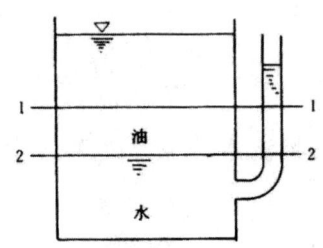

图 2-6 装两种液体的容器

3) 在静止流体中,相同沉没深度(h = 常数)各点处压力相等。也就是在同一个连续的重力作用下的静止流体的水平面都是等压面。但必然注意,这个结论只是对互相连通而又是同一种流体才适用。如图 2-6 装两种液体的容器中,1-1 虽是水平面,但由于此平面通过两种液体(容器中是油,玻璃管中是水),因而 1-1 不是等压面,只有 2-2 平面以下的水平面,才是等压面。

二、绝对压力、相对压力、真空度

压力大小可以从不同的基准算起,因而有不同的表示方法。

1. 绝对压力

绝对压力是指以绝对真空为零点而计量的压力。

$$p_绝 = p_0 + \gamma h$$

如自由表面,压力 $p_0 = p_a$,则

$$p_绝 = p_a + \gamma h \tag{2-17}$$

在气体状态方程中,其压力是绝对压力。

2. 相对压力(表压)

以当地大气压为零点而计量的压力称为相对压力,也叫表压。

$$p_表 = p_绝 - p_a$$

$$p_表 = (p_a + \gamma h) - p_a = \gamma h \qquad (2-18)$$

因而，表压 $p_表$ 实质是指某点绝对压力超过大气压的数值，即表压为绝对压力与大气压之差。

在许多工程设备中，所受的大气压部分都是互相抵消而不起作用，且大多数压力仪表中都是以大气压为起点而计量，因此开口容器及不可压缩流体静压力计算问题，一般都用表压表示。

3．真空压力（真空度）

工程上不仅会遇到绝对压力大于大气压的情况，也会遇到小于大气压的情况。例如水泵吸水管、喷嘴吸水现象等都是低于大气压的。这些部位的相对压力 $p_绝 - p_a$ 是负值，称为负压，或者说该部位存在着真空。真空压力是指流体的绝对压力小于大气压产生真空的程度，用绝对压力比当地大气压 p_a 小多少来表示，即

$$p_真 = p_a - p_绝 = \gamma h_真 = -p_表 \qquad (2-19)$$

如以液柱高度表示就称为真空高度，即

$$h_真 = \frac{p_真}{\gamma} = \frac{p_a - p_绝}{\gamma}$$

现在用图表示它们三者之间的相互关系。从图2-7可以清楚看出，绝对压力的基准和相对压力的基准相差一个当地大气压 p_a。绝对压力永为正值，最小为零。而相对压力的数值是可正可负的，当绝对压力小于大气压时，相对压力为负值。所以，相对压力和真空度是数值相等、符号相反的两个量。

三、静力学基本方程式的意义

1．几何意义

在一个容器侧壁上打一小孔，接上与大气相通的玻璃管，这样就形成一根测压管。如果容器中装的是静止流体，液面为大气压，则测压管内液面与容器内液面是齐平的，如图2-8所示。如令基准面为0—0，则测压管液面到基准面高度由 z 和 $\frac{p}{\gamma}$ 两部分组成，z 表示该点位置到基准面的高度，$\frac{p}{\gamma}$ 表示该点压力的液柱高度。在流体力学中常用水头代表液柱高度，所以 z 称为位置水头，$\frac{p}{\gamma}$ 称为压力水头，而 $(z + \frac{p}{\gamma})$ 称为测压管水头。从图2-8可以看出

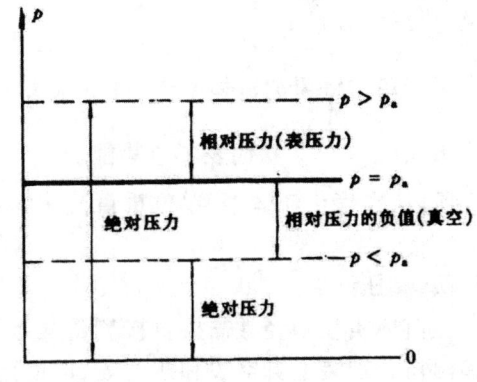

图2-7 绝对压力、相对压力与真空度的关系

$$z_1 + \frac{p_1}{\gamma} = z_2 + \frac{p_2}{\gamma}$$

也就是静止流体中各点测压管水头是一常数。如果容器内液面压力 p_0 大于或小于大气压,则测压管液面会高于或低于容器液面。但不同点的测压管水头仍是常数,如图2-9中的1点和2点所示。

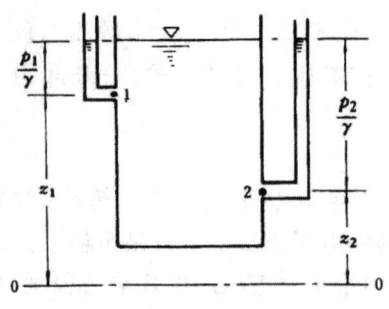

图2-8 开敞容器的水头

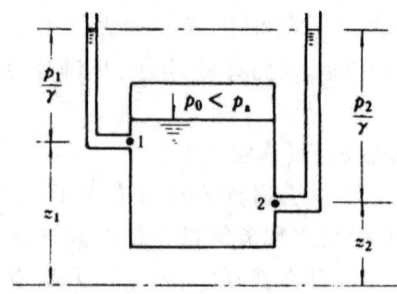

图2-9 封闭容器的水头

2. 物理意义

位置水头 z 表示的是单位重量流体从某一基准面算起所具有的位置势能,简称比位能。我们把重量 G 的物体从基准面移到高度 z 后,该物体所具有的位能是 Gz。对于单位重量来说,比位能就是 $\dfrac{Gz}{G}=z$,它具有长度单位。基准面不同,z 值也不同。

压力水头 $\dfrac{p}{\gamma}$ 表示的是单位重量流体从压力为大气压算起所具有的压力势能,简称比压能。比压能是一种潜在势能。如果流体中某点的压力为 p,在该处接一测压管后,在压力作用下,液面会上升高度 $\dfrac{p}{\gamma}$,也就是把压力势能变为位置势能。对于重量为 G、压力为 p 的流体,在测压管内上升 $\dfrac{p}{\gamma}$ 后,位置势能的增量 $G\dfrac{p}{\gamma}$ 就是原来的流体具有的压力势能。所以,对单位重量来说,比压能就是 $G\dfrac{p}{\gamma}/G=\dfrac{p}{\gamma}$。

对于单位重量的流体来说,位置水头 z 代表位置势能,压力水头 $\dfrac{p}{\gamma}$ 代表了压力势能;而测压管水头 $\left(z+\dfrac{p}{\gamma}\right)$ 就代表了总势能。

所以,在静止流体中,单位重量流体的总势能是恒等的。这也就是静止流体中能量分布规律。

四、测压计

在流体实验中经常需要直接测量某点压力或两点压力差。如为了保证泵正常运转,在泵进口和出口分别装上真空表和压力表,以便随时观测压力大小来控制泵的工作。量测压力的仪器一般有液式测压计和金属测压计两大类。

1. 液式测压计

液式测压计是利用液柱高度与被测液体压力相平衡原理制成的测压仪表。优点是构造简单,使用方便。根据结构形式和所测范围它可分为以下几种:

1) 测压管 直接由同一液体引出来的液柱高度来测量压力的装置称为测压管。简单的测压管一端和测压点相联接,另一端开口,和大气相通,如图2-10所示。由于 A 点压力的作用,使测压管中液面升至某一高度 h_A,A 点表压力 $p_\text{表}=\gamma h_A$。它只能量测较小的表压力,当表压力为0.2大气压时,对于水来说相当于2m水柱,即需要2m以上测压管,这显然用起来很不方便。因此,改用U形水银测压计。

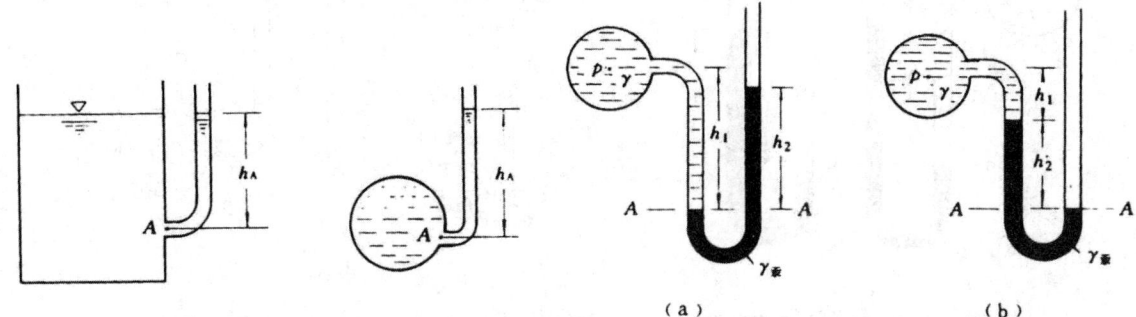

图2-10 测压管　　　　　　　　图2-11 U形水银测压计

水银测压计是利用相对密度较大的水银作为工作液,装在U型管中,一端接在容器的测压点上,用来量测该点压力大小,如图2-11所示。根据静力学基本方程,并应用等压面概念可以求出压力 p 的大小。这时,两种流体分界面 $A-A$ 是等压面。图2-11(a)表示压力 p 大于大气压力的情况,这时测得表压为

$$p_表 = \gamma_汞 h_2 - \gamma h_1$$

图2-11(b)表示压力小于大气压力的情况,测得表压为

$$p_表 = -\gamma_汞 h_2 - \gamma h_1 = -(\gamma_汞 h_2 + \gamma h_1)$$

这时,表压为负的,也就是测得真空度为

$$p_真 = \gamma_汞 h_2 + \gamma h_1$$

水银测压计的量测范围可以达到1~2个大气压。当所测表压强更大时,可以使用连续组合的U形管,叫做组合水银测压计,如图2-12所示。两个U形管上部相连处充以空气。由于气体的重度很小,可以忽略气柱的重量,而认为整个充气空间的压力是相等的。这样,取等压面以后,可算出所测点的表压力为

$$p_表 = \gamma_汞 h_3 + \gamma_汞 h_2 - \gamma h_1$$

2)比压计(压差计)　它和水银测压计原理相同,只是将测压管两端接在不同的两个测压点上,用来比较两点的压差。其装置有以下两种型式。

①当所测压差较小时,常是将两根简单的测压管分别接到测压点上,两管上部连通形成倒U形,如图2-13所示。

如果在倒U形管的上部充以空气,当忽略空气柱的重量时,则

$$p_1 - \gamma h_1 = p_2 - \gamma h_2$$

$$p_1 - p_2 = \gamma(h_1 - h_2)$$

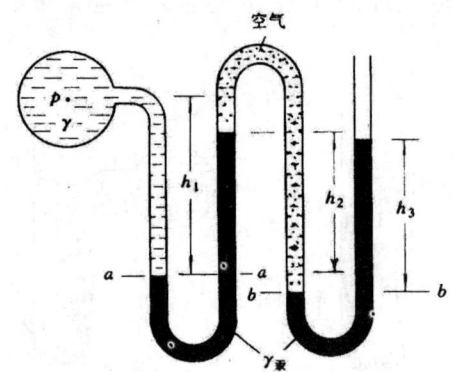

图 2-12 组合水银测压计

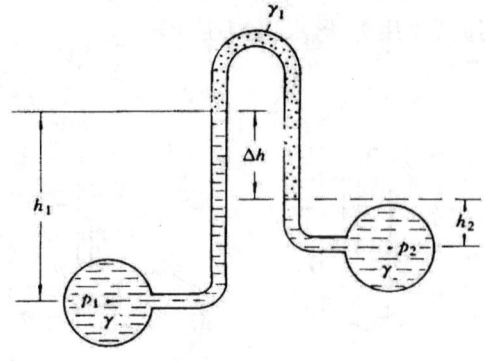

图 2-13 空气比压计

如果两测点在同一水平面上，则

$$p_1 - p_2 = \gamma \Delta h$$

②当所测压差较大时，将 U 形管内装以水银，U 形管的两端与测点相连，如图 2-14 所示。这时，$a—a$ 及 $b—b$ 都是等压面，可以写出

$$p_1 - \gamma h_1 = p_2 - \gamma h_2 + \gamma_汞 \Delta h$$

$$p_1 - p_2 = \gamma_汞 \Delta h - \gamma(h_2 - h_1)$$

当两测点在同一水平线上时，$h_2 - h_1 = \Delta h$，于是

$$p_1 - p_2 = (\gamma_汞 - \gamma)\Delta h$$

综上所述，液式压力计的优点是构造简单，使用方便，测量准确度比较高，造价低，可以自制；缺点是测量范围较小。它常在实验室内使用。

例 2-10 如图 2-15 所示测压装置，假设容器 A 中水面上的表压力等于 0.25at，$h = 500$mm，$h_1 = 200$mm，$h_2 = 250$mm，$h_3 = 300$mm，酒精相对密度为 0.8，试求 B 容器中空气的压力 p。

解 标出如图所示的 1、2、3、4 四个点。

1 点的压力为

$$p_1 = p_表 + \gamma_水(h + h_1)$$

2 点的压力为

$$p_2 = p_1 - \gamma_汞 h_1 = p_表 + \gamma_水(h + h_1) - \gamma_汞 h_1$$

3 点的压力为

$$p_3 = p_2 + \gamma_{酒精} h_2 = p_表 + \gamma_水(h + h_1) - \gamma_汞 h_1 + \gamma_{酒精} h_2$$

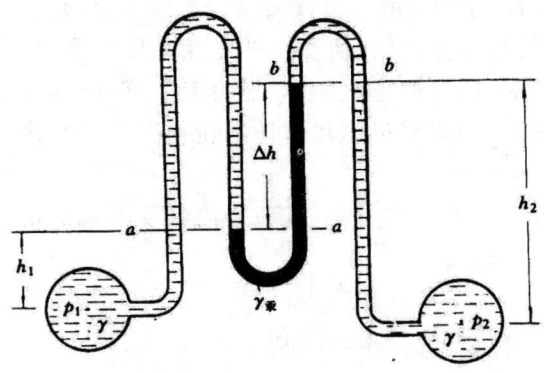
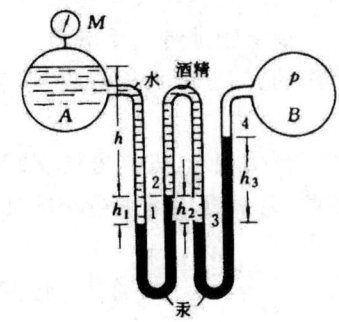

图 2-14 水银比压计　　　　　图 2-15 例 2-1 图

4 点的压力为

$$p_4 = p_3 - \gamma_{汞}h_3 = p_{表} + \gamma_{水}(h + h_1) - \gamma_{汞}h_1 + \gamma_{酒精}h_2 - \gamma_{汞}h_3$$

空气中各点压力可以近似相等，故所求的压力 p 即为 p_4，即

$$p = p_{表} + \gamma_{水}(h + h_1) - \gamma_{汞}(h_1 + h_3) + \gamma_{酒精}h_2$$

代入数值，则

$$p = (1 + 0.25) + \frac{1}{1000}(50 + 20) - \frac{13.6}{1000}(20 + 30) + \frac{0.8}{1000} \times 25$$

$$= 1.25 + 0.07 - 0.68 + 0.02 = 0.66(\text{at})$$

p 小于 1at，可见 B 容器中存在着真空，其真空度为

$$p_{真} = p_a - p = 1 - 0.66 = 0.34(\text{at})$$

2. 金属测压计

金属测压计是利用各种不同形状的弹性元件在被测压力的作用下产生弹性变形的原理而制成的测压仪表。一般用于工业上测量较高的压力。常用的有弹簧管式和薄膜式两种。

图 2-16(a) 为弹簧管式压力表。其主要部分为一弯成环形空心合金管，截面为椭圆形，端部封闭，由传动机构与指针相连，管子另一端接至测点。在压力作用下，合金管伸张，带动指针转动，指出压力读数。此种压力表测量范围由 2 大气压到 10000 大气压不等。

图 2-16(b) 为薄膜式压力表，其结构主要由一片波状断面的弹簧膜与指针

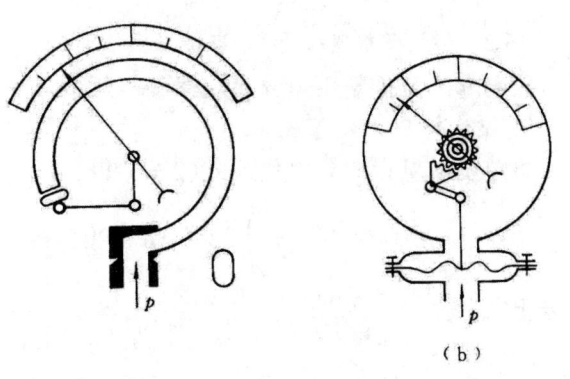

图 2-16 金属测压计

的传动机构相连。在压力作用下,薄膜变形,带动指针,指出读数。其测量范围可达到30at。

这两类压力表当测压接口与大气相通时,指针均指零点,因此所测出的是相对压力值,也称为表压。习惯上把那种用于测量压力大于大气压的,即只测正压的叫"压力表"。而那种只测小于大气压的,即只测负压的叫"真空表"。但也有一种兼测正压和负压的所谓压力真空两用表。

金属测压计体积小,安装方便,弹簧管和弹簧片的制造工艺要求较高,否则精度不能满足要求。使用前,常需要用特别精密的标准压力表进行校正。

§2-4 几种质量力作用下的流体平衡

装在容器中的流体随容器相对于地球在运动,但流体各部分之间以及流体与容器之间没有相对运动,只要把坐标系选在容器上,则流体对选定的坐标也是处于平衡状态的,这称为相对静止或相对平衡。在这种情况下,尽管流体在运动,而且流体质点具有加速度,但因为流体相邻层之间没有相对运动,不存在切应力,流体像固体一样整块地运动。根据达朗伯原理,可以假想把惯性力加在运动流体上,而将这种问题作为静止状态来处理。下面分别讨论盛液容器的两种运动情况,主要目的是找出压力分布规律和等压面。

一、等加速水平运动容器中流体的相对平衡

设盛有液体的容器沿水平面以加速度 a 作匀加速直线前进,它必然带动其中流体也匀加速前进,即流体实际上处于匀加速运动之中。为了讨论方便,我们把坐标系选在容器上,原点在容器未运动时的自由液面中心o处,坐标轴 x 的方向和加速度方向相同,x 轴向上,坐标系随流体一起运动,如图 2-17 所示。当我们应用达朗伯原理,分析流体对动坐标系的相对平衡时,作用在流体质点上的质量力,除了重力以外,还要虚加一个大小等于流体质点的质量乘加速度,方向与加速度方向相反的惯性力。容器内流体正是在这两种力的作用下处于对动坐标 xoz 的相对平衡状态。则作用在单位质量流体上的质量力为

$$X = -a \quad Y = 0 \quad Z = -g$$

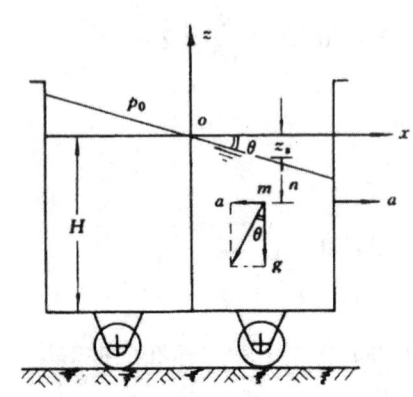

图 2-17 等加速水平运动容器

下面分别求出流体静压力分布规律和等压面。

1. 流体静压力分布规律

将单位质量力的分力代入式(2-6)得

$$dp = \rho(-adx - gdz)$$

积分上式,得

$$p = -\rho(ax + gz) + C$$

为了确定积分常数C,我们引入边界条件:当$x = 0, z = 0$时,$p = p_0$代入上式得$C = p_0$,

于是
$$p = p_0 - \rho(ax + gz) \tag{2-20}$$

这就是等加速水平运动容器中流体静压力分布公式。公式说明：压力 p 不仅随 z 变化，而且还随 x 的变化而变化。

2. 等压面方程

将单位质量力的分力代入等压面微分方程式(2-12)，得

$$a dx + g dz = 0$$

积分上式，得
$$ax + gz = C \tag{2-21}$$

这就是等压面方程。匀加速水平运动容器中流体的等压面已经不是水平面，而是一簇平行的斜面。它与 x 方向的倾斜角的大小为

$$\theta = \operatorname{arctg} \frac{a}{g} \tag{2-22}$$

在自由表面上，当 $x = 0$ 时 $z = 0$，可得积分常数 $C = 0$，故自由面方程为

$$ax + gz_s = 0 \tag{2-23a}$$

或
$$z_s = -\frac{a}{g}x \tag{2-23b}$$

式中 z_s 为自由表面上点的 z 坐标，从图中可看出自由液面应与重力及惯性力的合力相垂直。图 2-17 中 m 点的压力可由式(2-20)、式(2-23b)得

$$p = p_0 + \gamma(z_s - z) = p_0 + \gamma h \tag{2-24}$$

可以看出，匀加速水平运动容器中，液体静压力公式(2-24)与静止流体中静压力公式(2-16)完全相同，即流体内任一点的静压力等于液面上的压力 p_0 加上液体的重度与该点沉没深度的乘积。

二、匀角速旋转容器中流体的相对平衡

图 2-18 所示为盛有液体的开口圆桶。设圆桶以定转速绕其中心铅垂轴旋转，则由于液体粘性的作用，与容器壁接触的液体层，首先被带动而旋转，并向中心发展，使所有的液体质点都绕该轴旋转。待运动稳定后，各质点都具有相同角速度，液面形成一个漏斗形的旋转面。将坐标系取在运动着的容器上，原点取在旋转轴与自由表面交点上，z 轴垂直向上。根据达朗伯原理，作用在液体质点的质量力除了重力以外，还要虚加一个大小等于液体质点的质量乘以向心加速度，方向与向心加速度相反的离心惯性力。对于匀角速圆周运动来说，液体中任一质点 $m(x,y,z)$ 处的向心加速度为 $\frac{u^2}{r}$，则离心惯性力 F 为

$$F = \frac{mu^2}{r} = \frac{m}{r}(\omega r)^2 = m\omega^2 r$$

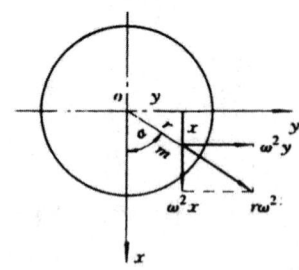

图 2-18 匀角速旋转容器

式中　m——质点质量；
　　　ω——角速度即为圆桶的转速；
　　　r——该点所在位置的半径，$r = \sqrt{x^2 + y^2}$。

单位质量离心力 $\dfrac{F}{m}$ 在 x 轴和 y 轴方向的分量为

$$X = \omega^2 r\cos\alpha = \omega^2 x$$

$$Y = \omega^2 r\sin\alpha = \omega^2 y$$

此外，铅垂方向的质量力分量为

$$Z = -g$$

下面我们分别求出流体静压力分布规律和等压面方程。

1. 流体静压力分布规律

将单位质量力的分力代入式(2-6)，得

$$dp = \rho(\omega^2 x dx + \omega^2 y dy - g dz)$$

积分后得

$$p = \rho(\frac{\omega^2 x^2}{2} + \frac{\omega^2 y^2}{2} - gz) + C$$

或

$$p = \rho(\frac{\omega^2 r^2}{2} - gz) + C$$

根据边界条件，当 $r=0, z=0$ 时，$p=p_0$，可求得积分常数 $C=p_0$，于是得

$$p = p_0 + \gamma(\frac{\omega^2 r^2}{2g} - z) \tag{2-25}$$

这就是匀角速旋转容器中液体静压力分布公式。公式说明：在同一高度上，液体静压力沿径向按半径二次方增长。

2. 等压面方程

将单位质量力的分力代入等压面微分方程式(2-12)得

$$\omega^2 x dx + \omega^2 y dy - g dz = 0$$

积分得

$$\frac{\omega^2 x^2}{2} + \frac{\omega^2 y^2}{2} - gz = 0$$

或

$$\frac{\omega^2 r^2}{2} - gz = C \tag{2-26}$$

这说明，等压面是一簇绕 z 轴的旋转抛物面。在自由表面上，当 $r=0$ 时，$z=0$，可得积分常数 $C=0$，故自由液面方程为

$$\frac{\omega^2 r^2}{2} - gz_s = 0 \tag{2-27a}$$

或

$$z_s = \frac{\omega^2 r^2}{2g} \tag{2-27b}$$

式中 $\frac{\omega^2 r^2}{2g}$ 表示半径为 r 处水面高出 xoy 平面的垂直距离。在匀速旋转时,质量力为垂直方向的 $-g$ 与水平方向的 $\omega^2 r$ 所合成,方向倾斜。随着 r 的变化,水平分力改变,垂直力不变。各点质量力倾斜角度不同,但在每一点上它都是与等压面互相垂直的。

将式(2-27b)代入式(2-25)得图 2-18 中任意一点 m 的压力为

$$p = p_0 + \gamma(z_s - z) = p_0 + \gamma h \tag{2-28}$$

可以看出,绕垂直轴匀角速度旋转容器中液体的静压力公式(2-28)与静止流体中静压力公式(2-16)完全相同,即液体内任一点静压力等于液面上的压力 p_0 加上液体的重度与该点沉没深度的乘积。

§2-5 静止流体作用在平面上的总压力

在工程实际中,不仅需要知道流体中任一点处静压力以及它的分布规律,而且需要知道设计水箱、油罐等设备时,静止流体作用在固体壁面上总压力的计算问题。本节先讨论静止流体作用在平面上总压力。

设在静止流体中有一块任意形状的平面,它与水平面的倾斜角为 α,面积为 A。坐标系如图 2-19 所示,x、y 轴取在平面上,z 轴垂直平面。为了看清平面形状,将平面绕 oy 轴旋转 90°,转到纸面上,则垂直于 oy 轴的 ox 轴将是原来液面的边线。由于面上各点深度 h 各不相同,故各点上的水静压力亦不同。但它们都垂直于作用平面,组成平行力系,于是可以根据力学原理来求流体总压力的大小和作用点。

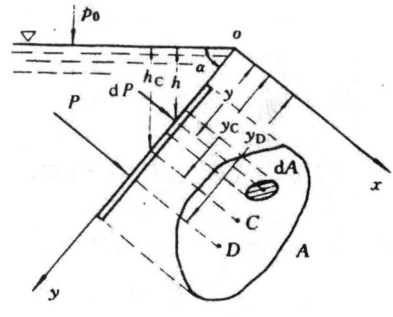

图 2-19 作用在平面上的总压力

一、总压力大小

为了求总压力大小,先在平面 A 上取一微元面积 dA,距液面深度为 h,水面以上为大气压,壁外与受有大气压力,则作用在微元面积 dA 上总压力为

$$dP = pdA = \gamma h dA$$

根据三角形关系知道,$h = y\sin\alpha$,y 为微元面积到 ox 轴的距离,于是可写出

$$dP = \gamma y \sin\alpha dA \tag{2-29}$$

对上式进行面积积分,即得总压力大小为

$$P = \int_A dP = \gamma\sin\alpha \int_A y dA$$

式中 $\int_A y dA$ 是代表面积 A 对 ox 轴的面积矩。它等于面积 A 与其形心坐标 y_C 的乘积,如以 p_C 代表形心 C 处的静水压力,则

$$P = \gamma \sin\alpha y_C A = \gamma h_C A = p_C A \tag{2-30}$$

它说明作用在任意形状平面上的总压力大小等于该平面的面积与其形心处压力的乘积。并且这个结论对于计入液面上压力为 p_0 时也同样正确。工程上遇到的平面图形都是比较规则的几何图形,它们的形心比较容易确定,式(2-30)用起来很方便。

总压力 P 的作用方向,根据静压力的特性,必然是垂直地指向这个作用面。

二、总压力的作用点

总压力的作用点称为压力中心。对称平面的压力中心 D 点的位置,只需要确定一个坐标值即可。

根据力学上平行力系的力矩原理,诸分力对某轴的力矩之和等于合力对该轴的力矩,可写成

$$P y_D = \int y dP$$

将式(2-29)及式(2-30)分别代入上式的两边,得

$$\gamma \sin\alpha y_C A y_D = \int y \gamma y \sin\alpha dA$$

化简后得

$$y_D = \frac{\int y^2 dA}{y_C A}$$

式中 $\int y^2 dA$ 为面积 A 对 ox 轴的惯性矩,可以用 J_x 来表示,故上式得

$$y_D = \frac{J_x}{y_C A}$$

根据惯性矩的平行移轴定理,$J_x = J_C + y_C^2 A$,可将面积 A 对 ox 轴的惯性矩 J_x 换算成对通过面积形心 C 而且平行于 ox 轴的轴线的惯性矩 J_C 代入上式得

$$y_D = \frac{J_C + y_C^2 A}{y_C A} = y_C + \frac{J_C}{y_C A} \tag{2-31}$$

因为 $\frac{J_C}{y_C A}$ 恒为正值,故 $y_D > y_C$,也就是说,压力中心 D 永远在平面形心 C 的下边,其间的距离为 $\frac{J_C}{y_C A}$。

今将各种常见的规则平面图形的面积、形心位置和对通过形心的轴的惯性矩列于表 2-1。

表 2-1 各种常见的规则平面图形的面积、形心位置和通过形心的轴的惯性矩

图 形		A	y_C	J_C
正方形	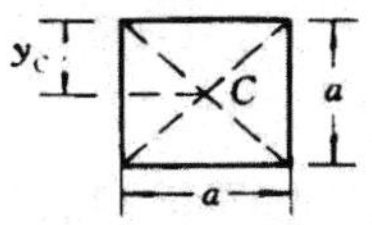	a^2	$\dfrac{a}{2}$	$\dfrac{a^4}{12}$
矩 形	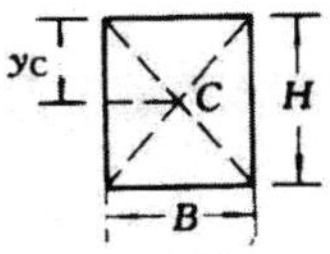	BH	$\dfrac{H}{2}$	$\dfrac{BH^3}{12}$
等腰三角形	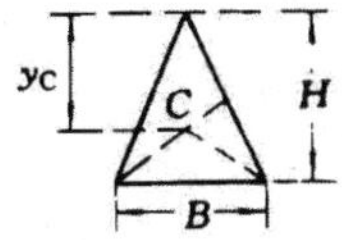	$\dfrac{BH}{2}$	$\dfrac{2}{3}H$	$\dfrac{BH^3}{36}$
正梯形	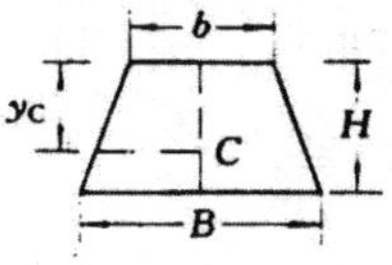	$\dfrac{H}{2}(B+b)$	$\dfrac{H(b+2B)}{3(b+B)}$	$\dfrac{H^3(B^2+4Bb+b^2)}{36(B+b)}$
圆 形	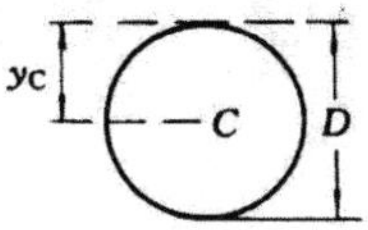	$\dfrac{\pi D^2}{4}$	$\dfrac{D}{2}$	$\dfrac{\pi D^4}{64}$
椭 圆 形	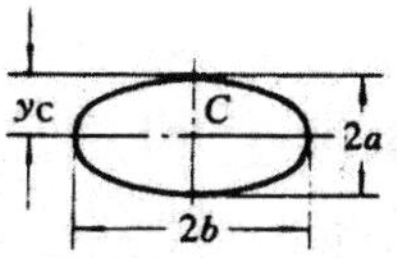	πab	a	$\dfrac{\pi a^3 b}{4}$

例 2-2 如图 2-20 所示,一矩形闸门两面受到水的压力,左边水深 $H_1=4.5\mathrm{m}$,右边水深 $H_2=2.5\mathrm{m}$,闸门与水面成 $\alpha=45°$ 倾斜角,假设闸门的宽度 $b=1\mathrm{m}$,试求作用在闸门上的总压力及其作用点。

解 作用在闸门上的总压力系左右两边液体总压力之差,即

$$P = P_1 - P_2$$

因为
$$H_{C_1} = \frac{H_1}{2}, \quad A_1 = bl_1 = b\frac{H_1}{\sin\alpha};$$

$$H_{C_2} = \frac{H_2}{2}, \quad A_2 = bl_2 = b\frac{H_2}{\sin\alpha}$$

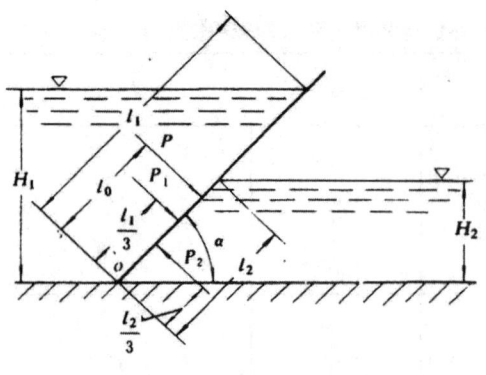

图 2-20 例 2-2 图

所以

$$P = \gamma h_{C1}A_1 - \gamma h_{C2}A_2 = \frac{\gamma b H_1^2}{2\sin\alpha} - \frac{\gamma b H_2^2}{2\sin\alpha}$$

$$= \frac{9800 \times 1 \times 4.5^2}{2 \times 0.707} - \frac{9800 \times 1 \times 2.5^2}{2 \times 0.707}$$

$$= 140346 - 43316 = 97030\text{N}$$

由于矩形平面压力中心坐标

$$y_D = y_C + \frac{J_C}{y_C A} = \frac{L}{2} + \frac{bL^3/12}{(L/2)bL} = \frac{2}{3}L$$

根据合力矩定理,对通过 o 点垂直于图面的轴取矩,得

$$Pl_0 = P_1 \frac{l_1}{3} - P_2 \frac{l_2}{3} = P_1 \frac{H_1}{3\sin\alpha} - P_2 \frac{H_2}{3\sin\alpha}$$

所以

$$l_0 = \frac{P_1 H_1 - P_2 H_2}{3P\sin\alpha} = \frac{140346 \times 4.5 - 43316 \times 2.5}{3 \times 97030 \times 0.707} = 2.54(\text{m})$$

这就是作用在闸门上的总压力的作用点距闸门下端的距离。

§2-6 静止流体作用在曲面上的总压力

在工程实际问题中,常见到一些储液容器如水塔、油罐、分离器、锅炉、蒸馏塔等,是由圆柱、圆锥、半球、球冠等曲面组成的。确定流体对这些器壁的作用力,就属于计算曲面上流体总压力问题。作用在曲面上各点的流体静压力都垂直于器壁,这就形成了复杂的空间力系,求总压力问题便成为空间力系的合成问题。然而在工程上用到最多的是二向曲面,所以下面研究静止流体作用在二向曲面上的总压力。

设有一承受液体压力的二向柱形曲面,其面积为 A,令坐标系 y 轴与二向曲面的母线平行,则曲面在 xo 系平面上的投影便成为曲线 ab,如图 2-21 所示。

在曲面 ab 上任意点取一微元面积

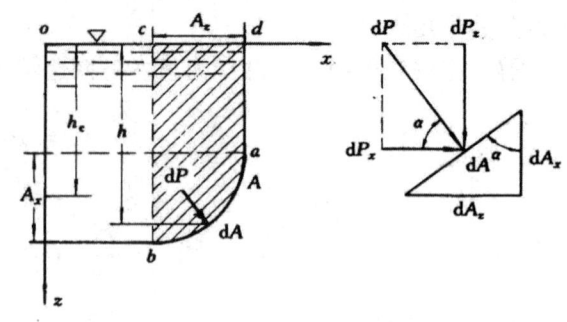

图 2-21 作用在曲面上的总压力

dA，它的沉没深度为 h，则流体作用在微元上总压力为

$$dP = \gamma h dA$$

将 dP 分解为水平与垂直的两个微元分力，并将此两个微元分力在整个面积上进行积分，便可求得作用在曲面上的水平分力与垂直分力，进而求出总压力大小、方向及作用点。

一、总压力大小和方向

设 α 为微元面积 dA 的法线与 x 轴的夹角，则微元水平分力

$$dP_x = \gamma h dA \cos\alpha$$

由图 2-21 知，$dA\cos\alpha = dA_x$，故总压力的水平分力为

$$P_x = \gamma \int_A h dA_x$$

式中 $\int_A h dA_x = h_C A_x$ 为面积 A 在 yoz 坐标面上投影面积 A_x 对 y 轴的面积矩，故上式变为

$$P_x = \gamma h_C A_x \qquad (2-32)$$

这就是作用在曲面上总压力的水平分力的计算公式。说明流体作用在曲面上总压力的水平分力等于流体作用在该曲面对垂直坐标面 yoz 的投影面 A_x 上的总压力。水平分力 P_x 作用线通过 A_x 的压力中心。对微元垂直分力

$$dP_z = \gamma h dA \sin\alpha$$

由图 2-21 知，$dA\sin\alpha = dA_z$，故总压力的垂直分力为

$$P_z = \gamma \int_A h dA_z$$

式中 $\int_A h dA_z = V$，它相当于从曲面向上引至液面的若干微小柱体的体积的总和 $abcd$（图 2-21 中的阴影部分）。这样一个体积称为压力体，故上式变为

$$P_z = \gamma V \qquad (2-33)$$

即流体作用在曲面上总压力的垂直分力等于压力体的液量，它的作用线通过压力体的重心。

总压力的大小为

$$P = \sqrt{P_x^2 + P_z^2} \qquad (2-34)$$

总压力与垂线之间的夹角为

$$\text{tg}\theta = \frac{P_x}{P_z} \qquad (2-35)$$

二、总压力的作用点

由于总压力的垂直分力作用线通过压力体的重心而指向受压面，水平分力的作用线通过

A_x 平面的压力中心而指向受压面,故总压力作用线必须通过这两条作用线的交点 D',且与垂直线成 θ 角(见图 2-22)。这条总压力的作用线与曲面的交点 D 就是总压力在曲面上的作用点。

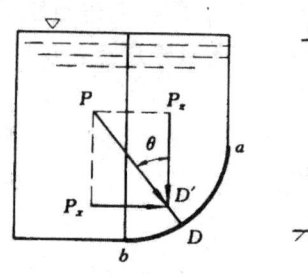

图 2-22 曲面总压力的合力

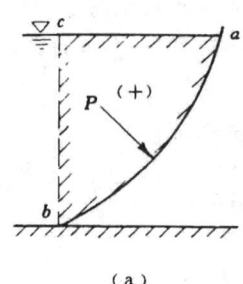

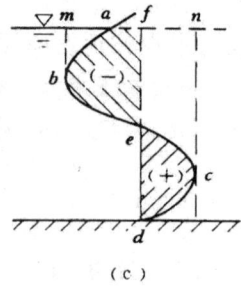

图 2-23 压力体示意图

三、压力体

下面解释一下压力体的概念。压力体是从积分式 $\int_A h\,dA$ 得到的一个体积,它是一个纯数学的概念,与这个体积内是否充满着液体无关。试看图 2-23 所示的三种情况。

在图 2-23(a)的情况下,显然 P 是指向斜下方的,因此垂直分力是向下的。这时压力体中充满着液体,称为实压力体,用(+)号表示。

在图 2-23(b)的情况下,显然 P 是指向斜上方的,因此垂直分力是向上的。不过决定垂直分力大小的压力体仍然是曲面起向上至液面(这时是液面的延伸面)的柱体。但是,由于此时压力体中实际上没有流体,所以称为虚压力体。为了与图 2-23(a)情况区别,用(-)号表示。

图 2-23(c)是一种比较复杂情况。但只要把它分解一下,不管曲面怎样复杂,总可以分成液体在曲面以上和液体在曲面以下的两种类型。图 2-23(c)中 ab 和 cd 两段都属于液体在曲面以上的情况,可仿照情况图 2-23(a)给出压力体 amb 和 fdcn,以(+)号表示,而 bc 段是液体在曲面以下的情况,它相应的压力体是 mbcn,以(-)号表示。最后把这三部分压力体中(+)号和(-)号重叠的部分消去,则只剩下两块压力体:一块是 abef,是(-)的;另一块是 edc,是(+)的。然后可以分别求出这两个垂直分,一个向上,一个向下,各自通过其压力体的形心。

根据以上分析可知,压力体是由液体的自由表面、承受压力的曲面和由该曲面的边线向上垂直引伸到自由液面或其延伸面的各个表面所围成的体积。

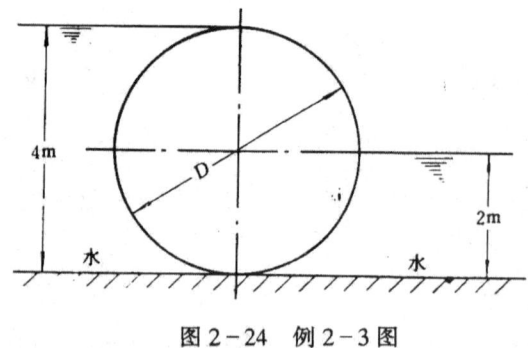

图 2-24 例 2-3 图

例 2-3 如图 2-24,有一圆形滚门,长 1m(垂直直图面方向),直径 D 为 4m,两侧有水,上游水深 4m,下游水深 2m,求作用在门上的总压力的大小及作用线的位置。

解 分左右两部分计算

左部:水平分力 $P_{x1} = \gamma h_{C1} A_{x1}$

$= 9800 \times 2 \times (4 \times 1)$

$= 78400(\text{N})$

垂直分力 $P_{z1} = \gamma V_1 = 9800 \times 1$
$\times (\frac{1}{2} \times \frac{\pi}{4} \times 4^2)$
$= 61500(\text{N})$

合力 $P_1 = \sqrt{P_{x1}^2 + P_{z1}^2} = \sqrt{(78400)^2 + (61500)^2} = 99640(\text{N})$

作用线通过中心与铅垂线成角度 θ_1

$$\text{tg}\theta_1 = \frac{P_{x1}}{P_{z1}} = \frac{78400}{61500} = 1.27 \qquad \theta = 50°47'$$

右部：水平分力 $P_{x2} = \gamma h_{C2} A_{x2} = 9800 \times 1 \times (2 \times 1) = 19600(\text{N})$

垂直分力 $P_{z2} = \gamma V_2 = \frac{1}{2} P_{z1} = 30750(\text{N})$

合 力 $P_2 = \sqrt{P_{x2}^2 + P_{z2}^2} = \sqrt{(19600)^2 + (30750)^2} = 36470(\text{N})$

作用线通过中心与垂线成角度 θ_2

$$\text{tg}\theta_2 = \frac{P_{x2}}{P_{z2}} = \frac{30750}{36470} = 0.843 \qquad \theta = 40°7'$$

总水平分力 $P_x = 78400 - 19600 = 58800 (\text{N})(\rightarrow)$

总垂直分力 $P_z = 61500 + 30750 = 92250 (\text{N})(\uparrow)$

合 力 $P = \sqrt{P_x^2 + P_z^2} = \sqrt{(58800)^2 + (92250)^2} = 109400(\text{N})$

$$\text{tg}\theta = \frac{P_x}{P_z} = \frac{58800}{92250} = 0.637 \qquad \theta = 32°30'$$

§2-7 物体在液体中的潜浮原理

在生产实践中经常遇到物体浸入液体的情况。为了求解这类问题，需讨论液体对物体的浮力及其计算方法。

漂浮在液面上的物体称为浮体，完全潜没在液体中的物体称为潜体。浮体或潜体与液体接触的表面将受到液体的压力作用。

图2-25中的物体ABCD浸在平衡液体内部，引用曲面上所受总压力的计算式

$$P = \sqrt{P_x^2 + P_y^2 + P_z^2} \qquad (2-36)$$

式中　P——物体表面上所受到的液体总压力；

　　　P_x——总压力 P 在 ox 方向的分力；

　　　P_y——总压力 P 在 oy 方向的分力；

　　　P_z——总压力 P 在 oz 方向的分力。

因为物体两侧表面上点均处于液体内部相等深度的位置，而且压力又总是沿着受压面各点的内法线方向，所以作用在物体两侧面上液体总水平分力大小相等，方向相反，互相抵消。这样公式(2-36)变为

$$P = \sqrt{P_z^2} = P_z$$

从上面作用于物体上的压力

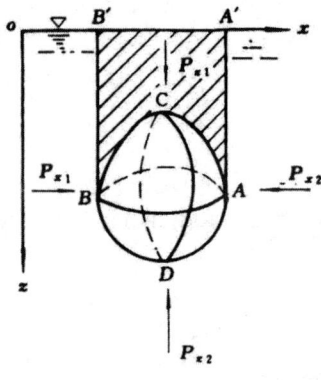

图 2-25　液体的浮力

$$P_{z1} = \gamma V_{AA'B'BCA}$$

从下面作用于物体上的压力

$$P_{z2} = \gamma V_{AA'B'BDA}$$

因而物体受到垂直方向的总压力，方向朝上，即

$$P_z = \gamma V_{ACBDA}$$

或写

$$P_z = \gamma V \qquad (2-37)$$

所以，浸没在液体中的物体所受的液体总压力是一个垂直压力，它的大小等于与物体同体积的液体重量，方向朝上，作用线通过物体的几何中心，又称浮心。这就是著名的阿基米德原理。这个垂直压力 P_z 又称为浮力。从上面分析可以看出：浮力的存在就是物体表面上作用的液体压力不平衡的结果。

还必须指出，阿基米德原理无论对于完全潜没在液体的潜体或漂浮在液面上的浮体都是正确的。

下面我们进一步讨论潜体及浮体的平衡及稳定问题。

一、潜体的平衡及稳定

潜体受到两个力的作用，一个是物体本身的重力 G，它通过物体的重心，如图 2-26 所示；一个是浮力 P，它通过所排开同体积液体的重心，也就是通过物体本身的几何中心 C。

(1)潜体平衡的两个条件

1)重力和浮力大小相等，即

$$G = P$$

因为如果 $G > P$，则物体下沉，直到遇有底部固体边界为止。如果 $G < P$，则物体上浮，最

后就变成浮体而不是潜体了。

2)重心与浮心要在一条垂直线上。因为重心与浮心如果不在一条垂直线上,就会构成一个力偶,使潜体倾倒。只有重心和浮心在一条垂直线上,才不产生力偶。这时通过重心与浮心而连成的垂直线叫作浮轴。

(2)潜体的稳定性

潜体的稳定性是指平衡物体受某种外力作用发生倾斜后不依靠外力而恢复原来平衡状态的能力。

根据重心 D 与浮心 C 相互位置,可以分三种情况来讨论潜体稳定性。

1) D 在 C 之下,如图 2-27(a)。潜体如发生倾斜,重力 G 与浮力 P 形成一个使潜体恢复到原来平衡状态的转动力矩,以反抗使其继续倾斜的趋势。一旦去掉外界干扰,潜体将自动恢复平衡。这种情况叫做稳定平衡。

2) D 在 C 之上,如图 2-27(b)。潜体如有倾斜,重力 G 与浮力 P 将产生一个使潜体继续翻转的转动力矩,潜体不能恢复平衡位置。这种情况称为不稳定平衡。

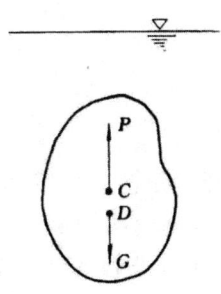

图 2-26 潜体的平衡

3) D 与 C 重合,如图 2-27(c)。潜体处于任何位置都是平衡的,称为随遇平衡。

由此可见,为了保持潜体的稳定,潜体的浮心 C 必须位于重心 D 之上。

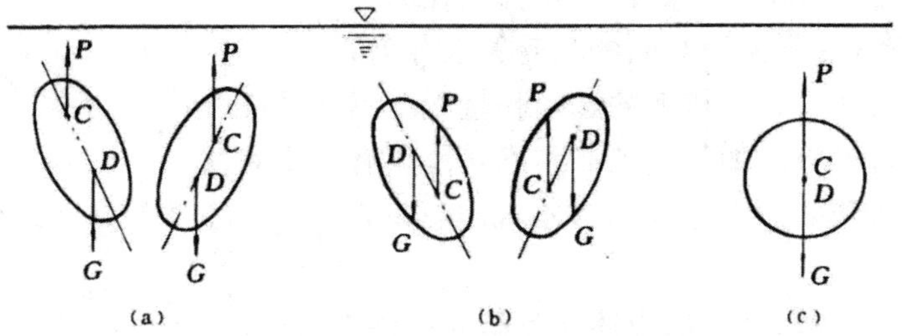

二、浮体的平衡及稳定

浮体平衡的条件和潜体相同,即作用于浮体的重力 G 和浮力 P 相等,并且重心 G 和浮心 C 在同一条垂线上。

浮体的稳定性取决于重心 D 与浮心 C 的相互位置。物体重心 D 与浮心 C 的相互位置可分为三种情况。

图 2-27 潜体的稳定分析

1) D 在 C 之下,如图 2-28(a)所示。浮体如发生倾斜,由于沉没的体积形状发生变化,故原来平衡时的浮心 C 变到新的浮心 C' 的位置上,重心 D 仍不变。这样在倾斜后,一旦去掉外界干扰,便由 P 及 G 组成的转动力矩使浮体恢复到原来位置。这叫做稳定平衡。

2) D 与 C 重合,如图 2-28(b)所示。浮体如发生倾斜,由于浮心 C 变到 C',故立刻产生一个由 P 及 G 所组成转动力矩,它与浮体倾斜方向相反,使浮体又恢复到原来位置,故亦为稳定平衡。

3) D 在 C 之上。这种情况比较复杂,在这里先说明一下定倾中心的概念。浮体发生倾斜时,其浮心 C 变为新的浮心 C',这时通过浮心 C' 的浮力作用线与浮体原来平衡时的浮轴的交点,就叫做定倾中心,以 m 表之。

重心 D 在浮心 C 之上的情况又可根据定倾中心 m 与重心 D 的相互位置而分为如下三种情况。

① m 在 D 之上,如图 2-28(c)。这和图 2-28(a)相同,是一种稳定平衡。

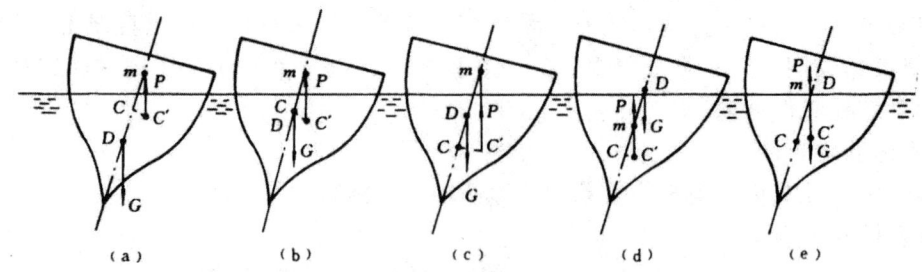

图 2-28 浮体的稳定分析

② m 在 D 之下,如图 2-28(d)。浮体倾斜后,P 与 G 组成的转动力矩和倾斜方向相同,因而使浮体继续倾倒,这是一种不稳定平衡。

③ m 与 D 重合,如图 2-28(e)。倾斜后 P 与 G 仍在一条垂直线上不产生力矩,一旦去掉外界干扰,浮体即在新位置上得到平衡,因而这是随遇平衡。

思 考 题

2-1 流体静压力有哪些特性?怎样证明?

2-2 试述流体平衡微分方程式的推导步骤。其物理意义和适用范围是什么?

2-3 什么样的函数称力函数?力函数与压力全微分有什么关系?

2-4 等压面及其特性如何?

2-5 静力学基本方程式说明哪些问题?它的使用条件是什么?

2-6 绝对压力、表压力和真空度的意义及其间的相互关系如何?

2-7 液式测压计的水力原理是什么?工作液的选择和量程范围及精度有什么关系?

2-8 何谓相对静止流体?分析的方法如何?它们和静止流体有什么共性?

2-9 如何确定流体作用在平面和曲面上总压力大小、方向和作用点?它们之间有什么共性和特性?

2-10 何谓压力中心?何谓压力体?确定压力体的方法和步骤如何?

2-11 怎样确定潜体和浮体所受浮力的大小和作用点?潜体和浮体的平衡条件是什么?

习 题

2-1 如图所示的 U 形管中装有水银与水,试求:

(1) A、C 两点的绝对压力及表压力各为多少?

(2) A、B 两点的高度差 h 为多少?

2-2 水银压力计装置如图。求管中心点 A 处绝对压力及表压力?(设油品相对密度为 0.9)

2-3 今有 U 形管,内装水和四氯化碳(CCl_4),如图所示。试求四氯化碳的相对密度。

2-4 图示水罐中气体绝对压力 $p_1 = 1.5 \times 10^4$ Pa,高度 $H = 1$m。当时的大气压力相当于 745mm 水银柱高。试求玻璃管中水银的上升高度 h 为多少?

2-5 油罐内装相对密度 0.8 的油品,下有底水。为测定油深及油面上的压力,装置如图所示的 U 形管水银压力计,测得各液面位置如图。试确定油面高度 H 及液面压力 p_0。

2-6 油罐内装相对密度 0.70 的汽油,为测定油面高度,利用连通器原理,把 U 形管内装

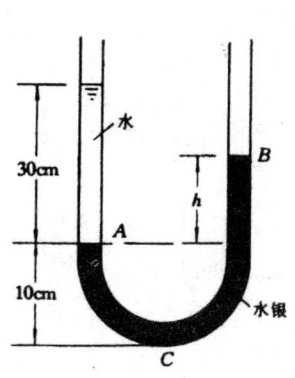

题 2-1 图

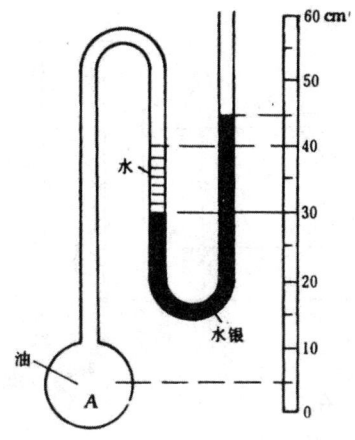

题 2-2 图

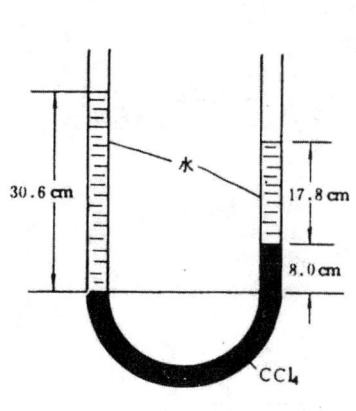

题 2-3 图

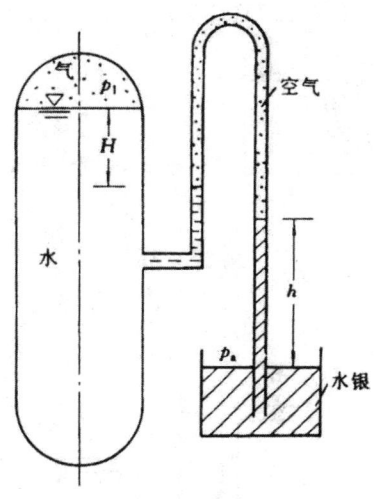

题 2-4 图

上相对密度为 1.26 的甘油,一端接通油罐顶部空间,一端接压气管。同时,压气管的另一支引入油罐底以上的 0.40m 处。压气后,当液面有气逸出时,根据 U 形管内油面高差 $\Delta h = 0.70$m 来推算油罐内的油深 H 为多少?

2-7 为测定油品重度,用如下装置,经过 1 管或 2 管输入气体,直至罐内油面出现气泡为止。用 U 形管水银压力计分别量出 1 管通气时的 Δh_1,及 2 管通气时的 Δh_2。试根据 1、2 两管的沉没深度 H_1 和 H_2 以及 Δh_1 和 Δh_2,推求油品重度的表达式。

2-8 如图所示热水锅炉,$h_2 = 50$mm。问锅炉内液面在何处?(要求作图表示不必计算)。液面上蒸汽压力为多少?右侧两管的液面差 h_1 应为多少?

2-9 图示两水管以 U 形压力计相连,A、B 两点高差 1m,U 形管内装水银,若读数 $h = 0.50$m,求 A、B 两点的压差为多少?

2-10 欲测输油管上 A、B 两点的压差,使用 U 形管压差计,内装水银,若读数 $\Delta h = 360$mm,油的相对密度 0.78,则 $p_A - p_B = ?$

2-11 为测水管上微小压差,使用倒 U 形管,上部充以相对密度 0.92 的油。若 $\Delta h = $

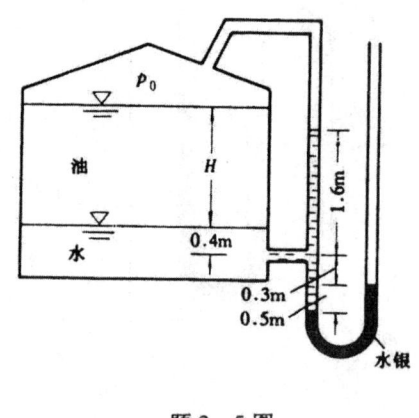

题 2-5 图

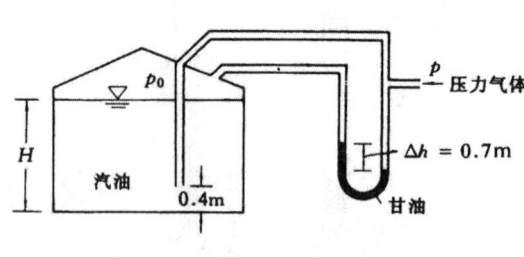

题 2-6 图

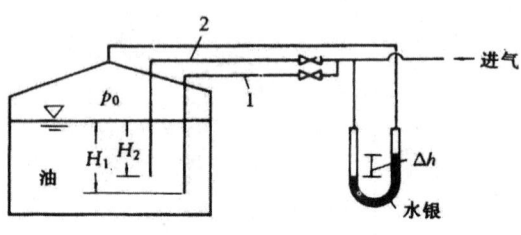

题 2-7 图

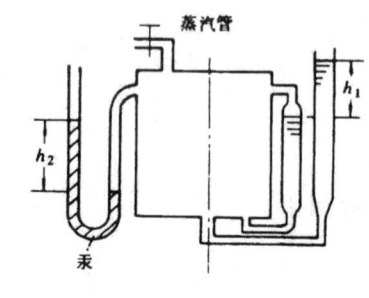

题 2-8 图

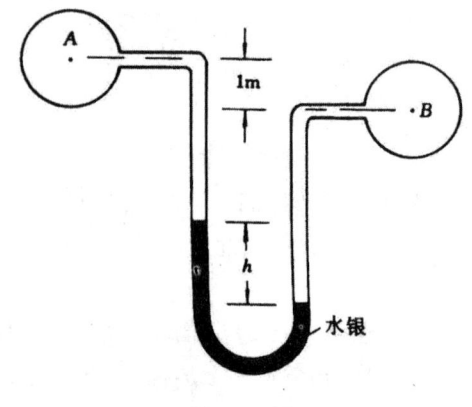

题 2-9 图

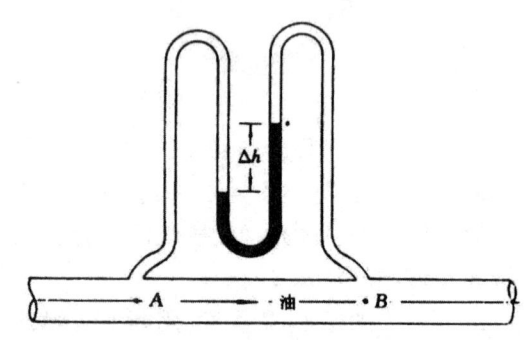

题 2-10 图

125mm,求 $p_A - p_B = ?$

2-12 图示为校正压力表的压挤机,密闭室内油的容积 $V = 300\text{cm}^3$,圆柱塞直径 $d = 10\text{mm}$,柱的螺距 $t = 2\text{mm}$,摇柄半径 $r = 150\text{mm}$,求获得 250 大气压时所需的手摇轮的转数?(提示:根据油的压缩性找出体积平衡关系, $\beta_p = 4.75 \times 10^{-10}\text{Pa}^{-1}$)

2-13 用水银测压计测量容器中的压力,测得水银柱高差为 h,如图所示。若将测压管下移到虚线位置,左侧水银面下降 Δz,如果容器内压力不变,问水银柱高差 h 是否改变?改变多少?若容器内是空气,重度 $\gamma_a = 11.82\text{N/m}^3$,结果又如何?

— 40 —

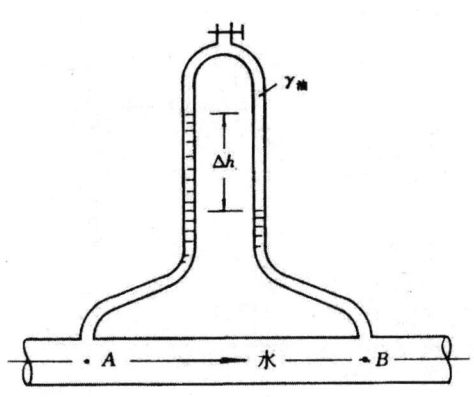

题 2-11 图

当转数超过 n_1 时,水开始溢出容器边缘,而抛物面的顶端将向底部接近。试求能使抛物面顶端碰到容器底时的转数 n_2。在容器静止以后,水面高度 h_2 将为多少?

2-17 木制提升式闸板,宽度 $B = 1.5$m,水深 $H = 1.5$m,闸板与导槽间的摩擦系数为 0.7,求提升闸板需力多少?

2-14 利用装有液体并与物体一起运动的 U 形管量测物体的加速度,如图所示。U 形管直径很小,$L = 30$cm,$h = 5$cm。求物体加速度 a 为多少?

2-15 盛水容器,试求其中深度 $H = 1$m 处的液体压力。
(1)容器以 6m/s² 的匀加速度垂直上升时;
(2)容器以 6m/s² 的匀加速度垂直下降时;
(3)自由下落时;
(4)容器以 15m/s² 的匀加速度下降时。

2-16 在一直径 $D = 300$mm、高 $H = 500$mm 的圆柱形容器中注入水至高度 $h_1 = 300$mm,然后使容器绕其垂直轴旋转。试决定能使水的自由液面到达容器上部边缘时的转数 n_1。

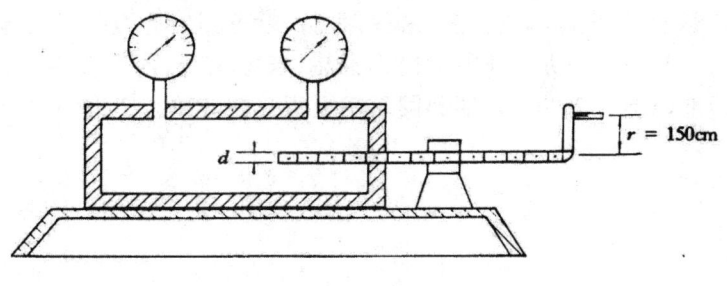

题 2-12 图

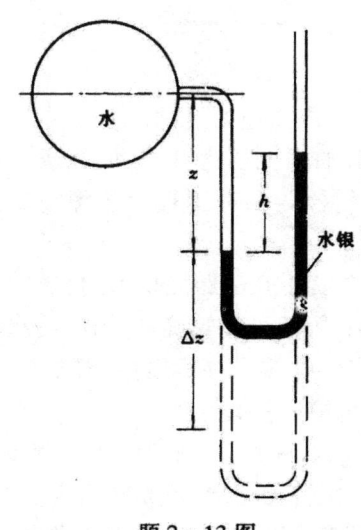

题 2-13 图

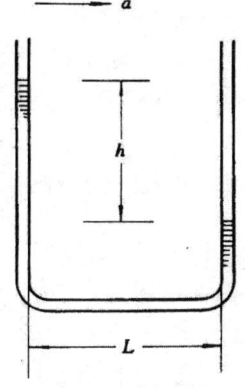

题 2-14 图

2-18 图示油罐发油装置,将直径 d 的圆管伸进罐内,端部切成 45°角,用盖板盖住,盖板可绕管端上面的铰链旋转,借助绳系上提来开启。若油深 $H = 5$m,圆管直径 $d = 600$mm,油

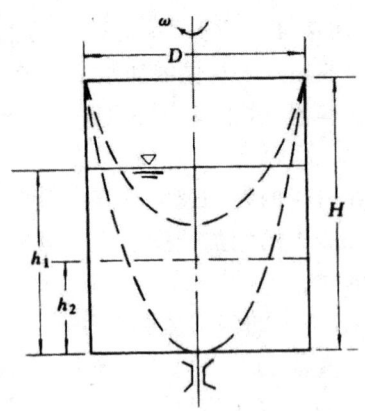
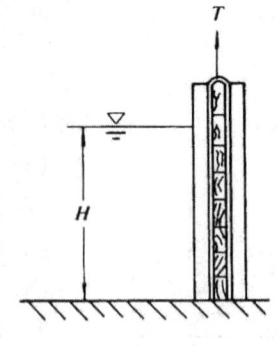
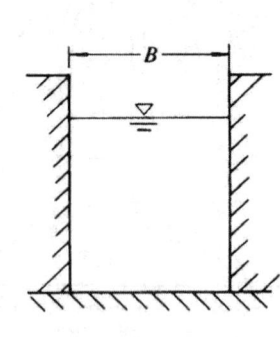

题 2-16 图　　　　　　　　　题 2-17 图

品相对密度 0.85。不计盖板重及铰链的摩擦力,求提升此盖板所需的力的大小。(提示:盖板为椭圆形,要先算出长轴 $2b$ 和短轴 $2a$,就可算出盖板面积 $A = \pi ab$)

2-19　25m³ 卧式圆筒形油罐,长 4.15m,内径 2.54m,油品相对密度 0.70,油面高度在顶部以上 0.20m。求端部圆面积上所受的液体总压力的大小和压力中心位置?

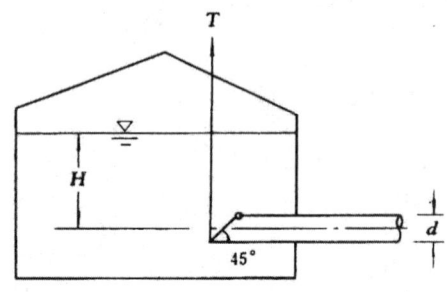
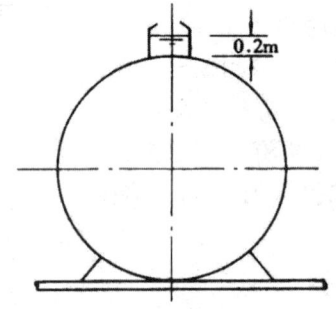

题 2-18 图　　　　　　　　　题 2-19 图

2-20　1000m³ 半地下罐,所装油品相对密度为 0.8,油面上压力 0.08 大气压。钢板的容许应力为 $\sigma = 1.176 \times 10^8$ Pa,求最下圈钢板所需厚度?(提示:参考工程力学薄壁筒计算原理)

2-21　某处装置一安全闸门,门宽 B 为 0.6m,门高 H 为 1.0m。距底 0.4m 处装有闸门横轴,闸门可绕轴旋转。问门前水深 h 为多少时,闸门即可自行开放?(不计各处的摩擦力)

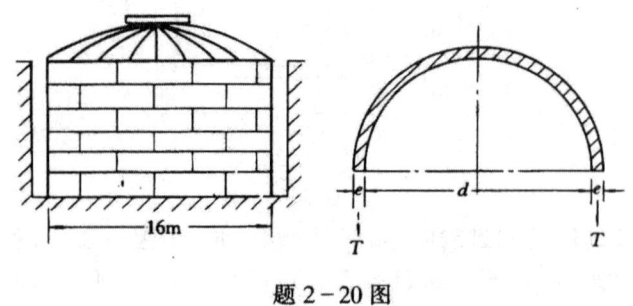

2-22　图示两个半圆球形壳,以螺钉相连接。下半球固定于地面,其底部接以测压管,球内装满水,测压管内水面高出球顶 1m,球直径 2m,试求螺钉所受的总张力。

题 2-20 图

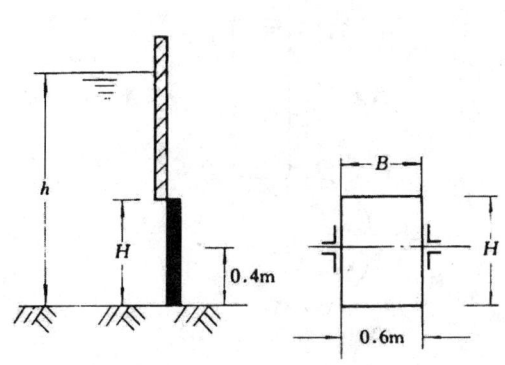
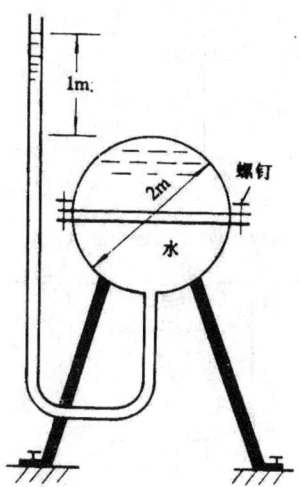

题 2 - 21 图   题 2 - 22 图

2 - 23 卧式油罐直径 2.2m, 长 9.6m, 油面高出顶部 0.2m。密闭时, 油面蒸气压力为 368mm 水银柱, 油品相对密度为 0.72。求 AA 及 BB 断面处的拉力?

2 - 24 在盛有汽油的容器的底上有一直径 $d_2 = 20$mm 的圆阀, 该阀用绳系于直径 $d_1 = 100$mm 的圆柱形浮子上。设浮子及圆阀的总质量 $m = 100$g, 汽油相对密度 0.75, 绳长 $Z = 150$mm 问圆阀将在油面高度 H 为多少时开启?

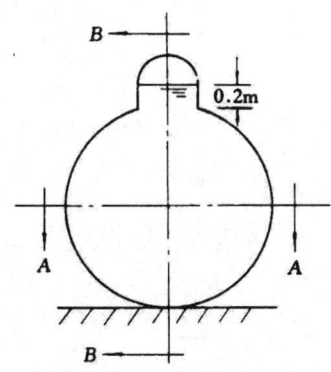
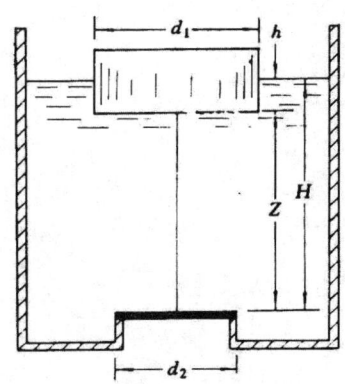

题 2 - 23 图   题 2 - 24 图

2 - 25 图示水泵吸水管内的圆球形吸入阀, 管内液面高 $H_1 = 5$m, 管外液面高 $H_2 = 2$m。实心钢球直径 $D = 150$mm, 材料相对密度 8.5, 安装在一个直径 $d = 100$mm 的阀座上。问吸水管内 AB 液面上需有多大真空度时, 才能将球阀升起?(提示: 先分清球阀在垂直方向上受哪些力的作用, 再根据 压力体去解)

2 - 26 玻璃制比重计, 管下端小球中装有弹丸, 管外径 2.0cm, 小球体积 $V_0 = 10$cm³; 比重计的质量 $m = 25$g, 汽油相对密度为 0.70。求比重计淹没在汽油中的深度 h?

— 43 —

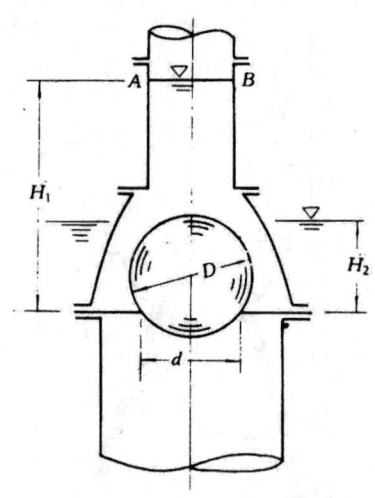
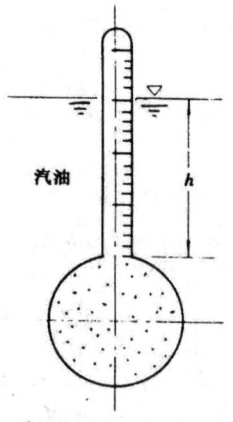

题 2 - 25 图   题 2 - 26 图

2-27 一木排由直径250mm,长10m的圆木结成。用以输送10000N的重物通过河道。设木头相对密度为0.8,过河时圆木顶面与水面齐平。问至少需要圆木多少根?

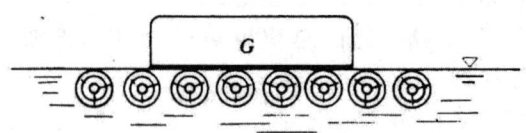

题 2 - 27 图

第三章 流体运动学与动力学基础

本章研究流体流动的一些基本方法,讨论流体流动的某些基本概念,再应用物理学中的质量守恒定律、牛顿第二定律、动量定理和动量矩定理等推导出理想流体流动的几个重要的基本方程,即连续性方程、欧拉方程、伯诺利方程、动量方程和动量矩方程等。这些方程是流体流动所共同遵循的普遍规律,是分析流体流动的重要依据。

§3-1 研究流体流动的方法

如前所述,把流体视为由无限多个质点(分子微团)所组成的均匀连续介质,如果把流体质点作为研究对象,跟踪一个质点,描述它运动的历史过程,并把足够多的质点运动情况再综合起来,就可以了解整个流体的运动。这种方法叫做拉格朗日法,这实质是一种质点系法。

拉格朗日法是以研究个别流体质点的运动为基础,通过对各个液体质点运动的研究来获得整个流体的运动规律。这就首先需要区别不同的质点。对于直角坐标系来说,在某一起始时刻 t_0,质点坐标位置为 (a,b,c)。不同的质点有不同的 (a,b,c) 值,则这个起始坐标 (a,b,c) 就可以作为该质点的标志,称为拉格朗日变数。而任意时刻 t,任何质点在空间的位置 (x,y,z) 都可以看成是拉格朗日变数 (a,b,c) 和时间 t 的函数

$$\left. \begin{array}{l} x = x(a,b,c,t) \\ y = y(a,b,c,t) \\ z = z(a,b,c,t) \end{array} \right\} \tag{3-1}$$

在式(3-1)中,如果令 (a,b,c) 为常数,t 为变数,就可以得出某个指定质点在任意时刻所处的位置;如果 t 为常数,(a,b,c) 为变数,就可以得出某一瞬时不同质点在空间的分布情况。

任一流体质点在任意时刻的速度,可以从式(3-1)对时间求偏导数得出

$$\left. \begin{array}{l} u_x = \dfrac{\partial x}{\partial t} = \dfrac{\partial x(a,b,c,t)}{\partial t} \\ u_y = \dfrac{\partial y}{\partial t} = \dfrac{\partial y(a,b,c,t)}{\partial t} \\ u_z = \dfrac{\partial z}{\partial t} = \dfrac{\partial z(a,b,c,t)}{\partial t} \end{array} \right\} \tag{3-2}$$

同理,任一流体质点的加速度,就是将式(3-2)对时间取偏导数而得

$$\left.\begin{aligned} a_x &= \frac{\partial u_x}{\partial t} = \frac{\partial^2 x(a,b,c,t)}{\partial t^2} \\ a_y &= \frac{\partial u_y}{\partial t} = \frac{\partial^2 y(a,b,c,t)}{\partial t^2} \\ a_z &= \frac{\partial u_z}{\partial t} = \frac{\partial^2 z(a,b,c,t)}{\partial t^2} \end{aligned}\right\} \quad (3-3)$$

拉格朗日方法的物理概念比较清楚，容易为初学者接受。但用这种方法来研究，必须了解各流体质点运动的历史情况，数学上常会遇到很多困难。而且分析流体运动往往只需要了解流动空间中各运动要素之间的关系，没有必要弄清楚逐个流体质点的运动。所以，在研究流体运动中除波浪运动的研究使用这一方法外，都采用另一种分析方法，即欧拉法。

欧拉法不研究各个质点的运动过程，而着眼于流场中的空间点（流场是充满运动流体的空间），即通过观察质点流经每个空间点上运动要素随时间变化的规律，把足够多的空间点综合起来而得出整个流体运动的规律，所以欧拉法是个流场法。设在被液流充满的空间中，某一瞬时占据各空间点的流体质点都具有一定的速度，各空间点的速度的综合体就构成了一个速度场。假如求得各瞬时的速度场，那么也就可以获得整个流体的运动情况及过程。同样，在充满流体的空间里，某一瞬时的各点压力构成一个压力场，不同瞬时的压力场就可以描绘整个流动过程中压力变化情况。

一般流体都是在三维空间内流动，运动要素是三个坐标的函数。例如在直角坐标系中，速度、压力等运动要素都是 x、y、z 三个坐标的函数，在流体力学中便称这种流动为三元流动。依此类推，运动要素是两个坐标的函数称为二元流动，是一个坐标的函数便称为一元流动。

对于三元流动，各运动要素是空间点的坐标 (x,y,z) 和时间 t 的函数。空间点的坐标 (x,y,z) 称为欧拉变数。

采用欧拉法，速度场 u 可以表示为

$$u = u(x,y,z,t) \quad (3-4)$$

设速度 u 在 x、y、z 三个坐标轴方向的分量为 u_x、u_y、u_z，则 $u = u_x i + u_y j + u_z k$。速度场可以写成

$$\left.\begin{aligned} u_x &= u_x(x,y,z,t) \\ u_y &= u_y(x,y,z,t) \\ u_z &= u_z(x,y,z,t) \end{aligned}\right\} \quad (3-5)$$

同样，压力场可以表示为

$$p = p(x,y,z,t) \quad (3-6)$$

上面公式中，如果令 (x,y,z) 为常数，t 为变数，可以得出不同瞬时通过空间相应某一固定点的流体速度或压力的变化情况。如果 t 为常数，(x,y,z) 为变数，则可得出同一瞬时在流场内通过不同空间点的流体速度或压力的分布情况，即瞬时流速场或瞬时压力场。

下面讨论流体质点的加速度在欧拉法中是如何表示的。式(3-5)是欧拉法的三个速度分量的表达式，分别对时间求导数，便可得三个加速度分量的表达式。但是应注意到，这些速度是

坐标和时间的函数,而且运动质点的坐标也是随时间变化的,即自变量 x、y、z 本身也是 t 的函数。因此,必须根据复合函数求导法则去推求。加速度在 x 方向的分量为

$$a_x = \frac{\mathrm{d}u_x}{\mathrm{d}t} = \frac{\partial u_x}{\partial t} + \frac{\partial u_x}{\partial x}\frac{\mathrm{d}x}{\mathrm{d}t} + \frac{\partial u_x}{\partial y}\frac{\mathrm{d}y}{\mathrm{d}t} + \frac{\partial u_x}{\partial z}\frac{\mathrm{d}z}{\mathrm{d}t}$$

由于运动质点的坐标对时间的导数等于该质点的速度分量,即

$$\frac{\mathrm{d}x}{\mathrm{d}t} = u_x, \frac{\mathrm{d}y}{\mathrm{d}t} = u_y, \frac{\mathrm{d}z}{\mathrm{d}t} = u_z$$

故

$$\left.\begin{array}{l} a_x = \dfrac{\partial u_x}{\partial t} + u_x \dfrac{\partial u_x}{\partial x} + u_y \dfrac{\partial u_x}{\partial y} + u_z \dfrac{\partial u_x}{\partial z} \\[2mm] a_y = \dfrac{\partial u_y}{\partial t} + u_x \dfrac{\partial u_y}{\partial x} + u_y \dfrac{\partial u_y}{\partial y} + u_z \dfrac{\partial u_y}{\partial z} \\[2mm] a_z = \dfrac{\partial u_z}{\partial t} + u_x \dfrac{\partial u_z}{\partial x} + u_y \dfrac{\partial u_z}{\partial y} + u_z \dfrac{\partial u_z}{\partial z} \end{array}\right\} \quad (3-7)$$

由此可见,用欧拉法描述流体的流动时,加速度由两部分组成:式(3-7)中等式右边第一项表示通过空间固定点的流体质点速度随时间的变化率,称为当地加速度(又称为局部加速度);等式右边后三项反映了在同一瞬时(即 t 不变)流体质点从一个空间点转移到另一个空间点,即流体质点所在的空间位置的变化而引起的速度变化率,称为迁移加速度。当地加速度与迁移加速度之和称为全加速度。

对于一元流动,如果沿流程选取曲线坐标,则速度或压力都是位置 s 和时间 t 的函数,可以表示为

$$u = u(s, t)$$
$$p = p(s, t)$$

根据复合函数求导的原则,表示速度大小变化的切线方向的加速度 a_s 可以表示成

$$a_s = \frac{\mathrm{d}u_s}{\mathrm{d}t} = \frac{\partial u_s}{\partial t} + \frac{\partial u_s}{\partial s}\frac{\mathrm{d}s}{\mathrm{d}t}$$

因为 s 是沿流向选取的坐标,式中 $\dfrac{\mathrm{d}s}{\mathrm{d}t} = u$,$\dfrac{\partial u_s}{\partial s} = \dfrac{\partial u}{\partial s}$,切向加速度 a_s 又可以写成

$$a_s = \frac{\mathrm{d}u_s}{\mathrm{d}t} = \frac{\partial u_s}{\partial t} + u \frac{\partial u}{\partial s} \quad (3-8)$$

式中前一项 $\dfrac{\partial u_s}{\partial t}$ 表示通过空间固定点的流体质点切向速度对时间的变化率,即当地加速度;后一项 $u \dfrac{\partial u}{\partial s}$ 表示由于坐标位置的变化,流速随时间的变化率,即迁移加速度。切向加速度是两项加速度的总和。

同理,法向加速度 a_n 也可以分为相应的当地加速度 $\dfrac{\partial u_n}{\partial t}$ 和迁移加速度。法向迁移加速度

就是曲线运动指向曲率半径中心的加速度,数值大小为$\frac{u^2}{r}$,r是该点所在位置的曲率半径,即

$$a_n = \frac{du_n}{dt} = \frac{\partial u_n}{\partial t} + \frac{u^2}{r} \qquad (3-9)$$

如果作圆周运动,那么法向迁移加速度就是向心加速度$\frac{u^2}{r}$,r是圆半径。

由于研究流体运动时常常希望了解整个流场的速度分布、压力分布及其变化规律,因此欧拉法得到广泛的应用。

§3-2 流体运动的基本概念

一、稳定流与不稳定流

流体是由连续分布着的质点所组成的。在运动情况下,一个质点在某一瞬时占据在一定的空间点(x,y,z)上,具有一定的速度u、压力p、密度ρ及温度T等标志其运动状态的运动要素。一般来说,这些运动要素都是空间坐标和时间的连续函数。

根据流体运动时运动要素是否随时间变化,可以把流体运动分为稳定流和不稳定流两类。

图3-1(a)的盛水容器,如果控制好进入及排出容器的水量,使容器内水面高度H不变时,流体中每一空间点处质点的运动要素将不随时间而变化,只是不同位置处的运动要素才有所不同。因此,在流场中流体质点通过空间点时所有的运动要素都不随时间改变,这种流动称为稳定流。其数学表达式为

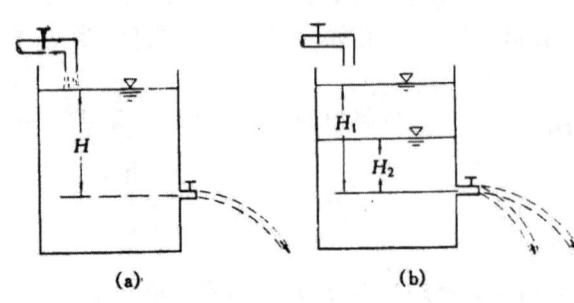

图3-1 稳定流动和不稳定流动

$$p = p(x,y,z) \qquad (3-10)$$

$$u = u(x,y,z) \qquad (3-11)$$

如果关闭进水阀,则容器内水面将不断下降。这时,通过空间点处流体质点运动要素的全部或部分要随时间改变,这种流动叫不稳定流。这时的运动要素是时间和坐标的函数,写为式(3-4)和式(3-6),即

$$p = p(x,y,z,t)$$

$$u = u(x,y,z,t)$$

在实际工程中,绝大部分遇到的问题都是不稳定流。但是,由于不稳定流问题的复杂性,给研究带来很大的困难。另外在实际工程问题中,有许多问题虽然是属于不稳定流动范畴,可是运动要素变化并不显著,而接近于稳定流。因此在本书中,除了个别章节外,将主要研究稳定流的基本规律。

二、迹线与流线

用拉格朗日法描述流体运动是研究个别质点在不同时刻的运动情况。如果把某一质点在连续的时间过程内所占据的空间位置连成线,就是迹线。迹线就是流体质点在一段时间内运

动的轨迹线。

用欧拉法描述流体运动是考察同一时刻各流体质点在不同空间位置上的运动情况。流线的概念是从欧拉法引出的。流线是某一瞬时在流场中绘出的曲线,在这条曲线上所有质点的速度矢量都和该曲线相切。所以,流线表示出瞬时流动方向。它的绘制方法如下:

设在某瞬时 t_1,流场中某点1处流体质点的速度为 u_1,沿 u_1 矢量方向无穷小距离 ds_1 取2点,2点处流体质点在同一瞬时 t_1 的速度为 u_2;沿 u_2 矢量方向无穷小距离 ds_2 取3点,3点处流体质点在同一瞬时 t_1 的流速为 u_3。依此类推,可以找到4点、5点、6点……。这样在 t_1 瞬时当各线取 ds 距离趋近于零时,则折线 1 2 3 4 5 6 … 就近似地成为一条光滑曲线 s,曲线 s 就称为瞬时 t_1 通过1点的流线,如图 3-2(a)。如果绘出在同一瞬时各空间点的一簇流线,则这些流线的综合就可以清晰地描绘出整个空间在该瞬时的流动图景。所以流线是欧拉法分析流动的重要概念。

流线具有以下特性:

1) 不稳定流时,由于流场中速度随时间改变,所以在瞬时 t_2 通过流场空间点1的速度向量将改变为 u'。按流线定义,t_2 瞬时流过1点的流线将改变为 s',如图 3-2(b)。因而,对于不稳定流,经过同一点的流线其空间方位和形状是随时间改变的。

2) 稳定流时由于流场中各点速度不随时间改变,因此稳定流的流线也不随时间而变化。

设想一个位于某条流线上的质点,因为该质点的速度和该流线相切,所以质点没有与流线相垂直的速度分量,质点只能沿流线移动。如果是稳定流,则流线不随时间改变,于是质点就一直沿着这条流线运动而不会离开它。这也就是说在稳定流中质点的迹线与流线重合。而不稳定流的流线与迹线不重合。

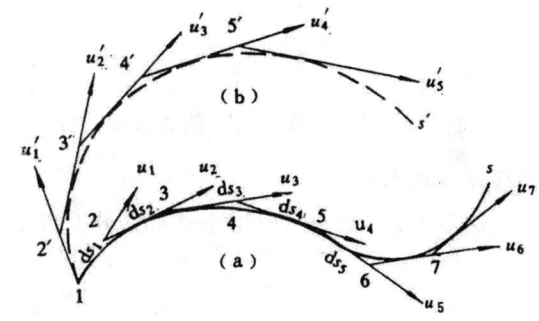

图 3-2 流线

3) 流线不能相交也不能折转。如果流线相交,则交点处的速度向量同时与两条流线相切,即一个质点同时有两个速度向量,这是不可能的。另外,由于流体是连续介质,各运动要素在空间是连续的,流线不可能折转,只能是光滑曲线。

了解了流线的概念和特性,就可以形象地描绘不同边界条件下的流体流动。

根据流线的定义可以得出流线的微分方程如下:在流场中取一 M 点,在某瞬时 t 通过 M 点的流线 s 如图 3-3 所示。在流线上过 M 点取一微元段长 ds(其分量为 dx、dy、dz),因为流线上每一点的速度向量均与流线相切,过 M 点的速度向量 u(u 在坐标轴方向的投影为 u_x、u_y、u_z)可以看成与 ds 重合,所以 ds 与坐标轴的夹角同 u 与坐标轴的夹角是相等的,因而相应夹角的余弦必相等,即有

$$\cos(\widehat{ux}) = \frac{dx}{ds} = \frac{u_x}{u}$$

$$\cos(\widehat{uy}) = \frac{dy}{ds} = \frac{u_y}{u}$$

$$\cos(\widehat{uz}) = \frac{dz}{ds} = \frac{u_z}{u}$$

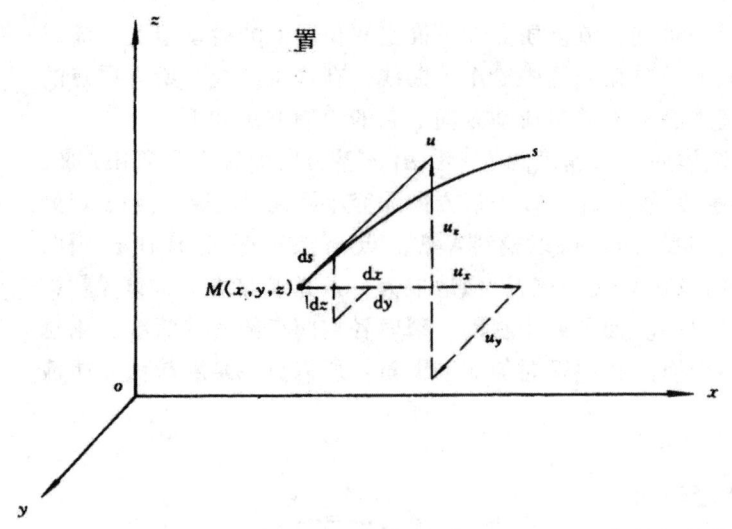

可以改写为

$$\frac{ds}{u} = \frac{dx}{u_x}$$

$$\frac{ds}{u} = \frac{dy}{u_y}$$

$$\frac{ds}{u} = \frac{dz}{u_z}$$

即

$$\frac{dx}{u_x} = \frac{dy}{u_y} = \frac{dz}{u_z} \qquad (3-12)$$

这就是流线微分方程，式中 u_x、u_y、u_z 都是 (x,y,z) 和时间 t 的函数。不同瞬时有不同的流线，时间 t 是流线方程的参数。当已知速度分布时，根据微分方程可以

图 3-3 流线方程分析

求具体流线形状。

例 3-1 已知一平面流场，其分速度为

$$u_x = -\frac{ky}{x^2 + y^2},\ u_y = \frac{kx}{x^2 + y^2},\ u_z = 0$$

求其流线形状。

解 由式（3-12）知平面流场的流线微分方程为

$$\frac{dx}{u_x} = \frac{dy}{u_y}$$

将已知的分速度值代入，得

$$-\frac{dx}{y} = \frac{dy}{x}$$

即有

$$x dx + y dy = 0$$

积分可得

$$x^2 + y^2 = C$$

给 C 不同值就得不同流线，所以流线为不同半径的圆周线簇。因所给速度与时间无关，故为稳定流动，即流场中所有质点各自以其所在的半径作圆周稳定运动。

三、流管、流束、总流

在流场中画一封闭曲线 C，经过曲线 C 的每一点作流线，由许多流线所围成的管称为流管，如图 3-4 所示。

不稳定流时流管形状随时间而改变；稳定流时流管的形状不随时间改变。由于流管表面是由流线所围成，流线是不能相交的，所以流管内外无流体质点交换。这样流管就好象刚体管壁一样，把流体运动局限在流管之内或流管之外。故在稳定流时流管就象真实管子一样。

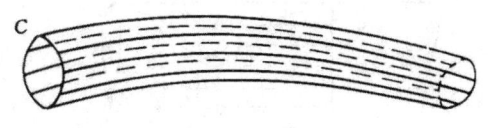

图 3-4　流管

充满在流管内部的流体称为流束。断面无穷小的流束为微小流束，如图 3-5 中断面为 dA_1 及 dA_2 的流束。

无数微小流束的总和称为总流。如水管及气管中的水流及气流的总体。

在分析总流的速度、流量、压力等运动要素变化时，可以认为在微小断面 dA 上的各点运动要素相等，这样能利用数学积分方法求出相应的总流断面上的运动要素。

四、有效断面、流量和平均流速

流束或总流上垂直于流线的断面，称之为有效断面。因为所有的流线都垂直地通过它，所以沿有效断面

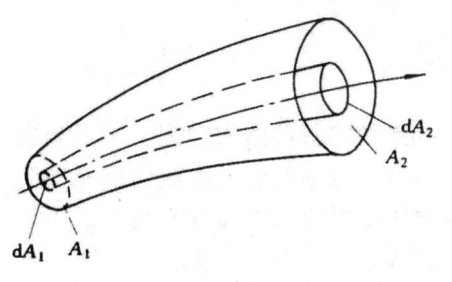

图 3-5　流束和总流

上没有流体流动。有效断面可能是平面，也可能是曲面。例如在等直径管路中，液流都沿着管轴方向，流线是一簇互相平行的直线，有效断面是平面；在喇叭形管嘴中，液流的有效断面是曲面。

单位时间内流经有效断面的流体量，称为流量。有两种表示方法：一种以单位时间通过的流体体积表示，称为体积流量，或习惯称为流量，记为 Q，其单位为 m^3/s，也常用 L/s 等辅助单位；另一种以单位时间通过的流体重量表示，称为重量流量，记为 G，其单位为 N/s。这两种流量之间的换算关系为

$$G = \gamma Q \tag{3-13}$$

式中　γ——流体重度。

对微小流束而言，体积流量 dQ 应等于速度 u 与微小有效断面积 dA 之乘积，即

$$dQ = u dA \tag{3-14}$$

对总流而言，体积流量 Q 则是微小流束之流量对总流有效断面积 A 的积分，即

$$Q = \int_A u dA \tag{3-15}$$

由于流体有粘性，任一有效断面上各点速度大小不等，因而需要找出断面上速度分布的函数式才能对式（3-15）进行积分。为了计算方便，通常引入了一个断面平均流速的概念，用 v 表示。它的物理意义是假想有效断面上各点流速相等，而按这个各点相等的流速 v 所通过的流体体积与按实际不同分布的流速 u 所通过的流体体积相等，如图 3-6 所示，即

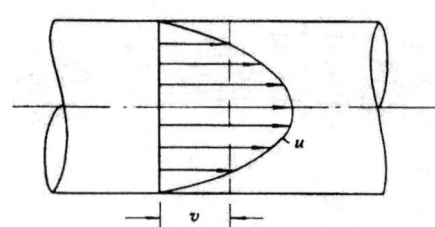

图 3-6 平均流速

$$\left.\begin{array}{r}v \cdot A = \int_A u \mathrm{d}A = Q \\ v = \dfrac{\int_A u \mathrm{d}A}{A} = \dfrac{Q}{A}\end{array}\right\} \quad (3-16)$$

根据式（3-16）所确定的流速 v 就称为断面平均流速。由式（3-16）可知体积流量等于断面平均流速与有效断面面积的乘积。反之，根据断面面积与体积流量，可求得断面平均流速。工程上所说的管道中流体的流速，便是指断面平均流速而言的。

§3-3 连续性方程

因为流体被视为连续介质，所以在流体流动时是连续地充满它所占据的空间，不出现空隙。这样根据质量守恒定律，对于空间固定的封闭曲面，不稳定流动时流入的流体质量与流出的流体质量之差应等于封闭曲面内流体质量的变化；稳定流动时流入的流体质量必然等于流出的流体质量。这些结论以数学形式表达，就是连续性方程。

一、一元流动的连续性方程

若所画定的空间范围是以 1-1 及 2-2 两个有效断面分别为 $\mathrm{d}A_1$ 及 $\mathrm{d}A_2$，速度为 u_1 及 u_2，密度为 ρ_1 及 ρ_2 的一段流束或总流，如图 3-7 所示。由于微小流束表面是由流线围成，故没有流体的穿入或穿出，只有两端 $\mathrm{d}A_1$ 和 $\mathrm{d}A_2$ 流体的流入和流出。$\mathrm{d}t$ 时间内由 $\mathrm{d}A_1$ 流入的流体质量为 $\rho_2 u_1 \mathrm{d}A_1$，由 $\mathrm{d}A_2$ 流出的流体质量为 $\rho_2 u_2 \mathrm{d}A_2$。因此，在 $\mathrm{d}t$ 时间里实际流入此微小流束的流体质量为

$$\mathrm{d}M = \rho_1 u_1 \mathrm{d}A_1 - \rho_2 u_2 \mathrm{d}A_2$$

对于稳定流，微小流束的形状及其中任何点的运动要素（如密度 ρ）都不随时间变化。又因为流体是无空隙的连续介质，所以在 $\mathrm{d}t$ 时间里微小流束在 $\mathrm{d}A_1$ 及 $\mathrm{d}A_2$ 断面间包围的流体质量不随时间变化。根据质量守恒定律可得

$$\mathrm{d}M = 0$$

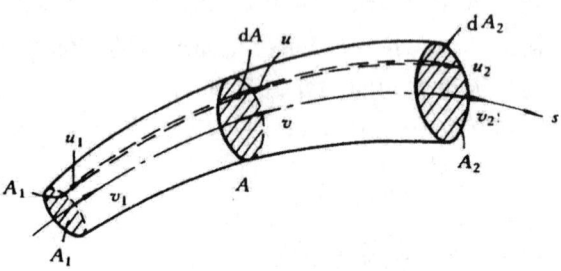

图 3-7 一元流动的连续性方程分析

则 $\qquad \rho_1 u_1 \mathrm{d}A_1 = \rho_2 u_2 \mathrm{d}A_2 \qquad (3-17)$

式（3-17）就是可压缩流体沿微小流束稳定流时的连续性方程。

对于不可压缩流体，ρ 为常数，则有

$$u_1 \mathrm{d}A_1 = u_2 \mathrm{d}A_2 \qquad (3-18)$$

式（3-18）就是不可压缩流体沿微小流束稳定流的连续性方程。

将式（3-17）两边沿整个有效断面 A_1 及 A_2 积分，就可得可压缩流体沿总流的连续性方程，即

$$\rho_{1均}\int_{A_1} u_1 dA_1 = \rho_{2均}\int_{A_2} u_2 dA_2$$

积分得

或
$$\left.\begin{array}{r}\rho_{1均}Q_1 = \rho_{2均}Q_2 \\ \rho_{1均}v_1 A_1 = \rho_{2均}v_2 A_2\end{array}\right\} \quad (3-19)$$

式（3-19）说明，可压缩流体稳定流时，沿流程的质量保持不变。式中 $\rho_{均}$ 是断面上平均密度。

对不可压缩流体，即 $\rho =$ 常数，则式(3-19)为

$$\left.\begin{array}{r}Q_1 = Q_2 \\ v_1 A_1 = v_2 A_2 \\ \dfrac{v_1}{v_2} = \dfrac{A_2}{A_1}\end{array}\right\} \quad (3-20)$$

式（3-20）为不可压缩流体稳定流动总流连续性方程。它确定了一元总流在稳定流动条件下沿流程体积流量保持不变，为一常数；各有效断面平均速度沿流程变化规律是，平均速度与有效断面成反比，即断面大流速小，断面小流速大。这是不可压缩流体运动的一个基本规律。

二、空间运动连续性微分方程

流体最普遍的运动形式是空间运动，即在空间 x、y、z 三个坐标方向都有流体运动的分速度。为了导出这一方程，我们在流场中取出一个边长为 dx、dy、dz 的不动的微元正六面体空间来进行分析，如图 3-8 所示。现在来研究六面空间体内部流体的质量变化。

首先分析流体流入与流出微元六面体的质量。令 u_x、u_y、u_z 代表速度在三个坐标方向的分量，那么在 dt 时间内从六面体底表面流进的质量是 $\rho u_z dxdydt$（ρ 表示密度），从顶表面流出质量则是 $(\rho u_z + \dfrac{\partial(\rho u_z)}{\partial z}dz)dxdydt$。$dt$ 时间沿 z 方向从六面体顶表面流出与底表面流入的质量差为

$$[\rho u_z + \dfrac{\partial(\rho u_z)}{\partial z}dz]dxdydt$$
$$-\rho u_z dxdydt = \dfrac{\partial(\rho u_z)}{\partial z}dxdydzdt$$

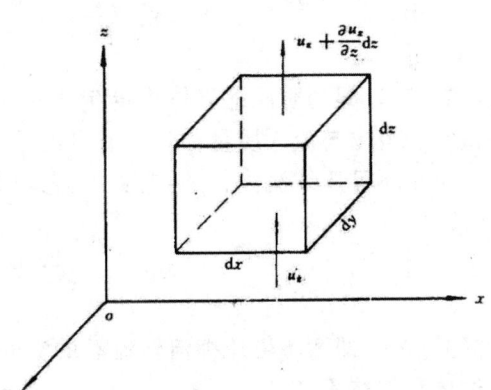

图 3-8　空间平行六面体

同理，沿 x、y 两方向 dt 时间流出与流入六面体流体质量之差分别为

$$\dfrac{\partial(\rho u_x)}{\partial x}dxdydzdt$$

$$\dfrac{\partial(\rho u_y)}{\partial y}dxdydzdt$$

因此，dt 时间整个六面体流出与流进的流体质量之差应为

$$\left[\frac{\partial(\rho u_x)}{\partial x} + \frac{\partial(\rho u_y)}{\partial y} + \frac{\partial(\rho u_z)}{\partial z}\right]\mathrm{d}x\mathrm{d}y\mathrm{d}z\mathrm{d}t \qquad (3-21)$$

下面分析 $\mathrm{d}t$ 时间前后微元六面体的流体质量变化。$\mathrm{d}t$ 时间开始时流体密度为 ρ 则 $\mathrm{d}t$ 时间后密度为 $\rho + \frac{\partial \rho}{\partial t}\mathrm{d}t$。由于在 $\mathrm{d}t$ 时间内从六面体多流出到外部一定的流体质量[即式（3-21）所示]，所以内部质量要减少。这样，$\mathrm{d}t$ 时间内六面体内流体密度变化而引起的质量减少为

$$\rho \mathrm{d}x\mathrm{d}y\mathrm{d}z - \left(\rho + \frac{\partial \rho}{\partial t}\mathrm{d}t\right)\mathrm{d}x\mathrm{d}y\mathrm{d}z = -\frac{\partial \rho}{\partial t}\mathrm{d}x\mathrm{d}y\mathrm{d}z\mathrm{d}t \qquad (3-22)$$

由于流体连续流动，不出现空隙，按质量守恒定律，$\mathrm{d}t$ 时间内质量的减少必然等于流出与流入的质量之差。即式（3-21）及式（3-22）应相等，则有

$$\left[\frac{\partial(\rho u_x)}{\partial x} + \frac{\partial(\rho u_y)}{\partial y} + \frac{\partial(\rho u_z)}{\partial z}\right]\mathrm{d}x\mathrm{d}y\mathrm{d}z\mathrm{d}t = -\frac{\partial \rho}{\partial t}\mathrm{d}x\mathrm{d}y\mathrm{d}z\mathrm{d}t$$

或

$$\frac{\partial \rho}{\partial t} + \frac{\partial(\rho u_x)}{\partial x} + \frac{\partial(\rho u_y)}{\partial y} + \frac{\partial(\rho u_z)}{\partial z} = 0 \qquad (3-23)$$

式（3-23）为流体运动的连续性微分方程式。其物理意义是：流体在单位时间内经单位体积空间流出与流入的质量差与其内部质量变化的代数和为零。

对于可压缩流体稳定流，$\frac{\partial \rho}{\partial t} = 0$，式（3-23）成为

$$\frac{\partial(\rho u_x)}{\partial x} + \frac{\partial(\rho u_y)}{\partial y} + \frac{\partial(\rho u_z)}{\partial z} = 0 \qquad (3-24)$$

式（3-24）即为可压缩流体稳定流动的空间连续性方程。它说明流体在单位时间内经单位体积空间流出与流入质量相等，或者说该空间内质量保持不变。

对于不可压缩流体，$\rho =$ 常数，则式（3-24）变为

$$\frac{\partial u_x}{\partial x} + \frac{\partial u_y}{\partial y} + \frac{\partial u_z}{\partial z} = 0 \qquad (3-25)$$

式（3-25）即为不可压缩流体流动的空间连续性方程。它说明单位时间单位体积空间内的流体体积保持不变。

§3-4 理想流体运动微分方程及伯诺利方程

上节讨论了连续性方程，它反映了流体运动速度场必须满足的条件，这是一个运动学方程。现在我们分析流体受力及运动之间的动力学关系，即建立理想流体动力学方程。

一、理想流体运动微分方程（欧拉方程）

在运动着的理想流体中取出边长为 $\mathrm{d}x$、$\mathrm{d}y$、$\mathrm{d}z$ 的微小六面体的流体，如图 3-9 所示。六面体中心 A 点流体压力 p，流速沿坐标轴的分量为 u_x、u_y、u_z，密度为 ρ。作用在微元六面体上

的力有表面力和质量力。现以 x 方向为例进行分析。

压力：作用在微元六面体中心 A 点的压力 p，微元六面体左侧 A_1 点压力为 $(p - \frac{1}{2}\frac{\partial p}{\partial x}\mathrm{d}x)$，右侧 A_2 点压力为 $(p + \frac{1}{2}\frac{\partial p}{\partial x}\mathrm{d}x)$。

质量力：设流体的单位质量力在 x 轴上的分量为 X，则微元六面体的质量力在 x 轴的分量为 $X\rho\mathrm{d}x\mathrm{d}y\mathrm{d}z$。

根据牛顿第二定律，作用在微元六面体上诸力在任一轴投影代数和应等于微元六面体的质量与该轴上的分加速度的乘积。对于 x 轴则有

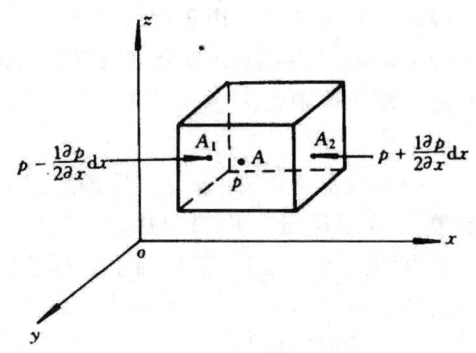

图 3-9 微小平行六面体

$$X\rho\mathrm{d}x\mathrm{d}y\mathrm{d}z + (p - \frac{1}{2}\frac{\partial p}{\partial x}\mathrm{d}x)\mathrm{d}y\mathrm{d}z - (p + \frac{1}{2}\frac{\partial p}{\partial x}\mathrm{d}x)\mathrm{d}y\mathrm{d}z = \rho\mathrm{d}x\mathrm{d}y\mathrm{d}z\frac{\mathrm{d}u_x}{\mathrm{d}t}$$

等式两边除以微元六面体质量 $\rho\mathrm{d}x\mathrm{d}y\mathrm{d}z$，则得单位质量流体的运动方程，即

同理
$$\left. \begin{aligned} X - \frac{1}{\rho}\frac{\partial p}{\partial x} &= \frac{\mathrm{d}u_x}{\mathrm{d}t} \\ Y - \frac{1}{\rho}\frac{\partial p}{\partial y} &= \frac{\mathrm{d}u_y}{\mathrm{d}t} \\ Z - \frac{1}{\rho}\frac{\partial p}{\partial z} &= \frac{\mathrm{d}u_z}{\mathrm{d}t} \end{aligned} \right\} \qquad (3-26)$$

对于平衡流体来说，$u_x = u_y = u_z = 0$，则从式(3-26)可以直接得出欧拉平衡微分方程式 (2-5)。

式(3-26)中 $\frac{\mathrm{d}u_x}{\mathrm{d}t}$、$\frac{\mathrm{d}u_y}{\mathrm{d}t}$、$\frac{\mathrm{d}u_z}{\mathrm{d}t}$ 为 A 点的分加速度。将式(3-7)各分加速度代入上式，则得

$$\left. \begin{aligned} X - \frac{1}{\rho}\frac{\partial p}{\partial x} &= \frac{\partial u_x}{\partial t} + u_x\frac{\partial u_x}{\partial x} + u_y\frac{\partial u_x}{\partial y} + u_z\frac{\partial u_x}{\partial z} \\ Y - \frac{1}{\rho}\frac{\partial p}{\partial y} &= \frac{\partial u_y}{\partial t} + u_x\frac{\partial u_y}{\partial x} + u_y\frac{\partial u_y}{\partial y} + u_z\frac{\partial u_y}{\partial z} \\ Z - \frac{1}{\rho}\frac{\partial p}{\partial z} &= \frac{\partial u_z}{\partial t} + u_x\frac{\partial u_z}{\partial x} + u_y\frac{\partial u_z}{\partial y} + u_z\frac{\partial u_z}{\partial z} \end{aligned} \right\} \qquad (3-27)$$

如果质量力是有势的，必然存在势函数 U，即 $X = \frac{\partial U}{\partial x}$，$Y = \frac{\partial U}{\partial y}$，$Z = \frac{\partial U}{\partial z}$，则上式可写成

$$\left. \begin{aligned} \frac{\partial U}{\partial x} - \frac{1}{\rho}\frac{\partial p}{\partial x} &= \frac{\partial u_x}{\partial t} + u_x\frac{\partial u_x}{\partial x} + u_y\frac{\partial u_x}{\partial y} + u_z\frac{\partial u_x}{\partial z} \\ \frac{\partial U}{\partial y} - \frac{1}{\rho}\frac{\partial p}{\partial y} &= \frac{\partial u_y}{\partial t} + u_x\frac{\partial u_y}{\partial x} + u_y\frac{\partial u_y}{\partial y} + u_z\frac{\partial u_y}{\partial z} \\ \frac{\partial U}{\partial z} - \frac{1}{\rho}\frac{\partial p}{\partial z} &= \frac{\partial u_z}{\partial t} + u_x\frac{\partial u_z}{\partial x} + u_y\frac{\partial u_z}{\partial y} + u_z\frac{\partial u_z}{\partial z} \end{aligned} \right\} \qquad (3-28)$$

式（3-26）、式（3-27）及式（3-28）就是理想流体运动微分方程式，也叫欧拉运动方程式。它建立了作用在理想流体上的力与流体运动加速度之间的关系。它是研究理想流体各种运动规律的基础，对于可压缩及不可压缩理想流体的稳定流或不稳定流都是适用的。在不可压缩流体中密度 ρ 为常数；在可压缩流体中密度是压力和温度的函数，即 $\rho = f(p, T)$。

一般情况下，作用在流体上的质量力 X、Y、Z 是已知的。对理想不可压缩流体，由于 ρ = 常数，故上述微分方程的未知数有四个，即 u_x、u_y、u_z 和 p。式（3-28）有三个方程，加上连续性方程式（3-25）就有四个方程，所以从理论上来说，理想流体的流动问题是完全可以解决的。

二、伯诺利方程式

在稳定流条件下，流体的速度、压力只是坐标的连续性函数，而与时间无关，即

$$\frac{\partial u_x}{\partial t} = \frac{\partial u_y}{\partial t} = \frac{\partial u_z}{\partial t} = \frac{\partial p}{\partial t} = 0$$

所以方程（3-27）中各式右边的第一项均为零。

为了从欧拉方程式推导出伯诺利方程式，将式（3-27）中各式分别乘以流线上两点坐标的增量 dx、dy、dz。因为是稳定流，$\frac{du_x}{dt}$、$\frac{du_y}{dt}$、$\frac{du_z}{dt}$ 中的 u 仅与坐标位置有关，所以相加得

$$(Xdx + Ydy + Zdz) - \frac{1}{\rho}\left(\frac{\partial p}{\partial x}dx + \frac{\partial p}{\partial y}dy + \frac{\partial p}{\partial z}dz\right) = \frac{du_x}{dt}dx + \frac{du_y}{dt}dy + \frac{du_z}{dt}dz$$

$$(3-29)$$

此外，稳定流时流线与迹线重合，质点沿流线运动，故流线上速度分量为

$$u_x = \frac{dx}{dt}; u_y = \frac{dy}{dt}; u_z = \frac{dz}{dt}$$

因此

$$\frac{du_x}{dt}dx + \frac{du_y}{dt}dy + \frac{du_z}{dt}dz = u_x du_x + u_y du_y + u_z du_z$$

$$= \frac{1}{2}d(u_x^2 + u_y^2 + u_z^2) = \frac{1}{2}d(u^2)$$

代入式（3-29）得

$$(Xdx + Ydy + Zdz) - \frac{1}{\rho}\left(\frac{\partial p}{\partial x}dx + \frac{\partial p}{\partial y}dy + \frac{\partial p}{\partial z}dz\right)$$

$$= (Xdx + Ydy + Zdz) - \frac{1}{\rho}dp$$

$$= \frac{1}{2}d(u^2)$$

如果作用在流体上的质量力仅为重力，z 轴垂直向上为正，则上式可写成

$$-gdz - \frac{1}{\rho}dp - \frac{1}{2}d(u^2) = 0$$

$$gdz + \frac{1}{\rho}dp + \frac{1}{2}d(u^2) = 0$$

如果流体为不可压缩，即 $\rho = $ 常数，积分得

$$gz + \frac{p}{\rho} + \frac{u^2}{2} = C'$$

各项除以 g，则

$$z + \frac{p}{\gamma} + \frac{u^2}{2g} = C \qquad (3-30)$$

式（3-30）就是单位重量不可压缩理想流体在稳定流条件下沿流线的伯努利方程式。对同一流线上任意两点，则上式可写成

$$z_1 + \frac{p_1}{\gamma} + \frac{u_1^2}{2g} = z_2 + \frac{p_2}{\gamma} + \frac{u_2^2}{2g} \qquad (3-31)$$

从推导中可以知道，它的应用条件和范围应满足下列各项条件：理想流体、不可压缩流体、质量力只受重力作用、运动沿稳定流动的流线或流束。

下面进一步讨论伯努利方程式的物理意义。

方程式中，z、$\frac{p}{\gamma}$ 两项如前章所指出的，是表示单位重量流体所具有的能量。z 称比位能，$\frac{p}{\gamma}$ 称为比压能。再看 $\frac{u^2}{2g}$ 一项，假如重量为 m 的流体速度为 u，根据物理学知道，$\frac{mu^2}{2}$ 为流体动能，而单位重量流体所具有的动能为 $\frac{mu^2}{2mg} = \frac{u^2}{2g}$，所以 $\frac{u^2}{2g}$ 表示单位重量流体所具有的动能，称比动能。

整个方程说明：同一流线上各点的单位重量流体的总比能为一常数。但需注意，并不是总比能中的各组成部分不沿运动途径改变。三项能量中某些能量沿流线增加，依赖于其他能量的减少。

*三、运动坐标系中的伯努利方程（相对运动伯努利方程）

在研究具有旋转叶轮的流体机械中，流体一方面沿轮壁运动，另一方面叶轮对地球也有运动，即牵连运动。这时往往把坐标系固连于旋转轴上。现在推导这种运动坐标系的伯努利方程。

沿相对运动的流线取柱形流体微团，长度为 ds，端面面积为 dA，其断面与轴线垂直，如图 3-10 所示。受力情况同前，质量力是重力，大小为 $\rho g dA ds$，方向垂直向下；表面力上游端面为 pdA，指向流动方向，下游端面为 $(p + \frac{\partial p}{\partial s}ds)dA$，方向与流动方向相反。设微团切线加速度为 a_s。

根据牛顿第二定律，有

$$pdA - (p + \frac{\partial p}{\partial s}ds)dA - \rho g dA ds \cos\theta = \rho dA ds a_s$$

式中 θ 为微团的轴线上沿垂线之间的夹角。等式两边除以质量 $\rho dA ds$，得

$$g\cos\theta + \frac{1}{\rho}\frac{\partial p}{\partial s} + a_s = 0 \qquad (3-32a)$$

由于
$$\frac{\partial z}{\partial s} = \lim_{ds \to 0} \frac{dz}{ds} = \cos\theta$$

则
$$g\frac{\partial z}{\partial s} + \frac{1}{\rho}\frac{\partial p}{\partial s} + a_s = 0 \qquad (3-32\mathrm{b})$$

现在分析加速度情况：假设坐标系统 o 点以等角速度 ω 旋转，如图 3–11 所示。图中 aa' 表示相对运动的流线，τ 是它的切线方向的单位矢量，n 是法线方向的单位矢量；图中相对速度 u_r，切向相对加速度 $\frac{du_r}{dt}\tau$，法向相对加速度 $\frac{u_r^2}{R}n$，牵连加速度 $-\omega^2 r$。由理论力学知道，当牵连运动为转动时，由于转动的牵连运动与相对运动相互影响的结果产生一种附加的加速度称为哥氏加速度，所以动坐标系作旋转运动，还需要考虑哥氏加速度。根据它的计算法则，哥氏加速度是角速度矢量 ω 和相对速度矢量 u_r 矢积的两倍，即 $2\omega \times u_r$。

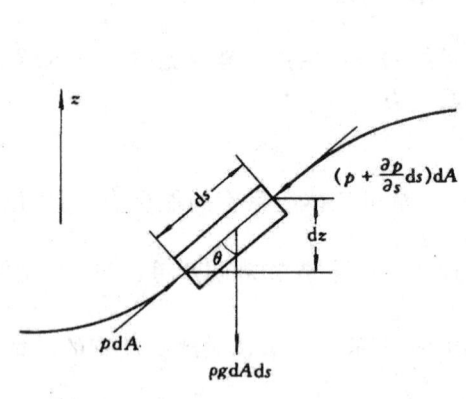
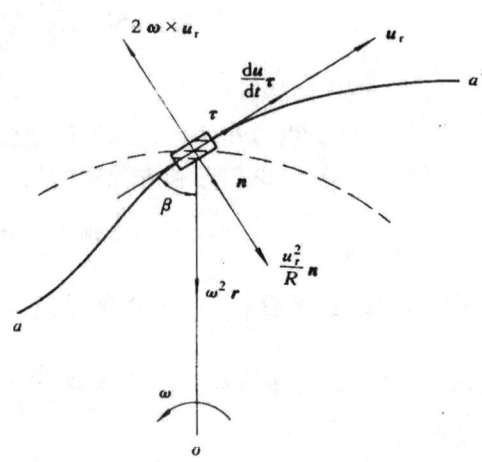

图 3–10 相对运动流线上的流体微团　　图 3–11 旋转坐标系中流体微团的相对运动

流体微团的绝对加速度在流线方向的分量 a_s 应该是相对加速度、牵连加速度和哥氏加速度在切线方向的投影之和，即

$$a_s = \frac{du_r}{dt} - r\omega^2\cos\beta = \frac{\partial u_r}{\partial t} + u_r\frac{\partial u_r}{\partial s} - r\omega^2\cos\beta$$

由于
$$\frac{\partial r}{\partial s} = \lim_{\delta s \to 0}\frac{\delta r}{\delta s} = \cos\beta$$

将以上二式代入式（3–32b），便可得相对运动微分方程

$$g\frac{\partial z}{\partial s} + \frac{1}{\rho}\frac{\partial p}{\partial s} + \frac{\partial u_r}{\partial t} + u_r\frac{\partial u_r}{\partial s} - r\omega^2\frac{\partial r}{\partial s} = 0 \qquad (3-33)$$

当相对运动是稳定流动的一元流动时，上式为

$$gdz + \frac{dp}{\rho} + u_r du_r - r\omega^2 dr = 0$$

沿流线积分，得

$$gz + \int\frac{dp}{\rho} + \frac{u_r^2}{2} - \frac{r^2\omega^2}{2} = C' \qquad (3-34)$$

对于不可压缩流体，ρ = 常数，得

$$gz + \frac{p}{\rho} + \frac{u_r^2}{2} - \frac{r^2\omega^2}{2} = C' \qquad (3-35)$$

对单位质量流体

$$z + \frac{p}{\gamma} + \frac{u_r^2}{2g} - \frac{r^2\omega^2}{2g} = C \qquad (3-36)$$

以上推导相当于流体沿叶片的对称线方向运动（即沿流线）。如图 3-12，离心式水泵叶片入口处相对速度为 u_{r1}，出口相对速度为 u_{r2}，皆与流线相切。此外用 u_{1e} 和 u_{2e} 表示入口和出口处的圆周速度（即牵连速度），以 r_1 和 r_2 表示入口和出口的回转半径，所以 $\omega r = u_e$。故上式变为

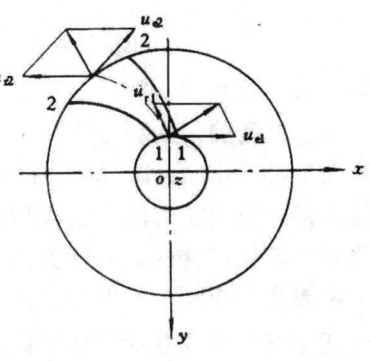

图 3-12 离心式水泵叶轮

$$z + \frac{p}{\gamma} + \frac{u_r^2}{2g} - \frac{u_e^2}{2g} = C \qquad (3-37)$$

对于流线上两点可以写成

$$z_1 + \frac{p_1}{\gamma} + \frac{u_{r1}^2}{2g} - \frac{u_{e1}^2}{2g} = z_2 + \frac{p_2}{\gamma} + \frac{u_{r2}^2}{2g} - \frac{u_{e2}^2}{2g} \qquad (3-38)$$

或

$$\left(z_2 + \frac{p_2}{\gamma} + \frac{u_{r2}^2}{2g}\right) - \left(z_1 + \frac{p_1}{\gamma} + \frac{u_{r1}^2}{2g}\right) = \frac{u_{e2}^2 - u_{e1}^2}{2g} \qquad (3-39)$$

关于公式（3-39）的物理意义。根据伯诺利方程式来看，在叶片内，对于具有相对流动的流线来说，$z_1 + \frac{p_1}{\gamma} + \frac{u_{r1}^2}{2g}$ 是入口处单位重量流体的总比能，$z_2 + \frac{p_2}{\gamma} + \frac{u_{r2}^2}{2g}$ 是出口处单位重量流体的总比能。因为 u_{e1} 和 u_{e2} 是叶片旋转而产生的圆周速度，且 $u_{e2} > u_{e1}$，故 $\frac{u_{e2}^2}{2g}$ 永远大于 $\frac{u_{e1}^2}{2g}$，所以 $\left(z_2 + \frac{p_2}{\gamma} + \frac{u_{r2}^2}{2g}\right) - \left(z_1 + \frac{p_1}{\gamma} + \frac{u_{r1}^2}{2g}\right)$ 不等于零而且大于零。这就是说，在相对流动的流线上两点总比能是不相等的，而是有所变化。

这种变化有两种情况：①如叶片中流体向四周流动，相当于离心式水泵或压气机的情况。此时 $\frac{u_{e2}^2}{2g} > \frac{u_{e1}^2}{2g}$，所以 $\left(z_2 + \frac{p_2}{\gamma} + \frac{u_{r2}^2}{2g}\right) - \left(z_1 + \frac{p_1}{\gamma} + \frac{u_{r1}^2}{2g}\right) > 0$，说明叶片出口处总比能大于入口处的总比能。也就是说，沿流动方向来看，相对流动的流线机械能逐渐增加。②如图 3-13 所示，叶片中流体由四周向中心，这相当水轮机或气轮机的情况。此时，液流将自叶片外部流向叶片内部，但伯诺利方程式（3-39）仍可用，只是流向与离心式水泵相反。由于 2-2 处

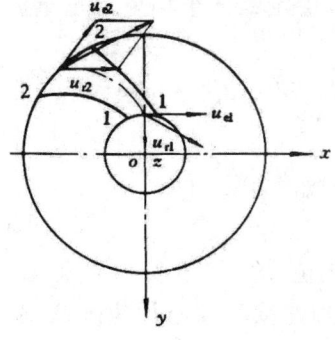

图 3-13 水轮机叶轮

为入口,而 1-1 为出口处,所以 $\frac{u_{e2}^2}{2g} > \frac{u_{e1}^2}{2g}$,说明入口处总比能大于出口处总比能。也就是说,沿流动方向相对运动流线的机械能是逐渐减小的。

§3-5 实际流体总流的伯诺利方程

一、总流的伯诺利方程

前节推导出式(3-30)和式(3-31)只适用于理想流体而不适用于实际流体,只适用于流束而不适用于总流。它实际说明流束上单位重量流体的总比能(机械能)到处相等。这是与事实不相符合的。实际流体有粘性,当它流动时,由于流体与边界的摩擦,流体与流体之间的摩擦产生阻力;同时,由于一些局部装置引起了流体流动的干扰而产生附加阻力,使流体能量在局部装置处突然降低。这些克服阻力而损失的机械能变成热能而散失。因此实际流体沿流束流动时,沿流动方向总比能总是逐渐减少。

据此,实际流体流束的伯诺利方程式为

$$z_1 + \frac{p_1}{\gamma} + \frac{u_1^2}{2g} = z_2 + \frac{p_2}{\gamma} + \frac{u_2^2}{2g} + h'_{1-2} \qquad (3-40)$$

式中 h'_{1-2}——流束上 1、2 两点间单位重量流体的能量损失。

现在讨论如何从流束的伯诺利方程推导出实际流体总流的伯诺利方程。

总流是由无数微小流束组成的。在任一微小流束上某点处的流体质点所具有单位重量的能量为

$$e = z + \frac{p}{\gamma} + \frac{u^2}{2g}$$

以 $dG = \gamma u dA$ 的重量流量通过微小流束有效断面的流体总能量为

$$dE = edG = (z + \frac{p}{\gamma} + \frac{u^2}{2g})\gamma u dA$$

单位时间通过总流有效断面流体的总能量为

$$E = \int_A dE = \int_A (z + \frac{p}{\gamma} + \frac{u^2}{2g})\gamma u dA$$

上式各项除以通过总流有效断面流体重量 $G = \gamma Q$,则得给定断面平均单位重量流体的能量为

$$\bar{e} = \frac{E}{\gamma Q} = \frac{1}{\gamma Q}\int_A (z + \frac{p}{\gamma} + \frac{u^2}{2g})\gamma u dA \qquad (3-41)$$

为了顺利地进行式(3-41)的积分,有必要引进两个新的概念:

1. 缓变流断面

缓变流是指流线之间的夹角比较小、流线曲率半径比较大的流动。如图 3-14 所示,流线之间的夹角 β 比较小,则流线几乎平行,故流体运动的直线加速度和离心加速度都很小,可以忽略由于速度数值或方向变化而产生的惯性力,且缓变流的有效断面可以看成是平面。

下面讨论缓变流断面压力分布规律。如图 3-15 所示,在缓变流中取相距极近的流线

s_1 及 s_2,并在有效断面 $n-n$ 上取一面积为 dA,长为 dz 的微小流体柱。流体柱下端面的坐标

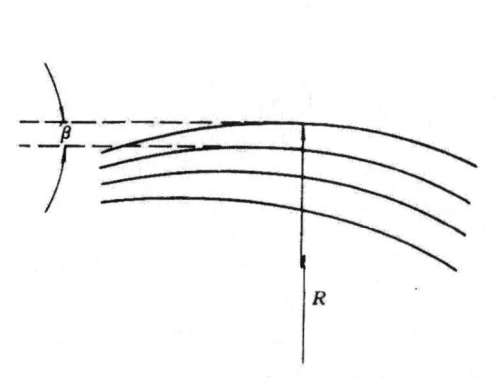

图 3-14 缓变流动

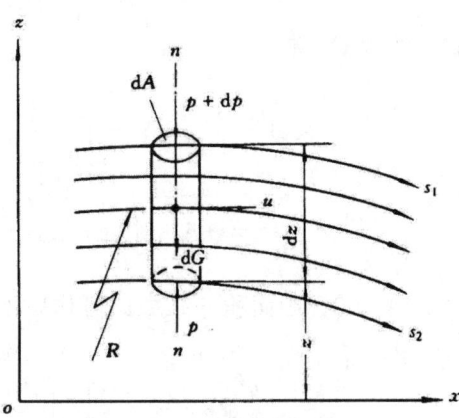

图 3-15 缓变流断面压力分布

高为 z,下端压力为 p,上端压力为 $p+dp$,流体柱的速度为 u。作用在 $n-n$ 方向的力有:柱体上端面流体总压力 $(p+dp)dA$;柱体下端面流体总压力 pdA;微小柱体自重 $dG=\gamma dAdz$;微小柱体离心惯性力 $F_n=\gamma dAdz \cdot u^2/R$;微小柱体的端面上摩擦力和其表面上的压力与 $n-n$ 轴正交,故无 n 方向分力。根据达朗伯原理,沿 $n-n$ 方向外力与惯性力的代数和应为零,即

$$dpdA + dG - F_n = 0$$

因为 $n-n$ 是缓变流的有效断面,根据缓变流条件,其流线曲率半径 R 为无限大,因而惯性力 F_n 很小可以忽略不计。则上式可写成

$$dpdA + \gamma dAdz = 0$$

以 γdA 除上式得

$$\frac{dp}{\gamma} + dz = 0$$

对于不可压缩流体,$\gamma=$ 常数,则

$$d(z + \frac{p}{\gamma}) = 0$$

积分得

$$z + \frac{p}{\gamma} = 常数$$

说明在缓变流有效断面上,不同流线上各点压力的分布与静压力分布规律相同,即同一有效断面上各点的 $z+p/\gamma=$ 常数。但不同断面上则为不同常数值。故对式(3-41)积分时,如果断面 A 是缓变流断面,则

$$\frac{1}{\gamma Q}\int_A (z + \frac{p}{\gamma})\gamma u dA = (z + \frac{p}{\gamma}) \qquad (3-42)$$

这样式(3-41)中第一个积分问题解决了。

2. 动能修正系数

总流有效断面上的速度分布是不均匀的,设各点真实速度与平均速度之差为 Δu,则

$$u = v + \Delta u \tag{3-43}$$

根据式（3-43）有

$$Q = \int_A u\mathrm{d}A = \int_A (v + \Delta u)\mathrm{d}A = v\int_A \mathrm{d}A + \int_A \Delta u\mathrm{d}A$$

$$= vA + \int_A \Delta u\mathrm{d}A = Q + \int_A \Delta u\mathrm{d}A$$

故 $\int_A \Delta u\mathrm{d}A = 0$，因而积分第二式可作以下演变

$$\frac{1}{\gamma Q}\int_A \frac{u^2}{2g}\gamma u\mathrm{d}A = \frac{1}{2gQ}\int_A u^3\mathrm{d}A = \frac{1}{2gQ}\int_A (v + \Delta u)^3\mathrm{d}A$$

$$= \frac{1}{2gQ}\left(\int_A v^3\mathrm{d}A + 3\int_A v^2\Delta u\mathrm{d}A + 3\int_A v\Delta u^2\mathrm{d}A + \int_A \Delta u^3\mathrm{d}A\right)$$

式中 $\int_A \Delta u^3\mathrm{d}A$ 值很小，可以忽略。又因 v 在有效断面上为常数，同时注意到 $\int_A \Delta u\mathrm{d}A = 0$，则上式可写为

$$\frac{1}{2gQ}\int_A u^3\mathrm{d}A = \frac{1}{2gQ}\left(v^3\int_A \mathrm{d}A + 3v\int_A \Delta u^2\mathrm{d}A\right) = \frac{1}{2gQ}\left(v^3 A + 3v\int_A \Delta u^2\mathrm{d}A\right)$$

$$= \frac{1}{2gQ}v^3 A\left(1 + 3\frac{\int_A \Delta u^2\mathrm{d}A}{v^2 A}\right)$$

令

$$\alpha = 1 + 3\frac{\int_A \Delta u^2\mathrm{d}A}{v^2 A} = \frac{\int_A u^3\mathrm{d}A}{v^3 A} \tag{3-44}$$

则积分第二式结果为

$$\frac{1}{2gQ}\int_A u^3\mathrm{d}A = \frac{1}{2gQ}v^3 A\alpha = \alpha\frac{v^2}{2g} \tag{3-45}$$

式中 α 为动能修正系数。显然，Δu^2 永为正值，故 α 永远大于 1。它的物理意义可以从式（3-45）看出，它是总流有效断面上的实际动能对按平均流速算出假想动能的比值。α 是由于断面上速度分布不均匀而引起的，不均匀性愈大，α 值愈大。在圆管紊流运动中，$\alpha = 1.05 \sim 1.10$；在圆管层流运动中，$\alpha = 2$。在工程实际计算中，由于比动能本身占比例较小，故一般常取 $\alpha = 1$。

根据上述二个积分结果，可写出总流缓变流断面上单位重量流体的能量关系式为

$$e = z + \frac{p}{\gamma} + \frac{\alpha v^2}{2g}$$

对总流中任意两个缓变流断面 1-1 和 2-2，并以 h_{1-2} 代表单位重量流体由 1-1 断面流到

2-2断面的能量损失,则总流的1-1及2-2两个缓变流断面的伯诺利方程为

$$z_1 + \frac{p_1}{\gamma} + \frac{\alpha_1 v_1^2}{2g} = z_2 + \frac{p_2}{\gamma} + \frac{\alpha_2 v_2^2}{2g} + h_{1-2} \qquad (3-46)$$

这就是实际流体总流的伯诺利方程式。它的适用条件是稳定流,不可压缩流体,作用于流体上的质量力只有重力,所取断面为缓变流动。

二、伯诺利方程的应用

伯诺利方程在实际工程问题中应用很广。输油、输水管路系统,液压传动系统,机械润滑系统,消防系统,泵的吸入高度、扬程和功率的计算,喷射泵以及节流式流量计的水力原理等,都涉及到液流的能量方程的运用。下面通过几个实例来说明方程式的应用。在举例前,先说明几点注意事项:

1) 方程式不是对任何液流问题都能适用,必须注意它的使用条件,这些条件已在前面叙述过了。

2) 方程式中,位置水头是相比较而言的。基准面只要是水平面就可以。为了方便起见,常常以两个计算点中较低的一点作为基准面,这样可以使方程式中的一个位置水头为正值。

3) 在选取两个断面时,尽可能包含一个未知数。但两个断面的平均流速可以通过连续性方程求得,只要知道一个流速,就能算出另一个流速。换句话说,有时需要同时使用伯诺利方程和连续性方程来解两个未知数。

4) 两个断面所用的压力标准必须一致,一般多用表压。

5) 在多数情况下,位置水头或压力水头都比较大,而流速水头相对来说很小,因此动能修正系数 α 常可以近似地取1,即令 $\alpha = 1$。再者,如果计算点取在容器液面,则由于该断面远大于管子断面,而其流速远小于管内流速,于是可以把该断面的流速水头忽略不计。

1. 一般水力计算

举例说明如下:

例3-2 一救火水龙带,喷嘴和泵的相对位置如图3-16。泵出口压力(A点压力)为2大气压(表压),泵排出管断面直径为50mm;喷嘴出口C的直径20mm;水龙带的水头损失设为0.5m;喷嘴水头损失为0.1m。试求喷嘴出口流速、泵的排量及B点压力。

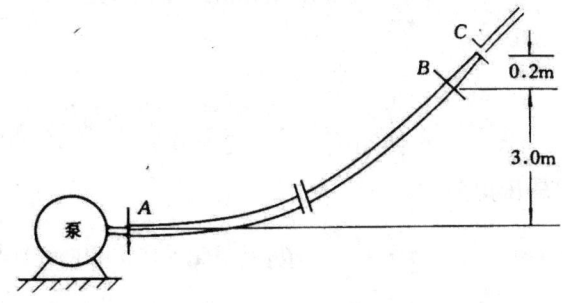

图3-16 例3-2图

解 取A、C两断面写能量方程:

$$z_A^2 + \frac{p_A}{\gamma} + \frac{v_A^2}{2g} = z_C + \frac{p_C}{\gamma} + \frac{v_C^2}{2g} + h_{A-C}$$

通过A点的水平面为基准面,则$z_A = 0$,$z_C = 3.2$m;$p_A = 2$at $= 1.96 \times 10^8$Pa,$p_C = 0$(在大气中);水的重度 $\gamma = 9800$N/m³;重力加速度 $g = 9.8$m/s²;$h_{A-C} = 0.5 + 0.1 = 0.6$m水柱。剩下的未知数是 v_A 和 v_C,按连续性方程将 v_A 用 v_C 表示,即

$$v_A = v_C \frac{A_C}{A_A} = v_C(\frac{d_C}{d_A})^2 = v_C(\frac{20}{50})^2 = 0.16v_C$$

将各量代入能量方程后，得

$$0 + \frac{2 \times 9.8 \times 10^4}{9800} + \frac{(0.16v_C)^2}{2 \times 9.8} = 3.2 + 0 + \frac{v_C^2}{2 \times 9.8} + 0.6$$

可解出 $v_C^2 = 326$，于是喷嘴出口流速为

$$v_C = \sqrt{326} = 18.06 (\text{m/s})$$

而泵的排量，即管内流量为

$$Q = v_C A_C = 18.06 \times \pi \times (0.02)^2/4 = 0.00568(\text{m}^3/\text{s}) = 5.68(\text{L/s})$$

为了计算 B 点压力，需要取 A、B 或 B、C 列能量方程式。现取 B、C 两断面计算，即

$$z_B + \frac{p_B}{\gamma} + \frac{v_B^2}{2g} = z_C + \frac{p_C}{\gamma} + \frac{v_C^2}{2g} + h_{B-C}$$

这时，可通过 B 点作水平面基准面，则 $z_B = 0, z_C = 0.2\text{m}; v_B = v_A = 0.16v_C = 0.16 \times 18.06 = 2.89\text{m/s}; h_{B-C} = 0.1\text{m}$；其余数值同前。代入方程得

$$0 + \frac{p_B}{9800} + \frac{(2.89)^2}{2 \times 9.8} = 0.2 + 0 + \frac{(18.06)^2}{2 \times 9.8} + 0.1$$

解出

$$\frac{p_B}{9800} = \frac{(18.06)^2 - (2.89)^2}{2 \times 9.8} + 0.3 = 16.2 + 0.3 = 16.5\text{m 水柱}$$

于是压力为

$$p_B = 16.5 \times 9800 = 161700(\text{Pa}) = 1.65(\text{at})$$

2．节流式流量计

工业上常用的节流式流量计主要有三种类型，即孔板、喷嘴和圆锥式（又叫文丘利管），如图 3-17 所示。

这类流量计的基本原理是：当管路中液体流经节流装置时，液流断面收缩，在收缩断面处流速增加，压力降低，使节流装置前后产生压差。在选择一定的节流装置情况下，液体流量越大，节流装置前后压差也越大，因而可以通过测量压差来计量流量大小。

下面以孔板流量计为例，运用伯诺利方程和连续性方程来推导出流量计公式。

设管径为 D，孔板的孔径 d。液流通过孔板时收缩，并在孔板后形成收缩得最小的断面(称为收缩断面)，然后液流又再扩大。

取断面 1-1 和 2-2 写出伯诺利方程式。设暂不考虑水头损失，也不考虑两断面处的动能修正系数，即取 $\alpha_1 = \alpha_2 = 1$。由于孔板装在水平管路上，$z_1 = z_2$，所以

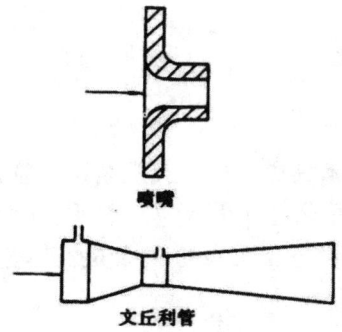
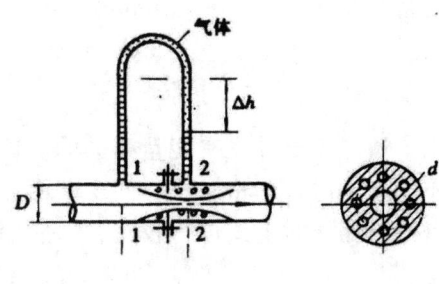

图 3-17 节流式流量计

$$\frac{p_1}{\gamma} + \frac{v_1^2}{2g} = \frac{p_2}{\gamma} + \frac{v_2^2}{2g}$$

设孔眼的断面为 A，该处的流速为 v，由连续性方程可得

$$vA = v_1 A_1 = v_2 A_2$$

故

$$v_1 = \frac{A}{A_1} v$$

$$v_2 = \frac{A}{A_2} v$$

将 v_1 和 v_2 代入伯诺利方程式，得

$$\frac{p_1 - p_2}{\gamma} = \frac{v_2^2 - v_1^2}{2g} = \frac{v^2}{2g} \left[\left(\frac{A}{A_2}\right)^2 - \left(\frac{A}{A_1}\right)^2 \right]$$

解出

$$v = \frac{1}{\sqrt{\left(\frac{A}{A_2}\right)^2 - \left(\frac{A}{A_1}\right)^2}} \sqrt{2g \frac{p_1 - p_2}{\gamma}}$$

于是，理论流量

$$Q_{理} = vA = \frac{A}{\sqrt{\left(\frac{A}{A_2}\right)^2 - \left(\frac{A}{A_1}\right)^2}} \sqrt{2g \frac{p_1 - p_2}{\gamma}}$$

令

$$\mu = \frac{1}{\sqrt{\left(\frac{A}{A_2}\right)^2 - \left(\frac{A}{A_1}\right)^2}}$$

则
$$Q_理 = \mu A \sqrt{2g} \sqrt{\frac{p_1 - p_2}{\gamma}}$$

实际上，通过流量计是有能量损失的。这种损失随节流装置形式、孔眼断面与管路断面的比值而不同。同时，严格来说，两个断面处的动能修正系数也不等于 1。因此实际流量比理论流量要小，需要对上式进行校正，一般用实验系数 α 代替公式中的 μ。于是实际流量为

$$Q = \alpha \frac{\pi d^2}{4} \sqrt{2g} \sqrt{\frac{p_1 - p_2}{\gamma}} \tag{3-47}$$

α 称为孔板流量系数。这种仪表在出厂前都要按实测压差和流量，对流量系数 α 进行标定，给出使用图表。使用时也可以自己校正。

3. 驻压强和测速管

设想在一均匀的平行流动中有一个障碍物，如图 3-18 所示。流体自远处以未被干扰的速度 u_0 平行流来，由于遇到一个刚体，流线发生弯曲，在刚体前端接触刚体后分成两股绕流过去。显然这是二元流动，每一水平切面中都有一根流线顶撞在障碍物上（图 3-18 中的 A 点），并且在这里发生分岔。在 A 点分岔的流线一定有一个折点。按流线的定义与性质，这只有 A 处的流速等于零才可能。A 点称为驻点，表明流体在障碍前要发生停驻。现在在分岔的流线上选择上游离开障碍很远的一点，和这一 A 点来列能量方程。因两点的高差等于零，并且 $u_A = 0$，故得

$$\frac{p_0}{\gamma} + \frac{u_0^2}{2g} = \frac{p_A}{\gamma}$$

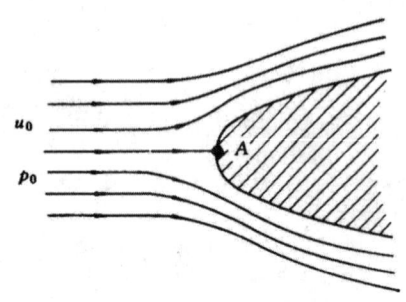

图 3-18　平行流中障碍物

可见 A 点的压强要比流动未被扰动的压强增高 $\frac{u_0^2}{2g}$，这也就是未被扰动时流体的比动能。这增高的压强称为驻压强。运动流体的驻压强与动压强两者之和，叫做运动流体的总压强。

根据实测的某处的驻压强 $\frac{p_A - p_0}{\gamma}$，我们可以计算流体在该处的流速。这样测定某点流速的仪器，称为测速管或称皮托管。测速管有两种类型，如图 3-19 所示。

(1) 单孔测速管

如图 3-19 (a)，通过在管壁上开一特制的洞，洞盖用螺丝固定在管壁上。盖上开两个孔，左侧的孔接测压管 1，其下口对着点 A；右侧的孔镶入测速管 2，弯口亦对着 A 点，用压盖及填料压紧，可以上下滑动。迎着液流的开口（即 A 处）在管中的位置由指针及标尺测定。把管 1、2 接上压差计，就可以量出两管的压差，进而算出该测点 A 处的流速 u_A。

因 1 管测出的是不受流速影响的水动压强 p_0，而 2 管测出的则是水总压强 p_A，故测得 A 点处的水驻压强为

$$\frac{p_A - p_0}{\gamma} = \frac{u_A^2}{2g}$$

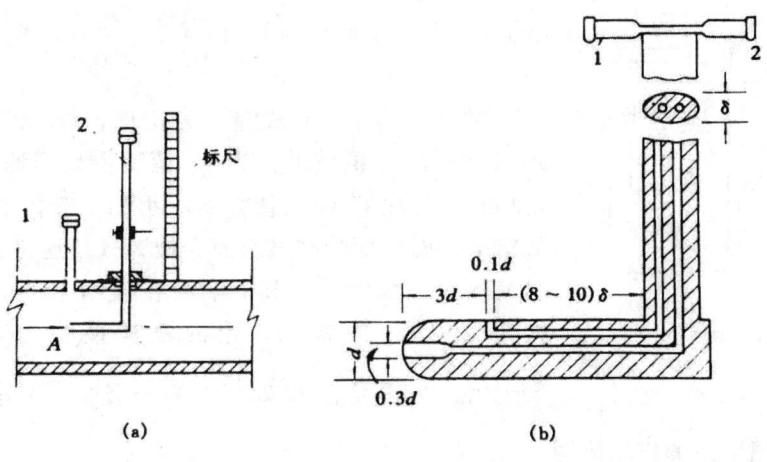

图 3-19 测速管

A 点处的流速便为

$$u_A = \sqrt{2g\frac{p_A - p_0}{\gamma}}$$

实际上由于测速管在液流中会引起微小阻力，使得测出的压强差不能真正反映实际结果，常在上式中乘以校正系数 c，而写成

$$u_A = c\sqrt{2g\frac{p_A - p_0}{\gamma}} \tag{3-48}$$

c 值一般由实验确定，约为 $0.95 \sim 1.0$。

(2) 双孔测速管

如图 3-19 (b)，亦称皮托—普朗特管，是把测压管和测速管结合在一起制成的，原理同上。经过试验，如果按图示尺寸制造，则此种测速管的校正系数 $c=1$，故使用比较方便。

4．流动流体的吸力

图 3-20 表示一喷射泵。它是利用喷嘴处高速水流造成低压，将液箱内的液体吸入泵内，与水混合排出。为了说明它的作用原理，我们先想象拿掉图中连接到液箱里去的铅垂管子。现取水流进入喷嘴前的 A 断面和水流出口喷嘴时的 C 断面列水流的能量方程式如下（暂假定所有流动不计能量损失）

$$\frac{p_A}{\gamma} + \frac{v_A^2}{2g} = \frac{p_C}{\gamma} + \frac{v_C^2}{2g}$$

或

$$\frac{p_A - p_C}{\gamma} = \frac{v_C^2 - v_A^2}{2g}$$

由连续性方程知道

$$v_C = v_A\left(\frac{A_A}{A_C}\right)$$

故前式变为

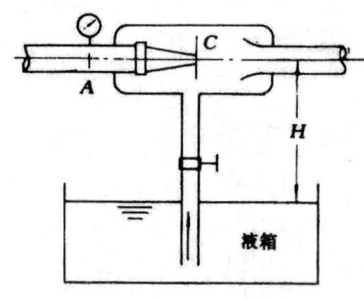

$$\frac{p_A - p_C}{\gamma} = \frac{v_A^2}{2g}\left[\left(\frac{A_A}{A_C}\right)^2 - 1\right]$$

因 $A_A > A_C$，上式左端为正值，即 p_C 将小于 p_A。而 A_C 越小则 p_C 值越低，当 p_C 值变得比当地大气压力 p_a 还要小时，若在 C 处把管壁钻一小洞，管内液体并不会因此流出来，而外面的空气反而会被大气压压进管子里去。现在 C 处接上一根管子，其下端浸在液箱中。由于箱内液面受大气压力 p_a 的作用，箱内液体便将上升。只要 $H > \dfrac{p_a - p_C}{\gamma}$，它就会被 C 处存在的真空度吸到水平管中，夹带冲走。这就是喷射泵的作用原理。

图 3-20 喷射泵

例 3-3 设如图 3-20 的喷射泵，其吸水管的 $H = 1.5\text{m}$，水管直径 $d_A = 25\text{mm}$，喷嘴出口直径 $d_C = 10\text{mm}$，喷嘴损失水头为 0.6m，$p_A = 3$ 大气压（表压），水管供水量为 $Q = 2\text{L/s}$，掺入的液体相对密度为 1.2。现在让我们来实际计算一下喷嘴出口压力 p_C，并判断能否将欲掺的液体吸上。

解 取 A、C 两断面列能量方程

$$\frac{p_A}{\gamma} + \frac{v_A^2}{2g} = \frac{p_C}{\gamma} + \frac{v_C^2}{2g} + h_{A-C}$$

由已知假设条件得

$$Q = 2\text{L/s} = 0.002\text{m}^3/\text{s}$$

$$A_A = \frac{\pi}{4}d_A^2 = \frac{\pi}{4}(0.025)^2 = 0.49 \times 10^{-3}(\text{m}^2)$$

$$A_C = \frac{\pi}{4}d_C^2 = \frac{\pi}{4}(0.01)^2 = 0.785 \times 10^{-4}(\text{m}^2)$$

$$V_A = \frac{Q}{A_A} = \frac{0.002}{0.49 \times 10^{-3}} = 4.1(\text{m/s})$$

$$V_C = \frac{Q}{A_C} = \frac{0.002}{0.785 \times 10^{-4}} = 25.5(\text{m/s})$$

将各量代入能量方程得

$$\frac{3 \times 9.8 \times 10^4}{9800} + \frac{(4.1)^2}{2 \times 9.8} = \frac{p_C}{\gamma} + \frac{(25.5)^2}{2 \times 9.8} + 0.6$$

解得

$$\frac{p_C}{\gamma} = -2.94\text{m 水柱}$$

于是，喷嘴口压力为

$$p_C = -2.94\gamma = -2.94 \times 9800 = -28812(\text{Pa}) = -0.294[\text{at}(表压)]$$

即 0.294at 的真空度。这样的真空度可以把相对密度 1.2 即重度 $\gamma = 1.2 \times 9800\text{N/m}^3$ 的液体吸上的高度为 $H = \dfrac{p}{\gamma} = \dfrac{28812}{1.2 \times 9800} = 2.45\text{m}$。而实际安装高度 $H = 1.5\text{m}$，故可以将箱中的液体吸上来。

三、水头线与水力坡降

伯诺利方程每项比能都可以用液柱高度表示。此时的 z 叫做位置水头，代表从某基准面到该点的位置高度；$\dfrac{p}{\gamma}$ 叫做压力水头，代表按该点的压力换算的液柱高度。同理从测速管可知道 $\dfrac{u^2}{2g}$ 或 $\dfrac{\alpha v^2}{2g}$ 也同样代表一个液柱高度，叫做流速水头；h_{1-2} 也代表一个液柱高度，叫做损失水头（或水头损失）。

由于每一种比能都可以用一个液流本身的液柱高度表示，我们就可以沿流程把它们描绘出来，如图 3-21 所示。

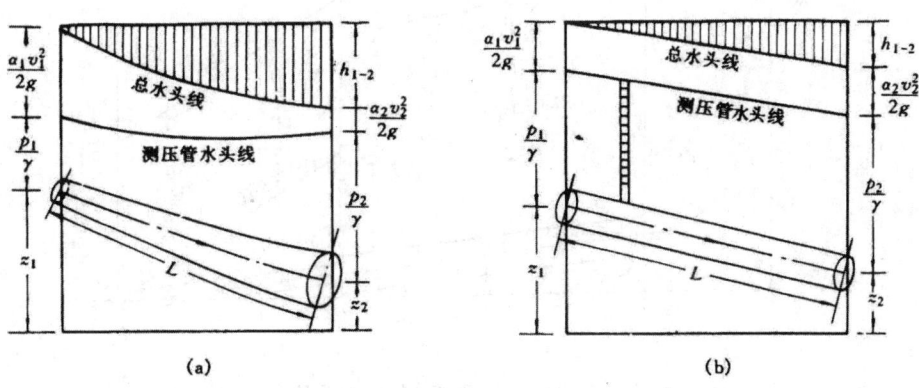

图 3-21 水头线示意图

图中位置水头线的连线是液流的轴线（或管轴）。压力水头加在位置水头之上，其顶点连线是压力水头线（压力用表压表示时，就代表各处液面在大气中能上升的位置，所以又叫做测压管水头线）。压力水头线上面再加上流速水头，其顶点连线就是总水头线，表示各断面处总比能大小的变化情况。图中阴影部分是损失水头（或比能损失）的状况。

沿流程单位长度上总水头的降低值（损失水头）称为水力坡降，是无因次量，用 i 表示。

$$i = \frac{h_{1-2}}{L_{1-2}} \tag{3-49}$$

在直管段，水头线都是直线，各断面处水力坡降 $\left(\dfrac{\mathrm{d}h}{\mathrm{d}L}\right)$ 都相同。并且由于各断面处流速都相同，所以总水头线与压力水头线互相平行。

在输油工程上，水力坡降是一个很重要的概念，它和地形条件一起成为布置泵站的基本依据。

图 3-22 表示一由两段直管组成的管路，全管路总水头线为一折线，因为小管内的水力

坡降比大管内的水力坡降大。从这个图可以清楚地看出液体流动过程中能量转化情况。如果取基准面0—0通过管路出口，现以点1、2、3为例来分析其能量转化。液体在1处时具有位能 H，其压能（按表压计算）和动能均为0。当液体由1运动到2时，位能减少，动能增加，压能增加，能量损失增加，就是说液体从1到2时减少的位能，转化成了动能、压能和损失掉一部分。同理可分析液体从2到3，从1到3的能量转化，列表于下：

液流方向	位 能	压 能	动 能	损 能	转化关系
1→2	↓	↑	↑	↑	位↓=压↑+动↑+损↑
2→3	↓	↓	↑	↑	位↓+压↓=动↑+损↑
1→3	↓	不变	↑	↑	位↓=动↑+损↑

通过水头线图，可以更直观地看出各项能量之间的转化关系。

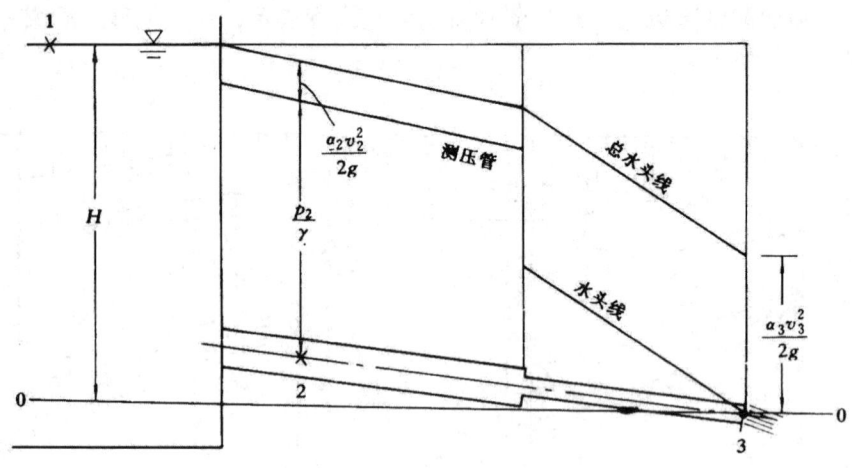

图 3-22 沿串联管的水头线

§3-6 泵对液流能量的增加

输油管线上油品的输送，以及供排水和消防系统，经常使用泵来提高输送能力，使其达到规定的输送量和规定的输送高度。通过泵的流量称为泵的排量。

当管路与泵联接在一起时，由于泵的工作，把机械能传给液体，使液体本身的能量增加。单位重量液体所增加的机械能用 H 表示。它也是一个液柱高度，叫做泵的扬程。

这时，如果在运用伯诺利方程时，所取两个计算断面中一个位于泵的前面，另一个位于泵的后面，那么就必须考虑两个断面之间由于泵的工作而外加给液体的能量，即方程应写成

$$z_1 + \frac{p_1}{\gamma} + \frac{\alpha_1 v_1^2}{2g} + H = z_2 + \frac{p_2}{\gamma} + \frac{\alpha_2 v_2^2}{2g} + h_{1-2} \tag{3-50}$$

这种能量平衡关系，通过示意图3-23可以看得更加清楚。图中表示由水池通过泵将水送至水塔的流程。1—1和2—2是两个计算断面。由于水池和水塔内水面积比管道内的要大

得多，其处流速水头可以忽略不计，总水头线位置便和液面位置一致（按表压力定的压力水头线位置）。水从水池经过吸入管线到泵，产生能量损失 h_1，使水头线下降到 a，再由于泵的工作使水头线上升到 b。ab 段高度即相当于泵加给单位重量液体的能量 H。然后经过排出管线产生能量损失 h_2，使水头线从 b 下降到水塔液面。我们把式（3-50）改变一下形式，并注意到 $h_{1-2} = h_1 + h_2$，可以看出

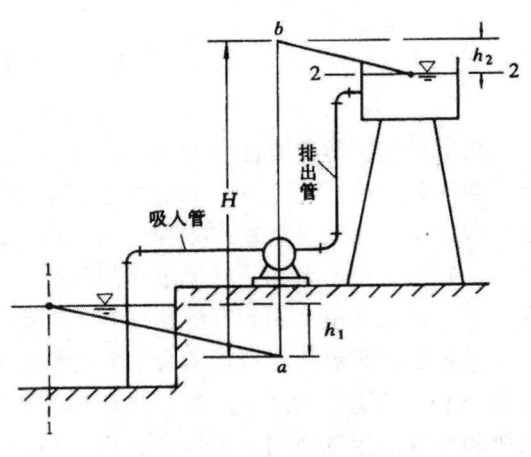

图 3-23 泵前后水头线变化

$$H = (z_2 - z_1) + \frac{p_2 - p_1}{\gamma} + \frac{v_2^2 - v_1^2}{2g} + h_{1-2}$$

就是说，泵加给液体的比能相当于两断面总比能差加上吸入损失和排出损失。

在上述情况下，由于液面敞开在大气中，其时，$p_1 = p_2 = 0$（表压），液面上流速 $v_1 = v_2 = 0$，故上式简化为

$$H = z_2 - z_1 + h_{1-2}$$

即泵的扬程主要用于克服位差和水头损失。

泵在单位时间内对通过的液体所作的功（或加给它的能量）叫做泵的输出功率，也叫做泵的有效功率，用 $N_{泵}$ 表示，公式为

$$\left. \begin{array}{l} N_{泵} = \dfrac{\gamma Q H}{75} \quad \text{hp} \\[2mm] N_{泵} = \dfrac{\gamma Q H}{102} \quad \text{kW} \end{array} \right\} \quad (3-51)$$

或

上式中 γ、Q、H 都用工程单位。若用国际单位则 $N_{泵} = \dfrac{\gamma Q H}{735000}\text{hp} = \dfrac{\gamma Q H}{999.600}\text{kW}$。

根据式（3-50）及式（3-51），如果已知泵前后两断面的位置，测出流量、压强差及水头损失，就可以算出泵的功率。

但是，泵所需要的功率将大于其输出功率，因为泵内有多方面的能量损失之故。离心泵一般由电动机通过联轴器带动，所以输入功率也叫做 轴功率，用 $N_{轴}$ 表示。习惯上把有效功率和轴功率之比称为泵的效率，用 $\eta_{泵}$ 表示，即

$$\eta_{泵} = \frac{N_{泵}}{N_{轴}} \quad (3-52)$$

泵的轴功率即是电动机的输出功率，电动机的输出功率与电动机的输入功率之比称为电动机的效率 $\eta_{电}$，故泵与电动机机组全装置需要的功率，亦即电动机的输入功率便是

$$N_{电} = \frac{N_{轴}}{\eta_{电}} \quad (3-53)$$

§3-7 系统与控制体

研究流体这类连续性介质运动的基本方法有两个：一是取一个流体微团，分析微团的受力、变形和运动，建立运动微分方程，再求解微分方程，从而得到各运动要素之间的关系式，即用微分方法建立基本方程；另一种方法是用积分方法来建立基本方程式，以求解流动规律。积分方法不是从分析无限小的微团出发，而是从分析有限体积内流体质点的运动出发来建立方程。这里就用到系统和控制体的概念。

系统是一团流体质点的集合。它始终包含着相同的流体质点，而且具有确定的质量。在系统外的一切统称为外界。在解决问题时，我们经常将问题的重点放在系统内，然后才观察系统和外界的相互作用，因为这种作用将造成系统状态的改变。

一个系统的形状、位置等均可改变，但它包含的物质一定不变。例如在一个封闭的气缸内（如图3-24所示），气缸壁与活塞所包围的气体便可看成一个系统。用虚线表示系统的边界，当活塞移动时，系统的边界不断膨胀或收缩（系统形状改变了），但系统内始终包含着原有的流体质点，其质量也保持不变。

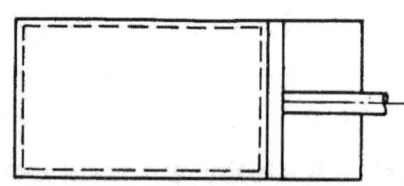

图3-24 气缸内气体系统边界

控制体是指流场中某一个确定的空间区域，这个区域的周界称为控制面。控制体的形状根据流动情况和边界位置任意选定。当选定之后，控制体的形状和位置相对于所选定的坐标系统来讲是固定不变的，但它所包含的流体的量可能时时刻刻改变。

前面我们已用欧拉法求流体质点所具有的物理量（如速度、压力）对时间全导数的公式（3-7）。下面来推导用欧拉法表示流体系统所具有的物理量（如质量、动量、动量矩等）对时间的全导数的公式。

设 N 表示在 t 瞬时系统内的流体所具有的某种物理量的总量，η 表示单位质量流体所具有的这种物理量。在 t 瞬时系统所占有的空间体积为 Ⅱ，如图3-25所示，并与所选控制体相重合。在 $t+\delta t$ 瞬时所占有的空间体积为 Ⅲ + Ⅱ′，Ⅱ′ 是在 $t+\delta t$ 瞬时系统与原来 t 瞬时所占空间相重合部分。现在我们以 N_t 和 $N_{t+\delta t}$ 分别表示系统在 t 瞬时及 $t+\delta t$ 瞬时它们所包含的物理总量。

$$N_t = \int_{\text{Ⅱ}} \eta \rho \mathrm{d}v$$

$$N_{t+\delta t} = \int_{\text{Ⅲ}} \eta \rho \mathrm{d}v + \int_{\text{Ⅱ}'} \eta \rho \mathrm{d}v$$

则在 δt 时间间隔内系统内的流体所具有的某种物理量的总量 N 的增加量为

$$N_{t+\delta t} - N_t = \left(\int_{\text{Ⅲ}} \eta \rho \mathrm{d}v + \int_{\text{Ⅱ}'} \eta \rho \mathrm{d}v\right)_{t+\delta t} - \left(\int_{\text{Ⅱ}} \eta \rho \mathrm{d}v\right)_t$$

式中 $\mathrm{d}v$ 是微元体积。在上式右边加上并减去 $\left(\int_{\text{Ⅰ}} \eta \rho \mathrm{d}v\right)_{t+\delta t}$，用 δt 除全式，加以整理得到

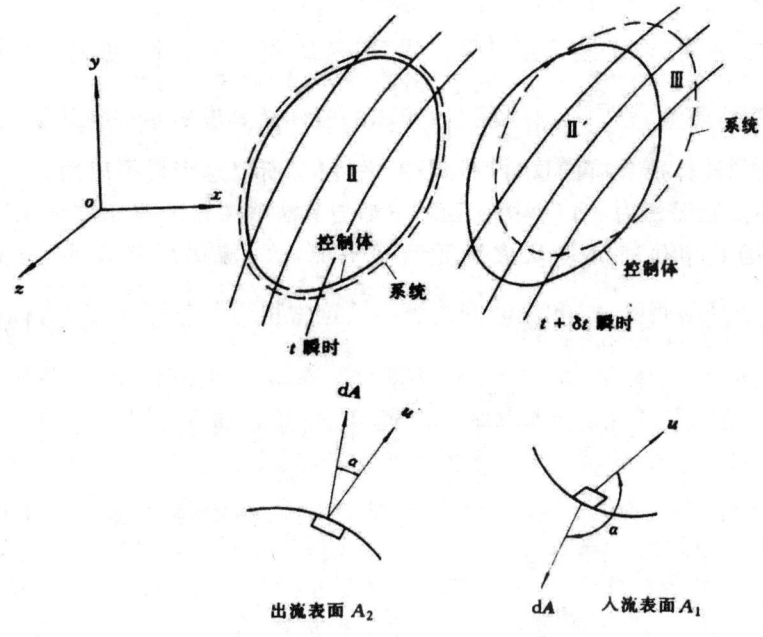

图 3-25 流场中的系统和控制体

$$\frac{N_{t+\delta t} - N_t}{\delta t} = \frac{(\int_{\mathrm{II}'} \eta\rho \mathrm{d}v + \int_{\mathrm{I}} \eta\rho \mathrm{d}v)_{t+\delta t} - (\int_{\mathrm{II}} \eta\rho \mathrm{d}v)_t}{\delta t} +$$

$$+ \frac{(\int_{\mathrm{III}} \eta\rho \mathrm{d}v)_{t+\delta t}}{\delta t} - \frac{(\int_{\mathrm{I}} \eta\rho \mathrm{d}v)_{t+\delta t}}{\delta t} \qquad (3-54)$$

$$\lim_{\delta t \to 0} \frac{N_{t+\delta t} - N_t}{\delta t} = \frac{\mathrm{d}N}{\mathrm{d}t} \qquad (3-55)$$

因为 II′ + I = II，所以式（3-54）右端第一项取极限时得到

$$\lim_{\delta t \to 0} \frac{(\int_{\mathrm{II}'} \eta\rho \mathrm{d}v + \int_{\mathrm{I}} \eta\rho \mathrm{d}v)_{t+\delta t} - (\int_{\mathrm{II}} \eta\rho \mathrm{d}v)_t}{\delta t}$$

$$= \lim_{\delta t \to 0} \frac{(\int_{\mathrm{II}} \eta\rho \mathrm{d}v)_{t+\delta t} - (\int_{\mathrm{II}} \eta\rho \mathrm{d}v)_t}{\delta t}$$

$$= \frac{\partial}{\partial t}\int_{\mathrm{II}} \eta\rho \mathrm{d}v = \frac{\partial}{\partial t}\int_{\mathrm{cv}} \eta\rho \mathrm{d}v \qquad (3-56)$$

式中 cv 表示对控制体的积分。这里用偏导数是因为 $\int \eta\rho \mathrm{d}v$ 所表示的积分体积内物理量的总量是时间和所取的积分体积的函数。而式（3-56）是在控制体不改变的条件下，控制体内部的流体所具有的某种物理量的时间变化率，所以应用对时间的偏导数。

式（3-54）右端第二项的物理意义是：从图3-25可以看出$\int_{\text{III}}\rho dv$是在δt时间内从控制体 II 内流出的流体质量，而$\int_{\text{III}}\eta\rho dv$是这些流出的流体所具有的某种物理量。$(\int_{\text{III}}\eta\rho dv)/\delta t$是单位时间内流出的流体所具有的这种物理量的平均值。所以这个量可以用以下方法求得：取控制面流出部分的微元面积为d$\bm{A}$（即微元面积dA与其法线单位矢量$\bm{n}$的乘积），而该微元面积上的流速为$\bm{u}$，因此单位时间内从该微元面积上流出的流体质量应为$\rho\bm{u}\cdot d\bm{A}$或写成$\rho u\cos\alpha dA$。经过整个流出面积A_2单位时间内流出的这种物理量是$\int_{A_2}\eta\rho\bm{u}\cdot d\bm{A}$。则

$$\lim_{\delta t\to 0}\frac{(\int_{\text{III}}\eta\rho dv)_{t+\delta t}}{\delta t}=\int_{A_2}\eta\rho\bm{u}\cdot d\bm{A}$$

式（3-54）右端第三项中$\int_{\text{I}}\eta\rho dv$是在$\delta t$时间内流进控制面的流体所具有的某种物理量。

同理可得

$$\lim_{\delta t\to 0}\frac{(\int_{\text{I}}\eta\rho dv)_{t+\delta t}}{\delta t}=-\int_{A_1}\eta\rho\bm{u}\cdot d\bm{A}$$

这里加上负号是因为$\bm{u}\cdot d\bm{A}$（或$\cos\alpha$）在 λ 流条件下总是负值（见图3-25）。所以式（3-54）右端的最后两项是单位时间内经过整个控制面的某种物理量的通量，为

$$\lim_{\delta t\to 0}\left[\frac{(\int_{\text{III}}\eta\rho dv)_{t+\delta t}}{\delta t}-\frac{(\int_{\text{I}}\eta\rho dv)_{t+\delta t}}{\delta t}\right]$$

$$=\int_{A_2}\eta\rho\bm{u}\cdot d\bm{A}+\int_{A_1}\eta\rho\bm{u}\cdot d\bm{A}=\int_{\text{cs}}\eta\rho\bm{u}\cdot d\bm{A} \qquad (3-57)$$

最后，对式（3-54）取极限，并将式（3-55）、式（3-56）、式（3-57）代入后得

$$\frac{dN}{dt}=\frac{\partial}{\partial t}\int_{\text{cv}}\eta\rho dv+\int_{\text{cs}}\eta\rho\bm{u}\cdot d\bm{A} \qquad (3-58)$$

或

$$\frac{dN}{dt}=\frac{\partial}{\partial t}\int_{\text{cv}}\eta\rho dv+\int_{\text{cs}}\eta\rho u_n dA \qquad (3-59)$$

式中u_n为沿微元控制面法线方向的分速度。式（3-59）说明，系统内部N的时间变化率等于控制体内的N的时间变化率加上单位时间经过控制面的N的净通量。也就是系统内流体所具有的某种物理量的总量对时间的全导数是由两部分组成：一部分是相当于当地导数，它等于控制体内这种物理量的总量的时间变化率；另一部分相当于迁移导数，它等于通过静止控制面单位时间内流出的和流入的这种物理量的差值。这些物理量可以是标量（如质量、能量），也可以是矢量（如动量、动量矩）。

在稳定流条件下，$\frac{\partial}{\partial t}\int_{cv}\eta\rho dv = 0$，则有

$$\frac{dN}{dt} = \int_{cs}\eta\rho u_n dA \qquad (3-60)$$

由此可见：在稳定流条件下，整个系统内部的流体所具有的某种物理量的变化只与通过控制面的流动有关，而不需要知道系统内部流动的详细情况。

下面我们可以利用式（3-59）推导出动量方程和动量矩方程等。

§3-8 稳定流的动量方程和动量矩方程

前面我们讨论了流体动力学的两个重要方程——连续性方程和伯诺利方程。应用这两个方程可以解决许多实际问题。但是，在工程问题中还要计算流体与固体相互作用的力。动量方程提供了流体与固体相互作用的动力学规律。

一、稳定流动量方程

流体运动微分方程式的建立是基于对一个流体微团的分析，反映了一个微团的运动规律，它也是质点的动量定律的微分表达式。而动量方程是在分析流体系统的基础上建立起来的质点动量定律在稳定流条件下的积分表达式。

从物理学中的动量定律知道，单位时间内物体的动量变化等于作用于该物体上外力的总和。对于流体的一个系统，取初始瞬间系统的边界作为控制面，根据动量定律：系统内的流体动量对时间的导数等于作用在系统上的外力的矢量和，即

$$\frac{d}{dt}\int_{cv}\rho\boldsymbol{u}dv = \sum\boldsymbol{F} \qquad (3-61)$$

式中$\int_{cv}\rho\boldsymbol{u}dv$为系统内的流体动量，$\sum\boldsymbol{F}$为作用在系统上的外力的矢量和。在前节中我们已经得到系统内任一物理量的总和对时间求全导数的公式（3-59）。在这里式（3-59）中的N应是系统内的流体动量，即$N = \int\rho\boldsymbol{u}dv$，$\eta$是单位质量流体的动量，即$\boldsymbol{\eta} = \boldsymbol{u}$。于是式（3-59）给出

$$\frac{d}{dt}\int_{cv}\rho\boldsymbol{u}dv = \frac{\partial}{\partial t}\int_{cv}\rho\boldsymbol{u}dv + \int_{cs}\rho\boldsymbol{u}u_n dA$$

上式右端第一项是控制体内的动量随时间的变化率，在稳定流条件下这项为零；第二项是单位时间内经过控制面的流体动量的通量。将上式代入式（3-61），在稳定流条件下得到

$$\int_{cs}\rho\boldsymbol{u}u_n dA = \sum\boldsymbol{F} \qquad (3-62)$$

其投影形式为

$$\left.\begin{aligned}\int_{cs}\rho u_x u_n dA &= \sum F_x \\ \int_{cs}\rho u_y u_n dA &= \sum F_y \\ \int_{cs}\rho u_z u_n dA &= \sum F_z\end{aligned}\right\} \quad (3-63)$$

式（3-62）和式（3-63）就是稳定流的动量方程。

例如，我们取一根流管的壁面和有效断面为控制面，如图 3-26 所示。$\sum F$ 是加在系统上的外力总和，并设有效断面上速度为常数，根据式（3-63）有

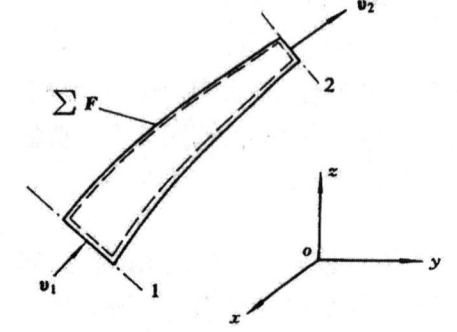

图 3-26 流管的控制面

$$\left.\begin{aligned}\rho_2 A_2 v_2 v_{2x} - \rho_1 A_1 v_1 v_{1x} &= \sum F_x \\ \rho_2 A_2 v_2 v_{2y} - \rho_1 A_1 v_1 v_{1y} &= \sum F_y \\ \rho_2 A_2 v_2 v_{2z} - \rho_1 A_1 v_1 v_{1z} &= \sum F_z\end{aligned}\right\} \quad (3-64)$$

根据连续性方程

$$\rho_2 A_2 v_2 = \rho_1 A_1 v_1 = \rho Q$$

可把上式改为

$$\left.\begin{aligned}\rho Q(v_{2x} - v_{1x}) &= \sum F_x \\ \rho Q(v_{2y} - v_{1y}) &= \sum F_y \\ \rho Q(v_{2z} - v_{1z}) &= \sum F_z\end{aligned}\right\} \quad (3-65)$$

稳定流的动量方程的特点是：在计算过程中只涉及控制面上的运动要素，而不必考虑控制体内部的流动状态。其次，作用力与流速都是矢量，动量也是矢量，所以动量方程是一个矢量方程，这样应用投影方程比较方便。使用时应注意：适当地选择控制面，完整地表达出作用在控制体和控制面上的一切外力，一般包括两端压力、重力、四周边界反力。分析问题时要标清流速和作用力的具体方向。当各个矢量不在同一方向时，应先选取坐标轴方向，以有利于分析为原则，并在图上标出。按照各个矢量在同一坐标轴上的投影写动量方程的相应表达式，要注意各投影分量的正负号，与坐标轴正方向相同的为正号，反之为负号。对于未知的边界反力可先假定一个方向，如解出结果得正值，则作用力方向与假定的相符合；解出结果得负值，则作用力方向与假定的方向相反。

二、动量方程的应用

1. 流体作用于弯管的力

图 3-27 表示一水平转弯的管路。由于液流在弯道改变了流动方向，也就改变了动量，于是就会产生压力作用于管壁。因此在设计管道时，在管路拐弯处必须考虑这个作用力，并设法加以平衡，以防管道破裂。

现在我们用动量方程来确定这种作用力。

我们用两个分量来分析：

沿 x 轴方向的动量变化为

$$\rho Q(v\cos\alpha - v)$$

沿 x 轴方向的作用力总和为

$$p_1 A - p_2 A\cos\alpha - R_x$$

于是按式（3-65），有

$$p_1 A - p_2 A\cos\alpha - R_x = \rho Q(v\cos\alpha - v)$$

$$R_x = (p_1 - p_2\cos\alpha)A + \rho Qv(1 - \cos\alpha)$$

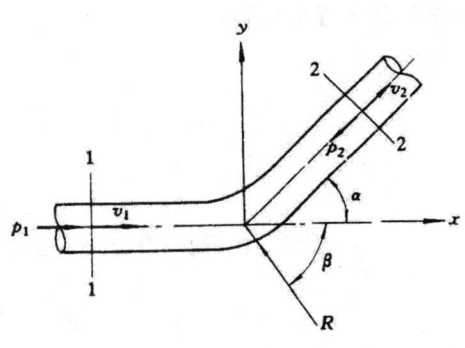

图 3-27 水平弯管

同理，对 y 轴方向有

$$R_y = p_2 A\sin\alpha + \rho Qv\sin\alpha$$

从以上公式可求出 R_x 与 R_y，从而可以计算 R。

2. 射流的背压（反推力）

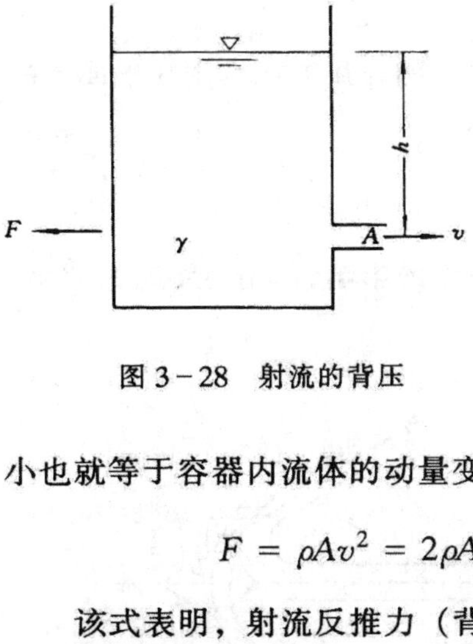

图 3-28 的容器在液面下深度等于 h 处有一比液面面积小得多的出流孔，其面积为 A。在出流孔很小的前提下，假使只就一段很短的时间来看，其出流过程就可以当作近似的稳定流看待。这时，理想流体的出流速度将是 $v = \sqrt{2gh}$。这一瞬时，容器内流体水平方向的动量变化将决定于单位时间内由容器流出来的动量 $\rho Q v = \rho A v^2$。这一动量变化当然在大小上、方向上、位置上恰好等于器壁在水平方向加在流体上的压力合力。流动流体则反过来对容器壁上作用一个方向与出流速度相反的水平反推力，这个力的大小也就等于容器内流体的动量变化率，即

图 3-28 射流的背压

$$F = \rho A v^2 = 2\rho Agh = 2A\gamma h$$

该式表明，射流反推力（背压）的大小恰好等于洞孔处的流体静压力的两倍。如果容器能够运动，射流就可能克服容器移动的阻力而使容器向流体射出速度的反方向运动。

3. 自由射流对挡板的压力

如图 3-29 所示，从喷嘴以速度 v_0 向挡板射流的流体，撞击挡板后将沿挡板表面分成两股射流，速度分别为 v_1、v_2，流量从 Q_0 分成 Q_1 和 Q_2。由于射流的冲击作用，在挡板上产生一个反作用力 R（流体作用于挡板上的力则与之大小相等，方向相反）。

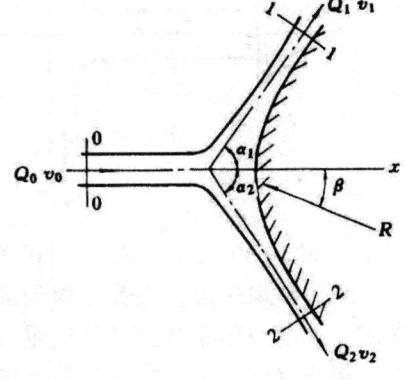

图 3-29 射流射向 $\alpha < 90°$ 的挡板

根据动量方程可以写：

x 轴向为

$$-R_x = \rho Q_1 v_1 \cos\alpha_1 + \rho Q_2 v_2 \cos\alpha_2 - \rho Q_0 v_0$$

y 轴向为

合力
$$R_y = \rho Q_1 v_1 \sin\alpha_1 + (-\rho Q_2 v_2 \sin\alpha_2) - 0$$

$$R = \sqrt{R_x^2 + R_y^2}$$

$$\mathrm{tg}\beta = \frac{R_y}{R_x}$$

现在看下面几种特殊情况：

1) 当 $\alpha_1 = \alpha_2 = \alpha$，$\beta = 0$，则两股射流的动量必然相等，即

$$\rho Q_1 v_1 = \rho Q_2 v_2 = \frac{1}{2}\rho Q_0 v_0$$

此时，推得的作用力为

$$R = \rho Q_0 v_0 (1 - \cos\alpha)$$

2) 当 $\alpha = 90°$ 时（图 3-30 所示），此时挡板是平面，而不是曲面。这时的作用力为

$$R = \rho Q_0 v_0$$

3) 当 α 角大于 90° 时（图 3-31 所示），此时作用在曲面上的作用力比作用在平面上的作用力大。当 α 角为 180° 时，作用力最大，这时

$$R = 2\rho Q_0 v_0$$

以上所得结果都没有考虑摩擦阻力影响。实际上，由于阻力的影响，作用力将略为减小。

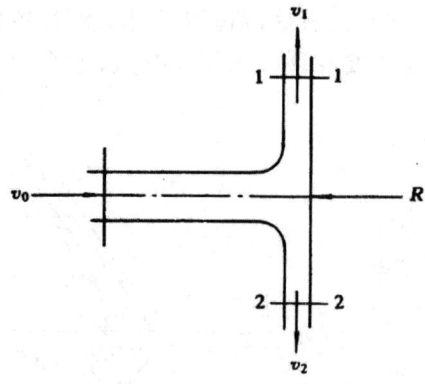
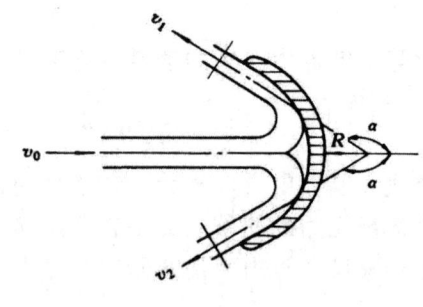

图 3-30 射流射向 $\alpha = 90°$ 的挡板　　图 3-31 射流射向 $\alpha > 90°$ 的挡板

最后必须指出，当流体射到运动部件，这时假设坐标与运动部件相固定，对这个坐标系来讲，流动是稳定流。应用动量方程时完全可以采用相对速度。如图 3-32 所示，若喷嘴固定，射流速度为 v，叶片后退速度为 v_e，则相对速度为 $v_r = v - v_e$。必须注意，这时冲击叶片的流量，应按相对速度计算，即 $Q = A(v - v_e)$，故动量方程为

$$R = \rho Q(v - v_e) = \rho A(v - v_e)^2$$

三、动量矩方程

运用动量方程能够确定流体与边界之间作用力大小，但是不能给出作用力的位置。与求合力作用点要应用力矩平衡方程相类似，在确定流体与边界之间作用力的位置时，需要应用动量矩方程。

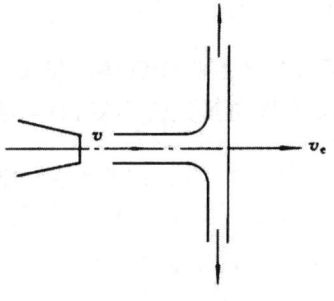

图 3-32 射流射向移动的挡板

在物理学中已经知道：一个物体在单位时间内对转动轴的动量矩变化，等于作用于此物体上所有外力对同一轴的力矩和，这就是动量矩定律。我们研究流体的一个系统，即系统内流体对某点的动量矩对时间的导数应等于作用于系统的外力对同一点的力矩矢量和，表达式为

$$\frac{\mathrm{d}}{\mathrm{d}t}\int_{\mathrm{cv}}\rho(\boldsymbol{r}\times\boldsymbol{u})\mathrm{d}V = \sum \boldsymbol{r}_i \times \boldsymbol{F}_i \tag{3-66}$$

式中 $\int_{\mathrm{cv}}\rho(\boldsymbol{r}\times\boldsymbol{u})\mathrm{d}V$ 为系统内流体对某点的动量矩，$\sum \boldsymbol{r}_i \times \boldsymbol{F}_i$ 为作用于系统的外力对同一点的力矩矢量和。在式(3-59)中的 N 应是系统内流体的动量矩，即 $\boldsymbol{N} = \int_{\mathrm{cv}}\rho(\boldsymbol{r}\times\boldsymbol{u})\mathrm{d}V$，$\eta$ 是单位质量流体的动量矩，即 $\boldsymbol{\eta} = \boldsymbol{r} \times \boldsymbol{u}$。于是式(3-59)给出

$$\frac{\mathrm{d}}{\mathrm{d}t}\int_{\mathrm{cv}}\rho(\boldsymbol{r}\times\boldsymbol{u})\mathrm{d}V = \frac{\partial}{\partial t}\int_{\mathrm{cv}}(\boldsymbol{r}\times\boldsymbol{u})\rho\mathrm{d}V + \int_{\mathrm{cs}}(\boldsymbol{r}\times\boldsymbol{u})\rho u_n \mathrm{d}A$$

在稳定流条件下等式右端第一项为零。将上式代入式（3-66），便可得到稳定流的动量矩方程

$$\int_{\mathrm{cs}}\rho(\boldsymbol{r}\times\boldsymbol{u})u_n\mathrm{d}A = \sum \boldsymbol{r}_i \times \boldsymbol{F}_i \tag{3-67}$$

下面我们应用动量矩方程来推导涡轮机械的基本方程式。图3-33所示为离心泵的叶轮，流体从叶轮的内圈入口流入，经流道外圈出口流出。流体质点进入叶轮的绝对速度为 u_1，它是入口处的牵连速度 u_{1e} 与相对速度 u_{1r} 的合成速度。流体质点经流道流至出口时的牵连速度为 u_{2e}，相对速度为 u_{2r}，绝对速度为 u_2。相对于匀速旋转的叶轮来讲，流道中流动是稳定流。假设流体的密度为 ρ，流过叶轮的流量为 Q，重力影响不大，可以忽略。所取控制面如图上虚线所示，应用在控制面上的外力有叶片对流体的作用力和内、外圈边界上的表面力。后者是径向分布，所以对轴的力矩为零。因此外力矩就是叶片对流道内流体的作用力对转轴的力矩，其总和为 M_d，则

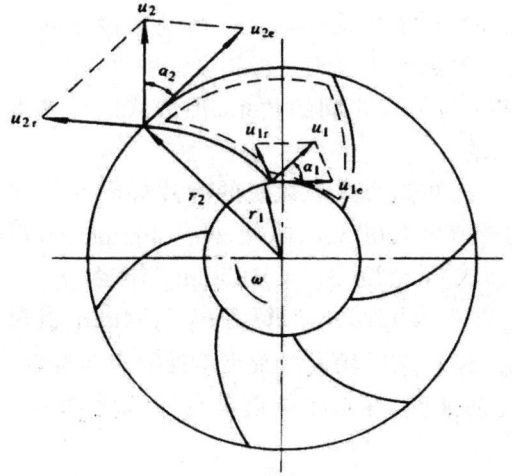

图 3-33 离心泵的叶轮流道

$$\left|\sum r_i \times F_i\right| = M_d$$

经过整个控制面流体动量矩的通量为出口流体的动量矩和入口流体的动量矩之差。假设 u_1、u_2 沿周向其数值不变,且与切线方向的夹角 α 也是不变的,并考虑叶轮上的所有通道,则有

$$\left|\int_{cs}\rho(r \times u)u_n dA\right| = \int_{A_2}\rho u_2 r_2 \cos\alpha_2 u_{2n} dA - \int_{A_1}\rho u_1 r_1 \cos\alpha_1 u_{1n} dA$$

$$= \rho u_2 r_2 \cos\alpha_2 \int_{A_2} u_{2n} dA - \rho u_1 r_1 \cos\alpha_1 \int_{A_1} u_{1n} dA$$

$$= \rho Q(r_2 u_2 \cos\alpha_2 - r_1 u_1 \cos\alpha_1)$$

$$= \rho Q(r_2 u_{2\tau} - r_1 u_{1\tau})$$

式中 A_1、A_2 分别代表叶轮入口的总面积与出口总面积;$u_{1\tau}$、$u_{2\tau}$ 分别代表叶轮入口与出口沿圆周切线方向的分速度。因假设流动都在与转轴相垂直的平面内,故力矩和动量矩矢量的方向均沿着转轴。将以上二式代入动量矩方程式(3-67),得

$$M_d = \rho Q(r_2 u_{2\tau} - r_1 u_{1\tau}) \tag{3-68}$$

设叶轮角速度为 ω,则单位时间作用于流体的功率为

$$N = M_d \omega = \rho Q(u_{2e} u_{2\tau} - u_{1e} u_{1\tau}) \tag{3-69}$$

式中 u_{1e}、u_{2e} 分别代表叶轮入口与出口处的牵连速度。单位重量流体所获得的能量为

$$H = \frac{1}{g}(u_{2e} u_{2\tau} - u_{1e} u_{1\tau}) \tag{3-70}$$

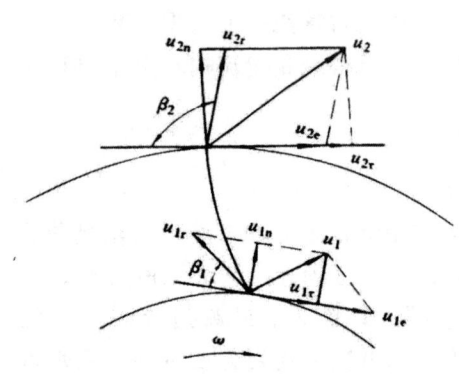

图 3-34 离心式风机叶轮进出口速度

这就是涡轮机械的基本方程式。由这个方程式可以得到流体通过叶轮时所获得的能量。所以,单位重量流体所获得的能量 H 是反映涡轮机械基本性能的一个特征量。在涡轮机械的性能分析和设计中,所用到的性能曲线中各个特征量之间的关系,都是从这个基本方程推导出来的。

例 3-4 已知离心式通风机的叶片如图 3-34 所示。叶轮的转速为 1500rpm,内径 $d_1 = 480$mm,入口角 $\beta_1 = 60°$,入口宽度 $b_1 = 105$mm;外径 $d_2 = 600$mm,出口角 $\beta_2 = 120°$,出口宽度 $b_2 = 84$mm;流量 $Q = 12000\text{m}^3/\text{h}$。试求叶轮入口及出口处的牵连速度、相对速度和绝对速度,并求单位重量空气由叶轮入口至出口所获得的能量。

解
$$u_{1e} = \frac{\pi d_1 n}{60} = \frac{\pi \times 0.48 \times 1500}{60} = 37.7 (\text{m/s})$$

$$u_{1n} = \frac{Q}{3600\pi d_1 b_1} = \frac{12000}{3600\pi \times 0.48 \times 0.105} = 21 (\text{m/s})$$

$$u_{1r} = \frac{u_{1n}}{\sin\beta_1} = \frac{21}{0.866} = 24.3(\text{m/s})$$

$$u_{1\tau} = u_{1e} - u_{ir}\cos\beta_1 = 37.7 - 24.3 \times 0.5 = 25.5(\text{m/s})$$

$$u_1 = \sqrt{u_{1n}^2 + u_{1\tau}^2} = \sqrt{21^2 + 25.5^2} = 33(\text{m/s})$$

$$u_{2e} = \frac{\pi d_2 n}{60} = \frac{\pi \times 0.6 \times 1500}{60} = 47.1(\text{m/s})$$

$$u_{2n} = \frac{Q}{3600\pi d_2 b_2} = \frac{12000}{3600\pi \times 0.6 \times 0.084} = 21(\text{m/s})$$

$$u_{2r} = \frac{u_{2n}}{\sin(180° - \beta_2)} = \frac{21}{0.866} = 24.3(\text{m/s})$$

$$u_{2\tau} = u_{2e} + u_{2r}\cos 60° = 47.1 + 24.3 \times 0.5 = 59.3(\text{m/s})$$

$$u_2 = \sqrt{u_{2n}^2 + u_{2\tau}^2} = \sqrt{21^2 + 59.3^2} = 63(\text{m/s})$$

单位重量流体获得的能量

$$H = \frac{1}{g}(u_{2e}u_{2\tau} - u_{1e}u_{1\tau}) = \frac{1}{9.8}(47.1 \times 59.3 - 37.7 \times 25.5)$$
$$= 187(\text{m})(空气柱)$$

思 考 题

3-1 拉格朗日法和欧拉法在分析流体运动上有什么区别？为什么常用欧拉法？

3-2 欧拉法中流体的加速度如何表示？

3-3 何谓稳定流和不稳定流？试举例说明其区别。

3-4 何谓流线？流线有什么特点？流线与迹线有什么不同？

3-5 引入断面平均流速有什么好处？它和实际流速有什么关系？

3-6 重量流量与体积流量之间的关系如何？常用的单位各如何？

3-7 连续性方程式的物理意义如何？

3-8 欧拉运动微分方程式的物理意义如何？适用于什么情况？

3-9 流束和总流的伯诺利方程式有何区别？其适用条件如何？各项的物理意义又如何？

3-10 运动坐标系的伯诺利方程式如何表示？其物理意义如何？

3-11 应用伯诺利方程时要注意哪些问题？

3-12 常用的节流式流量计有哪些？其基本原理如何？

3-13 何谓驻压强、总压强？测速管的基本原理如何？

3-14 为什么伯诺利方程可以用图表示出来？如何表示？何谓水力坡降？

3-15 何谓泵的扬程？泵的功率和扬程成怎样的关系？

3-16 何谓系统与控制体？引入这两个概念的目的是什么？

3-17 何谓液流的动量方程？它可以解决哪些问题？

3-18 何谓液流的动量矩方程？有何用处？

习　题

3-1 已知流场的速度分布为

$$u = xy^2 i - \frac{1}{3} y^3 j + xy k$$

(1) 属几元流动？
(2) 求 $(x, y, z) = (1, 2, 3)$ 点的加速度。

3-2 已知平面流动的速度分布规律为

$$u = \frac{B}{2\pi} \frac{y}{(x^2 + y^2)} i + \frac{B}{2\pi} \frac{x}{(x^2 + y^2)} j$$

式中 B 为常数。求流线方程。

3-3 用直径 200mm 的管子输送相对密度 0.7 的汽油，使流速不超过 1.2m/s，问每小时最多输送多少吨？

3-4 油管输送相对密度 0.8 的煤油，设计输送量为 50t/h。限制流速不超过 0.8m/s，需多大管径？

3-5 一离心泵吸入管直径 150mm，排出管直径 100mm，若限制吸入管流速不超过 0.7m/s，求流量及排出管流速各为多少？

3-6 自水箱接出一个水龙头，龙头前有压力表。当龙头关闭时，压力表读数为 0.8 大气压；龙头开启时，压力表读数降为 0.6 大气压。如果管子直径为 12mm，问此时的流量为多少？

3-7 水从井 A 利用虹吸管引到井 B 中，设已知体积流量 $Q = 100 \text{m}^3/\text{h}$，$H_1 = 3\text{m}$，$z = 6\text{m}$，不计虹吸管中的水头损失，试求虹吸管的管径 d 及上端管中的负压值 p。

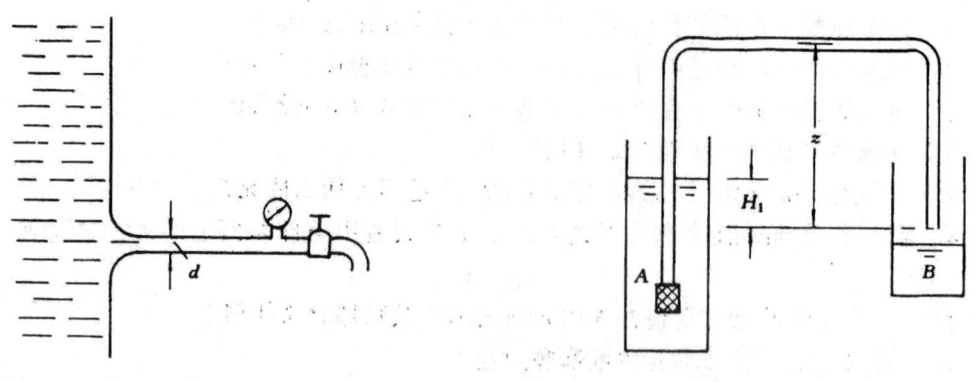

题 3-6 图　　　　　　　　题 3-7 图

3-8 为测管路轴线处的流速，装置如图所示的测速管。左管接于水管壁，量出不受流速影响的动压强；右管为 90°弯管，量出受流速影响的总压强。把两管连于 U 形管水银压差计上。若 $\Delta h = 200$mm，求管轴处的流速。

3-9 相对密度 0.85 的柴油,由容器 A 经管路压送到容器 B。容器 A 中液面的表压力为 3.6 大气压,容器 B 中液面的表压力为 0.3 大气压。两容器液面差为 20m。试求从容器 A 输送到容器 B 的水头损失。

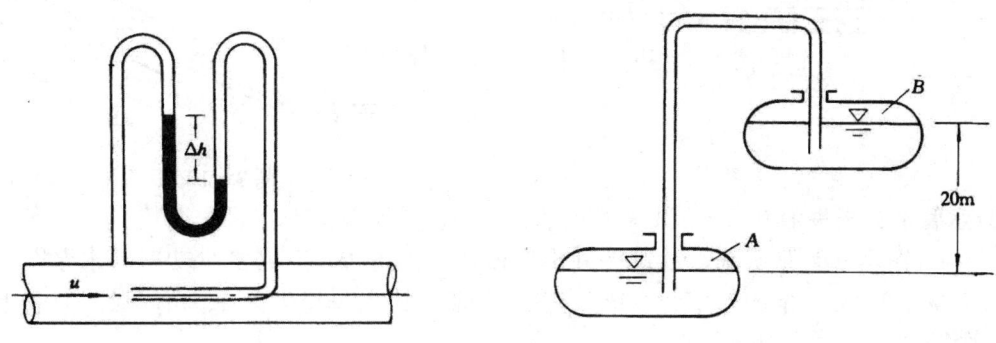

题 3-8 图　　　　　　　　　　　题 3-9 图

3-10 为测量输油管内流量，安装了圆锥式流量计。若油的相对密度 0.8，管线直径 $D = 100$mm，喉道直径 $d = 50$mm，水银压差计读数 $\Delta h = 40$cm，流量系数 0.9，问每小时流量为多少吨？

3-11 为了在直径 $D = 160$mm 的管线上自动掺入另一种油品，安装了如下装置：自锥管喉道处引出一个小支管通入油池内。若压力表读数 2.4 大气压，喉道直径 $d = 40$mm，T 管流量 $Q = 30$L/s，油品相对密度 0.9，欲掺入的油品相对密度为 0.8，油池油面距喉道高度 $H = 1.5$m，如果掺入油量为原输送量的 10%，B 管水头损失设为 0.5m 油柱，试决定 B 管直径以多大为宜？

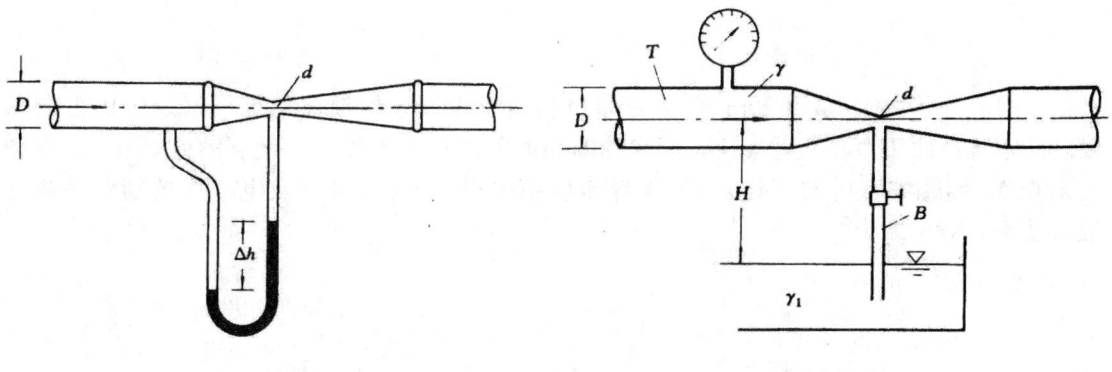

题 3-10 图　　　　　　　　　　　题 3-11 图

3-12 图示水箱在水深 $H = 3$m 处接一水平管线。管线由两种直径串联，$d_1 = 20$mm，$d_2 = 10$mm。$L_1 = L_2 = 10$m。设粗管水头损失为 0.6m 水柱，细管水头损失为 1m 水柱。问流量为多少？各段水力坡降为多少？并示意绘出水头线。(长度和高度可取不同比例)

3-13 图示输水管路 $d_1 < d_3 < d_2$。若忽略管件处的局部阻力，试绘制其总水头线和测压管水头线的示意图。

3-14 用 80kW 的水泵抽水，泵的效率为 90%，管径为 30cm，全管路的水头损失为

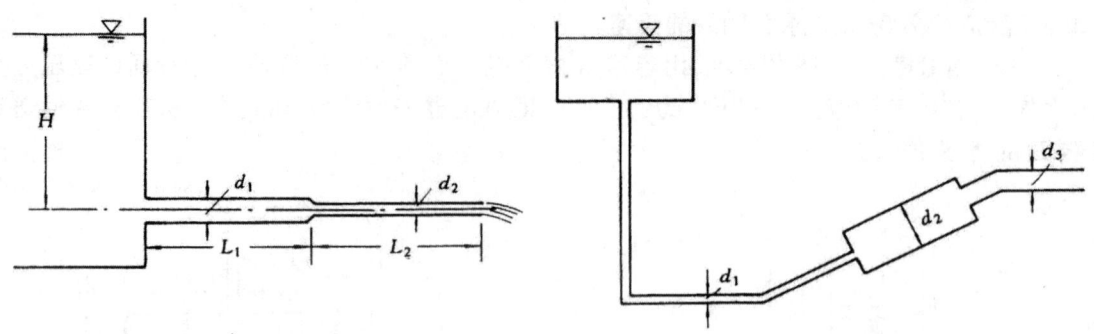

题 3-12 图　　　　　　　　　　　　题 3-13 图

1m，吸水管水头损失为 0.2m，试求抽水量、管内流速及泵前真空表的读数。

3-15　图示一管路系统，欲维持其出口流速为 20m/s，问需多少功率的水泵？设全管路的水头损失为 2m，泵的效率为 80%，若压水管路的水头损失为 1.7m，则压力表上的读数为多少？

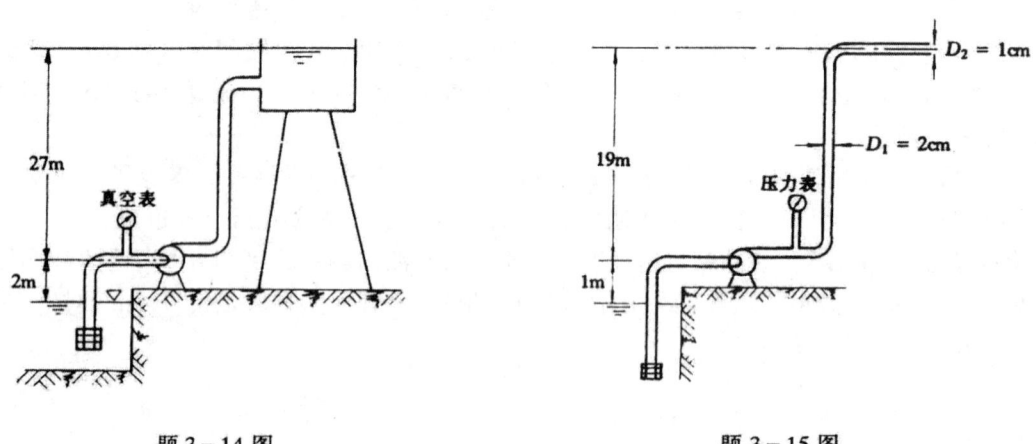

题 3-14 图　　　　　　　　　　　　题 3-15 图

3-16　图示离心泵以 20m³/h 的流量将相对密度 0.8 的油品从地下罐送到山上洞库油罐。地下罐油面压力 0.2 大气压，洞库油罐油面压力 0.3 大气压。设泵的效率 0.8，电动机效率 0.9，两罐液面差 $H=40$m，全管路水头损失设为 5m。求泵及电动机的额定功率（即输入功率）应为多少？

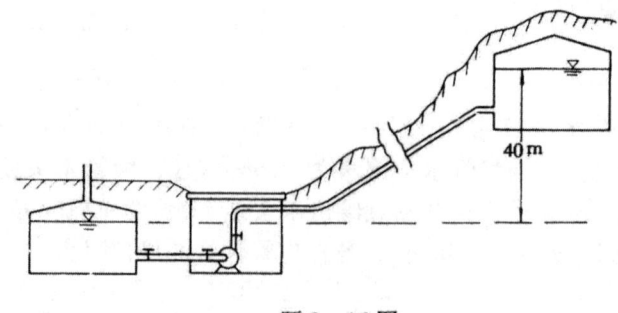

题 3-16 图

3-17 用8kW的水泵抽水，泵的效率为90%，管径300mm，全管路水头损失设为3m水柱，吸入管线的水头损失设为0.8m水柱。求抽水量、管内流速及泵前真空度？（提示：因流量是未知数，能量方程将为一元三次方程，可用试算法求解）。

3-18 输油管上水平90°转变处，设固定支座。所输油品相对密度为0.8，管径300mm，通过流量100L/s，断面1处压力2.23大气压，断面2处压力2.11大气压。求支座受压力大小和方向？

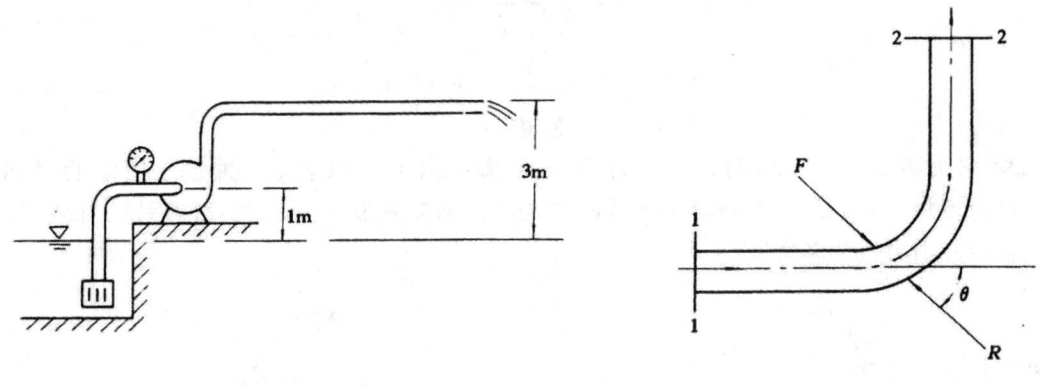

题 3-17 图　　　　　　　　　　　　题 3-18 图

3-19 水流经过60°渐细弯头AB，已知A处管径$D_A=0.5m$，B处管径$D_B=0.25m$，通过的流量为$0.1m^3/s$，B处压力$p_B=1.8$大气压。设弯头在同一水平面上，摩擦力不计，求弯头所受推力为多少牛顿？

3-20 消防队员利用消火喷筒熄灭火焰，消火喷筒口径$d=1cm$，水龙带端部口径$D=5cm$。从消火喷筒射出的流速$v=20m/s$。求消防队员用手握住消火喷筒所需的力R（设喷筒水头损失为1m水柱）？

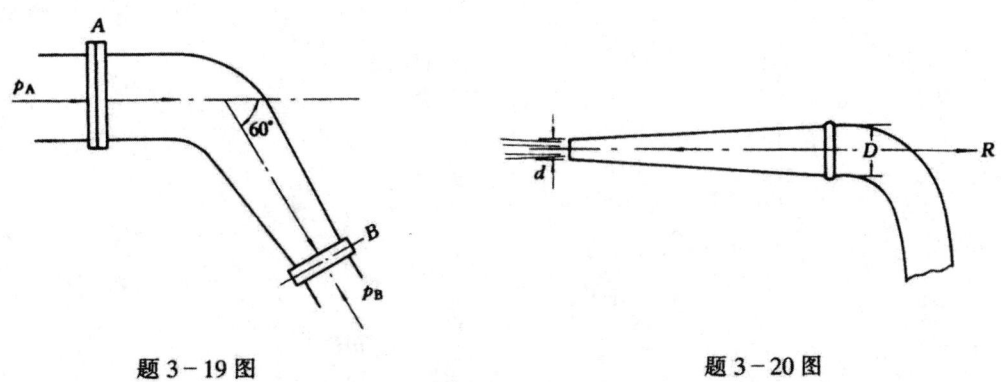

题 3-19 图　　　　　　　　　　　　题 3-20 图

3-21 嵌入支座的一段输水管，如图所示，其直径由$D_1=1.5m$变化为$D_2=1m$。当支座前压力$p=4$大气压，流量$Q=1.8m^3/s$，试确定渐缩段中支座所承受的轴向力？

3-22 水泵叶轮的内径$d_1=20cm$，外径$d_2=40cm$，叶片宽度$b=4cm$，水在叶轮入口处沿径向流入，在出口处沿与径向成30°角的方向流出，重量流量$G=81.6kg/s$，试求水在叶轮入口与出口处的流速u_1、u_2。

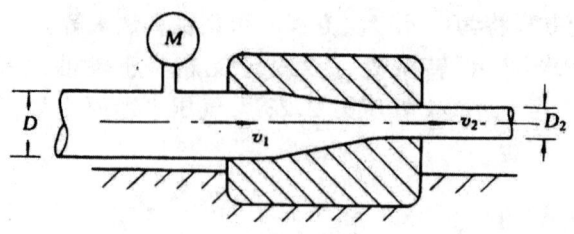

题 3-21 图

3-23 水射流以 19.8m/s 的速度从直径 $d = 100$mm 的喷口射出，冲击一固定的对称叶片，叶片的转角 $\alpha = 135°$，求射流对叶片的冲击力。若叶片以 12m/s 的速度后退，而喷口仍固定不动，冲击力将为多大？

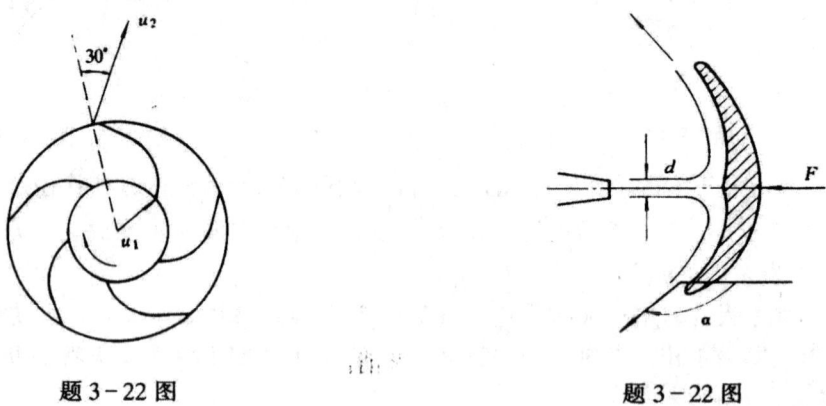

题 3-22 图   题 3-22 图

第四章 流体阻力和水头损失

前一章中我们着重讨论了与管路有关的理想流体运动的基本原理。但由于实际流体都具有粘性，将导致能量的损耗，其原因以及如何计算由此而引起的水头损失尚未分析。至于涉及气体运动的有关问题将在第八章中阐述。

本章将讨论具有粘性的实际流体运动形成阻力的原因、分类及流态的变化，进而从理论上建立实际流体运动的微分方程式，并结合实验分析，定量地确定因流动阻力而产生的水头损失的计算方法。

§4-1 管路中流动阻力产生的原因及分类

管内流动阻力的产生，其原因是多方面的。由于管壁界面的限制，使液流与管壁接触，发生流体质点与管壁间的摩擦和撞击，消耗能量，形成阻力。所以，接触面积的大小常是影响阻力的一个因素。通常把管子断面的周长叫做湿周，用 χ 表示，湿周越长，阻力越大。然而，专靠湿周长短还不能全面地表明管径大小和形状对阻力的影响，管路断面面积的大小也是影响阻力的一个重要因素。大直径管路对其中通过的全部流体来说，与管壁接触的流体所占的比例较小，因而流动比较畅快；反之，小直径的管路，与管壁接触的流体占全部流体的比例就较大，因而较难流动。所以，流体力学上就用断面面积 A 和湿周长度 χ 的比值来标志管路的几何形状对阻力的影响，用 R 表示，称为水力半径。即

$$R = \frac{A}{\chi} \tag{4-1}$$

对常见的圆管来说，水力半径

$$R = \frac{\frac{\pi}{4}d^2}{\pi d} = \frac{d}{4} \tag{4-2}$$

水力半径愈大，流体的流动阻力愈小；水力半径愈小，流体的流动阻力愈大。

另外，不同材料制成的管子，壁面粗糙程度也不一样。我们把管壁上突起的高度称为绝对粗糙度，而把它的平均值称为平均粗糙度，用 Δ 表示。当液流近管壁流速大到一定程度时，粗糙度会引起较大的涡流而消耗能量，后面还讨论有关涡流问题。当然，管路的长度 l 直接影响接触面积的大小，应对流动阻力起主要作用。

以上讨论的各种因素，都属于外部条件，只能说明形成流动阻力的部分原因，而且是第二位的原因。根本原因还在于流体内部的运动特性。

为了弄清管路中流体流动阻力的实质，我们先观察一下如下的现象。图 4-1 表示从液箱中接出一段不同直径串联的玻璃管线，用阀门控制出口流量的大小，由进液管补充液体使液箱内液面保持稳定。

为了能够清楚地观察到液体质点的运动状况，在液体中混入铝粉，则铝粉的运动可代表

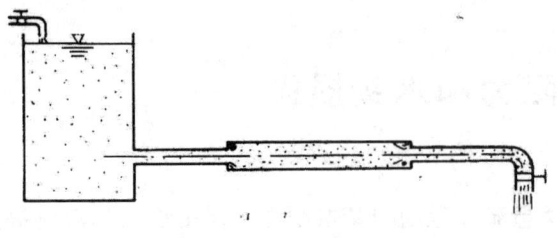

图 4-1 流动状态观察

液体质点的运动。当微打开阀门时,可以看到在管路直段中,液体有秩序地直线前进。但靠管中心速度较快,靠边部速度较慢,说明液体在流动时主要是发生质点间的摩擦。而在流程中流经断面大小改变或方向改变的局部,会出现一些旋涡,除质点互相摩擦还有互相撞击现象。当逐渐开大阀门使液量增大时,直管段也会从中部到边部发生质点混掺现象,最后几乎全部以撞击为主。

以上现象说明流体流动中永远存在质点的摩擦和撞击现象。质点摩擦所表现的粘性,以及质点发生撞击引起运动速度变化表现的惯性,才是流动阻力的根本原因。

实际工程管路都是由许多直管段和通过各种管件联接的管系。我们把直管段的流体流动阻力称为沿程阻力,所引起的水头损失称为沿程水头损失,用 h_f 表示。而把通过管件局部的流体流动阻力称为局部阻力,所引起的水头损失称为局部水头损失,用 h_j 表示。全流程总的水头损失 h_w 应是所有沿程水头损失和局部水头损失的总和。即

$$h_w = \sum h_f + \sum h_j \qquad (4-3)$$

一般输油管或输水管中,沿程水头损失是主要的,通常约占总损失的 90%,而局部水头损失只占 10% 左右。室内管线,由于管件较多,局部水头损失有时达到 30% 左右。以后讨论的重点将放在沿程水头损失上。而对局部水头损失,由于种类繁多,仅概略介绍一些经验结果。

§4-2 两种流态及转化标准

关于流动阻力的研究,首先是从观察流动状态的变化开始的。人们在大量的实践中,通过观察、试验,逐渐掌握了液流阻力的发展规律。早在 1883 年,雷诺总结了大量的试验结果,发现在管流中存在着两种截然不同的流态,并找出了划分两种流态的标准。

试验的基本做法是用一个保持液面固定的定位水箱 1,在侧壁上接出一个流线型的管嘴 2,再水平接出一根等直径玻璃管 7,玻璃管末端用节门 3 控制流量,如图 4-2 所示。

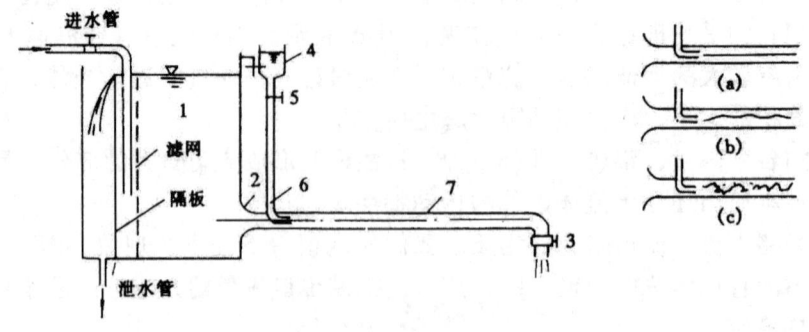

图 4-2 雷诺试验装置

为了观察流态变化,在水箱上装有盛色液的容器4,从容器4接出小管用节门5调节,通过小管下部的空心针头6,将色液导入玻璃管中,使色液随水流一起流动。

通过观察色液在水流中的运动状态,看出如下的变化:

当微开节门3,控制节门5放入色液,可以看出色液在玻璃管内成非常平稳的直线,如图4-2中的(a),说明液流是成平行的直线流动。

当把节门3逐渐开大,起初色液并不改变,直到管内流速增到某一数值时,色液开始颤动,而后出现断断续续的不稳定状态,如图4-2中的(b)。

随流速的继续增大,色液便不再连续,而立即向周围紊乱地扩散,如图4-2中的(c)。

第一种流动状态主要表现为液体质点的摩擦和变形,称为层流状态。第三种流动状态则主要表现为液体质点的互相撞击和掺混,称为紊流状态。而中间的第二种状态表现为层流到紊流的过渡,称为临界状态。如果试验从大流速到小流速来进行,会出现相反的类似变化过程。

从表面上看,流动状态的改变,与流速的大小有直接关系。把流态转化时临界状态的流速称为临界流速,用 v_c 表示。为了确定临界流速的大小,单凭肉眼观察流态变化是很不准确的。我们知道,流速的大小与水头损失有关。为了能比较准确地找出一个划分流态的标准,曾通过多次试验寻求水头损失与流速的关系,试验是按照以下方法进行的。

在所试验的管段上,接出两根相距为 l 的测压管,如图4-3所示。因为水平等直径管路中流体作稳定流时,根据能量方程可以写出其沿程水头损失就等于两断面间的压力水头差,即

$$h_f = \frac{p_1 - p_2}{\gamma}$$

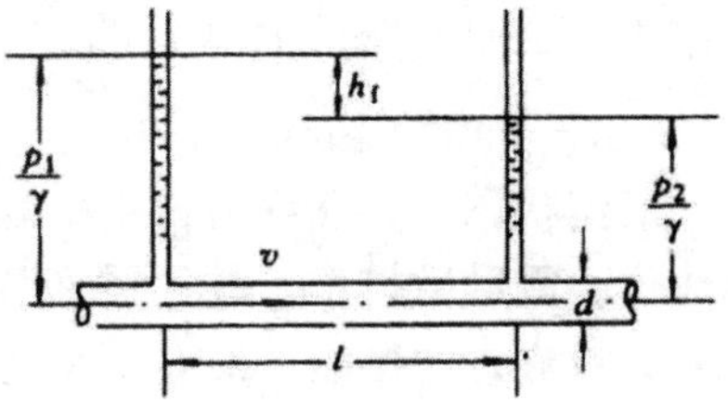

图 4-3 管线上的测压管

同时,根据实测流量和管子断面面积可以算出平均流速。在节门开启程度不同时,依序可以求出各流速相应的水头损失。将实测结果整理在双对数坐标纸上,得出如图4-4所示的图线。

结果表明:无论是层流状态还是紊流状态,试验点都分别集中在不同斜率的直线上,它们的方程式是

$$\lg h_f = \lg K + m \lg v$$

式中 $\lg K$——直线的截距;

m——直线的斜率,且 $m = \text{tg}\theta$ (θ 为直线与水平线的交角)。

大量试验证实:

层流时,$\theta_1 = 45°$,$m=1$,即

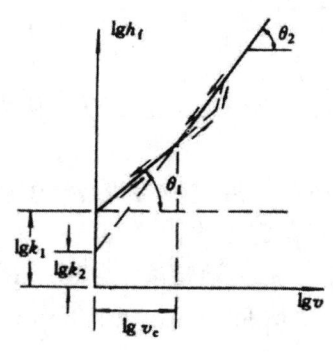

图 4-4 水头损失与流速的关系

$$\lg h_f = \lg K_1 + \lg v,\text{或 } h_f = K_1 v$$

紊流时,$\theta_2 > 45°$,$m = 1.75 \sim 2$,即

$$\lg h_f = \lg K_2 + m \lg v,\text{或 } h_f = K_2 v^m$$

这说明层流时，沿程水头损失与平均流速成正比；紊流时沿程水头损失与平均流速的 1.75～2 次方成正比。

试验还证明，从层流过渡到紊流与从紊流过渡到层流，临界流速有所不同，前者较大，后者较小。这是因为从紊流返回层流时，惯性影响不易很快减弱的缘故。而从层流过渡到紊流时，如果试验非常小心，水箱水面非常平稳，临界流速有时能达到相当大的数值。但通常工程管路都不会是那么平稳的，故规定以从紊流过渡到层流的较低临界值作为判别流态的依据。大量试验证明，这个数值是比较稳定的，超过此值就有可能变为紊流。

试验中进一步发现，当变换管径或变换流动介质时，临界流速就要发生变化。因此，用临界流速来判别流态仍是不全面而且不方便的。这就使我们联想到，流体流动阻力产生的根本原因主要是由于流体本身的惯性和粘性。根据相似原理（将在后面论述）知道，惯性力与粘性力的比可用雷诺数 Re 来表示，其表达式为

$$Re = \frac{vd\rho}{\mu} = \frac{vd}{\nu} \tag{4-4}$$

式中　ρ——流体密度；
　　　μ——流体动力粘度；
　　　ν——流体运动粘度；
　　　v——平均流速；
　　　d——管子内径。

紊流状态下，惯性力占主要地位，雷诺数较大；层流状态下，惯性力较弱，粘性力居主导地位，雷诺数较小。故用雷诺数来判别流态，它能同时反映出流速、管径和流体物理性质三方面对流态的影响，综合了引起流动阻力的内因和外因，揭示了流动阻力的物理本质。

对于任何一种管内液流或气流，任何流态，都可以确定出一个雷诺数 Re 值。处于临界状态下的雷诺数称为临界雷诺数，用 Re_c 表示。大量试验证明，不同流体，通过不同直径的管路时，虽然临界流速各不相同，但其临界雷诺数却大致相同，这就更说明了用临界雷诺数作为判别流态标准的可靠性。管流中临界雷诺数的数值约为

$$Re_c = \frac{v_c d}{\nu} = 2000 \sim 2300 \tag{4-5}$$

习惯上取 $Re_c = 2000$ 作为标准。一般输液（或低速气体）管路中，如果 $Re \leqslant 2000$ 即认为是层流；而 $Re > 2000$ 则认为是紊流。

两种流态的转化说明了流体流动阻力从量变到质变的发展过程，通过临界状态产生质的飞跃。后面还将进一步分析层流和紊流的特点及沿程水头损失的确定方法。

例 4-1　水在内径 100mm 的管中流动，流速 $v = 0.5$m/s，水的运动粘度 $\nu = 10^{-6}$m²/s。问水在管中呈何种流态？如果管中流动的是油，流速不变，但运动粘度 $\nu = 31 \times 10^{-6}$m²/s，则油在管中呈何种流态？

解　水的雷诺数为

$$Re = \frac{vd}{\nu} = \frac{0.5 \times 0.1}{10^{-6}} = 5 \times 10^4 > 2000$$

故水在管中呈紊流状态；

油的雷诺数为

$$Re = \frac{vd}{\nu} = \frac{0.5 \times 0.1}{31 \times 10^{-6}} = 1610 < 2000$$

故油在管中呈层流状态。

§4-3 实际流体运动微分方程式——纳维-斯托克斯方程式

第三章中我们已经导出理想流体运动的微分方程式，即欧拉运动方程式。实际流体与理想流体的区别，仅在于存在着内摩擦力或粘性力。因此，在分析方法上，仍可从运动着的流体中取出一块微小六面体来分析其平衡状况。如图4-5，取微小六面体 ABCDEFGH，其平行于坐标轴各边的长度为 dx、dy 及 dz，其质量为 $M = \rho dx dy dz$。暂不讨论它们在空间方向上的质量力 F，以及它们在空间方向上的加速度 $\dfrac{du}{dt}$。因为这些都与推导理想流体运动微分方程时完全相同，所不同的仅是表面力的分布状况。

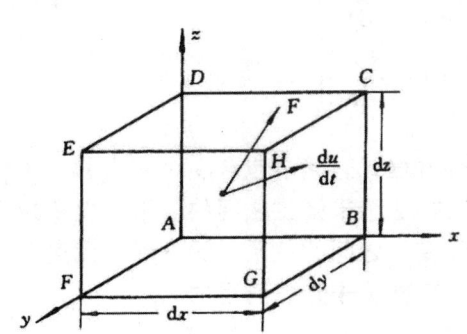
图4-5 微小六面体及受力

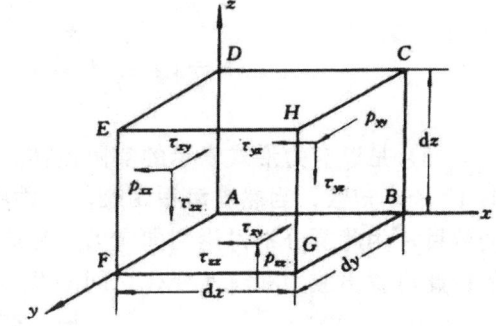
图4-6 微小六面体上的表面力

现着重分析作用在六面体表面上的表面力。如图4-6，在六面体各表面上，除了与受压面垂直的法向应力 p 外，还有切向应力 τ 分别垂直于 p 而平行于作用面的坐标轴。因每个表面上都有三个这样的表面力（在理想流体中每个表面上只有一个法向应力），六个面上就有18个应力。为了便于分析，图上仅绘出围绕坐标轴原点 A 的三个面上的应力分布，而其他各表面上的应力分布见表4-1。各应力脚码按如下规定：第1个脚码代表作用面的法线方向，第2个脚码表示应力的方向。

根据表4-1，计入质量力，就可按照 $\sum F_k = Ma_x$ 的公式写出沿 x 轴向的动平衡方程式

$$\rho dx dy dz X + p_{xx} dy dz - \left(p_{xx} + \frac{\partial p_{xx}}{\partial x} dx\right) dy dz - \tau_{yx} dx dz + \left(\tau_{yx} + \frac{\partial \tau_{yx}}{\partial y} dy\right) dx dz$$

$$- \tau_{zx} dx dy + \left(\tau_{zx} + \frac{\partial \tau_{zx}}{\partial z} dz\right) dx dy = \rho dx dy dz \frac{du_x}{dt}$$

表 4-1 表面应力分布

面	法向应力	切向应力	
AE	$+p_{xx}$	$-\tau_{xy}$	$-\tau_{xz}$
AC	$+p_{yy}$	$-\tau_{yz}$	$-\tau_{yx}$
AG	$+p_{zz}$	$-\tau_{zx}$	$-\tau_{zy}$
BH	$-\left(p_{xx}+\dfrac{\partial p_{xx}}{\partial x}\mathrm{d}x\right)$	$+\left(\tau_{xy}+\dfrac{\partial \tau_{xy}}{\partial x}\mathrm{d}x\right)$	$+\left(\tau_{xz}+\dfrac{\partial \tau_{xz}}{\partial x}\mathrm{d}x\right)$
FH	$-\left(p_{yy}+\dfrac{\partial p_{yy}}{\partial y}\mathrm{d}y\right)$	$+\left(\tau_{yz}+\dfrac{\partial \tau_{yz}}{\partial y}\mathrm{d}y\right)$	$+\left(\tau_{yx}+\dfrac{\partial \tau_{yx}}{\partial y}\mathrm{d}y\right)$
DH	$-\left(p_{zz}+\dfrac{\partial p_{zz}}{\partial z}\mathrm{d}z\right)$	$+\left(\tau_{zx}+\dfrac{\partial \tau_{zx}}{\partial z}\mathrm{d}z\right)$	$-\left(\tau_{zy}+\dfrac{\partial \tau_{zy}}{\partial z}\mathrm{d}z\right)$

用质量 $M=\rho\mathrm{d}x\mathrm{d}y\mathrm{d}z$ 除上式，简化得对单位质量的力的总和等于沿 x 轴向加速度的平衡式

同理
$$\left.\begin{aligned}X+\frac{1}{\rho}\left(-\frac{\partial p_{xx}}{\partial x}+\frac{\partial \tau_{yx}}{\partial y}+\frac{\partial \tau_{zx}}{\partial z}\right)=\frac{\mathrm{d}u_x}{\mathrm{d}t}\\Y+\frac{1}{\rho}\left(+\frac{\partial \tau_{xy}}{\partial x}-\frac{\partial p_{yy}}{\partial y}+\frac{\partial \tau_{zy}}{\partial z}\right)=\frac{\mathrm{d}u_y}{\mathrm{d}t}\\Z+\frac{1}{\rho}\left(+\frac{\partial \tau_{xz}}{\partial x}+\frac{\partial \tau_{yz}}{\partial y}-\frac{\partial p_{zz}}{\partial z}\right)=\frac{\mathrm{d}u_z}{\mathrm{d}t}\end{aligned}\right\} \quad (4-6)$$

式（4-6）是以应力形式表示的实际流体运动微分方程式。其中包含 9 个应力和 3 个分速度，共 12 个未知数，当然求解很困难。下面将讨论这 12 个未知数之间的联系，以便减少未知数的数目。为此要分别讨论切向应力、法向应力和变形之间的关系。因变形和流速变化有关，故由此可找出应力和流速变化之间的关系，而达到减少未知数的目的。

一、切向应力

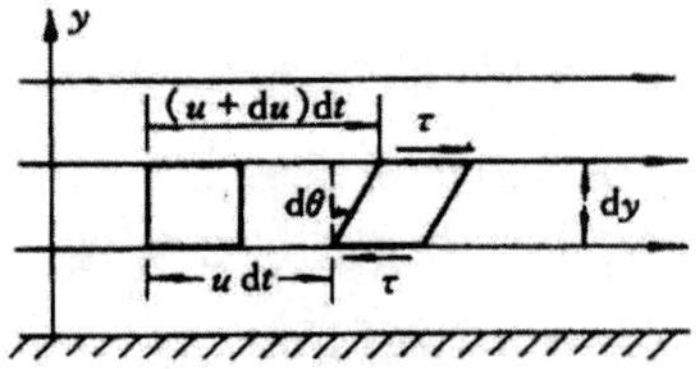

在一元流动中，按照牛顿流体内摩擦定律，层间内摩擦应力 τ 与流速梯度 $\dfrac{\mathrm{d}u}{\mathrm{d}y}$ 成正比，且流速梯度等于流体变形角速度 $\dfrac{\mathrm{d}\theta}{\mathrm{d}t}$（参看图 4-7）。

图 4-7 切应力及变形

即
$$\tau=\mu\frac{\mathrm{d}u}{\mathrm{d}y}=\mu\frac{\mathrm{d}\theta}{\mathrm{d}t} \quad (4-7)$$

因 $\mathrm{tg}\mathrm{d}\theta\approx\mathrm{d}\theta=\dfrac{\mathrm{d}u\mathrm{d}t}{\mathrm{d}y}$，故 $\dfrac{\mathrm{d}u}{\mathrm{d}y}=\dfrac{\mathrm{d}\theta}{\mathrm{d}t}$。

二元流动与一元流动类似，不过此时矩形微团剪切变形后，将变成平行四边形，其两邻边都将产生转角，如图 4-8 所示。

此时，流速梯度与变形角速度的关系将是

$$\frac{\partial u_x}{\partial z}=\frac{\mathrm{d}\alpha}{\mathrm{d}t};\quad \frac{\partial u_z}{\partial x}=\frac{\mathrm{d}\beta}{\mathrm{d}t} \quad (4-8)$$

而总的变形角速度为两个变形角速度之和，即

$$\frac{d\theta}{dt} = \frac{d\alpha}{dt} + \frac{d\beta}{dt} = \frac{\partial u_x}{\partial z} + \frac{\partial u_z}{\partial x} \quad (4-9)$$

由牛顿流体内摩擦定律可知

$$\tau_{zx} = \mu \frac{d\theta}{dt} = \mu\left(\frac{\partial u_x}{\partial z} + \frac{\partial u_z}{\partial x}\right) \quad (4-10)$$

若为三元流动，则存在相互正交的三个面，将有

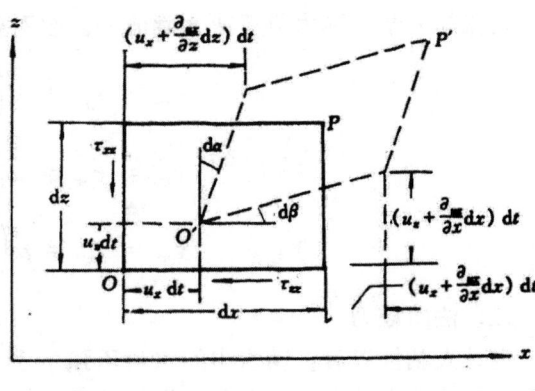

图 4-8　流体微团剪切变形

$$\left.\begin{array}{l}\tau_{zx} = \mu\left(\dfrac{\partial u_x}{\partial z} + \dfrac{\partial u_z}{\partial x}\right) \\ \tau_{xy} = \mu\left(\dfrac{\partial u_y}{\partial x} + \dfrac{\partial u_x}{\partial y}\right) \\ \tau_{yz} = \mu\left(\dfrac{\partial u_z}{\partial y} + \dfrac{yu_y}{\partial z}\right)\end{array}\right\} \quad (4-11)$$

称为广义的牛顿流体内摩擦定律。

其余三个切向应力 τ_{xz}、τ_{yx}、τ_{zy} 与式（4-11）的三个切向应力之间存在着对应相等的关系。因为在微元六面体中各表面上的应力可以认为是均匀分布的，各表面力通过相应面的中心。若通过六面体的形心且平行于 z 轴取力矩，则由于质量力和法向应力都通过形心而不产生力矩，这样所受外力的力矩总和为

$$\sum M = \tau_{xy} dydz \frac{dx}{2} + \left(\tau_{xy} + \frac{\partial \tau_{xy}}{\partial x}dx\right)dydz\frac{dx}{2}$$
$$- \tau_{yx} dxdz \frac{dy}{2} - \left(\tau_{yx} + \frac{\partial \tau_{yx}}{\partial y}dy\right)dxdz\frac{dy}{2}$$

根据转动定律

$$\sum M = Ja$$

a 为转动加速度，J 为物体的转动惯量。现六面体的转动惯量为 $J = \rho dxdydzr^2$，r 为回转半径，则 J 已属五阶微量，可略去，即可写成 $\sum M = 0$，据此可得

$$(\tau_{xy} - \tau_{yx})dxdydz = 0$$

有
$$\tau_{xy} = \tau_{yx}$$

同理可证
$$\tau_{yz} = \tau_{zy} \qquad \tau_{zx} = \tau_{xz}$$

由于切向应力两两相等，故所产生的变形角速度亦必相等，即流体质点本身并不发生旋

转，在流体力学中称为势流或无旋流动。故对整个六面体来说，式（4-11）变为

$$\left. \begin{array}{l} \tau_{zx} = \tau_{xz} = \mu\left(\dfrac{\partial u_x}{\partial z} + \dfrac{\partial u_z}{\partial x}\right) \\ \tau_{xy} = \tau_{yx} = \mu\left(\dfrac{\partial u_y}{\partial x} + \dfrac{\partial u_x}{\partial y}\right) \\ \tau_{yz} = \tau_{zy} = \mu\left(\dfrac{\partial u_z}{\partial y} + \dfrac{\partial u_y}{\partial z}\right) \end{array} \right\} \quad (4-12)$$

二、法向应力

在计入粘性以后，动水中的水动压强 p 受切应力的影响，其三个分量 p_{xx}、p_{yy}、p_{zz} 并不是相等的。它们之间存在着怎样的关系？又怎样受切应力的影响？这就是我们要分析的内容。

如图 4-9，取平面 CEFB 将六面体分成两半，取出其中一半微小三棱柱体 ABCDEF 来分析。

我们沿 z 轴方向来观察该微小三棱柱体，将得到如图 4-10 所示的 abc 图形。作用在这块三棱柱体的表面力中，有法向应力 p_{xx}、p_{yy} 和 p_{nn}，以及切向应力 τ_{xy}、τ_{yx} 和 τ'。根据前面对切向应力的分析，可知

$$\tau_{xy} = \tau_{yx} = \tau$$

而

$$\tau \neq \tau'$$

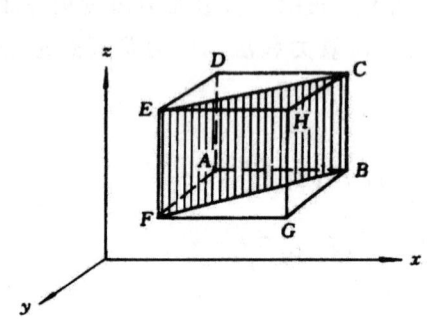

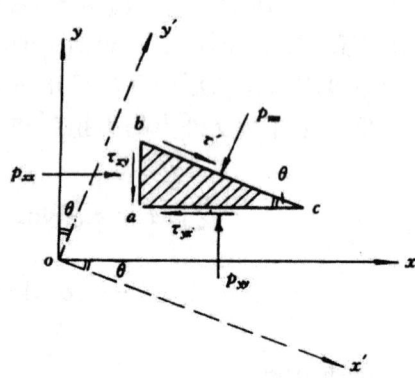

图 4-9 微小三棱柱体　　　　图 4-10 微小三棱柱体的表面力

为了分析 τ 与 τ' 的关系，引入新坐标轴 $x'oy'$，使 ox' 与 bc 边平行，oy' 与 bc 边垂直。在 xoy 坐标系中任一点的坐标位置为 (x, y)，该处流体分速度为 u_x、u_y；而在 $x'oy'$ 坐标系中同一点的坐标位置为 (x', y')，该处流体分速度为 u'_x、u'_y。于是切向应力可写为

$$\left. \begin{array}{l} \tau = \mu\left(\dfrac{\partial u_y}{\partial x} + \dfrac{\partial u_x}{\partial y}\right) \\ \tau' = \mu\left(\dfrac{\partial u'_y}{\partial x'} + \dfrac{\partial u'_x}{\partial y'}\right) \end{array} \right\} \quad (4-13)$$

如令 $\angle acb = \theta$，则应用坐标转换原理，由图 4-11 可以得到

$$x = x'\cos\theta + y'\sin\theta \brace y = y'\cos\theta - x'\sin\theta} \quad (4-14)$$

$$u'_x = u_x\cos\theta - u_y\sin\theta \brace u'_y = u_x\sin\theta + u_y\cos\theta} \quad (4-15)$$

为了寻求式 (4-13) 中 τ 和 τ' 的关系，需解决 $\left(\dfrac{\partial u'_y}{\partial x'} + \dfrac{\partial u'_x}{\partial y'}\right)$ 和 $\left(\dfrac{\partial u_y}{\partial x} + \dfrac{\partial u_x}{\partial y}\right)$ 的关系。由于速度是坐标的函数，且 θ 为定值。则按式 (4-15) 根据复合函数的微分

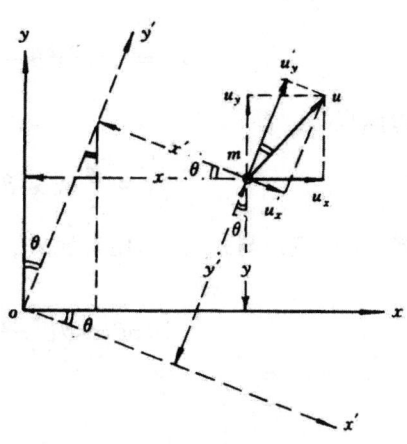

图 4-11 坐标变换

$$\frac{\partial u'_y}{\partial x'} = \frac{\partial u_x}{\partial x'}\sin\theta + \frac{\partial u_y}{\partial x'}\cos\theta$$
$$= \left(\frac{\partial u_x}{\partial x}\frac{\partial x}{\partial x'} + \frac{\partial u_x}{\partial y}\frac{\partial y}{\partial x'}\right)\sin\theta + \left(\frac{\partial u_y}{\partial x}\frac{\partial x}{\partial x'} + \frac{\partial u_y}{\partial y}\frac{\partial y}{\partial x'}\right)\cos\theta$$

由式 (4-14) 知，$\dfrac{\partial x}{\partial x'} = \cos\theta, \dfrac{\partial y}{\partial x'} = -\sin\theta$，则

$$\frac{\partial u'_y}{\partial x'} = \left(\frac{\partial u_x}{\partial x}\cos\theta - \frac{\partial u_x}{\partial y}\sin\theta\right)\sin\theta + \left(\frac{\partial u_y}{\partial x}\cos\theta - \frac{\partial u_y}{\partial y}\sin\theta\right)\cos\theta$$
$$= \cos^2\theta\frac{\partial u_y}{\partial x} - \sin^2\theta\frac{\partial u_x}{\partial y} + \sin\theta\cos\theta\left(\frac{\partial u_x}{\partial x} - \frac{\partial u_y}{\partial y}\right)$$

同理
$$\frac{\partial u'_x}{\partial y'} = \cos^2\theta\frac{\partial u_x}{\partial y} - \sin^2\theta\frac{\partial u_y}{\partial x} + \sin\theta\cos\theta\left(\frac{\partial u_x}{\partial x} - \frac{\partial u_y}{\partial y}\right)$$

于是由式 (4-13) 有

$$\frac{\tau'}{\mu} = \frac{\partial u'_y}{\partial x'} + \frac{\partial u'_x}{\partial y'}$$
$$= \cos^2\theta\left(\frac{\partial u_y}{\partial x} + \frac{\partial u_x}{\partial y}\right) - \sin^2\theta\left(\frac{\partial u_y}{\partial x} + \frac{\partial u_x}{\partial y}\right) + 2\sin\theta\cos\theta\left(\frac{\partial u_x}{\partial x} - \frac{\partial u_y}{\partial y}\right)$$
$$= (\cos^2\theta - \sin^2\theta)\frac{\tau}{\mu} + 2\sin\theta\cos\theta\left(\frac{\partial u_x}{\partial x} - \frac{\partial u_y}{\partial y}\right) \quad (4-16)$$

另外，由三棱柱体 abc 的力的平衡，考虑到质量力为三阶无穷小，与二阶无穷小的表面力相比可忽略不计。于是列出所有表面力沿 ox' 方向的平衡式为

$$\tau'\overline{bc} + \tau\overline{ab}\sin\theta - \tau\overline{ac}\cos\theta + p_{xx}\overline{ab}\cos\theta + p_{yy}\overline{ac}\sin\theta = 0$$

全式除以 $\overline{bc}$，并注意到 $\dfrac{ab}{bc} = \sin\theta, \dfrac{ac}{bc} = \cos\theta$，则

$$\tau' = \tau(\cos^2\theta - \sin^2\theta) - p_{xx}\sin\theta\cos\theta + p_{yy}\sin\theta\cos\theta$$

两边除以 μ，即

$$\frac{\tau'}{\mu} = \frac{\tau}{\mu}(\cos^2\theta - \sin^2\theta) + \frac{1}{\mu}(p_{yy} - p_{xx})\sin\theta\cos\theta \tag{4-17}$$

把式（4-17）与式（4-16）比较，可见

$$2\sin\theta\cos\theta\left(\frac{\partial u_x}{\partial x} - \frac{\partial u_y}{\partial y}\right) = \frac{1}{\mu}(p_{yy} - p_{xx})\sin\theta\cos\theta$$

即

$$p_{yy} - p_{xx} = 2\mu\left(\frac{\partial u_x}{\partial x} - \frac{\partial u_y}{\partial y}\right)$$

或

$$p_{xx} + 2\mu\frac{\partial u_x}{\partial x} = p_{yy} + 2\mu\frac{\partial u_y}{\partial y}$$

采用同样方法，取另一微元三棱柱体，并投影到 xoz 平面上，类似地可得到

$$p_{xx} + 2\mu\frac{\partial u_x}{\partial x} = p_{zz} + 2\mu\frac{\partial u_z}{\partial z}$$

总结以上推论，可得

$$p_{xx} + 2\mu\frac{\partial u_x}{\partial x} = p_{yy} + 2\mu\frac{\partial u_y}{\partial y} = p_{zz} + 2\mu\frac{\partial u_z}{\partial z} = p \tag{4-18}$$

将式（4-18）中三式相加得

$$(p_{xx} + p_{yy} + p_{zz}) + 2\mu\left(\frac{\partial u_x}{\partial x} + \frac{\partial u_y}{\partial y} + \frac{\partial u_z}{\partial z}\right) = 3p$$

对于不可压缩流体，其连续性方程式为

$$\frac{\partial u_x}{\partial x} + \frac{\partial u_y}{\partial y} + \frac{\partial u_z}{\partial z} = 0$$

于是

$$p = \frac{p_{xx} + p_{yy} + p_{zz}}{3} \tag{4-19}$$

故不可压缩的实际流体中，上述微元六面体趋于点 A 时，p_{xx}、p_{yy}、p_{zz} 就成为该点各坐标轴向的压应力。他们彼此是不相等的。而它们的算术平均值 p 就称为水动压强。由式（4-18）知

$$\left.\begin{array}{l}p_{xx} = p - 2\mu\dfrac{\partial u_x}{\partial x} \\[2mm] p_{yy} = p - 2\mu\dfrac{\partial u_y}{\partial y} \\[2mm] p_{zz} = p - 2\mu\dfrac{\partial u_z}{\partial z}\end{array}\right\} \tag{4-20}$$

上式表明法向应力与线变形率的关系，亦即各法向应力可以认为是水动压强加上一个附加应力，这个附加应力与沿该坐标轴向的线变形率成正比。

将切向应力和法向应力与变形间的关系式（4-12）及式（4-20）代入以应力形式表示的实际流体运动微分方程式（4-6）中，就把未知数大大减少。

现以沿 x 轴向的平衡式为例，有

$$X + \frac{1}{\rho}\left[\frac{-\partial}{\partial x}\left(p - 2\mu\frac{\partial u_x}{\partial x}\right) + \mu\frac{\partial}{\partial y}\left(\frac{\partial u_y}{\partial x} + \frac{\partial u_x}{\partial y}\right) + \mu\frac{\partial}{\partial z}\left(\frac{\partial u_x}{\partial z} + \frac{\partial u_z}{\partial x}\right)\right] = \frac{du_x}{dt}$$

展开并整理后得

$$X - \frac{1}{\rho}\frac{\partial p}{\partial x} + \frac{\mu}{\rho}\left(\frac{\partial^2 u_x}{\partial x^2} + \frac{\partial^2 u_x}{\partial y^2} + \frac{\partial^2 u_x}{\partial z^2}\right) + \frac{\mu}{\rho}\frac{\partial}{\partial x}\left(\frac{\partial u_x}{\partial x} + \frac{\partial u_y}{\partial y} + \frac{\partial u_z}{\partial z}\right) = \frac{du_x}{dt}$$

对不可压缩流体，等式左边第四项括号内等于零，并注意到 $\frac{\mu}{\rho} = \nu$，故

同理

$$\left.\begin{array}{l}X - \dfrac{1}{\rho}\dfrac{\partial p}{\partial x} + \nu\left(\dfrac{\partial^2 u_x}{\partial x^2} + \dfrac{\partial^2 u_x}{\partial y^2} + \dfrac{\partial^2 u_x}{\partial z^2}\right) = \dfrac{du_x}{dt}\\[2mm] Y - \dfrac{1}{\rho}\dfrac{\partial p}{\partial y} + \nu\left(\dfrac{\partial^2 u_y}{\partial x^2} + \dfrac{\partial^2 u_y}{\partial y^2} + \dfrac{\partial^2 u_y}{\partial z^2}\right) = \dfrac{du_y}{dt}\\[2mm] Z - \dfrac{1}{\rho}\dfrac{\partial p}{\partial z} + \nu\left(\dfrac{\partial^2 u_z}{\partial x^2} + \dfrac{\partial^2 u_z}{\partial y^2} + \dfrac{\partial^2 u_z}{\partial z^2}\right) = \dfrac{du_z}{dt}\end{array}\right\} \quad (4-21)$$

式中括号内可以写成拉普拉斯算子 $\nabla^2 u_x$、$\nabla^2 u_y$、$\nabla^2 u_z$，故式（4-21）亦可写为

$$\left.\begin{array}{l}X - \dfrac{1}{\rho}\dfrac{\partial p}{\partial x} + \nu\nabla^2 u_x = \dfrac{du_x}{dt}\\[2mm] Y - \dfrac{1}{\rho}\dfrac{\partial p}{\partial y} + \nu\nabla^2 u_y = \dfrac{du_y}{dt}\\[2mm] Z - \dfrac{1}{\rho}\dfrac{\partial p}{\partial z} + \nu\nabla^2 u_z = \dfrac{du_z}{dt}\end{array}\right\} \quad (4-22)$$

式（4-21）或式（4-22）就是适用于不可压缩实际流体的运动微分方程式，通称为纳维-斯托克斯方程式。与理想流体欧拉运动微分方程式一样，它包含有四个未知数 p、u_x、u_y、u_z。若为理想流体，则 $\nu=0$，方程就化为欧拉运动方程式。若流体不运动，则 $u_x = u_y = u_z = 0$，就变成欧拉平衡方程式。因此，纳维-斯托克斯方程式更具有普遍意义。

求解纳维-斯托克斯方程式是流体力学的一项重要任务。许多层流问题，如圆管层流、平行平面间层流，同心圆环间层流都可用纳维-斯托克斯方程式求出精确解。此外，润滑问题、附面层问题也可以用纳维-斯托克斯方程式求得近似解。更复杂的问题还不能用纯数学分析解出。

§4-4 因次分析和相似原理

流体力学中许多实际问题目前尚不能用数学分析求解。有时虽然导出微分方程，但它是非线性的，亦常难于求得精确解。这就不得不借助于实验寻求规律性，此即经验公式的来

源。经验公式能近似地在一定范围内符合实际。经验公式的导出又和涉及某一物理现象的各参数的合理排列有关。借助于因次分析把控制物理现象的参数化为无因次群的关系,为进行实验,处理实验数据,提供极大方便。

自然科学领域内存在着许多同类的现象,其间具有相似关系。同一类的物理现象可用同一形式的数学方程描述,在因次上也存在类似关系。运用相似原理,通过模型实验探讨流动规律,成为流体力学中的重要问题。

因次分析和相似原理经常分不开。然而,因次分析并不都用于相似原理,相似原理的基础也不都出自因次分析。它们是相辅相成的两种重要分析工具。下面着重介绍因次分析方法,对相似原理仅概略介绍几种相似准数。

一、因次分析

1. 因次和单位、因次式

因次亦称为量纲。通常要用数值和单位表示一个物理量的大小。常用的单位有国际单位制和物理单位制。任一种单位制中都有几个互相独立不能互换的单位称为基本单位,其他物理量的单位都可用这些基本单位综合表示,称为导出单位。因为因次和单位是相对应的,对应于基本单位的称为基本因次;对应于导出单位的称为导出因次。一个无单位的常数称为无因次量,其因次为1。

某个物理量的性质和定义,可直接写出其因次表达式。表4-2列出常用的物理量的符号、单位和因次。

表4-2 常用物理量的符号、单位和因次

类别	物理量	符号	国际单位		物理单位	
			单位	因次	单位	因次
基本单位	长度	l	m	L	cm	L
	质量	m	kg	M	g	M
	时间	t	s	T	s	T
	力	F				
导出单位	面积	A	m^2	L^2	cm^3	L^2
	体积	V	m^3	L^3	cm^3	L^3
	速度	v	m/s	LT^{-1}	cm/s	LT^{-1}
	加速度	a	m/s^2	LT^{-2}	cm/s^2	LT^{-2}
	角速度	ω	1/s	T^{-1}	1/s	T^{-1}
	流量	Q	m^3/s	L^3T^{-1}	cm^3/s	L^3T^{-1}
	运动粘度	ν	m^2/s	L^2T^{-1}	cm^2/s	L^2T^{-1}
	力	F	N	MLT^{-2}	$g \cdot cm/s^2$	MLT^{-2}
	质量	m	kg	M	g	M
	压强	p	Pa	$ML^{-1}T^{-2}$	$g/(cm \cdot s^2)$	$ML^{-1}T^{-2}$
	表面张力	σ	kg/s^2	MT^{-2}	g/s^2	MT^{-2}
	密度	ρ	kg/m^3	ML^{-3}	g/cm^3	ML^{-3}
	重度	γ	$kg/(m^2 \cdot s^2)$	$ML^{-2}T^{-2}$	$g/(cm^2 \cdot s^2)$	$ML^{-2}T^{-2}$
	动力粘度	μ	$Pa \cdot s$	$ML^{-1}T^{-1}$	$g/(cm \cdot s)$	$ML^{-1}T^{-1}$
	功或能	W	J	ML^2T^{-2}	$g \cdot cm^2/s^2$	ML^2T^{-2}
	功率	N	W	ML^2T^{-3}	$g \cdot cm^3/s^3$	ML^2T^{-3}

因次表达式常用方括号标示，如 $[\mu] = [ML^{-1}T^{-1}]$，$[F] = [MLT^{-2}]$ 等。任一物理定律，都可导出某一量的因次表达式。例如牛顿流体内摩擦定律

$$\tau = \mu \frac{du}{dy}$$

μ 的因次表达式，按国际单位制，则

$$[\mu] = \frac{[\tau]}{\left[\dfrac{du}{dy}\right]} = \frac{[ML^{-1}T^{-2}]}{\dfrac{[LT^{-1}]}{[L]}} = [ML^{-1}T^{-1}]$$

而运动粘度 ν，按定义 $\nu = \dfrac{\mu}{\rho}$，其因次表达式为

$$[\nu] = \frac{[\mu]}{[\rho]} = \frac{[ML^{-1}T^{-1}]}{[ML^{-3}]} = [L^2T^{-1}]$$

2. 因次的齐次性（和谐性）

有物理意义的代数表达式或完整的物理方程是因次和谐的，或称为齐次的。一个方程如果因次上齐次，则方程的表达式不随基本度量单位的改变而变化。例如水静压强分布规律的表达式

$$p = p_0 + \gamma h$$

上式两端各项的物理量的因次都是 $ML^{-1}T^{-2}$。若把基本度量单位扩大或缩小相应的倍数，则导出单位亦随之扩大或缩小另一个倍数，然而在计算时仍用同一公式。

利用因次的齐次性可以检验物理方程是否正确。例如牛顿第二定律 $F = ma$，用于重力场中则重力 $G = mg$。若 $m = 1$ 时，则数值上 $G = g$，此表达式在因次上就不是齐次的了。其错误在于若非单位质量则此式不成立。正确的表达式应是 $G/m = g$。

根据因次的齐次性，还可检查经验公式中经验系数的因次并进行单位变换。例如前述的牛顿流体内摩擦定律中的动力粘度 μ 是有因次的，由因次平衡知其因次为 $[ML^{-1}T^{-1}]$。在物理单位制中其单位为 $g/(cm·s)$。如化为国际单位则为 $kg/(m·s)$，要相应差一个倍数，即系数在数值上要改变，这在运算中要注意。然而表达式的形式仍不变。只有当系数是无因次时，则在任何单位制中其值不变。例如局部阻力系数（将在后面讨论）ζ，由表达式 $h_j = \zeta \dfrac{v^2}{2g}$ 知，ζ 是无因次的，其值在任何单位制中都不变。

3. 因次分析方法——π 定理

一物理现象所包含的各物理量间的函数关系，如果选用一定单位制，则其关系的函数式就确定了。若改变单位制则函数关系可能受影响。要使它不受单位制选择的影响，必须具有特殊的函数关系的结构形式。π 定理就是化有因次的函数关系为无因次的函数关系式的方法。

设物理量 $\alpha_1, \alpha_2, \cdots, \alpha_m, \alpha_{m+1}, \cdots, \alpha_n$ 是某一现象中所涉及的参数，其中某些为变数，另一些为常数，可写为

$$f_1(\alpha_1, \alpha_2, \cdots, \alpha_m, \alpha_{m+1}, \cdots, \alpha_n) = 0 \tag{4-23}$$

或
$$\alpha_1 = f_2(\alpha_2, \cdots, \alpha_m, \alpha_{m+1}, \cdots, \alpha_n) \tag{4-24}$$

例如：具有初速 u_0，以直线等加速度 a 运动的物体，时间 t 后所经的路程为 s，写成函数式为

$$f_1(s, u_0, a, t) = s - u_0 t - \frac{1}{2} a t^2 = 0 \tag{4-25}$$

或
$$s = f_2(u_0, a, t) = u_0 t + \frac{1}{2} a t^2 \tag{4-26}$$

上式中各项因次相同，均为 [L]。如果用其中任一项去除全式，则可化为无因次积的关系式。如用 $u_0 t$ 去除，则

$$\frac{s}{u_0 t} = 1 + \frac{1}{2} \frac{at}{u_0}$$

其中出现两个无因次积 $\frac{s}{u_0 t}$ 及 $\frac{at}{u_0}$。

若用 s 去除，则

$$1 = \frac{u_0 t}{s} + \frac{1}{2} \frac{a t^2}{s}$$

其中无因次积为 $\frac{u_0 t}{s}$ 及 $\frac{a t^2}{s}$。

而用 $\frac{1}{2} a t^2$ 去除时，则

$$\frac{2s}{at^2} = \frac{2u_0}{at} + 1$$

出现的无因次积是 $\frac{s}{at^2}$ 及 $\frac{u_0}{at}$。

由此可见，无因次关系式可有多种形式。这些无因次积可用 π 表示。若令 $\pi_1 = \frac{s}{u_0 t}$，$\pi_2 = \frac{at}{u_0}$，$\pi_3 = \frac{at^2}{s}$，$\pi_4 = \frac{u_0 t}{s}$，$\pi_5 = \frac{s}{at^2}$，$\pi_6 = \frac{u_0}{at}$，可以发现，$\pi_3 = \frac{1}{\pi_5}$，$\pi_4 = \frac{1}{\pi_1}$，$\pi_6 = \frac{1}{\pi_2}$，且 $\pi_5 = \frac{\pi_1}{\pi_2}$，而真正独立的无因次积只有 π_1 和 π_2。这样，函数式（4-25）或（4-26）终可化为

$$f_1(\pi_1, \pi_2) = 0 \tag{4-27}$$

或
$$\pi_1 = f_2(\pi_2) \tag{4-28}$$

原来式（4-25）或式（4-26）中所包含的 4 个有因次的参量，在式（4-27）或式（4-28）中只剩 2 个无因次积，这就大大简化了函数关系，且与所选用单位制无关。这就是 π 定理的基本概念。

现在回到一般分析，在式（4-23）或式（4-24）中，取基本因次数为 m，即相互独立不能互换的。一般情况 $m \leqslant 3$，因为各种单位制中的基本单位大都为 3 个。某一问题所涉

及的有时可能为2个。而 n 表示全部参量数,故 $m<n$。在前面的例子中,$n=4$,$m=2$([L],[T])。结果互相独立的无因次积的数目为 $n-m=4-2=2$。

在一般分析中,令 m 个基本因次为 A_1,A_2,$\cdots$,A_m(例如 M,L,T 等),则变量的因次式为

$$\left.\begin{array}{l}[\alpha_1] = A_1^{b_{11}}A_2^{b_{12}}\cdots A_m^{b_{1m}} \\ [\alpha_2] = A_1^{b_{21}}A_2^{b_{22}}\cdots A_m^{b_{2m}} \\ \vdots \\ [\alpha_n] = A_1^{b_{n1}}A_2^{b_{n2}}\cdots A_m^{b_{nm}}\end{array}\right\} \quad (4-29)$$

式(4-29)中的指数 b 是已知的。例如若变量 α_1 为压强,则 $[p]=ML^{-1}T^{-2}$,而有 $b_{11}=1$,$b_{12}=-1$,$b_{13}=-2$。余类推。若变量组成的无因次积为 π,则

$$\pi = v_1^{k_1}\alpha_2^{k_2}\cdots\alpha_n^{k_n} \quad (4-30)$$

式中 k 为待定值。因 π 为无因次积,其因次为1,指数为零。即

$$A_1^0 A_2^0 \cdots A_m^0 = (A_1^{b_{11}}A_2^{b_{12}}\cdots A_n^{b_{1m}})^{k_1}(A_1^{b_{21}}A_2^{b_{22}}\cdots A_m^{b_{2m}})^{k_2}\cdots(A_1^{b_{n1}}A_2^{b_{n2}}\cdots A_m^{b_{nm}})^{k_n}$$

$$(4-31)$$

由因次的齐次性,可得

$$\left.\begin{array}{l}b_{11}k_1 + b_{21}k_2 + \cdots + b_{n1}k_n = 0 \\ b_{12}k_1 + b_{22}k_2 + \cdots + b_{n2}k_n = 0 \\ \vdots \\ b_{1m}k_1 + b_{2m}k_2 + \cdots + b_{nm}k_n = 0\end{array}\right\} \quad (4-32)$$

这是一个齐次线性方程组,有 n 个待定值 k_1,k_2,$\cdots$,k_n。但只有 m 个方程。由于 $n>m$,只能任意假定 $n-m$ 个 k 值,然后才能由 m 个方程求出其余的 k 值。这样,就使得满足上述方程的解有无穷多。或者说,m 个变量可组成无穷多个无因次积 π。

仍以前述运动学问题为例,共有 s、u_0、a、t 四个变量,即 $n=4$,并知基本因次为 $m=2$,无因次积为

$$\pi = s^{k_1}u_0^{k_2}a^{k_3}t^{k_4}$$

因次式为

$$L^0T^0 = [L]^{k_1}[LT^{-1}]^{k_2}[LT^{-2}]^{k_3}[T]^{k_4}$$

得线性方程组

对 L: $\qquad k_1 + k_2 + k_3 = 0$

对 T: $\qquad -k_2 - 2k_3 + k_4 = 0$

用两个方程求四个 k 值,只能任意假定两个 k 值,解其他两个 k 值,而后得 π 值。现列表说明于下:

设	定	解	出	
k_1	k_2	k_3	k_4	π
1	-1	0	-1	$\dfrac{s}{u_0 t}$
0	-1	1	1	$\dfrac{at}{u_0}$
-1	0	1	2	$\dfrac{at^2}{s}$
-1	1	0	1	$\dfrac{u_0 t}{s}$
...	...	...	...	...

前面指出的 π_1、π_2、π_3、π_4 正是表中的四个 π。因 k_1、k_2 是任意设的，故解有无穷多个。但正如前面所述，互相独立的只有 π_1 和 π_2 两个。

因此，问题归结到 n 个变量可以组成几个独立的无因次积？即由线性方程组能得几个线性无关非零解？

根据线性代数知，方程组的系数矩阵为

$$\begin{bmatrix} b_{11} & b_{21} & \cdots & b_{n1} \\ b_{12} & b_{22} & \cdots & b_{n2} \\ \vdots & & & \\ b_{1m} & b_{2m} & \cdots & b_{nm} \end{bmatrix}$$

如果这个矩阵的秩为 r，则 n 个变数的方程组的线性无关非零解为 $n-r$ 个。所谓矩阵的秩即是矩阵中不等于零的子行列式的最高阶数。

实际应用上，用下列表格计算是非常方便的：

基 本 因 次	变量 a_i 的因次系数			
	a_1	a_2	...	a_n
A_1	b_{11}	b_{21}	...	b_{n1}
A_2	b_{12}	b_{22}	...	b_{n2}
$\vdots$	$\vdots$	$\vdots$		$\vdots$
A_m	b_{1m}	b_{2m}	...	b_{nm}

仍用上例，表格为

基 本 因 次	变量的因次系数			
	s	u_0	a	t
M	0	0	0	0
L	1	1	1	0
T	0	-1	-2	1

不等于零的子行列式如 $\begin{vmatrix} 1 & 1 \\ 0 & -1 \end{vmatrix} \neq 0$ 为二阶，所以系数矩阵的秩为 2，则独立无因次积数为

$n-r=4-2=2$。

在所有变量 a 中,选定 r 个,它们的任何组合都不能形成无因次数。然后,在其余 $n-r$ 个变量中依次各取一个与它们组成 $n-r$ 个无因次积 π,即得出 $n-r$ 个 π,这 $n-r$ 个 π 称为无因次积的完整集合。

例 4-2 研究完全淹没在流体中的螺旋桨的推力问题。该问题涉及的变量、符号和因次如表 4-3。

表 4-3 研究螺旋桨推力的变量、符号和因次

变 量	符 号	因 次	变 量	符 号	因 次
轴向推力	P	MLT^{-2}	重力加速度	g	LT^{-2}
桨直径	D	L	流体密度	ρ	ML^{-3}
推进速度	v	LT^{-1}	流体运动粘度	ν	L^2T^{-1}
转 数	n	T^{-1}			

列成系数矩阵为

基本因次	ρ	v	D	P	g	ν	n
M	1	0	0	1	0	0	0
L	-3	1	1	1	1	2	0
T	0	-1	0	-2	-2	-1	-1

此系数矩阵的秩 $r=3$。因包括不为零的子行列式

$$\begin{vmatrix} 0 & 0 & 1 \\ 1 & 1 & 1 \\ -1 & 0 & -2 \end{vmatrix} \neq 0$$

则无因次积为 $n-r=7-3=4$。选取 ρ、v、D 为互相独立的基本量,它们不能组成无因次量。则

$$\pi_1 = \rho^{k_1} \cdot v^{k_2} D^{k_3} P$$

对 M: $k_1 + 0 + 0 + 1 = 0$
L: $-3k_1 + k_2 + k_3 + 1 = 0$ 解得 $k_1 = -1$, $k_2 = -2$, $k_3 = -2$
T: $0 - k_2 - 2 = 0$

故

$$\pi_1 = \frac{P}{\rho v^2 D^2}$$

同理,由 $\pi_2 = \rho^{k_1} v^{k_2} D^{k_3} g$ 解得 $k_1 = 0$, $k_2 = -2$, $k_3 = 1$,则

$$\pi_2 = \frac{Dg}{v^2}$$

又由 $\pi_3 = \rho^{k_1} v^{k_2} D^{k_3} \nu$ 解得 $k_1 = 0$, $k_2 = -1$, $k_3 = -1$,则

$$\pi_3 = \frac{\nu}{vD}$$

另由 $\pi_4 = \rho^{k_1} v^{k_2} D^{k_3} n$ 解得 $k_1=0$，$k_2=-1$，$k_3=1$，则

$$\pi_4 = \frac{nD}{v}$$

所以无因次方程为

$$f_1\left(\frac{P}{\rho v^2 D^2}, \frac{Dg}{v^2}, \frac{\nu}{vD}, \frac{nD}{v}\right) = 0$$

或

$$\frac{P}{\rho v^2 D^2} = f_2\left(\frac{Dg}{v^2}, \frac{\nu}{vD}, \frac{nD}{v}\right)$$

这只是问题的一个解。如选 P、D、n 作为基本量，可以得出另外的解，但无因次仍为四个。在流体力学中，习惯上都取 ρ、v 及一个线性长度（如 D）作为基本量。

例 4-3 证明直径为 d 的小球在密度为 ρ、动力粘度为 μ 的流体中相对运动速度为 v 时所受的粘性阻力为

$$F = \frac{\mu^2}{\rho}\phi\left(\frac{\rho v d}{\mu}\right)$$

解 该问题涉及的变量为 F、d、ρ、μ、v 共五个。其符号及因次如表 4-4。

表 4-4 研究小球阻力的变量、符号和因次

变量	符号	因次
相对速度	v	LT^{-2}
直径	d	L
密度	ρ	ML^{-3}
粘性阻力	F	MLT^{-2}
动力粘度	μ	$ML^{-1}T^{-1}$

列成系数矩阵为

基本因次	v	d	ρ	F	μ
M	0	0	1	1	1
L	1	1	-3	1	-1
T	-1	0	0	-2	-1

系数矩阵的秩为 3，应有 $n-r=5-3=2$ 个无因次积。设选 v、d、ρ 为基本量，则

$$\pi_1 = v^{k_1} d^{k_2} \rho^{k_3} F$$

对 M： $k_3 + 1 = 0$

对 L： $k_1 + k_2 - 3k_3 + 1 = 0$ 解得 $\begin{cases} k_1 = -2 \\ k_2 = -2 \\ k_3 = -1 \end{cases}$

对 T： $-k_1 - 2 = 0$

故

$$\pi_1 = \frac{F}{\rho v^2 d^2}$$

同理，由 $\pi_2 = v^{k_1}d^{k_2}\rho^{k_3}\mu$ 解得 $k_1 = -1$，$k_2 = -1$，$k_3 = -1$，有

$$\pi_2 = \frac{\mu}{\rho v d}$$

则函数式为

$$\frac{F}{\rho v^2 d^2} = \phi\left(\frac{\mu}{\rho v d}\right)$$

可化为

$$F = \rho v^2 d^2 \phi\left(\frac{\mu}{\rho v d}\right)$$

等式右边分子分母均乘以 $\rho\mu$ 后，整理可得

$$F = \frac{\mu^2}{\rho}\phi\left(\frac{\rho v d}{\mu}\right)$$

无因次积为常数，故两个无因次积相加减乘除仍为无因次积，其任意方幂亦为无因次积。在工程实际中，如何进行简化和处理，要视实际需要而定。通常尽可能使无因次积的数目减至最少，以减轻实验的工作量，但又要能反映各量的物理本质。上例中 $\phi\left(\frac{\rho v d}{\mu}\right)$ 实际为 $\phi(Re)$，是雷诺数的函数。μ^2/ρ 表明流体物理性质。

二、相似原理

当设计制造某些复杂而庞大的水力机件，建造水利工程以及研究某些复杂的水力现象时，往往要根据相似原理，设计制造缩小了尺寸的模型，进行模拟实验，通过对模型的流动状况观测来推断实物的流动状况及各项有关数据。分析研究模型和实物间的相似关系的基本原理称为相似理论。实物又称为原型。

动力学相似原理包括几何相似，运动相似和动力相似。下面分别讨论这些相似、比尺及其相互联系。模型参数加脚码 m，原型参数加脚码 n 表示。

1. 几何相似

原型与模型中对应的几何线性尺寸成比例，对应的几何角度相等，称为几何相似。线性长度的比尺为

$$\delta_l = \frac{l_n}{l_m}$$

面积比尺为

$$\delta_A = \frac{A_n}{A_m} = \frac{l_n^2}{l_m^2} = \delta_l^2$$

体积比尺为

$$\delta_V = \frac{V_n}{V_m} = \frac{l_n^3}{l_m^3} = \delta_l^3$$

2. 运动相似

原型与模型中对应的运动参数如速度、加速度方向一致，大小成比例，称为运动相似。取时间比尺为

$$\delta_t = \frac{t_\mathrm{n}}{t_\mathrm{m}}$$

速度比尺为

$$\delta_v = \frac{v_\mathrm{n}}{v_\mathrm{m}} = \frac{\frac{l_\mathrm{n}}{t_\mathrm{n}}}{\frac{l_\mathrm{m}}{t_\mathrm{m}}} = \frac{\delta_l}{\delta_t}$$

加速度比尺为

$$\delta_a = \frac{a_\mathrm{n}}{a_\mathrm{m}} = \frac{\frac{l_\mathrm{n}}{t_\mathrm{n}^2}}{\frac{l_\mathrm{m}}{t_\mathrm{m}^2}} = \frac{\delta_l}{\delta_t^2}$$

3. 动力相似

原型与模型中对应点处受力方向相同，大小成比例，称为动力相似。以 F_n 表示原型中某点上的力，以 F_m 表示模型中对应点上的力，则力的比尺为

$$\delta_F = \frac{F_\mathrm{n}}{F_\mathrm{m}} = \frac{m_\mathrm{n} a_\mathrm{n}}{m_\mathrm{m} a_\mathrm{m}} = \frac{\rho_\mathrm{n} V_\mathrm{n} a_\mathrm{n}}{\rho_\mathrm{m} V_\mathrm{m} a_\mathrm{m}} = \delta_\rho \delta_l^3 \frac{\delta_l}{\delta_t^2} = \delta_\rho \delta_l^2 \delta_v^2 \tag{4-33}$$

式中，δ_ρ 为密度比尺，为

$$\delta_\rho = \frac{\rho_\mathrm{n}}{\rho_\mathrm{m}}$$

根据式 (4-33) 可写

$$\frac{F_\mathrm{n}}{F_\mathrm{m}} = \frac{\rho_\mathrm{n} l_\mathrm{n}^2 v_\mathrm{n}^2}{\rho_\mathrm{m} l_\mathrm{m}^2 v_\mathrm{m}^2}$$

即

$$\frac{F_\mathrm{n}}{\rho_\mathrm{n} l_\mathrm{n}^2 v_\mathrm{n}^2} = \frac{F_\mathrm{m}}{\rho_\mathrm{m} l_\mathrm{m}^2 v_\mathrm{m}^2} \tag{4-34}$$

式中，$\frac{F}{\rho l^2 v^2}$ 为一个无因次量，称为牛顿数，以 Ne 表示，故式 (4-34) 变为

$$Ne_\mathrm{n} = Ne_\mathrm{m} \tag{4-35}$$

就是说，两个几何相似的流动，如果动力相似，则牛顿数必相等。反之，牛顿数相等的两个几何相似的流动，必然是动力相似的。故几何相似仅是相似的必要条件，而运动相似和动力相似才是相似的充分条件。

在这些相似的比尺中，象因次分析一样，一般有独立的三个基本比尺，其他比尺可由基本比尺导出。在流动力学中，根据动力相似，常取 δ_ρ、δ_l、δ_v 作为基本比尺，有时也取 δ_ρ、δ_v、δ_t 或 δ_ρ、δ_v、δ_v 作为基本比尺，要视所研究问题的性质而定。

必须指出，牛顿数中的力系泛指流动所受外力的总和，其中可能包括重力、摩擦力、压力、表面张力等。如果这些力都满足牛顿数相等，称为完全的动力相似。但由于若干实际条件的限制，达到完全的动力相似几乎是不可能的。因此，在进行模型实验时，常只考虑某些

起主要作用的力（多数情况只选一种力），而忽略其他的力，做到近似的（或局部的）动力相似。根据所研究的对象不同，常用的有以下几个动力相似的准数。

(1) 雷诺数

对完全封闭的流动，如管道、流量计、风扇、泵、透平中，或在流动中物体完全淹没，如车辆、潜水艇、飞机和建筑物。在这些形式中不计自由表面，而重力被浮力所平衡，仅需计入惯性力和粘性力。保证动力相似，则原型和模型上对应点处惯性力和粘性力的比值是相同的。

粘性引起的内摩擦力为 $T = \mu A \dfrac{du}{dy}$，从因次上可写

$$[T] = [\mu][L^2]\left[\dfrac{v}{L}\right] = \mu l v$$

由式（4-34）知惯性力的因次为 $[F] = \rho l^2 v^2$。如用 T 替换 F，则

$$\dfrac{\mu_n l_n v_n}{\rho_n l_n^2 v_n^2} = \dfrac{\mu_m l_m v_m}{\rho_m l_m^2 v_m^2}$$

因 $\dfrac{\mu}{\rho} = \nu$，故简化上式并颠倒分子分母得

$$\dfrac{v_n l_n}{\nu_n} = \dfrac{v_m l_m}{\nu_m} \tag{4-36}$$

式中，$\dfrac{vl}{\nu}$ 为一无因次量，称为雷诺数，以 Re 表示，故式（4-36）亦可写成

$$Re_n = Re_m \tag{4-37}$$

故雷诺数是牛顿数相等的一个特例，其物理意义为惯性力与粘性力的比。

(2) 富劳德数

在具有自由表面的液流中，重力是起主要作用的力。例如研究船舶或水上飞机外壳产生的表面波，以及明槽中的流动情况，其时重力 $G = mg = \rho g v$，在因次上为

$$[G] = [\rho][g][L^3] = \rho g l^3$$

用以代替式（4-34）中的 F，则

$$\dfrac{\rho_n g_n l_n^3}{\rho_n l_n^2 v_n^2} = \dfrac{\rho_m g_m l_m^3}{\rho_m l_m^2 v_m^2}$$

简化并颠例分子分母得

$$\dfrac{v_n^2}{g_n l_n} = \dfrac{v_m^2}{g_m l_m} \tag{4-38}$$

式中，$\dfrac{v^2}{gl}$ 为一无因次量，称为富劳德数，以 Fr 表示，故式（4-38）亦可写成

$$Fr_n = Fr_m \tag{4-39}$$

富劳德数相等也是牛顿数相等的一个特例,其物理意义为惯性力与重力的比。

(3) 欧拉数

研究淹没在流体中的物体表面上的压力或压强分布时,压力成为起主要作用的力。压力在因次上为

$$[P] = [p][A] = pl^2$$

将其代替式 (4-34) 中的 F 时,则

$$\frac{p_n l_n^2}{\rho_n l_n^2 v_n^2} = \frac{p_m l_m^2}{\rho_m l_m^2 v_m^2}$$

简化后得

$$\frac{p_n}{\rho_n v_n^2} = \frac{p_m}{\rho_m v_m^2} \tag{4-40}$$

式中,$\frac{p}{\rho v^2}$ 为一个无因次量,称为欧拉数,也是牛顿数相等的特例,以 Eu 表示,其物理意义为压力与惯性力的比。所以式 (4-40) 亦可写成

$$Eu_n = Eu_m \tag{4-41}$$

下面进一步说明两个相似准数在同一个物理现象中,常不能同时满足相似关系。例如雷诺数和富劳德数就不易同时满足。

欲使雷诺数相等,将有

$$\frac{v_n}{v_m} = \frac{l_m}{l_n} \cdot \frac{\nu_n}{\nu_m}$$

而欲使富劳德数相等,又将有

$$\frac{v_n}{v_m} = \left(\frac{l_n}{l_m}\right)^{1/2} \left(\frac{g_n}{g_m}\right)^{1/2}$$

其中重力加速度 g_n 和 g_m 一般是相等的。为此,若同时满足雷诺数和富劳德数相等,则在比尺上必须满足

$$\frac{\delta_\nu}{\delta_l} = \delta_l^{1/2}$$

即

$$\delta_\nu = \delta_l^{3/2} \tag{4-42}$$

这在技术上很难甚至不可能做到。这就是所以不直接使用牛顿数,而近似地采用雷诺数、富劳德数等判别动力相似的原因。

例 4-4 利用内径 50mm 的管子通过水流来模拟内径 500mm 管子内的标准空气流。若气流速度为 2m/s,空气运动粘度为 0.15cm²/s。为保持动力相似,则模型管中的水流速度应为多少?

解 取内径 D 为特性长度,根据雷诺数相等,有

$$Re_n = Re_m$$

即
$$\frac{v_n D_n}{\nu_n} = \frac{v_m D_m}{\nu_m}$$

现 $D_n = 500 \text{mm}$, $D_m = 50 \text{mm}$, $\nu_n = 0.15 \text{cm}^2/\text{s}$, $\nu_m = 0.01 \text{cm}^2/\text{s}$, $v_n = 2 \text{m/s}$, 则

$$v_m = v_n \frac{D_n}{D_m} \cdot \frac{\nu_m}{\nu_n} = 2 \times \frac{500}{50} \times \frac{0.01}{0.15} = \frac{4}{3} = 1\frac{1}{3} (\text{m/s})$$

即模型中水流速度应保持 $1\frac{1}{3}$ m/s。

例 4-5 水上坦克模型,几何尺寸缩小 5 倍。欲使模型运动速度与原型在水上航速 10km/h 相似,则模型航速应为多少?

解 欲保持动力相似,应维持富劳德数相等,即

$$Fr_n = Fr_m$$

或
$$\frac{v_n^2}{g_n l_n} = \frac{v_m^2}{g_m l_m}$$

若 $\frac{l_n}{l_m} = 5, v_n = 10 \text{km/h}, g_n = g_m$, 则

$$v_m = v_n \sqrt{\frac{l_m}{l_n}} = 10 \times \sqrt{\frac{1}{5}} = 4.47 (\text{km/h})$$

§4-5 圆管层流分析

管路内层流通常发生在粘度较高或速度较低的情况下。一般输水管线很少出现层流。在输油管线中层流一般出现在输量较小及粘度较大的过程。机械润滑系统往往多是层流。本节着重从理论上分析圆管中层流的几个特点以及沿程水头损失的计算方法。

层流中流体质点只有沿轴向的流动而无横向运动。取坐标如图 4-12 所示,则

$$u_x = u$$
$$u_y = u_z = 0$$

由纳维-斯托克斯方程式(4-21)简化成沿 x 轴向的第一式,对不可压缩流体稳定流动,$\frac{\partial u_x}{\partial t} = 0$,故

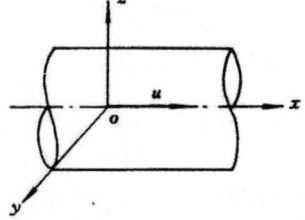

图 4-12 圆管层流分析

$$\frac{du_x}{dt} = u_x \frac{\partial u_x}{\partial x} + u_y \frac{\partial u_x}{\partial y} + u_z \frac{\partial u_x}{\partial z}$$

而此方程简化为

$$X - \frac{1}{\rho}\frac{\partial p}{\partial x} + \nu\left(\frac{\partial^2 u_x}{\partial x^2} + \frac{\partial^2 u_x}{\partial y^2} + \frac{\partial^2 u_x}{\partial z^2}\right) = u_x\frac{\partial u_x}{\partial x} + u_y\frac{\partial u_x}{\partial y} + u_z\frac{\partial u_x}{\partial z} \quad (4-43)$$

又因 $X=0$，$u_x = u =$ 常数，$u_y = u_z = 0$，并由连续性方程

$$\frac{\partial u_x}{\partial x} + \frac{\partial u_y}{\partial y} + \frac{\partial u_z}{\partial z} = 0$$

可知 $\frac{\partial u_y}{\partial y} = 0, \frac{\partial u_z}{\partial z} = 0, \frac{\partial u_x}{\partial x} = \frac{\partial u}{\partial x} = 0$，且 $\frac{\partial^2 u_x}{\partial x^2} = 0$，故式 (4-43) 进一步简化为

$$\frac{1}{\rho}\frac{\partial p}{\partial x} = \nu\left(\frac{\partial^2 u}{\partial y^2} + \frac{\partial^2 u}{\partial z^2}\right)$$

或

$$\frac{\partial p}{\partial x} = \mu\left(\frac{\partial^2 u}{\partial y^2} + \frac{\partial^2 u}{\partial z^2}\right) \quad (4-44)$$

等直径圆管中，压强沿管轴向的变化率为定值，即

$$\frac{\partial p}{\partial x} = -\left(\frac{p_1 - p_2}{L}\right) = -\frac{\Delta p}{L} \quad (4-45)$$

式中，p_1 及 p_2 为管路任意两断面 1-1、2-2 上的平均水动压强；Δp 为 p_1 和 p_2 的压强差 ($p_1 > p_2$)；L 为断面 1-1 和 2-2 间的轴向距离。

此外，因是对称流动，而 y 和 z 都是半径方向，可换成变数 r，而仅是 r 的函数。故 u 对 r 的偏导数可写为全导数，即

$$\frac{\partial^2 u}{\partial y^2} = \frac{\partial^2 u}{\partial z^2} = \frac{\partial^2 u}{\partial r^2} = \frac{d^2 u}{d r^2} \quad (4-46)$$

将式 (4-45) 及式 (4-46) 代入式 (4-44) 中，得

$$-\frac{\Delta p}{L} = 2\mu\frac{d^2 u}{d r^2}$$

或

$$\frac{d^2 u}{d r^2} = -\frac{\Delta p}{2\mu L} \quad (4-47)$$

积分上式得

$$\frac{d u}{d r} = -\frac{\Delta p}{2\mu L}r + C_1$$

利用边界条件 $r = 0$ 时，$\frac{du}{dr} = 0$，可得 $C_1 = 0$，故

$$\frac{d u}{d r} = -\frac{\Delta p}{2\mu L}r$$

再积分得

$$u = -\frac{\Delta p}{4\mu L}r^2 + C_2$$

利用条件 $r=R$ 时（R 为管子半径），$u=0$，可得

$$C_2 = \frac{\Delta p}{4\mu L}R^2$$

故

$$u = \frac{\Delta p}{4\mu L}(R^2 - r^2) \tag{4-48}$$

上式表明有效断面上各点流速 u 与点所在的半径 r 成二次抛物线的关系，如图 4-13 所示。式 (4-48) 称为斯托克斯公式。由此出发可以得到一系列层流运动的规律。

(1) 最大流速

当以 $r=0$ 代入式 (4-48) 中时，得出轴心处最大流速 u_m，即

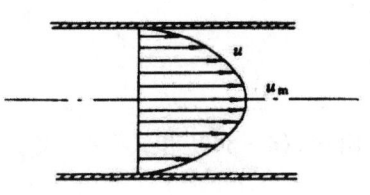

图 4-13 速度分布

$$u_m = \frac{\Delta p}{4\mu L}R^2 = \frac{\Delta p}{16\mu L}D^2 \tag{4-49}$$

(2) 流量

取半径 r 处厚度为 dr 的微小环面积，如图 4-14，通过此环面积的流量为

$$dQ = u2\pi r dr$$

在整个有效断面上积分后，即得出管中的流量

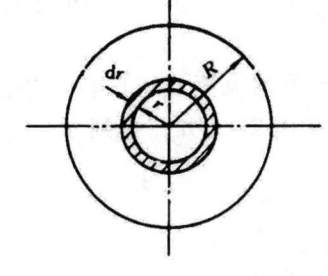

图 4-14 环面积

$$Q = \int_A dQ = \int_0^R u2\pi r dr = \int_0^R \frac{\Delta p}{4uL}(R^2 - r^2)2\pi r dr$$

$$= \frac{\Delta p\pi}{2\mu L}\int_0^R (R^2 - r^2)r dr = \frac{\Delta p\pi}{8\mu L}R^4 \tag{4-50}$$

或把半径化为直径，得

$$Q = \frac{\Delta p\pi D^4}{128\mu L} \tag{4-51}$$

此公式称为哈根-泊谡叶定律。它表明层流时管中流量与管半径或直径的四次方成比例。

(3) 平均流速

管断面平均流速

$$v = \frac{Q}{A} = \frac{\Delta p\pi D^4}{128\mu L \frac{\pi}{4}D^2} = \frac{\Delta p D^2}{32\mu L} \tag{4-52}$$

与式（4-49）相比较，不难看出

$$v = \frac{1}{2}u_m \qquad (4-53)$$

工程上应用层流这一特性直接从测定管轴心处流速而计算流量相当方便。

(4) 切应力

根据牛顿流体内摩擦定律，可知

$$\tau = \pm \mu \frac{du}{dy} = -\mu \frac{du}{dr} = -\mu \frac{d}{dr}\left[\frac{\Delta p}{4\mu L}(R^2 - r^2)\right] = \mu \left[\frac{\Delta pr}{2\mu L}\right] = \frac{\Delta pr}{2L} \qquad (4-54)$$

管壁处，$r = R$ 时，$\tau = \tau_0$（管壁处的切应力），则

$$\tau_0 = \frac{\Delta p R}{2L} \qquad (4-55)$$

由式（4-54）和式（4-55）可得

$$\tau = \tau_0\left(\frac{r}{R}\right) \qquad (4-56)$$

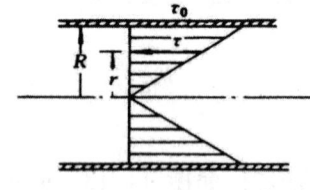

图 4-15 切应力分布

它表明在管子有效断面上，切应力分布随 r 成直线关系，如图 4-15 所示。

水平直管稳定层流时的沿程水头损失，结合式（4-52）可知

$$h_f = \frac{\Delta p}{\gamma} = \frac{32\mu L v}{\gamma D^2} \qquad (4-57)$$

上式表明层流时管路沿程水头损失与平均流速成正比。习惯上将沿程水头损失用流速水头的倍数表示，为此将上式分子分母各乘以 $2v$，并注意到 $\gamma = \rho g$，则

$$h_f = \frac{32\mu L v}{\rho g D^2} \times \frac{2v}{2v} = \frac{64\mu}{\rho v D} \frac{L}{D} \frac{v^2}{2g} = \frac{64}{Re} \frac{L}{D} \frac{v^2}{2g}$$

令

$$\lambda = \frac{64}{Re} \qquad (4-58)$$

则

$$h_f = \lambda \frac{L}{D} \frac{v^2}{2g} \qquad (4-59)$$

式中，λ 称为沿程水力摩阻系数，层流时取决于雷诺数 Re 的大小。L/D 称为长径比，标志着管路尺寸对阻力的影响。

下面还要讨论式（4-59）同样适用于紊流，但水力摩阻系数的数值与层流有原则上的区别。

若管路非水平放置，则 $h_f \neq \dfrac{\Delta p}{\gamma}$ 由能量方程知

$$h_f = \left(z_1 + \frac{p_1}{\gamma}\right) - \left(z_2 + \frac{p_2}{\gamma}\right) = \frac{(p_1 + \gamma z_1) - (p_2 + \gamma z_2)}{\gamma}$$

令 $p^* = p + \gamma z$，称为折算压强，则

$$h_f = \frac{p_1^* - p_2^*}{\gamma} = \frac{\Delta p^*}{\gamma} \tag{4-60}$$

这样，水平管路的结论同样适用于非水平放置的管路，仅需将 Δp 用 Δp^* 代替即可。

§4-6 紊流的理论分析

从 §4-2 中知道，当雷诺数超过临界值时，管内流体流动便形成紊流。这里我们要进一步分析紊流是怎样产生的以及管内紊流的特点。

一、紊流的产生

雷诺曾指出在某些形式的扰动中，由于粘性的存在，限制了质点的扰动，而在一定雷诺数限度内能维持层流状态。

但两层流体间有速度差别，是造成不稳定的根本原因。不稳定的层流受到轻微扰动即可转化为紊流。

如图 4-16 (a) 所示两层速度不同的直线流动。如分界面受轻微扰动，见图中 4-16 (b)。则 a 点处由于速度降低而压强增大，同时 b 点处压强则下降，界面处的流体质点由于压差将由 a 向 b 流动，加剧界面的扰动，而向紊流发展，见图 4-16 (c)。

二、紊流的脉动

紊流中每一空间点处的运动要素，由于质点的互相掺混、碰撞、交换，并形成涡旋，而不停地随时间脉动着。然而这种脉动在足够长的时段内，人们发现它总是围绕着某一平均值而变化。图 4-17 就是在某一固定点测出的轴向流速随时间变化的情况。

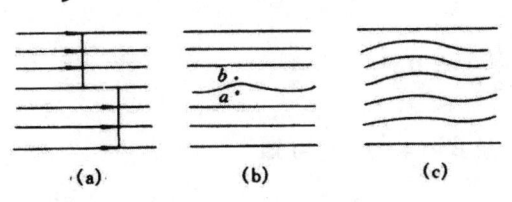

图 4-16 轻微扰动产生紊流

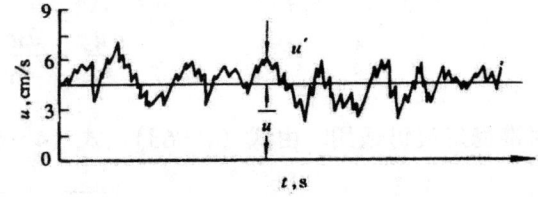

图 4-17 流速随时间变化

图中 $\bar{u}$ 代表该点流速随时间变化的平均值，称为时均点速。如果以时均点速为准，就仍可把它看成假想的平行流动，并可使用稳定流的能量方程来处理。不同时刻实际流速 u 与时均值的差值用 u' 表示，称为脉动流速，则有

$$u(t) = \bar{u} + u'(t) \tag{4-61}$$

注意，$u'(t)$ 可能是正值，也可能是负值，但其时均值应为零。我们把这种情况的流动称为准稳定流。据此

$$\bar{u} = \frac{1}{T}\int_0^T u(t)\mathrm{d}t \qquad (4-62)$$

式中，T 为所取足够长的时间。

紊流中的其他流速分量和压强也都可类似地以时均值表示。

三、紊流涉及的数学关系

设函数 $a(t)$ 和 $b(t)$ 各随时间变化，若 $a=b$，则其平均值亦相同，即

$$\bar{a} = \bar{b} \qquad (4-63)$$

且

$$\overline{a+b} = \bar{a} + \bar{b} \qquad (4-64)$$

$$\overline{(Ka)} = K\bar{a} \quad (K \text{ 与时间无关}) \qquad (4-65)$$

$$\overline{\left(\frac{\mathrm{d}a}{\mathrm{d}t}\right)} = \frac{\mathrm{d}\bar{a}}{\mathrm{d}t} \qquad (4-66)$$

若函数 a 也随空间变化，则 $a = a(s,t)$，而

$$\overline{\left(\frac{\partial a}{\partial t}\right)} = \frac{\partial \bar{a}}{\partial t} \qquad (4-67)$$

且

$$\overline{\left(\frac{\partial a}{\partial s}\right)} = \frac{\partial \bar{a}}{\partial s} \qquad (4-68)$$

式中，s 为任意位置坐标，如 x，y，z。

这些关系将在下面运用。

四、准稳定流的连续性方程和运动方程

为简单起见，仅考虑不可压缩流体准稳定流，其时 $\overline{u_x}$、$\overline{u_y}$、$\overline{u_z}$ 和 $\bar{p}$ 不随时间变化。

连续性方程

$$\frac{\partial u_x}{\partial x} + \frac{\partial u_y}{\partial y} + \frac{\partial u_z}{\partial z} = 0$$

对准稳定流仍适用。由式（4-63）、式（4-64）及式（4-68）可知

$$\overline{\left(\frac{\partial u_x}{\partial x} + \frac{\partial u_y}{\partial y} + \frac{\partial u_z}{\partial z}\right)} = 0$$

$$\overline{\left(\frac{\partial u_x}{\partial x}\right)} + \overline{\left(\frac{\partial u_y}{\partial y}\right)} + \overline{\left(\frac{\partial u_z}{\partial z}\right)} = 0$$

及

$$\frac{\partial \overline{u_x}}{\partial x} + \frac{\partial \overline{u_y}}{\partial y} + \frac{\partial \overline{u_z}}{\partial z} = 0 \qquad (4-69)$$

这就是准稳定流的连续性方程。同时瞬时流动亦可写成

$$\frac{\partial(\overline{u_x}+u'_x)}{\partial x}+\frac{\partial(\overline{u_y}+u'_y)}{\partial y}+\frac{\partial(\overline{u_z}+u'_z)}{\partial z}=0 \qquad (4-70)$$

式（4-70）和式（4-69）之差给出

$$\frac{\partial u'_x}{\partial x}+\frac{\partial u'_y}{\partial y}+\frac{\partial u'_z}{\partial z}=0 \qquad (4-71)$$

这就是瞬时脉动的连续性方程。

下面讨论运动方程。根据纳维-斯托克斯方程，以 x 轴向为例，对准稳定流可写

$$\overline{\left(\frac{\partial u_x}{\partial t}\right)}=\overline{u_x\frac{\partial u_x}{\partial x}}+\overline{u_y\frac{\partial u_x}{\partial y}}+\overline{u_z\frac{\partial u_x}{\partial z}}$$

$$=-\frac{1}{\rho}\frac{\partial \bar{p}}{\partial x}+\nu\left(\frac{\partial^2 \overline{u_x}}{\partial x^2}+\frac{\partial^2 \overline{u_x}}{\partial y^2}+\frac{\partial^2 \overline{u_x}}{\partial z^2}\right) \qquad (4-72)$$

其中

$$\overline{u_y\frac{\partial u_x}{\partial y}}=\overline{(\overline{u_y}+u'_y)\frac{\partial(\overline{u_x}+u'_x)}{\partial y}}=\overline{\overline{u_y}\frac{\partial \overline{u_x}}{\partial y}}+\overline{u'_y\frac{\partial \overline{u_x}}{\partial y}}+\overline{\overline{u_y}\frac{\partial u'_x}{\partial y}}+\overline{u'_y\frac{\partial u'_x}{\partial y}}$$

$$=\overline{u_y}\frac{\partial \overline{u_x}}{\partial y}+\overline{u'_y}\frac{\partial \overline{u_x}}{\partial y}+\overline{u_y}\overline{\frac{\partial u'_x}{\partial y}}+\overline{u'_y\frac{\partial u'_x}{\partial y}}$$

$$=\overline{u_y}\frac{\partial \overline{u_x}}{\partial y}+\overline{u'_y\frac{\partial u'_x}{\partial y}} \qquad (4-73)$$

因 $\overline{u'_x}=\overline{u'_y}=0$ 和 $\overline{u_x}$ 及 $\overline{u_y}$ 与时间无关，则

$$\overline{\left(\frac{du_x}{dt}\right)}=\overline{u_x\frac{\partial u_x}{\partial x}}+\overline{u_y\frac{\partial u_x}{\partial y}}+\overline{u_z\frac{\partial u_x}{\partial z}}$$

$$=\overline{u_x}\frac{\partial \overline{u_x}}{\partial x}+\overline{u_y}\frac{\partial \overline{u_x}}{\partial y}+\overline{u_z}\frac{\partial \overline{u_x}}{\partial z}+\overline{u'_x\frac{\partial u'_x}{\partial x}}+\overline{u'_y\frac{\partial u'_x}{\partial y}}+\overline{u'_z\frac{\partial u'_x}{\partial z}} \qquad (4-74)$$

但

$$u'_x\frac{\partial u'_x}{\partial x}+u'_y\frac{\partial u'_x}{\partial y}+u'_z\frac{\partial u'_x}{\partial z}=\left[\frac{\partial(u'_xu'_x)}{\partial x}-u'_x\frac{\partial u'_x}{\partial x}\right]+\left[\frac{\partial(u'_xu'_y)}{\partial y}-u'_x\frac{\partial u'_y}{\partial y}\right]+$$

$$+\left[\frac{\partial(u'_xu'_z)}{\partial z}-u'_x\frac{\partial u'_z}{\partial z}\right]$$

$$=\frac{\partial(u'_xu'_x)}{\partial x}+\frac{\partial(u'_xu'_y)}{\partial y}+\frac{\partial(u'_xu'_z)}{\partial z}-$$

$$-u'_x\left(\frac{\partial u'_x}{\partial x}+\frac{\partial u'_y}{\partial y}+\frac{\partial u'_z}{\partial z}\right) \qquad (4-75)$$

由式（4-71）知上式末项括号内等于零，故

$$\overline{u'_x\frac{\partial u'_x}{\partial x}}+\overline{u'_y\frac{\partial u'_x}{\partial y}}+\overline{u'_z\frac{\partial u'_x}{\partial z}}=\overline{\frac{\partial(u'_xu'_x)}{\partial x}}+\overline{\frac{\partial(u'_xu'_y)}{\partial y}}+\overline{\frac{\partial(u'_xu'_z)}{\partial z}} \qquad (4-76)$$

于是对不可压缩流体准稳定流的运动方程写成

$$\left(\overline{\frac{du_x}{dt}}\right) = \overline{u_x}\frac{\partial \overline{u_x}}{\partial x} + \overline{u_y}\frac{\partial \overline{u_x}}{\partial y} + \overline{u_z}\frac{\partial \overline{u_x}}{\partial z} + \frac{\partial \overline{(u'_x u'_x)}}{\partial x} + \frac{\partial \overline{(u'_x u'_y)}}{\partial y} + \frac{\partial \overline{(u'_x u'_z)}}{\partial z}$$

$$= -\frac{1}{\rho}\frac{\partial \overline{p}}{\partial x} + \nu \nabla^2 \overline{u_x} \tag{4-77}$$

同理

$$\left(\overline{\frac{du_y}{dt}}\right) = \overline{u_x}\frac{\partial \overline{u_y}}{\partial x} + \overline{u_y}\frac{\partial \overline{u_y}}{\partial y} + \overline{u_z}\frac{\partial \overline{u_y}}{\partial z} + \frac{\partial \overline{(u'_x u'_y)}}{\partial x} + \frac{\partial \overline{(u'_y u'_y)}}{\partial y} + \frac{\partial \overline{(u'_y u'_z)}}{\partial z}$$

$$= -\frac{1}{\rho}\frac{\partial \overline{p}}{\partial y} + \nu \nabla^2 \overline{u_y} \tag{4-78}$$

$$\left(\overline{\frac{du_z}{dt}}\right) = \overline{u_x}\frac{\partial \overline{u_z}}{\partial x} + \overline{u_y}\frac{\partial \overline{u_z}}{\partial y} + \overline{u_z}\frac{\partial \overline{u_z}}{\partial z} + \frac{\partial \overline{(u'_x u'_z)}}{\partial x} + \frac{\partial \overline{(u'_y u'_z)}}{\partial x} + \frac{\partial \overline{(u'_z u'_z)}}{\partial z}$$

$$= -\frac{1}{\rho}\frac{\partial \overline{p}}{\partial z} + \nu \nabla^2 \overline{u_z} \tag{4-79}$$

式（4-77）、式（4-78）和式（4-79）通称为雷诺方程，其中$\overline{u'_x u'_x}$、$\overline{u'_x u'_y}$等都不等于零，且永为负值。习惯上称$-\rho \overline{u'_x u'_x}$、$-\rho \overline{u'_x u'_y}$等为雷诺应力分量，它是由于脉动而产生的切应力分量。

五、混合长度假说

由于准稳定紊流存在雷诺应力分量，理论上很难解出，但一些经验公式已经在许多情况中得到有用的结果。

对于平行准稳定紊流，雷诺方程可进一步简化，其中$\overline{u_y} = \overline{u_z} = 0$，$\overline{u_x} = \overline{u}$，它和雷诺应力分量仅为$y$的函数。又压强沿流程变化率$-\frac{\partial \overline{p}}{\partial x} =$ 常数C。故雷诺方程简化成

$$\frac{d}{dy}\left(\mu \frac{d\overline{u}}{dy} - \rho \overline{u'_x u'_y}\right) = -C$$

积分得

$$\mu \frac{d\overline{u}}{dy} - \rho \overline{u'_x u'_y} = -Cy + C_1$$

在靠近壁面处，$y \approx 0$，其处$u = 0$，故$u'_x = u'_y = 0$，切应力$\tau_0 = \mu \frac{d\overline{u}}{dy}$，由此$C_1 \approx \tau_0$，而

$$\mu \frac{d\overline{u}}{dy} - \rho \overline{u'_x u'_y} = \tau_0 - Cy \tag{4-80}$$

早先泊森涅斯克建议把雷诺应力$-\rho \overline{u'_x u'_y}$写成

$$-\rho \overline{u'_x u'_y} = \rho \varepsilon \frac{d\overline{u}}{dy} \tag{4-81}$$

式中，ε称为涡运动粘度。然而ε随流动的变化并无法预知，其后普朗特提出混合长度的假

说。

如图4-18中点 a，当此点有正的 u'_y 时，在其下距离 l 处的一个质点将被带向 a，引起脉动速度 u'_x，其量级为 $-l\dfrac{d\bar{u}}{dy}$；同理当 a 点存在负的 u'_y 时，将引起 u'_x 的量级为 $+l\dfrac{d\bar{u}}{dy}$。设 u'_y 与 u'_x 为同量级，则可写

$$-\rho u'_x u'_y \approx \rho l^2 \left(\dfrac{d\bar{u}}{dy}\right)^2 \qquad (4-82)$$

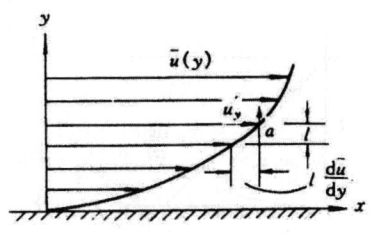

图4-18 混合长度的假说

式中，l 为混合长度。

因雷诺应力必随 $\dfrac{d\bar{u}}{dy}$ 变号，普朗特设

$$-\rho u'_x u'_y = \rho l^2 \left|\dfrac{d\bar{u}}{dy}\right|\dfrac{d\bar{u}}{dy} \qquad (4-83)$$

近壁处，普朗特认为 l 正比于距壁距离 y，即

$$l = ky \qquad (4-84)$$

其中，k 为经验常数。

按普朗特混合长度假说，式 (4-80) 可写为

$$\mu\dfrac{d\bar{u}}{dy} + \rho l^2 \left|\dfrac{d\bar{u}}{dy}\right|\dfrac{d\bar{u}}{dy} = \tau_0 - Cy \qquad (4-85)$$

在管轴线上，总切应力为零，其处 $y=r_0$（管子半径），将有

$$0 = \tau_0 - Cr_0$$

则

$$C = \dfrac{\tau_0}{r_0} \qquad (4-86)$$

于是

$$\mu\dfrac{d\bar{u}}{dy} + \rho l^2 \left|\dfrac{d\bar{u}}{dy}\right|\dfrac{d\bar{u}}{dy} = \tau_0\left(1 - \dfrac{y}{r_0}\right) \qquad (4-87)$$

沿管壁处，切应力 τ_0 被压降所平衡，则对圆管有

$$-\dfrac{\partial\bar{p}}{\partial x}dx\pi r_0^2 = \tau_0 2\pi r_0 dx$$

即

$$\tau_0 = -\dfrac{r_0}{2}\dfrac{\partial\bar{p}}{\partial x} \qquad (4-88)$$

图4-19表示紊流中切应力 τ 沿光滑壁法线的分布关系。由图可见在距壁某距离处的紊

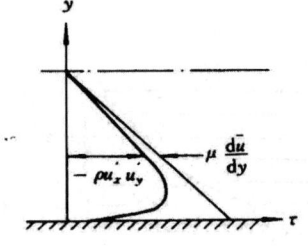

流区，粘性力很小，采用下式已足够，即

$$\rho l^2 \left|\frac{d\bar{u}}{dy}\right|\frac{d\bar{u}}{dy} = \tau_0 - Cy \quad (4-89)$$

而在靠近管壁处，粘性力占优势，其处混合受限制，形成层流层，称为层流边层或层流次层。其时，$y \approx 0$，而式（4-85）简化为

$$\mu \frac{d\bar{u}}{dy} = \tau_0$$

图 4-19 紊流中的切应力

积分得

$$\bar{u} = \frac{\tau_0}{\mu} y \quad (4-90)$$

六、圆管内流速分布

圆管内自进口到形成完全的流速分布要经过一段发展过程，将在后面讨论。我们着重分析发展为完全紊流时的情况。此时，近壁处存在两种状态：雷诺数较小时，近壁处层流边层完全掩盖住管壁粗糙突起，其时粗糙度对紊流不起作用，如图 4-20 中（a）所示，称为水力光滑；随雷诺数增大，层流边层变薄，当粗糙突起高出层流边层之外时，粗糙突起造成加剧紊动，粗糙突起突出越高，阻力越大，如图 4-20 中（b）所示，称为水力粗糙。

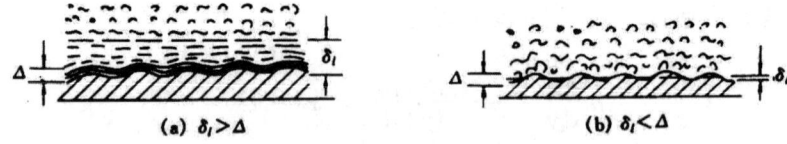

图 4-20 水力光滑和水力粗糙

层流边层厚度 δ_l 近似地可用下式确定

$$\delta_l \approx 30 \frac{d}{Re\sqrt{\lambda}} \quad (4-91)$$

式中　δ_l——层流边层厚度；
　　　d——管子内径；
　　　Re——雷诺数；
　　　λ——水力摩阻系数（与层流时不同）。

下面分述两种状态的流速分布规律。

1. 水力光滑管

根据普朗特假设 $l = ky$，求近壁处流速分布。其处 y 很小，以致 Cy 可忽略，即式（4-89）变为

$$\rho k^2 y^2 \left|\frac{d\bar{u}}{dy}\right|\frac{d\bar{u}}{dy} = \tau_0$$

对正值 $\frac{d\bar{u}}{dy}$，$\left|\frac{d\bar{u}}{dy}\right| = \frac{d\bar{u}}{dy}$，取

$$u_* = \sqrt{\frac{\tau_0}{\rho}}$$

u_* 称为切应力速度,则

$$\frac{1}{u_*}\frac{d\bar{u}}{dy} = \frac{1}{ky}$$

积分可得

$$\frac{\bar{u}}{u_*} = \frac{1}{k}\ln y + C \tag{4-92}$$

取近壁层流层厚度 δ 处的流速为 u_0,见图 4-21,则

$$\frac{u_0}{u_*} = \frac{1}{k}\ln\delta + C \tag{4-93}$$

为确定 u_0,由式 (4-90),$y = \delta$ 时,$\bar{u} = u_0$,得

$$\tau_0 = \mu\frac{u_0}{\delta} \tag{4-94}$$

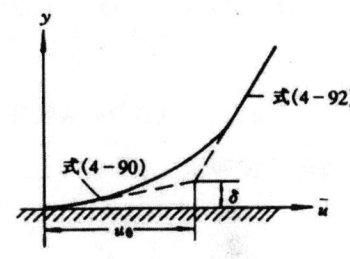

图 4-21 近壁流速

同时,必有一临界雷诺数 $\dfrac{\rho u_0 \delta}{\mu}$ 使边层保持层流,即

$$\frac{\rho u_0 \delta}{\mu} = 常数\ N \tag{4-95}$$

常数 N 由经验确定。

由式 (4-94)

$$u_0 = \tau_0 \frac{\delta}{\mu} = \rho u_*^2 \frac{\delta}{\mu}$$

于是

$$\frac{u_0}{u_*} = \frac{\rho u_* \delta}{\mu} = N_* \tag{4-96}$$

再由式 (4-93)

$$C = \frac{u_0}{u_*} - \frac{1}{k}\ln\delta = N_* - \frac{1}{k}\ln\left(\frac{N_*\mu}{\rho u_*}\right)$$

代入式 (4-92) 得紊流区流速分布

$$\begin{aligned}\frac{\bar{u}}{u_*} &= \frac{1}{k}\ln y + N_* - \frac{1}{k}\ln\left(\frac{N_*\mu}{\rho u_*}\right) = N_* - \frac{\ln N_*}{k} + \frac{1}{k}\ln\left(\frac{\rho u_* y}{\mu}\right) \\ &= G + \frac{1}{k}\ln\left(\frac{\rho u_* y}{\mu}\right)\end{aligned} \tag{4-97}$$

式中 $G = N_* - \dfrac{\ln N_*}{k}$

图 4-22 为尼古拉兹实验观察的结果。由图看出：层流时 $\dfrac{\rho u_* y}{\mu} < 5$；完全紊流时 $\dfrac{\rho u_* y}{\mu} > 70$。按紊流数据可得 $k = 0.40$，$N_* = 11.6$ 和 $G = 5.5$，则式（4-97）可写为

$$\dfrac{\bar{u}}{u_*} = 5.5 + 2.5\ln\left(\dfrac{\rho u_* y}{\mu}\right) \qquad (4-98)$$

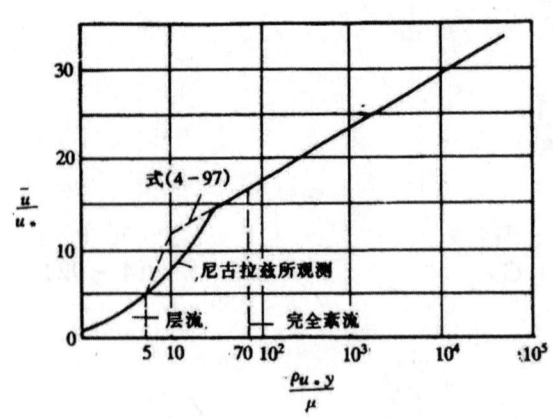

图 4-22 尼古拉兹实验结果

实验表明对 $\dfrac{\rho u_* y}{\mu}$ 在 70 至约 700 之间可近似地用下式表示

$$\dfrac{\bar{u}}{u_*} = 8.74\left(\dfrac{\rho u_* y}{\mu}\right)^{1/7} \qquad (4-99)$$

2. 水力粗糙管

当管壁突起完全暴露在紊流区中时形成粗糙管。此时，为确定式（4-92）中的常数 C，令 u_0 为 $y = \delta$ 处的近壁流速，它决定于 τ_0、ρ 和 δ。取

$$\dfrac{u_0}{u_*} = F\left(\dfrac{\rho u_* \delta}{\mu}\right) = 常数\ M$$

由式（4-93）

$$C = \dfrac{u_0}{u_*} - \dfrac{1}{k}\ln\delta = \dfrac{u_0}{u_*} - 2.5\ln\delta$$

经验求出 $M = 8.5$，则式（4-92）变为

$$\dfrac{\bar{u}}{u_*} = 8.5 + 2.5\ln\left(\dfrac{y}{\delta}\right) \qquad (4-100)$$

七、平均流速与切应力速度的关系

实际感兴趣的是断面平均流速 v，而不用时均点速 $\bar{u}$，为此必须把 $\bar{u}$ 化成 v。由

$$v = \dfrac{Q}{A} = \dfrac{1}{\pi r_0^2}\int_0^{r_0} \bar{u}\, 2\pi(r_0 - y)\mathrm{d}y \qquad (4-101)$$

对光滑管，按式（4-98）将 $\bar{u}$ 代入上式可得

$$\dfrac{v}{u_*} = 1.75 + 2.5\ln\left(\dfrac{\rho u_* r_0}{\mu}\right) \qquad (4-102)$$

对粗糙管，按式（4-100）将 $\bar{u}$ 代入式（4-101）可得

$$\frac{v}{u_*} = 4.75 + 2.5\ln\left(\frac{r_0}{\delta}\right) \quad (4-103)$$

大量实验表明,紊流中流速分布可近似地用下式表示

$$u = u_m\left(\frac{y}{r}\right)^n \quad (4-104)$$

式中 u_m——管轴处最大流速;
   y——自管壁起算的径向距离;
   r——自管中心起算的径向距离;
   n——方指数。

对水力光滑管,当 $Re < 10^5$ 时,可取 $n = \frac{1}{7}$;当 $10^5 < Re < 4 \times 10^5$ 时,可取 $n = \frac{1}{8}$。对水力粗糙管可取 $n = \frac{1}{10}$。

图 4-23 表明不同相对粗糙度情况下,平均流速和最大流速的比值与按最大流速计算的雷诺数之间的关系。

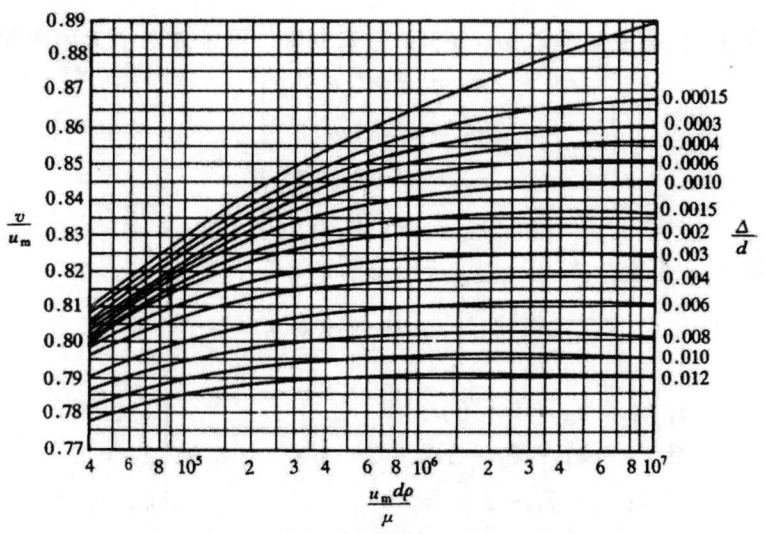

图 4-23 无因次速度与雷诺数的关系

§4-7 圆管紊流沿程水力摩阻的实验分析

由于紊流的复杂性,圆管内沿程水力摩阻尚不能从理论上很完善地解决。然而大量的经验公式已在工程实践中普遍应用,而且取得较好的结果。

下面通过用因次分析方法综合影响水力摩阻的各项因素,组成无因次积的关系式,然后再进行实验处理,求出计算管内沿程水头损失的一般方法。

一、管内沿程水头损失的通式

由前面的讨论知道,管路中能量消耗反映为比能损失(或水头损失),形成管路内的压

降 Δp。根据理论和实验分析，影响压降的因素有 d、ρ、μ、v、L、Δ 等等。我们先列出各物理量的符号及因次，如表 4-5。

表 4-5 物理量的符号和因次

物理量	符号	因次
压降	Δp	$ML^{-1}T^{-2}$
管径	d	L
密度	ρ	ML^{-3}
动力粘度	μ	$ML^{-1}T^{-1}$
流速	v	LT^{-1}
管长	L	L
平均粗糙度	Δ	L

列成系数矩阵为

基本因次	v	d	ρ	Δp	μ	L	Δ
M	0	0	1	1	1	0	0
L	1	1	-3	-1	-1	1	1
T	-1	0	0	-2	-1	0	0

系数矩阵的秩为 3，根据 π 定理取 v、d、ρ 为基本量，可组成四个无因次积，如

$$\left.\begin{array}{l} \pi_1 = v^{k_1}d^{k_2}\rho^{k_3}\Delta p \\ \pi_2 = v^{k_1}d^{k_2}\rho^{k_3}\mu \\ \pi_3 = v^{k_1}d^{k_2}\rho^{k_3}L \\ \pi_4 = v^{k_1}d^{k_2}\rho^{k_3}\Delta \end{array}\right\} \qquad (4-105)$$

由因次平衡，对 π_1，由表达式

$$\pi_1 = v^{k_1}d^{k_2}\rho^{k_3}\Delta p$$

$$\left.\begin{array}{l} 对\,M: \quad k_3 + 1 = 0 \\ 对\,L: \quad k_1 + k_2 - 3k_3 - 1 = 0 \\ 对\,T: \quad -k_1 - 2 = 0 \end{array}\right\} \quad 解得 \begin{cases} k_1 = -2 \\ k_2 = 0 \\ k_3 = -1 \end{cases}$$

故

$$\pi_1 = \frac{\Delta p}{\rho V^2}$$

同理可得：$\pi_2 = \dfrac{\mu}{\rho v d}$；$\pi_3 = \dfrac{L}{d}$；$\pi_4 = \dfrac{\Delta}{d}$。

故可写无因次函数式

$$\frac{\Delta p}{\rho v^2} = f\left(\frac{\mu}{\rho v d}, \frac{L}{d}, \frac{\Delta}{d}\right) \qquad (4-106)$$

式中，$\dfrac{\Delta p}{\rho v^2} = Eu$ 为欧拉数，$\dfrac{v d \rho}{\mu} = Re$ 为雷诺数，$\dfrac{L}{d}$ 为长径比，$\dfrac{\Delta}{d}$ 为相对粗糙度。

注意到 $\rho = \dfrac{\gamma}{g}$ 及 $h_f = \dfrac{\Delta p}{\gamma}$ (非水平管时取 $\dfrac{\Delta p^*}{\gamma}$)，则

$$h_f = f\left(Re, \dfrac{L}{d}, \dfrac{\Delta}{d}\right)\dfrac{v^2}{g}$$

实验证明沿程水头损失 h_f 与管长成正比，与管径成反比，因而可把 $\dfrac{L}{d}$ 提出，并把流速写为流速水头形式，则

$$h_f = f\left(Re, \dfrac{\Delta}{d}\right)\dfrac{L}{d}\dfrac{v^2}{g} = 2f\left(Re, \dfrac{\Delta}{d}\right)\dfrac{L}{d}\dfrac{v^2}{2g}$$

令
$$\lambda = 2f\left(Re, \dfrac{\Delta}{d}\right) \tag{4-107}$$

称为沿程水力摩阻系数，则

$$h_f = \lambda \dfrac{L}{d}\dfrac{v^2}{2g} \tag{4-108}$$

上式即为管路沿程水头损失的计算通式。对不同流态，只是 λ 值有不同规律。

二、计算沿程水力摩阻系数 λ 的经验公式

由上述可以看出运用 π 定理之后，使得影响水头损失的许多因素间的关系大为简化，归结为求不同流态下的水力摩阻系数 λ 的问题。

层流时的管路水力摩阻系数 $\lambda = \dfrac{64}{Re}$，已从理论上给出。分析的重点主要在确定紊流的水力摩阻系数值上。我们已知紊流中存在水力光滑和水力粗糙两种状态，两种状态间必还存在过渡的状态，称为混合摩擦状态。

先从理论上根据普朗特混合长度假说，得知水力光滑管和水力粗糙管的流速分布如式（4-102）和式（4-103）。现由式（4-108）知

$$\lambda = \dfrac{2gdh_f}{Lv^2} = \dfrac{2gd\Delta p}{\gamma Lv^2} = \dfrac{2d\Delta p}{\rho v^2 L}$$

并由式（4-88）知

$$\tau_0 = -\dfrac{r_0}{2}\dfrac{\partial \bar{p}}{\partial x} = \dfrac{d}{4}\dfrac{\Delta p}{L}$$

从以上两式消去 Δp、L 及 d，可得

$$\lambda = \dfrac{8\tau_0}{\rho v^2} = \dfrac{8u_*^2}{v^2} \tag{4-109}$$

其中 $\tau_0 = \rho u_*^2$。从而

$$\frac{v}{u_*} = \sqrt{\frac{8}{\lambda}} \qquad (4-110)$$

将式（4－110）分别代入式（4－102）和式（4－103），消去 u_*，并考虑到 $Re = \frac{\rho v D}{\mu}$，可得对水力光滑管

$$\frac{1}{\sqrt{\lambda}} = 2.0\lg(Re\sqrt{\lambda}) - 0.8 \qquad (4-111)$$

对水力粗糙管

$$\frac{1}{\sqrt{\lambda}} = 2.0\lg\left(\frac{r_0}{\Delta}\right) + 1.74 \qquad (4-112)$$

而对混合摩擦区，郭尔布鲁克－怀特提出用

$$\frac{1}{\sqrt{\lambda}} = 1.74 - 2.0\lg\left(\frac{\Delta}{r_0} + \frac{18.7}{Re\sqrt{\lambda}}\right) \qquad (4-113)$$

当 $\Delta = 0$ 时，上式变为式（4－111）。当 Re 很大时，括号内第二项可视为零，则变为式（4－112）。说明对光滑管，λ 仅为 Re 的函数；而对粗糙管，则仅依赖于 $\frac{\Delta}{d}$ 值；在混合摩擦区，则两者都有关。必须注意，式中常数 0.8 和 1.74 是通过实验略作了修正的结果。

为了确定实际工程管路中不同流态下的 λ 和 $\frac{\Delta}{d}$ 及 Re 的关系，科学工作者们曾进行了大量的实验。经验表明平均绝对粗糙度 Δ 值，约可按表 4－6 确定。

表 4－6　某些管表面的平均绝对粗糙度值

管壁表面特征	Δ, mm	管壁表面特征	Δ, mm
清洁无缝钢管，铝管	0.0015～0.01	新铸铁管	0.25～0.42
新精制无缝钢管	0.04～0.15	普通铸铁管	0.50～0.85
通用输油钢管	0.14～0.15	生锈铸铁管	1.00～1.50
普通钢管	0.19	结水垢铸铁管	1.50～3.00
涂沥青钢管	0.12～0.21	光滑水泥管	0.30～0.80
普通镀锌钢管	0.39	粗糙水泥管	1.00～2.00
旧钢管	0.50～0.60	橡皮软管	0.01～0.03

实验的基本做法是：在 $\frac{\Delta}{d}$ 为定值的水平管路上，当一定流量通过时，就可算出一个相应的流速 $v = \frac{Q}{A}$，从而可算出一个相应的雷诺数 Re；同时用压差计量出管段 L 长度上的压差 Δp，而 $h_f = \frac{\Delta p}{\gamma}$，代入式（4－108）即可求出一个相应的 λ 值。变更不同流量，重复上述步骤，即可得出一组 Re 和 λ 的对应关系。以 λ 为纵坐标，Re 为横坐标，在双对数坐

标纸上可绘出一条在某固定 $\frac{\Delta}{d}$ 情况下的 λ—Re 关系曲线。再更换不同相对粗糙度的管子，用同样方法实验，就得到不同相对粗糙度情况下的多条曲线。实验结果如图 4-24 所示，通称为莫迪图。

图 4-24 采用双对数坐标是为了便于整理实验结果，组成经验公式。由于实验条件不同，所得结果也有出入。因此，各种文献上介绍的经验公式的形式和流态区域的划分标准也不尽相同。下面介绍的是我国输油部门常用的经验公式，对照图 4-24 综合如表 4-7。

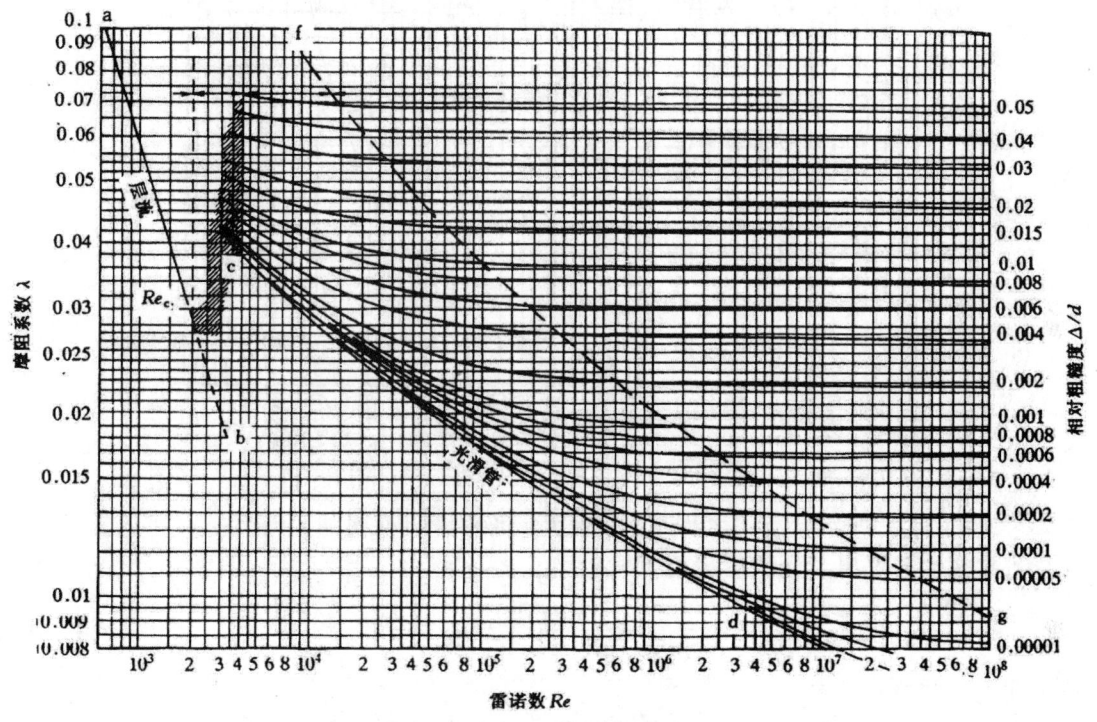

图 4-24 计算水力摩阻的莫迪图

表 4-7 常用计算水力摩阻的经验公式

流态类别		相应图上区域	Re 范围 $\left(\varepsilon=\frac{\Delta}{r_0}=\frac{2\Delta}{d}\right)$	常用的经验公式	
层 流		$a-b$	$Re \leqslant 2000$	$\lambda = \dfrac{64}{Re}$	(4-114)
紊流	水力光滑	$c-d$	$3000 < Re < \dfrac{59.7}{\varepsilon^{8/7}}$	$\lambda = \dfrac{0.3164}{\sqrt[4]{Re}}$	(4-115)
	混合摩擦	$f-g$ 左方	$\dfrac{59.7}{\varepsilon^{8/7}} < Re < \dfrac{665-765\lg\varepsilon}{\varepsilon}$	$\dfrac{1}{\sqrt{\lambda}} = -1.8\lg\left[\dfrac{6.8}{Re}+\left(\dfrac{\Delta}{3.7d}\right)^{1.11}\right]$	(4-116)
	水力粗糙	$f-g$ 右方	$Re > \dfrac{665-765\lg\varepsilon}{\varepsilon}$	$\lambda = \dfrac{1}{\left(2\lg\dfrac{3.7d}{\Delta}\right)^2}$	(4-117)

由层流到紊流的过渡状态极不稳定，没有可靠的公式，一般凭经验参照光滑区来选择 λ

值。表4-7中的 Re 范围，为了方便，可利用图4-25来确定。式(4-115)称为伯拉休斯公式，式(4-116)称为伊萨耶夫公式，式(4-117)称为尼古拉兹公式。经验公式(4-116)也可由图4-26去查。

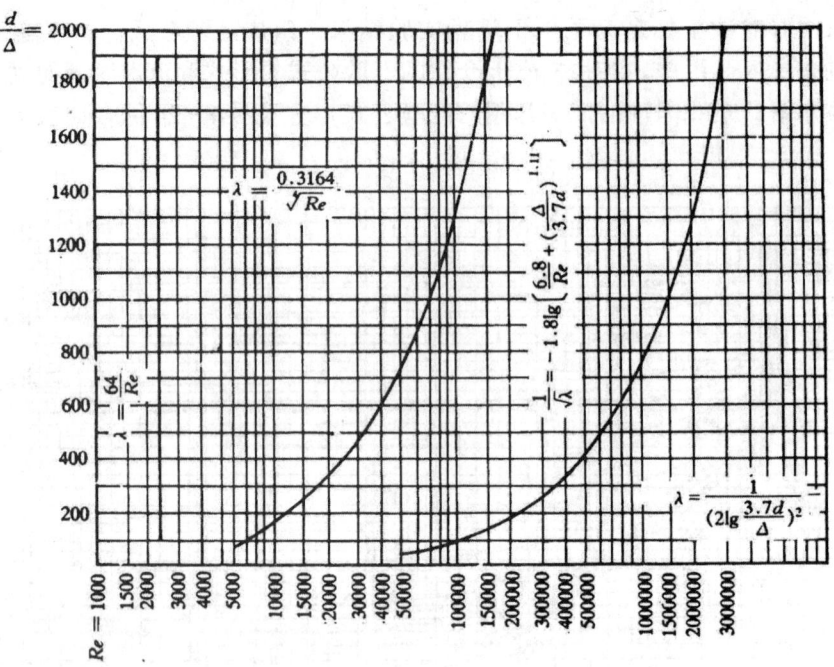

图4-25 水力摩阻经验公式适用范围

尼古拉兹也曾提出对光滑管采用下式

$$\lambda = 0.0032 + 0.221 Re^{-0.237} \tag{4-118}$$

实践证明也有较好的结果。

对于输油用特殊橡胶软管，其水力摩阻系数可参考以下公式：

(1) 装有钢丝圈的橡胶软管

$$\lambda_{胶} = \lambda + \frac{16 \Delta^2}{d \, e} \tag{4-119}$$

式中　λ——钢管水力摩阻系数；
　　　Δ——钢丝突起高度，mm；
　　　d——管内径，mm；
　　　e——钢丝间距，mm。

(2) 平滑橡胶软管

$$\lambda = 0.01113 + 0.9170 Re^{-0.41} \tag{4-120}$$

对于输水钢管（水煤气管）和铸铁管的摩阻计算，根据经验常可利用一套现成的计算图表去查。一般情况下，当 $\frac{v}{\nu} \geqslant 9.2 \times 10^5 \mathrm{m}^{-1}$ 时，有

$$\lambda = \frac{0.0210}{d_j^{0.3}} \tag{4-121}$$

式中 v——断面平均流速，m/s；
　　　ν——流体的运动粘度，m²/s；
　　　d_j——计算内径，m。

由于考虑锈蚀和沉垢影响，对直径小于 300mm 的管子，计算时其内径减去 1mm。当 $\frac{v}{\nu} < 9.2 \times 10^5 \text{m}^{-1}$ 时，有

$$\lambda = \frac{\left(1.5 \times 10^{-6} + \dfrac{\nu}{v}\right)^{0.3}}{d_j^{0.3}}$$
(4 – 122)

取温度 10℃ 时水的运动粘度 $\nu = 1.3 \times 10^{-6} \text{m}^2/\text{s}$，则上式变为

$$\lambda = \frac{0.0179}{d_j^{0.3}}\left(1 + \frac{0.867}{v}\right)^{0.3}$$
(4 – 123)

将式（4 – 121）及式（4 – 122）代入式（4 – 108）并表示为水力坡降，则当 $v \geqslant 1.2 \text{m/s}$ 时，

$$i = 0.00107 \frac{v^2}{d_j^{1.3}}$$
(4 – 124)

当 $v < 1.2 \text{m/s}$ 时，

$$i = 0.000912 \frac{v^2}{d_j^{1.3}}\left(1 + \frac{0.867}{v}\right)^{0.3}$$
(4 – 125)

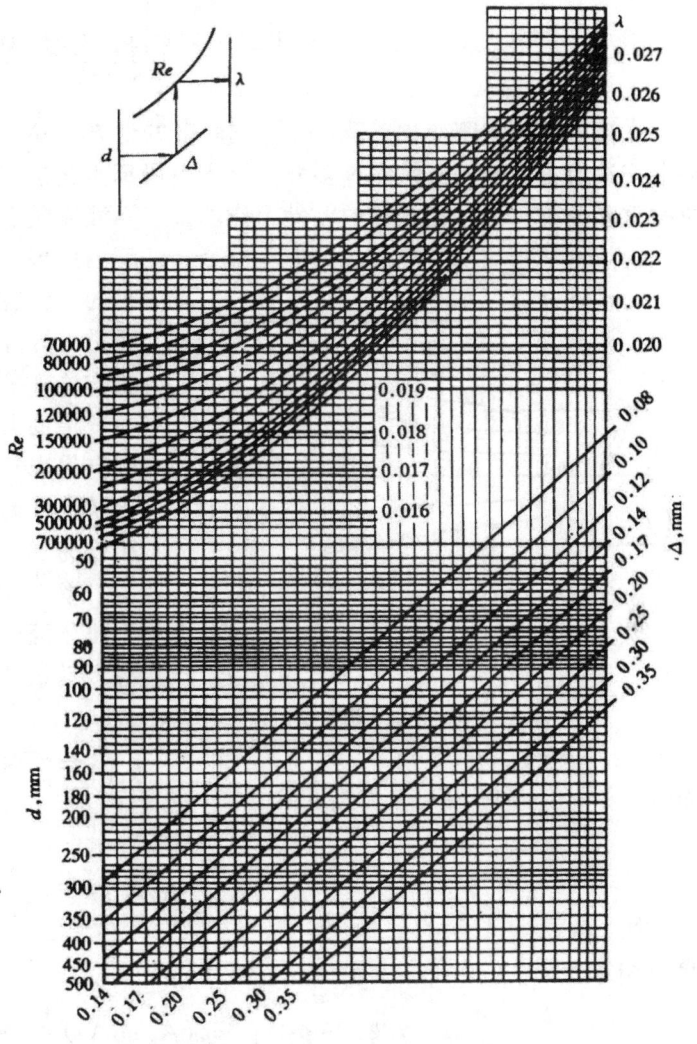

图 4 – 26　伊萨耶夫公式算图

最后说明，以上计算水力摩阻的公式也可近似地用于非圆形断面的管路。这时，要按照非圆管与圆管的水力半径 R 相等，把非圆管化为阻力相当的圆管来进行计算。即

$$R = \frac{d_当}{4} \text{ 或 } d_当 = 4R \quad (4 - 126)$$

式中 $d_当$——当量直径。

例如，正方形断面各边长为 a 时，其水力半径

$$R = \frac{A}{\chi} = \frac{a^2}{4a} = \frac{a}{4}$$

而当量直径

$$d_当 = 4R = 4 \times \frac{a}{4} = a$$

余类推。

§4-8 局部水力摩阻

在液流断面急剧变化以及液流方向转变的地方，发生局部阻力，引起局部水头损失。管路上安装的各种管件虽然多种多样，但产生局部水头损失的原因不外是由于（1）液流中流速的重新分布；(2) 在旋涡中粘性力作功；(3) 液体质点的混掺引起的动量变化。

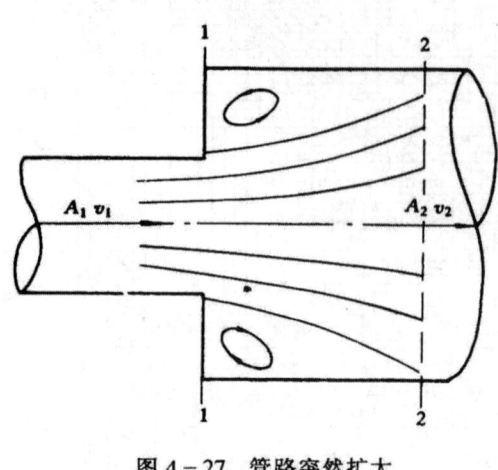

图 4-27 管路突然扩大

局部水头损失从理论上推导一般是较为困难的。仅有极少量的局部阻力可用理论分析方法进行计算，而绝大多数的局部阻力都需用实验方法来确定。

借助于理论分析来确定局部水头损失时，最有代表性的是管路突然扩大的情况。此时，上游小管断面面积设为 A_1，下游大管断面面积设为 A_2，如图 4-27 所示。

取 1-1、2-2 断面及管壁为控制面，在不可压缩流体稳定流的情况下，通过连续性方程、动量方程及能量方程，可解出局部水头损失。

由连续性方程 $\rho A_1 v_1 = \rho A_2 v_2 = \rho Q$，而有

$$v_2 = \frac{A_1}{A_2} v_1 \text{ 或 } v_1 = \frac{A_2}{A_1} v_2 \tag{a}$$

再由动量方程

$$p_1 A_1 - p_2 A_2 + p(A_2 - A_1) = \rho Q(v_2 - v_1)$$

式中 $p(A_2 - A_1)$ 是作用在扩大管凸肩圆环上的压力。设整个 1-1 断面上的压力是按缓变流动压力分布的，则 $p = p_1$，而上式可改写为

$$p_1 - p_2 = \rho v_2 (v_2 - v_1) \tag{b}$$

又根据能量方程，可写

$$\frac{p_1}{\gamma} + \frac{v_1^2}{2g} = \frac{p_2}{\gamma} + \frac{v_2^2}{2g} + h_j$$

将 (a)、(b) 两式代入后，可得

$$h_j = \frac{v_2(v_2 - v_1)}{g} + \frac{v_1^2 - v_2^2}{2g} = \frac{2v_2(v_2 - v_1) + v_1^2 - v_2^2}{2g}$$
$$= \frac{v_1^2 - 2v_1 v_2 + v_2^2}{2g} = \frac{(v_1 - v_2)^2}{2g} \tag{4-127}$$

即突然扩大的局部水头损失相当于以两管中速度差计算的流速水头。式（4-127）通称为包达公式。

用实验方法确定局部水头损失时，通常写成

$$h_j = \zeta \frac{v^2}{2g} \tag{4-128}$$

式中，ζ 称为局部阻力系数。其测定方法犹如对沿程水头损失一样，一般在局部阻力前后取两个断面，列出能量方程

$$z_1 + \frac{p_1}{\gamma} + \frac{v_1^2}{2g} = z_2 + \frac{p_2}{\gamma} + \frac{v_2^2}{2g} + h_j$$

于是

$$h_j = (z_1 - z_2) + \frac{p_1 - p_2}{\gamma} + \frac{v_1^2 - v_2^2}{2g}$$

确定 h_j 后，可通过式（4-128）找出局部阻力系数 ζ 值。

前面所述突然扩大的局部水头损失，同样可以用式（4-128）的形式表示。由式（4-127）利用连续性方程将 v_1 或 v_2 化成同一流速，则

$$h_j = \frac{(v_1 - v_2)^2}{2g} = \frac{\left(\frac{A_2}{A_1} - 1\right)^2 v_2^2}{2g} = \frac{\left(1 - \frac{A_1}{A_2}\right)^2 v_1^2}{2g}$$

如令 $\left(1 - \frac{A_1}{A_2}\right)^2 = \zeta_1, \left(\frac{A_2}{A_1} - 1\right)^2 = \zeta_2$，就得到

$$h_j = \zeta_1 \frac{v_1^2}{2g} = \zeta_2 \frac{v_2^2}{2g}$$

在工程实际中，为了便于把局部水头损失和沿程水头损失合并计算，有时把局部水头损失换算为相当某 $l_当$ 管长的沿程水头损失，写成

$$h_j = \lambda \frac{l_当}{d} \frac{v^2}{2g} \tag{4-129}$$

式中，$l_当$ 称为当量长度。把式（4-128）和式（4-129）比较，可以看出

$$\zeta = \lambda \frac{l_当}{d} \text{ 或 } l_当 = \frac{\zeta}{\lambda} d$$

这样，已知局部阻力系数就可求出当量长度 $l_当$ 之值。

由于局部阻力的形式繁多，而且绝大部分处于紊流状态，欲得出较精确的结果，必须亲自进行实验。各种文献、手册中介绍的数据只能作参考。

表4-8是根据石油工业部门实践经验得出的对输油管上常用的一些局部阻力数据。

表 4-8 输油管上常用的局部阻力

局部阻力	图式	$\frac{l_{当}}{d}$	ζ_0	局部阻力	图式	$\frac{l_{当}}{d}$	ζ_0
无保险门的油罐出口		23	0.50	转弯三通		23	0.50
带保险门的油罐出口		40	0.90	转弯三通		136	3.00
带起落管的油罐出口		100	2.20	转弯三通		40	0.90
45°焊接弯头		14	0.30	闸阀		18	0.40
90°单折焊接弯头		60	1.30	球阀		320	7.00
90°双折焊接弯头		30	0.65	转心阀		23	0.50
圆弯头 $R=3d$		23	0.50	带滤网逆止阀		160	3.50
圆弯头 $R=4d$		16	0.35	单流供给阀		360	8.00
通过三通		2	0.04	单流保险阀		82	1.80
通过三通		4.5	0.10	填料函式伸缩节		14	0.30
通过三通		18	0.40	波纹式伸缩节		14	0.30
转弯三通		45	1.00	透明油品过滤器		77	1.70
转弯三通		60	1.30	不透明油品过滤器		100	2.20

表中 ζ_0 是根据 $\lambda_0 = 0.022$ 的紊流过程确定的。如果实际管路中的水力摩阻系数为 λ，则需按比例把它换算成

$$\zeta = \zeta_0 \frac{\lambda}{0.022} \quad (4-130)$$

层流时，ζ 随 Re 变化很大，一般可用下列关系去求

$$\zeta = \varphi \zeta_0 \quad (4-131)$$

系数 φ 的值与雷诺数有关，约如表 4-9。

表 4-9　层流水力摩阻修正系数 φ 与 Re 的关系

Re	2800	2600	2400	2200	2000	1800	1600	1400	1200	1000	800	600	400	200
φ	1.98	2.12	2.30	2.48	2.83	2.88	2.95	3.04	3.10	3.21	3.35	3.53	4.00	4.40

对于输水管线，常用的局部阻力系数值可参考附录Ⅱ（摘自《给排水设计手册》）。

对于输油管亦常用水力坡降计算表，参阅《石油管道和泵站的水力计算》。

*§4-9　附面层理论基础

工程实际中不存在理想流体，即任何流体都有粘性。然而在雷诺数很大的情况下，v 很大，ν 很小，这时粘性影响可忽略不计，可认为是理想流体，从宏观上看似乎不存在粘性。

但是，通常像水和空气这类流体，虽然粘性很小，有时对某些问题若忽略粘性，则无法解释。如：

1) 绕过某流线型物体的流动，按理想流速与物体表面相切；但实际上由于存在粘性，靠近物体表面的流速为零，在物体表面极薄一层内粘性极为显著。在分析传热等问题时必须加以考虑。

2) 潜水艇以恒速在水下运动，如无粘性影响，则不存在拖曳阻力；实际上因有表面阻力才出现拖曳阻力。

以上都说明物体表面上薄层内的粘性力相当大，不能忽视，此薄层就称为附面层。只有在附面层以外，在某些问题中才能忽略粘性。

本节将对附面层理论作一般简要介绍，更详细的内容可参看有关粘性流体力学。

一、附面层的发展

附面层的厚度一般沿流程逐渐增大。例如平行流沿端部削尖的平板流动时，以平板一面为例，初始一段层内为层流，称为层流附面层。随着向前流动达到一定距离后，逐渐过渡为紊流，称为紊流附面层。图 4-28 表明一般附面层发展概况（图纵坐标放大了比例）。

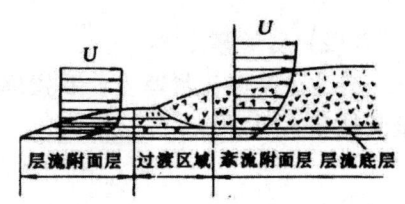

图 4-28　附面层的发展

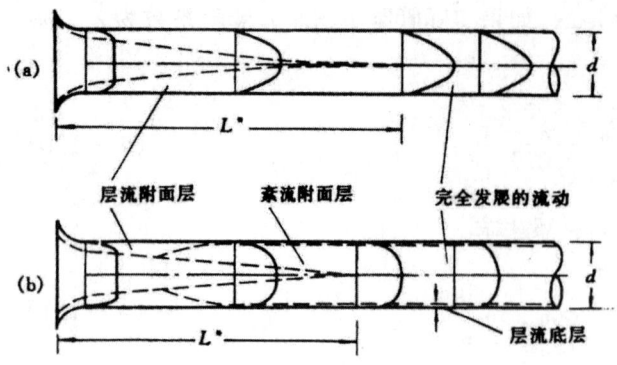

图4-29 管路初始段

对圆管内的流动也类似于沿平板流动的情况,只是最后附面层外缘达到管轴心处,即管壁周围附面层外缘在此处相交。自管道入口到该处的距离称为管道起始段长度,以 L^* 表示。此后管内流速分布达到稳定状态,如图4-29所示。当流速较慢时,管内形成层流,起始段长度较长,通常 $L^* \approx 0.058 D Re_d$。当 $Re_d = 2000$ 时,$L^* \approx 116 D$。当流速较快时,刚入口后很快变成紊流,并且随雷诺数增大,转变位置向入口移动,起始段缩短,其时 $L^* \approx (25 \sim 40)D$。

当流体绕过曲面流动时,由于附面层厚度远小于物体特性长度及其曲率半径,可写出"附面层坐标"(仅讨论二维坐标),如图4-30建立坐标系,其薄层局部近似矩形坐标。

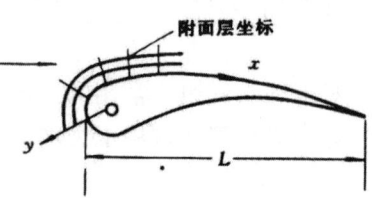

图4-30 附面层坐标

自壁面到速度不再改变时的距离称为附面层厚度,用 δ 表示。附面层以外区域称为主流区。严格地讲,达到速度不再改变的区域距离是很大的。实用上一般规定速度达到主流速度的 0.99~0.995 倍处即作为附面层的厚度。为了对附面层便于分析计算,还规定了三种具有一定物理意义的计算用的厚度。

(1) 流量厚度 δ_1

亦称排挤厚度或位移厚度。其意义是:对不可压缩流体,以理想主流速度 U 流过 δ_1 厚度的流量,与实际情况下由于粘性而使流速降低时整个流场减小的流量即流量的欠缺量相等。犹如将无粘性的主流区自壁面向外推移了 δ_1 的距离。以公式表达为

$$U\delta_1 = \int_0^\delta (U - u)\mathrm{d}y$$

有
$$\delta_1 = \int_0^\delta (1 - \frac{u}{U})\mathrm{d}y \qquad (4-132)$$

(2) 动量厚度 δ_2

其意义类似流量厚度。系指理想情况下,通过 δ_2 的动量等于实际情况下整个流场中动量欠缺量。即

$$\rho U^2 \delta_2 = \int_0^\delta \rho u(U - u)\mathrm{d}y$$

有
$$\delta_2 = \int_0^\delta \frac{u}{U}(1 - \frac{u}{U})\mathrm{d}y \qquad (4-133)$$

(3) 能量厚度 δ_3

其意义亦与 δ_1、δ_2 类似。系指理想情况下通过 δ_3 的流体的动能等于实际情况下整个流场中动能欠缺量。即

$$\rho \frac{U^3}{2} \delta_3 = \int_0^\delta \rho u \left(\frac{U^2}{2} - \frac{u^2}{2} \right) dy$$

有
$$\delta_3 = \int_0^\delta \frac{u}{U} \left(1 - \frac{u^2}{U^2} \right) dy \tag{4-134}$$

在已知 $\frac{u}{U}$ 与 y 的关系后，即可算出以上各种厚度，并进一步对附面层作解析计算。

在附面层的计算中，判别层流和紊流的标准仍采用雷诺数。其中特性长度取距物体前缘点的距离 x，而特性速度则取附面层外缘处主流速度。即

$$Re_x = \frac{Ux}{\nu} \tag{4-135}$$

对平板而言，层流转变为紊流的雷诺数 $Re_{xc} = 5 \times 10^5 \sim 3 \times 10^6$。附面层内流态转化取决于许多因素，如主流区的紊动程度、物体壁面粗糙度等。

二、附面层微分方程式

附面层内属于粘性流，其微分方程符合纳维－斯托克斯方程。对不可压缩流体稳定的二元流动，当忽略质量力时，其运动方程式和连续性方程式为

$$\left.\begin{aligned}
u_x \frac{\partial u_x}{\partial x} + u_y \frac{\partial u_x}{\partial y} &= -\frac{1}{\rho} \frac{\partial p}{\partial x} + \nu \left(\frac{\partial^2 u_x}{\partial x^2} + \frac{\partial^2 u_x}{\partial y^2} \right) \\
u_x \frac{\partial u_y}{\partial x} + u_y \frac{\partial u_y}{\partial y} &= -\frac{1}{\rho} \frac{\partial p}{\partial y} + \nu \left(\frac{\partial^2 u_y}{\partial x^2} + \frac{\partial^2 u_y}{\partial y^2} \right) \\
\frac{\partial u_x}{\partial x} + \frac{\partial u_y}{\partial y} &= 0
\end{aligned}\right\} \tag{4-136}$$

根据附面层特性，利用量级对比法，可将上式简化。由于附面层厚度极小，它与沿程距离 x 相比可视为微量，令其数量级 $\varepsilon \ll 1$。用符号"$\sim$"表示数量级相同，则 $\delta \sim \varepsilon$，且 $0 < y < \delta$，故 $y \sim \varepsilon$，同时 $u_y \sim \varepsilon$，而令 x 和 u_x 的数量级为 1，即 $x \sim 1$，$u_x \sim 1$。于是在附面层区域内，$dy \ll dx$，即 $dy \sim \varepsilon$。$\frac{\partial u_x}{\partial x} \sim \frac{1}{1} = 1$，$\frac{\partial^2 u_x}{\partial x^2} \sim \frac{1}{1^2} = 1$，$\frac{\partial u_x}{\partial y} \sim \frac{1}{\varepsilon}$，$\frac{\partial^2 u_x}{\partial y^2} \sim \frac{1}{\varepsilon^2}$。由连续性方程式知 $\frac{\partial u_x}{\partial x} = -\frac{\partial u_y}{\partial y}$，故 $\frac{\partial u_y}{\partial y} \sim 1$，$\frac{\partial u_y}{\partial x} \sim \varepsilon$，$\frac{\partial^2 u_y}{\partial x^2} \sim \varepsilon$，$\frac{\partial^2 u_y}{\partial y^2} \sim \frac{1}{\varepsilon}$。又因在附面层内惯性力和粘性力数量级相同，故 $u_y \frac{\partial u_x}{\partial y} \sim \nu \frac{\partial^2 u_x}{\partial y^2}$，而 $u_y \frac{\partial u_x}{\partial y} \sim 1$，$\frac{\partial^2 u_x}{\partial y^2} \sim \frac{1}{\varepsilon^2}$，故 $\nu \sim \varepsilon^2$。因此，$\nu \frac{\partial^2 u_x}{\partial x^2} \sim \varepsilon^2$。于是式(4-136)中第一式的 $\nu \frac{\partial^2 u_x}{\partial x^2}$ 可作为高阶微量略去，第二式中除去压力项外都为微量，都可略去。这样式(4-136)简化为

$$\left.\begin{aligned}
u_x \frac{\partial u_x}{\partial x} + u_y \frac{\partial u_x}{\partial y} &= -\frac{1}{\rho} \frac{\partial p}{\partial x} + \nu \frac{\partial^2 u_x}{\partial y^2} \\
\frac{\partial p}{\partial y} &= 0 \\
\frac{\partial u_x}{\partial x} + \frac{\partial u_y}{\partial y} &= 0
\end{aligned}\right\} \tag{4-137}$$

此即附面层微分方程式，亦称为普朗特附面层微分方程式。其边界条件为

在 $y=0$ 处，$u_x = u_y = 0$；

在 $y=\delta$ 处，$u_x = U(x)$。

由方程中第二式得到一重要结论：在附面层内压力 p 与 y 无关，即附面层横断面上各点压强视为相等，而 p 仅与 x 有关，即 $p = p(x)$。而在附面层外边界上，速度与主流速度一致，故压力分布 $p(x)$ 可按伯诺利方程决定，即

$$p + \frac{\rho}{2}U^2 = 常数$$

$$\frac{\mathrm{d}p}{\mathrm{d}x} = -\rho U \frac{\mathrm{d}U}{\mathrm{d}x} \tag{4-138}$$

亦即压力项 $-\frac{1}{\rho}\frac{\mathrm{d}p}{\mathrm{d}x} = U\frac{\mathrm{d}U}{\mathrm{d}x}$ 和惯性项 $u_x \frac{\partial u_x}{\partial x}$ 具有同一数量级。

尽管附面层微分方程式已通过量级对比极大地简化了，但由于它的非线性，即使对外形最简单的物体，求解也是十分困难的。目前只能对最简单的平板层流附面层进行较精确的计算。对复杂物体的绕流和紊流附面层还不能求得较精确的解析解，这里就不再详细讨论了。然而，应有冯·卡门提出的近似方法——动量积分法求解附面层问题，还是比较方便的。

三、附面层动量积分关系式及应用

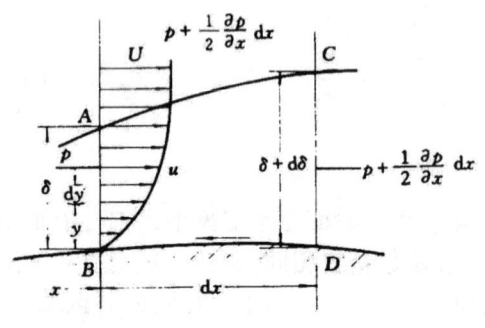

图 4-31 附面层微分段

如图 4-31 取附面层微分段 $\mathrm{d}x$ 来分析。

以 $ABCD$ 作为控制体的控制面，其上所受各表面力如图。附面层外缘处的流速为 U，单位时间通过附面层 x 处断面 AB（宽度为1）的 x 向动量为

$$K = \rho \int_0^\delta u^2 \mathrm{d}x$$

$x + \mathrm{d}x$ 处动量减去 x 处动量，即 $\mathrm{d}x$ 段内动量变化，为

$$\frac{\partial K}{\partial x}\mathrm{d}x = \rho \frac{\partial}{\partial x}\left[\int_0^\delta u^2 \mathrm{d}y\right]\mathrm{d}x \tag{4-139}$$

另外，通过断面 AB 流入的流量为

$$Q = \int_0^\delta u \mathrm{d}y$$

通过断面 DC 流出的流量增量为

$$\frac{\partial Q}{\partial x}\mathrm{d}x = \frac{\partial}{\partial x}\left[\int_0^\delta u \mathrm{d}y\right]\mathrm{d}x$$

考虑流动的连续性，必须在单位时间内从附面层外部有相同的容积流入来补充 $ABCD$ 区。因边缘上 $u = U$，其在 x 向动量变化率为

$$\rho U \frac{\partial Q}{\partial x}\mathrm{d}x = \rho U \frac{\partial}{\partial x}\left[\int_0^\delta u \mathrm{d}y\right]\mathrm{d}x \tag{4-140}$$

与此同时，沿 x 向的外力有：压力（略去高阶微量）$-\frac{\partial p}{\partial x}\mathrm{d}x \cdot \delta$，阻力 $-\tau_0 \mathrm{d}x$。故合外力为

$$\left(-\frac{\partial p}{\partial x}\delta - \tau_0\right)\mathrm{d}x \tag{4-141}$$

根据动量定律，动量变化率等于合外力，即式（4-139）减去式（4-140）等于式（4-141），可写

$$\rho\frac{\partial}{\partial x}\left[\int_0^\delta u^2\mathrm{d}y\right]\mathrm{d}x - \rho U\frac{\partial}{\partial x}\left[\int_0^\delta u\mathrm{d}y\right]\mathrm{d}x = \left(-\frac{\partial p}{\partial x}\delta - \tau_0\right)\mathrm{d}x$$

即

$$\rho\frac{\partial}{\partial x}\left[\int_0^\delta u^2\mathrm{d}y\right] - \rho U\frac{\partial}{\partial x}\left[\int_0^\delta u\mathrm{d}y\right] = -\frac{\partial p}{\partial x}\delta - \tau_0 \tag{4-142}$$

上式就称为不可压缩流体稳定流冯·卡门附面层积分方程式。它对层流和紊流都适用。求解上式必须选择合理的流速分布才能积分。

下面分别对沿平板层流和紊流附面层选择合理的流速分布来求解附面层厚度 δ 及阻力 τ_0 与距离 x 的关系。

1. 层流附面层

设流速分布为 $u(y) = a_0 + a_1 y + a_2 y^2 + a_3 y^3 + a_4 y^4$。求五个常数系数 a_0、a_1、a_2、a_3、a_4 要五个边界条件。这些条件是

$y = 0$ 处， $u = 0$， $\frac{\partial^2 u}{\partial y^2} = 0$

$y = \delta$ 处， $u = U$， $\frac{\partial u}{\partial y} = 0$， $\frac{\partial^2 u}{\partial y^2} = 0$

解得：$a_0 = 0, a_1 = 2\frac{U}{\delta}, a_2 = 0, a_3 = -2\frac{U}{\delta^3}, a_4 = \frac{U}{\delta^4}$。则

$$u(y) = U\left(2\frac{y}{\delta} - 2\frac{y^3}{\delta^3} + \frac{y^4}{\delta^4}\right)$$

把上式代入式（4-142）解两个积分，结果为

$$\int_0^\delta u^2\mathrm{d}y = \frac{367}{630}U^2\delta \tag{4-143}$$

$$\int_0^\delta u\mathrm{d}y = \frac{7}{10}U\delta \tag{4-144}$$

注意到近壁处

$$\tau_0 = \mu\left(\frac{\mathrm{d}u}{\mathrm{d}y}\right)_{y=0} = \frac{2\mu U}{\delta} \tag{4-145}$$

以及沿平板 $\frac{\mathrm{d}p}{\mathrm{d}x} = 0, \mu = \nu\rho, \frac{\partial\delta}{\partial x} = \frac{\mathrm{d}\delta}{\mathrm{d}x}$，则动量方程（4-142）写成

$$\frac{37}{630}U\frac{\mathrm{d}\delta}{\mathrm{d}x} = \frac{\nu}{\delta}$$

分离变量积分

$$\int_0^\delta \delta \mathrm{d}\delta = \frac{630}{37}\frac{\nu}{U}\int_0^x \mathrm{d}x$$

则附面层厚度为

$$\delta = 5.83\sqrt{\frac{\nu x}{U}} = \frac{5.83x}{\sqrt{Re_x}}$$

将 δ 值代入式 (4-145), 并取 $Re_x = \frac{Ux}{\nu}$, 得

$$\tau_0 = 0.343\rho U^2 \sqrt{\frac{\nu}{Ux}} = \frac{0.343\rho U^2}{\sqrt{Re_x}}$$

则当地阻力系数

$$C_\mathrm{f} = \frac{\tau_0}{\frac{\rho U^2}{2}} = \frac{0.686}{\sqrt{Re_x}} \qquad (4-146)$$

宽为 b、长为 L 的平板一面阻力为

$$D = \int_0^L b\tau_0 \mathrm{d}x = \frac{0.343\rho U^2 b\sqrt{\nu}}{\sqrt{U}}\int_0^L x^{-1/2}\mathrm{d}x = \frac{0.686 bL\rho U^2}{\sqrt{Re_L}}$$

全平板阻力系数

$$C_D = \frac{D}{\frac{\rho U^2}{2}bL} = \frac{1.372}{\sqrt{Re_L}} \qquad (4-147)$$

当取流速分布为 $\frac{u}{U} = \sin(\frac{\pi}{2}\frac{y}{\delta})$ 时, 同理可求出

$$\delta = 4.80\sqrt{\frac{\nu x}{U}} = \frac{4.80x}{\sqrt{Re_x}}, \quad \tau_0 = \frac{0.328\rho U^2}{\sqrt{Re_x}} \text{ 及 } C_\mathrm{f} = \frac{0.656}{\sqrt{Re_x}}, \quad C_D = \frac{1.312}{\sqrt{Re_L}}$$

伯拉休斯曾由较严格的理论上采用无因次变量将偏微分方程化为常微分方程, 解出结果为

$$\delta = \frac{5.0x}{\sqrt{Re_x}}, \quad \tau_0 = \frac{0.332\rho U^2}{\sqrt{Re_x}} \text{ 及 } C_\mathrm{f} = \frac{0.664}{\sqrt{Re_x}}, \quad C_D = \frac{1.328}{\sqrt{Re_L}}$$

由此可见, 虽然所设流速分布不同, 解的方法不同, 其结果都比较相近。尼古拉兹曾根据实验在 $Re_x = (1.0 \sim 7.0) \times 10^5$ 范围内得出与伯拉休斯极为吻合的结果。

2. 紊流附面层

人们从圆管内紊流得到启示, 普朗特假设沿平板附面层的紊流流动类似于管内紊流流动。管轴心最大流速相应于附面层外缘主流速度 U, 圆管半径相应于附面层厚度 δ, 并设从前端起就为紊流。借助于圆管紊流的 1/7 指数速度分布规律, 有

$$u = U\left(\frac{y}{\delta}\right)^{1/7} \tag{4-148}$$

与之相应的切应力 τ_0 表示为

$$\tau_0 = \frac{\lambda}{\delta}\rho v^2 \tag{4-149}$$

其中摩阻系数在 $4000 \leqslant Re \leqslant 10^5$ 范围内采用伯拉休斯公式

$$\lambda = \frac{0.3164}{Re^{1/4}} = \frac{0.3164}{\left(\frac{vd}{\nu}\right)^{1/4}} = \frac{0.2660}{\left(\frac{vr}{\nu}\right)^{1/4}}$$

代入式（4-149）得

$$\tau_0 = 0.03325\rho v^{7/4}\left(\frac{\nu}{r}\right)^{1/4}$$

在以上雷诺数范围内，平均流速 v 约等于 $0.8U_m$。将 $v = 0.8U$ 代入上式，并取 $r = \delta$，得

$$\tau_0 = 0.0225\rho U^{7/4}\left(\frac{\nu}{\delta}\right)^{1/4} = 0.0225\rho U^2\left(\frac{\nu}{U\delta}\right)^{1/4} \tag{4-150}$$

取 $\frac{\mathrm{d}p}{\mathrm{d}x} = 0$，代入动量方程式（4-142），则

$$\frac{\mathrm{d}}{\mathrm{d}x}\int_0^\delta \left[U\left(\frac{y}{\delta}\right)^{1/7}\right]^2 \mathrm{d}y - U\frac{\mathrm{d}}{\mathrm{d}x}\int_0^\delta U\left(\frac{y}{\delta}\right)^{1/7}\mathrm{d}y = -0.0225U^2\left(\frac{\nu}{U\delta}\right)^{1/4}$$

由于

$$\int_0^\delta \left(\frac{y}{\delta}\right)^{2/7}\mathrm{d}y = \frac{7}{9}\delta, \int_0^\delta \left(\frac{y}{\delta}\right)^{1/7}\mathrm{d}y = \frac{7}{8}\delta$$

代入上式约去 U^2 后得

$$\frac{7}{72}\frac{\mathrm{d}\delta}{\mathrm{d}x} = 0.0225\left(\frac{\nu}{U\delta}\right)^{1/4}$$

分离变量

$$\delta^{1/4}\mathrm{d}\delta = 0.0225 \times \frac{72}{7}\left(\frac{\nu}{U}\right)^{1/4}\mathrm{d}x$$

积分得

$$\delta = \frac{0.37x}{\sqrt[5]{Re_x}} \tag{4-151}$$

代入式（4-150）得

$$\tau_0 = \frac{0.0289\rho U^2}{\sqrt[5]{Re_x}}$$

当地阻力系数

$$C_f = \frac{0.0578}{\sqrt[5]{Re_x}} \tag{4-152}$$

宽为 b、长为 L 的平板一面阻力为

$$D = \int_0^L b\tau_0 \mathrm{d}x = 0.0289\rho U^2 \left(\frac{\nu}{U}\right)^{1/5} b\int_0^L x^{-1/5}\mathrm{d}x = \frac{0.036 bL\rho U^2}{\sqrt[5]{Re_L}}$$

全平板阻力系数

$$C_D = \frac{0.072}{\sqrt[5]{Re_L}} \tag{4-153}$$

根据实验测量结果，最好用 0.074 代替 0.072，并用 0.0296 代替 0.0289，则

$$\tau_0 = \frac{0.0296\rho U^2}{\sqrt[5]{Re_x}}$$

$$C_f = \frac{0.0592}{\sqrt[5]{Re_x}} \tag{4-154}$$

$$C_D = \frac{0.074}{\sqrt[5]{Re_L}} \tag{4-155}$$

上式在 $Re_x = 5\times 10^5 \sim 10^7$ 之间是正确的。

对比层流和紊流附面层可以看出：在层流时，附面层厚度 δ 随 $x^{1/2}$ 而增加，τ_0 则反比于 $x^{1/2}$；在紊流时，附面层厚度 δ 随 $x^{4/5}$ 而增加，τ_0 则反比于 $x^{1/5}$。

3. 混合附面层

当附面层具有层流变为紊流的过渡区时，过渡区段是不稳定的，故阻力系数难以确定。一般可先假定紊流附面层从端部即开始连续发展，如图 4-32 中虚线所示，而把过渡区归于紊流区中，认为由层流到紊流有一突然转变。

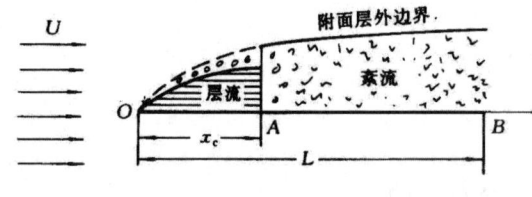

图 4-32 混合附面层

全平板的阻力 D 可按下式计算

$$D = D_{tL} - D_{tx_c} + D_{lx_c} \tag{4-156}$$

式中　D_{tL}——全板长 L 均为紊流时的阻力；

　　　D_{tx_c}——临界距离 x_c 段紊流附面层的阻力；

　　　D_{lx_c}——临界距离 x_c 段层流附面层的阻力。

根据上述对层流和紊流的阻力系数 C_D 的分析可写

$$D = \frac{\rho U^2}{2} b \left(\frac{0.074L}{\sqrt[5]{Re_L}} - \frac{0.074 x_c}{\sqrt[5]{Re_{x_c}}} + \frac{1.372 x_c}{\sqrt{Re_{x_c}}} \right) \tag{4-157}$$

普朗特对光滑平板来流紊流强度较小时，取

$$C_D = \frac{0.074}{\sqrt[5]{Re_L}} - \frac{A}{Re_L} \tag{4-158}$$

A 值与 Re_{x_c} 有关，如表 4-10。

表 4-10　对应 Re_{x_c} 的 A 值

Re_{x_c}	3×10^5	5×10^5	10^6	3×10^6
A	1050	1700	3300	8700

四、附面层的分离现象

如前所述，当不可压缩粘性流体纵向流过平板时，在附面层外缘上沿平板方向的速度是相同的，而且整个流场和附面层内的压力都保持不变。但是当粘性流体流经曲面物体时，附面层外缘处沿曲面方向的速度 U 是改变的，故曲面附面层内的压力也将同时发生变化。这里不准备讨论曲面附面层的计算，将着重说明曲面附面层的分离现象。

图 4-33 表示曲面附面层分离现象的形成过程。图中阴影线表示物体表面。当粘性流体流过此曲表面时，附面层内流体在粘性影响下，发生阻滞，损耗动能，逐渐减速；越靠近物体壁面所受阻滞作用越大，动能消耗越大，减速也越快，形成流速梯度。

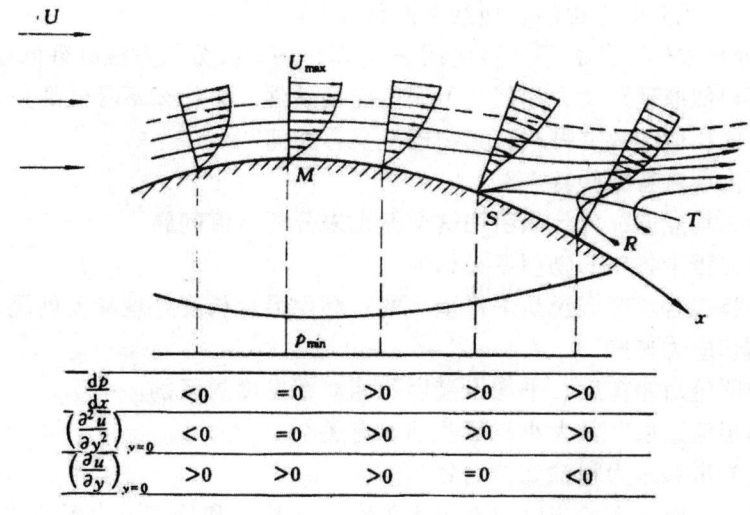

图 4-33　附面层的分离

在曲面最高点 M 以前，由于主流断面缩小，造成增速降压，其时 $\dfrac{dp}{dx} < 0$，部分压能转

为动能，流体受阻滞，但仍有足够的动能，能够继续前进。到 M 点处，流速达到最大，$\frac{\mathrm{d}p}{\mathrm{d}x} = 0$。过 M 点后由于主流断面扩大，造成减速，部分动能又化为压能，同时粘性阻滞也继续消耗动能，就使附面层内减速更快，导致附面层更加快增厚。但在这以前物体表面 $y = 0$ 处的流速梯度均为正值，即 $\left(\frac{\mathrm{d}u}{\mathrm{d}y}\right)_{y=0} > 0$。当流体流到曲面上某一点 S 处时，如果近壁流体的动能已耗尽，这部分流体便停滞不前，且后面的来流亦将停滞而发生堆积，其处 $\left(\frac{\mathrm{d}u}{\mathrm{d}y}\right)_{y=0} = 0$。与此同时，在过 S 点后压力继续升高，$\frac{\mathrm{d}p}{\mathrm{d}x} > 0$，并且壁面上 $\left(\frac{\mathrm{d}u}{\mathrm{d}y}\right)_{y=0} < 0$，迫使流体反方向逆流，并迅速向外扩展。这样，主流就被挤得离开壁面，S 点称为附面层的分离点。其后在 ST 线上流速均为零，成为主流和逆流之间的间断面。由于间断面的不稳定性，微小扰动就会引起间断面的波动，进而发展并破裂形成旋涡。分离时形成的旋涡，将不断地被主流带走，在物体后部形成尾涡区。在渐扩的流道中，同样也有可能出现附面层的分离现象。

思 考 题

4-1 液流阻力是怎样产生的？表现为哪些形式？怎样分类？

4-2 为什么可用水力半径表示断面对阻力的影响？

4-3 两种流态各有何特点？如何判别流态？

4-4 为什么用雷诺数判别流态能够说明流动阻力的物理本质？

4-5 实际流体流动中质点上共受哪些力的作用？

4-6 实际流体流动中切向应力和法向应力各与形变成何关系？

4-7 实际流体的水动压强和理想流体的水动压强有什么不同？

4-8 纳维-斯托克斯方程的物理意义是什么？

4-9 因次分析方法有什么用处？何谓 π 定理？用因次分析方法处理问题的步骤如何？

4-10 何谓相似原理？动力相似基于哪些前提条件？为什么不易做到完全的动力相似？

4-11 常用的相似准数有哪些？其物理意义各如何？

4-12 圆管内层流有哪些特点？

4-13 何谓时均点速？为什么引用这个概念来分析紊流问题？

4-14 雷诺方程中各项的物理意义如何？

4-15 普朗特混合长度假说是怎样提出的？利用混合长度处理紊流问题有什么好处？

4-16 何谓切应力速度？

4-17 试说明绝对粗糙度、平均粗糙度和相对粗糙度的区别。

4-18 何谓层流边层？其大小与哪些因素有关？

4-19 水力光滑和水力粗糙如何划分？

4-20 怎样进行阻力实验来确定沿程水力摩阻系数 λ 和局部阻力系数 ζ 值？

4-21 何谓当量直径和当量长度？有什么用处？

4-22 试总结计算水头损失的方法和步骤。

4-23 何谓附面层？研究附面层有何用处？

4-24 附面层微分方程式如何导出？

4-25 沿平板层流附面层有哪些特点？

4-26 冯·卡门附面层动量方程如何导出？在应用时需补充什么条件？

4-27 沿平板层流附面层和紊流附面层的计算步骤如何？

4-28 附面层的分离现象是怎样产生的？

习 题

4-1 用直径 100mm 的管路输送相对密度 0.85 的柴油，在温度 20℃ 时，其运动粘度为 6.7cSt，欲保持层流，问平均流速不能超过多少？最大输送量为多少 t/h？

4-2 已知机油的运动粘度 ν 和温度 t 的关系如图。机油沿直径 $d=40$mm 的管子以流量 $Q=4$L/s 被吸出。试确定当 $t=20$℃ 和 $t=40$℃ 时的流动状态？临界状态下的温度为多少？

4-3 用管路输送相对密度 0.9，粘度 45cP 的原油，维持平均流速不超过 1m/s，若保持在层流状态下输送，则管径最大不应超过多少？

4-4 相对密度 0.88 的柴油，沿内径 100mm 的管路输送，流量 1.66L/s。求临界状态时柴油应有的粘度为多少？

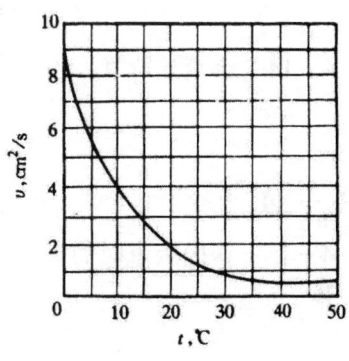

题 4-2 图

4-5 研究轴承润滑的问题中，有关的物理参数为：轴的正应力 P，摩擦力 R，轴径 D，轴承长 l，轴与轴承间的间隙 Δ，润滑剂粘度 μ，转数 n。试用因次分析方法确定它们之间的无因次关系式，并证明

$$R = f\left(\frac{\mu n D^2 l}{\Delta}\right)$$

4-6 流体绕流过与流向垂直放置的横卧圆柱体所受的表面阻力时，涉及的物理参数为：流体的速度 U，流体的粘度 μ，密度 ρ，圆柱直径 D，圆柱长 l，圆柱表面粗糙度 Δ，表面阻力 T。试用因次分析方法确定各量间的无因次关系式，并证明 $T = C_D A \rho U^2$。写出阻力 C_D 的函数式。

4-7 气体中声速 C 依赖于密度 ρ、压强 p、粘度 μ。用因次分析方法求声速 C 的表达式。

4-8 蓖麻油相对密度 0.969，粘度为 484cP，流经直径 75mm 管道时，平均流速为 5m/s。今用空气进行模拟试验，气体管道直径 50mm，空气的运动粘度为 0.15St。保持动力相似，则气流速度应为多少？

4-9 油船吃水面积 400m²，航速 5m/s，船长 50m。在水中进行模型实验。模型吃水面积为 1m²。忽略表面张力及粘性力的影响，只考虑重力的影响，保持原型及模型中富劳德数相等，求模型长度及模型航速大小。

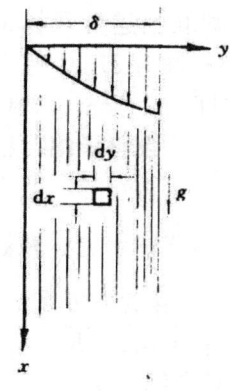

题 4-10 图

4-10 充分发展了的粘性流体层流，沿平板下流时，厚度 δ 为常数，且 $\frac{\partial p}{\partial x}=0$，重力加速度 g。求证其流速分布关系式为

$$u = \frac{\rho g}{\mu}\delta^2\left[\left(\frac{y}{\delta}\right) - \frac{1}{2}\left(\frac{y}{\delta}\right)^2\right]$$

4-11 管径400mm，测得层流状态下管轴心处最大流速为4m/s，求断面平均流速。此平均流速相当于半径为多少处的实际流速？

4-12 求证半径为 a 的圆管中粘性液体层流状态时，管中摩阻应力极大值为 $\tau = \frac{4\mu v}{a}$。（μ 为液体粘度，v 为平均流速）

4-13 用长度5km，直径300mm的钢管。输送相对密度0.9的重油，重量流量200t/h。求油温从 $t_1 = 10℃$（$v_1 = 25$St）变到 $t_2 = 40℃$（$v_2 = 1.5$St）时，水头损失降低的百分数。

4-14 紊流光滑管，当 $Re < 10^5$ 时，适用下列流速分布

$$\frac{\bar{u}}{u_*} = 8.74\left(\frac{\rho u_* y}{\mu}\right)^{1/7}$$

试求 $\frac{v}{u_*}$ 值。

4-15 管内紊流时的流速分布规律可写为指数形式

$$\frac{u}{u_m} = \left(1 - \frac{r}{R}\right)^{1/n}$$

其中 u_m 为最大流速，R 为管道半径，u 和 r 为任一点所对应的流速和半径。求平均流速与最大流速之比。

4-16 同题4-15，求证沿程水力摩阻系数 λ 反比于 $Re^{1/4}$。

4-17 相对密度0.8的石油以流量50L/s沿直径为150mm的管线流动，石油的运动粘度为10cSt，试求每公里管线上的压降（设地形平坦，不计高程差）。

若管线全程长10km，终点比起点高20m，终点压强为1大气压，则起点应具备的压头为多少？

4-18 相对密度0.86的柴油，运动粘度0.3St，沿直径250mm的管路输送，全长20km，起点压强17.6大气压，终点压强1大气压，不计高差。求流量。[提示：因流量未知，需采用试算法。可先假定水力摩阻系数 $\lambda = 0.03$，求出流速后，再验算流态。]

4-19 为测量水力摩阻系数 λ，在直径305mm，长50km的输油管线上进行现场试验。输送的油品为相对密度0.82的煤油，每昼夜输送量5500t，管线终点标高为27m，起点标高为52m，油泵保持在15大气压，终点压强为2大气压。油的运动粘度为2.5cSt。试根据实验结果计算水力摩阻系数 λ 值。并与按经验公式计算的结果进行对比。（设管子绝对粗糙度 $\Delta = 0.15$ mm）

4-20 圆管稳定流时的平均流速 v 与水力波降 i 的关系为 $i = \frac{\lambda v^2}{2gd}$。对于输水管，多数情况下在水力粗糙区工作，也常用谢才公式计算，其时写成 $v = C\sqrt{Ri}$。C 称为谢才系数，它是粗糙度的函数，并与直径有关；R 为水力半径。采用谢才公式时，流量 $Q = CA\sqrt{Ri}$。为计算方便，取 $K = CA\sqrt{R}$，称为流量模数（或特性流量），则 $Q = K\sqrt{i}$。试证明

$$C = \sqrt{\frac{8g}{\lambda}} \text{ 及 } K = 3.48\sqrt{\frac{d^5}{\lambda}}$$

4-21 输水管长 1.8km，设计输送量 100m³/h，管径 200mm，计算水力坡降及沿程水头损失。

4-22 铸铁管直径 $D_g = 100$mm，流量 $Q = 7.5$L/s，全长 2km，求水力坡降及沿程水头损失。

4-23 自地下罐经离心泵向油库输油流程如图。管线直径 200mm，吸入段总长 20m，地下罐液面至泵中心高差 4m。油品相对密度 0.75，运动粘度 4cSt。

(1) 若设计输送量为 108t/h，那么吸入段的总水头损失应为多少米油柱？（包括沿程水头损失和局部水头损失）

(2) 泵前真空表读数应为多少？

(3) 如果泵出口压强为 7.25 大气压（表压），泵的效率为 80%，则泵的额定功率（轴功率）应为多少？

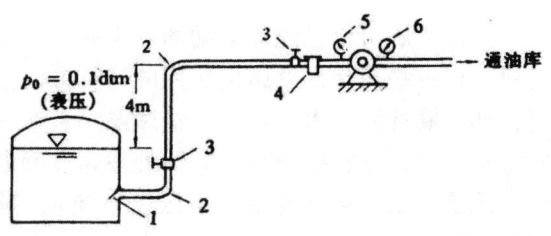

题 4-23 图
1—带保险活门出口；2—弯头（$R = 3d$）；3—闸阀
4—透明油品过滤器；5—真空表；6—压力表

4-24 设流速分布为 $u = U\left(\dfrac{y}{\delta}\right)^n$，试求附面层的 $\dfrac{\delta_1}{\delta}$、$\dfrac{\delta_2}{\delta}$、$\dfrac{\delta_3}{\delta}$ 的表示式。并计算出 $n = \dfrac{1}{7}$ 时，这些厚度比的具体数值。

4-25 沿平板流动的两种介质，一种是标准状态的空气，其流速为 30m/s，另一种是 20℃ 的水，其流速为 1.5m/s。求二者在同一位置处的层流附面层厚度之比。

4-26 空气温度为 40℃，沿着长 6m、宽 2m 的光滑平板以 60m/s 的速度流动，设平板附面层由层流转变为紊流的条件为 $Re_{x_c} = \dfrac{Ux_c}{\nu} = 10^6$，求平板两侧所受的总摩擦阻力。

4-27 平行放置于流速 60m/s 的空气流中的薄平板，长 1.5m，宽 3m，空气绝对压强为 1 大气压，温度为 25℃，求平板末端的附面层厚度及平板两侧所受的总阻力。

(1) 设为层流附面层；
(2) 设为紊流附面层。

4-28 薄平板宽 2.5m，长 30m，水平地在静水中拖曳，速度为 5m/s，求所需拖曳力。

第五章 压力管路的水力计算

前面两章讨论了流体运动的基本原理。这些原理用于工程实际，常要参考设计和施工的经验，作一些简化，总结出实用的计算方法。本章将结合输油管和油库工程设计中的一些问题，如长输管线的水力计算，油库泵站装卸油，转输管线的水力计算，以及孔口和管嘴泄流的基本原理，作扼要分析，介绍处理这些问题的基本方法。

凡是液流充满全管在一定压差下流动的管路都称为压力管路。其压力可以高于大气压（如泵的排出管线），也可以低于大气压（如泵的吸入管线）。

在实用上，由于长输管线（也包括输水干线）输送距离较远，两端压差较大，局部阻力所占比例较小，在计算时为了简化，常可忽略流速水头和局部水头损失，或按照局部水头损失等于 5%～10%的沿程损失估算，这就使计算公式大为简化。稳定流的能量方程变为

$$(z_1 + \frac{p_1}{\gamma}) - (z_2 + \frac{p_2}{\gamma}) = h_f$$

等式左方代表能量供应，亦可用 H 表示，等式右方代表能量消耗。故上式亦即写成

$$H = h_f = (z_1 - z_2) + \frac{p_1 - p_2}{\gamma} \tag{5-1}$$

如上述这种情况的管路俗称"长管"。因此，长管并不仅仅由于管线距离较长，而更重要的是从能量角度略去比动能和局部水头损失。

反之，泵站、库内管线总的距离较短，分支较多，压差较小，并有大量管子联接部件，这样就常不能忽视局部阻力甚至流速水头，为了区别于长管，就称之为"短管"。特别是当自流泄油时，经常要用短管公式进行计算，以免误差较大。

长管和短管都反映着动力和阻力的矛盾，矛盾结果反映为流量的大小，这是压力管路的总特性。但在处理方法上则有所不同。

下面将分别对长管和短管的计算方法作进一步分析，导出实用计算公式，并用于具体复杂管路的计算。

§5-1 管路特性曲线

由于管路的基本水力特性是能量供应和消耗的平衡，当液体自高向低自由泄流时，能量的供应主要靠位差（即位置水头差），能量消耗是水头损失。一般情况下，管线两端液面均开敞于大气中，压差为零。个别情况在高罐加压以增大流量，其时压差也属于能量供应。当液体通过泵由低处送到高处时，则能量供应主要靠泵的扬程（或有效压头），而此能量将消耗在位差和管路的水头损失上。对管路本身来说，不同流量通过时，流速不同，水头损失不同。

根据水头损失的计算通式（4-108），当有局部水头损失时可折算为当量长度并入沿程

水头损失中，则有

$$h_w = \lambda \frac{L}{d} \frac{v^2}{2g} = \lambda \frac{L}{d} \frac{Q^2}{\left(\frac{\pi d^2}{4}\right)^2 2g} = \frac{8\lambda}{\pi^2 g} \frac{L}{d^5} Q^2 = \alpha Q^2 \tag{5-2}$$

对一定管长和管径的管路，系数 α 将随 λ 值而变化，给不同流量 Q，将可算出不同的水头损失 h_w。绘成曲线如图 5-1，称为管路特性曲线。理论上由层流到紊流应有折点，实用上不予考虑，而绘成光滑曲线。

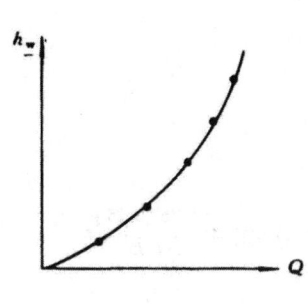

图 5-1 管路特性曲线

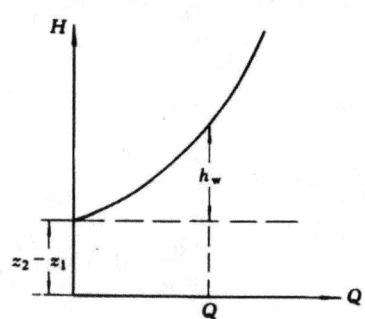

图 5-2 有泵的管路特性曲线

当由泵输送液体时，因泵给出的扬程 H 要克服位差和水头损失，绘制管路特性曲线时，纵坐标以泵的扬程为准，故管路特性曲线相应地要平移一个位差的高度，如图 5-2 所示。

管路特性曲线对于确定泵的工况和自流泄油工况，将有重要作用，在工程设计中经常使用。

§5-2 长管的水力计算

长管的定义已如前述。本节重点讨论实用计算方法。任何复杂的管网都是由单一管段互相联接而成。我们首先从单一直管的分析出发，进而再推论到较复杂的管路。

一、简单长管

短途无中继泵站的输油管线和长途两泵站间的管线都属于简单长管。油库从泵站到库区的管线以及库内引水干线也都是简单长管。

简单长管的各类问题，原则上都可由式（5-1）和式（5-2）联立求解。

对输油管路，常把不同流态下的水头损失公式综合成一个公式表示。我们知道，层流和水力光滑状态的沿程水力摩阻系数 λ 仅与雷诺数 Re 有关。如果把雷诺数中的流速也化为流量表示，则

$$Re = \frac{vd\rho}{\mu} = \frac{vd}{\nu} = \frac{Qd}{\frac{\pi}{4}d^2\nu} = \frac{4Q}{\pi d \nu}$$

层流时，取 $\lambda = \frac{64}{Re}$，则

$$\lambda = \frac{64}{Re} = \frac{64\pi d\nu}{4Q} = \frac{16\pi d\nu}{Q}$$

代入式（5-2），并注意到对长管 $h_w = h_f$，得

$$h_f = \frac{8}{\pi^2 g} \cdot \frac{16\pi d\nu}{Q} \cdot \frac{L}{d^5} Q^2 = 4.15 \frac{Q\nu L}{d^4} \tag{5-3}$$

水力光滑时，取 $\lambda = \dfrac{0.3164}{Re^{0.25}}$，则

$$\lambda = 0.3164 \left(\frac{\pi d\nu}{4Q}\right)^{0.25}$$

代入式（5-2）得

$$h_f = \frac{8}{\pi^2 g} \cdot 0.3164 \left(\frac{\pi d\nu}{4Q}\right)^{0.25} \cdot \frac{L}{d^5} Q^2 = 0.0246 \frac{Q^{1.75}\nu^{0.25}L}{d^{4.75}} \tag{5-4}$$

对水力粗糙区，直接由式（5-2）得

$$h_f = 0.0826\lambda \frac{Q^2 L}{d^5} \tag{5-5}$$

对混合摩擦区，按大庆设计院推荐的公式为

$$h_f = 0.0802A \frac{Q^{1.877}\nu^{0.123}L}{d^{4.877}} \tag{5-6}$$

其中：$A = 10^{(0.127 \lg \frac{e}{d} - 0.627)}$，$e$ 为管的绝对当量粗糙度，d 为管内径。该式为近似结果，误差约为 5%，但使用比较方便。

归纳式（5-3）至式（5-6），可综合成一个公式

$$h_f = \beta \frac{Q^{2-m}\nu^m L}{d^{5-m}} \tag{5-7}$$

式中系数 β 和指数 m 根据不同流态由表 5-1 确定。

表 5-1 系数 β 和指数 m

流态	β	m
层流	4.15	1
水力光滑	0.0246	0.25
混合摩擦	0.0802 A	0.123
水力粗糙	0.0826 λ	0

管路的设计和计算中常遇到有三类问题：

1. 第一类问题

已知管径、管长和地形（即管线起点和终点的标高），当一定流量的某种液体通过时，确定管路中的压力降，或确定起点所需的压头，或计算水力坡降。

这类问题无论是在管线初步或正式设计的计算中都会大量地遇到。常需要计算几种不同油品或几种不同输量时的压力降或水头损失，绘成管路特性曲线，为选泵作准备。

其计算程序是：

1) 根据给定的流量、管径、液体性质，算出雷诺数 Re，确定流态。

2) 由表 5-1 确定 β 值及 m 值，按式(5-7)算出水头损失 h_f。

3) 由式 (5-1) 计算压降或起点压头，或由式 $i = \dfrac{h_f}{L}$ 确定水力坡降。

2. 第二类问题

已知管径、管长和地形，在一定压力降的限制下，确定某种液体通过时的最大输送能力，即输送量的大小。

这类问题常是在既有设备能力下，作管线设计或校核时用之。由于流量是未知数，无法确定流态，可用试算法，即先设定流态，选 β 及 m 值。由式 (5-7) 可导出

$$Q = \sqrt[2-m]{\dfrac{h_f d^{5-m}}{\beta \nu^m L}} \tag{5-8}$$

再用算出的流量 Q，计算雷诺数校核流态，看是否与原假设流态相符。如不符，再重新假设流态试算。

也可先假定几个流量，按第一类问题的解法算出各流量相应的 h_f，绘成管路特性曲线，如图 5-3。再按给定的压降由式 (5-1) 算出 h_f，由管路特性曲线上查得满足此压降的流量值。

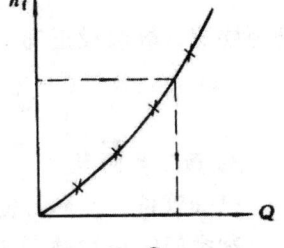

图 5-3 流量图解法

例 5-1 相对密度 0.95 的重油，其运动粘度为 1.3St。沿直径 203mm 的管路输送。管长 24km，泵出口压强 10.5at，终点压强 1at。管路起点低于终点 15m。试求每小时能输送多少吨？

解 用试算法，先设为水力光滑区，则

$$Q = \sqrt[1.75]{\dfrac{h_f d^{4.75}}{\beta \nu^{0.25} L}}$$

或

$$Q^{1.75} = \dfrac{h_f d^{4.75}}{\beta \nu^{0.25} L}$$

又由式 (5-1)，注意到 $1at = 9.8 \times 10^4 Pa$，$\gamma = 0.95 \times 9800 N/m^3$，则

$$h_f = z_1 - z_2 + \dfrac{p_1 - p_2}{\gamma} = -15 + \dfrac{10.5 - 1}{0.95 \times 9800} \times 9.8 \times 10^4 = -15 + 100 = 85 (m)$$

于是

$$Q^{1.75} = \dfrac{85 \times (0.203)^{4.75}}{0.0246 \times (1.3 \times 10^{-4})^{0.25} \times 24 \times 10^3} = 6.94 \times 10^{-4}$$

$$Q = \sqrt[1.75]{6.94 \times 10^{-4}} = 0.01585 (\text{m}^3/\text{s})$$

验算流态：此时

$$v = \frac{4Q}{\pi d^2} = \frac{4 \times 0.01585}{3.14 \times (0.203)^2} = 0.49 (\text{m/s})$$

则雷诺数

$$Re = \frac{vd}{\nu} = \frac{0.49 \times 0.203}{1.3 \times 10^{-4}} = 765$$

故实际为层流，需改按层流计算，有

$$Q = \frac{h_f d^4}{\beta \nu L} = \frac{85 \times (0.203)^4}{4.15 \times 1.3 \times 10^{-4} \times 24 \times 10^3} = 0.0111 (\text{m}^3/\text{s})$$

$$v = \frac{4Q}{\pi d^2} = \frac{4 \times 0.0111}{3.14 \times (0.203)^2} = 0.343 (\text{m/s})$$

雷诺数

$$Re = \frac{vd}{\nu} = \frac{0.343 \times 0.203}{1.3 \times 10^{-4}} = 536$$

仍为层流，故假设正确。而 $Q = 0.0111 \text{m}^3/\text{s}$，化为 t/h，为

$$Q_G = \gamma Q = 0.95 \times 0.0111 \times 3600 = 37.9 (\text{t/h})$$

3. 第三类问题

已知管长、地形及输送某种液体的流量，要求设计最经济的管径。

这类问题是在进行初步设计时遇到的。在设备、管材未订货前都要从经济上进行核算。

这时，管径和压降都是未知的，在一定流量下，管径大小直接影响流速大小和流态变化，因而水头损失不同，压降也不同。

如果选择的管径过小，则所用管材较省，而且易于运输和安装，能降低造价；但另一方面，若保证一定流量，管路中流速将较大，从而水头损失大，就需要较大的起点压头，即需要高架罐或大功率的输液泵，这就大大增加了设备投资，增加了维护、管理等费用，并且动力消耗费将大为增加。

如果所选管径过大，则管线所用钢材较多，重量大，运输安装都不便，管线造价高；但这时因流速较小，水头损失小，需要的罐位低，或输液泵较小，设备投资及运转动力费都可较省。

此外，流速过大常会使管子易于磨损，且在迅速关闭阀门时，容易产生较大的水击压力，会引起管子破裂，库内管线还可能由于流速过高引起静电发生爆炸事故。反之，若流速过小，对输油管，容易结蜡。

因此，管径的选择必须全面考虑各方面的利弊，既要保证一定的流速，又要符合经济要求，使操作管理方便，输油成本尽可能地节省。

根据经验，一般油田内部管线或库内管线流速以 1～2m/s 左右为宜。外输管线流速可

取 $1\sim 3m/s$。在初步设计时，可参考表 5-2 推荐的合理经济流速。

表 5-2 合理经济流速

油品运动粘度 cSt	吸入管流速 m/s	排出管流速 m/s	油品运动粘度 cSt	吸入管流速 m/s	排出管流速 m/s
1～2	1.5	2.5	72～146	1.1	1.2
2～28	1.3	2.0	146～438	1.0	1.1
28～72	1.2	1.5	438～877	0.8	1.0

设计管径的步骤大致如下：

1) 根据设计流量，在适宜的流速范围内选择几个不同的管径。
2) 按照所选管径算出实际流速。
3) 根据实际流速、管径及油品粘度计算雷诺数，确定流态，进而计算水头损失。
4) 由总水头损失及压降确定泵的扬程、功率，从而算出每年动力消耗费用。
5) 计算全部设备投资、管线投资及每年平均折旧费。
6) 计算每年的检修、保养及管理费。
7) 把选用不同管径时每年所需各种费用全部开支一一算出。

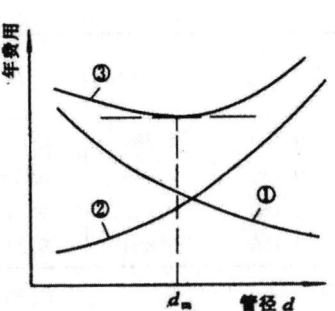

图 5-4 经济管径

8) 以管径为横坐标，年费用为纵坐标，绘成曲线，如图 5-4 所示。图中曲线①表示直径 d 与动力费的关系；曲线②表示直径 d 与设备投资、管理、保养等费用的关系；曲线③表示两种费用总和与直径的关系。取曲线③最低点对应的直径 d_m 即为经济直径。

当合理流速选定后，亦可按下例进行试算。

例 5-2 库内管线，输送距离 1km，局部损失按 10% 计。输送相对密度 0.75，粘度 1.5cSt 的轻油。设计输量 50t/h，终点高于起点 15m，终点保持 1 大气压的压强，要求水力坡降小于 5‰，问泵压应为多少？管径应选多大？其时流动属于何种状态？（取 $\Delta = 0.15mm$）

解 因水头损失 $h_f = iL = 5 \times 10^{-3} \times 1 \times 10^3 = 5m$，计入局部损失后，总水头损失 $h_w = 1.1 \times 5 = 5.5m$。

由能量方程
$$h_w = z_1 - z_2 + \frac{p_1 - p_2}{\gamma}$$

今 $z_1 - z_2 = -15(m), p_2 = 9.8 \times 10^4 (Pa)$

则 $p_1 = p_2 + \gamma[h_w - (z_1 - z_2)] = 9.8 \times 10^4 + 0.75 \times 9800 \times [5.5 + 15]$
$= 9.8 \times 10^4 + 15.1 \times 10^4 = 24.9 \times 10^4 (Pa) = 2.54(at)$

流量 $$Q = \frac{Q_G}{\gamma} = \frac{50}{3600 \times 0.95} = 0.0185 (\text{m}^3/\text{s})$$

因 $$Q = \frac{\pi}{4}d^2 v \text{ 故 } v = \frac{4Q}{\pi d^2} = \frac{4 \times 0.0185}{3.14 d^2} = \frac{0.02357}{d^2}$$

又知 $$i = \frac{\lambda v^2}{2gd} = \frac{1}{19.6} \cdot \frac{\lambda v^2}{d}$$

由于 d 未知，v 未知，流态未知，故需假设 d，从而求出 v 和 λ，再验证水力坡降或水头损失。

计算过程可列表如下：

d, m	v, m/s	Re	$\frac{\Delta}{d}$	流态	λ	λv^2	i
0.100	2.357	157133	0.0015	混合摩擦	0.0229	0.1272	0.0649
0.150	1.048	104755	0.0010	混合摩擦	0.0218	0.0239	0.0082
0.160	0.921	98240	0.0009375	混合摩擦	0.02175	0.01696	0.00588
0.166	0.855	91237	0.0009036	混合摩擦	0.02178	0.01592	0.00489（相宜）

可选 $\phi 180 \times 7$ 的管子，$d = 166$mm。如无适宜的管径，宁可选大一些，以保证有足够的流量通过。

二、串联和并联管路

由不同长度、不同直径的管段依序联接的管路，如输水干线、集油干线、库区的某些分支管的干管，随输送过程中一部分液流通过支线分出，干线流量降低，而管径逐渐变小。这样，对干线来说，就是不同长度、不同直径串联的管路。

自一点分离而又汇合到另一点处的两条或两条以上的管路为并联管路，如给水管网系统经常是由若干闭合环路组成配水管网，其中每个环路都属于并联管路。装卸油鹤管虽是若干分支组成，但每个鹤管出口处的位头和压头都相同，也相当于汇合到一点，其原理也基于并联管路。

串联和并联是计算复杂管网的基础。任何复杂的管网都是由串联和并联综合构成。

1. 串联和并联的水力特性

（1）串联

如图 5-5 表示三种不同直径的管段的串联。虚线箭头表示在该点接有支线分出一部分流量。干线上各段流量用 Q 表示，从干线分出的流量用 q 表示。如支线阀门关闭，则全干线上流量相同。图中阴影线表示水头损失状况。

串联管路的水力特点是：

1) 各联结点（称为节点）处流量出入平衡，即进入节点的总流量等于流出节点的总流量。它反映了连续原理。如令流入节点的流量为正，流出节点的流量为负，则可写

$$\sum Q_i = 0 \tag{5-9}$$

2) 全线总的水头损失为各分段水头损失的总和，即

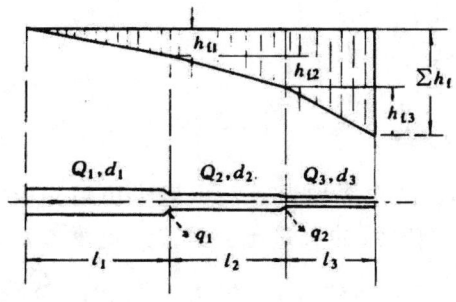
图 5-5 串联管路

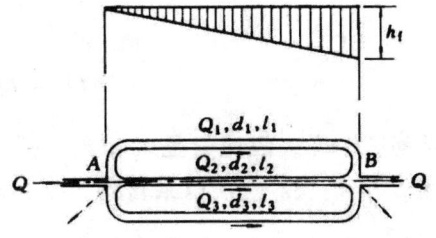
图 5-6 并联管路

$$H = \sum h_{fi} = h_{f1} + h_{f2} + \cdots + h_{fn} \tag{5-10}$$

它反映了能量平衡。

(2) 并联

如图 5-6，AB 段表示三条管线并联。A、B 两节点处可有分流，亦可无分流。

并联管路的水力特点是：

1) 进入 各并联管的总流量等于流出各并联管的流量之和，即

$$Q = \sum Q_i \tag{5-11}$$

2) 不同并联管段从 A 到 B 单位重量液体的能量损失（水头损失）都相等，即

$$h_f = h_{fi} = h_{f1} = h_{f2} = \cdots h_{fn} = 常数 \tag{5-12}$$

为什么各并联段的水头损失都相等呢？因为我们分析的都是稳定流，当液体开始通过并联段尚未稳定以前，水头变化也是不稳定的，待流动正常后，就处于稳定状态，在节点处就不会有压力波动了。虽然各管段的长度、直径不尽相同，但流量会自动调节，使能量达到平衡。一定不要忘记，水头损失是指单位重量液体的能量损失，尽管各管的流量不同，但单位重量液体的能量损失是相同的。若是不同则说明尚未稳定。

2. 串联管和并联管的水力计算

串联管路在多数情况中，都是在给定流量条件下，按合理流速选定管径，然后分段按第一类问题求解。后面将通过分支管路的干线计算用实例说明其计算步骤。

并联管路则涉及到各条并联管中的流量分配问题。因为总流量一般是已知的，但各并联管的流量则都是未知数。同时，水头损失也是未知数。如果有 n 条管线并联，就要有 $n+1$ 个未知数，需列出 $n+1$ 个方程求解。

以三条并联管为例，可列出以下四个方程：

$$h_f = \beta_1 \frac{Q_1^{2-m_1} \nu^{m_1} L_1}{d_1^{5-m_1}} \tag{a}$$

$$h_f = \beta_2 \frac{Q_2^{2-m_2} \nu^{m_2} L_2}{d_2^{5-m_2}} \tag{b}$$

$$h_f = \beta_3 \frac{Q_3^{2-m_3} \nu^{m_3} L_3}{d_3^{5-m_3}} \tag{c}$$

$$Q = Q_1 + Q_2 + Q_3 \tag{d}$$

象第二类问题一样，因流量是未知数，则流态未知，故也需要试算。一般作法是先设定流态，确定 β 和 m 值。然后以某管线为准，求出与其他管线的流量比，再代入流量方程即可求解。例如以管 1 为准，由式 (a) 及 (b) 可求出 $\frac{Q_2}{Q_1}$；由式 (a) 及 (c) 可求出 $\frac{Q_3}{Q_1}$。然后把 Q_2 及 Q_3 以 Q_1 表示，代入式 (d) 中就先解出 Q_1，再代回式中就得 Q_2 及 Q_3。最后，利用 (a)、(b)、(c) 中任一式可解出 h_f 值。再进行流态校核。

若设三管流态相同，则 $\beta_1 = \beta_2 = \beta_3$；$m_1 = m_2 = m_3$，这时公式中 β 可消掉，ν^m 亦可约掉，则其时

$$\left(\frac{Q_2}{Q_1}\right)^{2-m} = \left(\frac{d_2}{d_1}\right)^{5-m} \cdot \frac{L_1}{L_2}; \left(\frac{Q_3}{Q_1}\right)^{2-m} = \left(\frac{d_3}{d_1}\right)^{5-m} \cdot \frac{L_1}{L_3}$$

计算起来就比较方便了。

例 5 – 3 今有输原油的两条并联管路，已知总输量为 182t/h，原油密度 $\rho = 0.895$ t/m³，运动粘度 $\nu = 0.42$St，管径和管长分别为 $d_1 = 156$mm，$d_2 = 203$mm，$L_1 = 10$km，$L_2 = 8$km，试确定流量 Q_1，Q_2 及其水头损失。

解 由于 Q_1 和 Q_2 都是未知数，流动状态无法确定。先假设都为水力光滑区，因流态相同，则

$$\left(\frac{Q_2}{Q_1}\right)^{1.75} = \left(\frac{d_2}{d_1}\right)^{4.75} \cdot \frac{L_1}{L_2}$$

有

$$Q_2 = \sqrt[1.75]{\frac{L_1}{L_2}\left(\frac{d_2}{d_1}\right)^{4.75}} Q_1 = \sqrt[1.75]{\frac{10}{8}\left(\frac{203}{156}\right)^{4.75}} Q_1 = 2.33 Q_1$$

$$Q_1 + Q_2 = Q_1 + 2.33 Q_1 = 3.33 Q_1 = Q$$

于是

$$Q_1 = \frac{Q}{3.33} = \frac{182}{3.33 \times 0.895 \times 3600} = 0.017 (\text{m}^3/\text{s})$$

$$Q_2 = 2.33 Q_1 = 2.33 \times 0.017 = 0.0396 (\text{m}^3/\text{s})$$

校核流态

$$v_1 = \frac{4Q_1}{\pi d_1^2} = \frac{4 \times 0.017}{3.14 \times (0.156)^2} = 0.89 (\text{m/s})$$

$$Re_1 = \frac{v_1 d_1}{\nu} = \frac{89 \times 15.6}{0.42} = 3300$$

$$v_2 = \frac{4Q_2}{\pi d_2^2} = \frac{4 \times 0.0396}{3.14 \times (0.203)^2} = 1.21 (\text{m/s})$$

$$Re_2 = \frac{v_2 d_2}{\nu} = \frac{121 \times 20.3}{0.42} = 5860$$

可见均在水力光滑区，与假设相符。流量均可用。最后求水头损失

$$h_f = 0.0246 \frac{Q_1^{1.75} \nu_1^{0.25} L_1}{d_1^{4.75}} = \frac{0.0246 \times (0.017)^{1.75} \times (0.42 \times 10^{-4})^{0.25} \times 10^4}{(0.156)^{4.75}}$$
$$= 108 (\text{m})$$

*3. 串联和并联在长输管线上的应用

在已建成的长输管线上，为了提高输送能力或延伸输送距离，可以在全程中一段或几段增设副管或变径管。副管直径常采用与主管相同，变径管直径通常必须大于主管。无论是副管或变径管，都是为了增大流通面积，减低流速，从而降低水头损失或减小水力坡降，达到用剩余能量来提高输量或延伸输送距离的目的。另外，有时为了使液流能顺利地爬过翻越点（管线纵断面图上的高程突出点），在翻越点以前加一段副管或变径管以减小水力坡降，避免在翻越点处形成负压而阻碍流动。

(1) 加副管或变径管后水力坡降的变化情况

如图 5-7 (a) 表示加副管的管路，图 5-7 (b) 表示加变径管的管路。设主管水力坡降用 i 表示，副管水力坡降用 i_2 表示，变径管水力坡降用 i_1 表示。在输量不变的前提下，它们之间将有如下的关系：

1) 副管。通常与主管直径相同，若主管流量为 Q，则副管段主副管流量均为 $\frac{Q}{2}$。而且多数情况下，主、副管流态相同。这时，

$$\frac{i_2}{i} = \frac{\left(\frac{Q}{2}\right)^{2-m}}{Q^{2-m}} = \left(\frac{1}{2}\right)^{2-m} = \omega \tag{5-13}$$

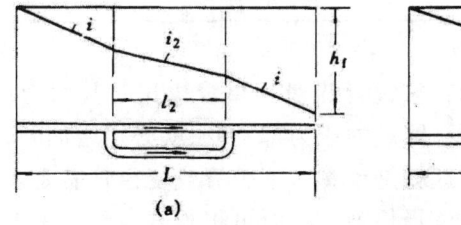

图 5-7 副管和变径管的水头线

如果管线总长为 L，副管段长为 L_2，则由图可以看出，总的水头损失将是

$$h_f = i(L - L_2) + i_2 L_2 = i(L + \omega L_2 - L_2) \tag{5-14}$$

2) 变径管。这时主管和变径管流量相同，但直径不同。若主管直径为 D，变径管直径为 D_1，在流态相同的情况下，将有

$$\frac{i_1}{i} = \left(\frac{D}{D_1}\right)^{5-m} = \Omega \tag{5-15}$$

如果管线总长为 L,变径管段长为 L_1,则总的水头损失将是

$$h_f = i(L - L_1) + i_1 L_1 = i(L + \Omega L_1 - L_1) \tag{5-16}$$

(2) 几种具体情况的应用

1) 提高输量。如图 5-8 表示站间的一段管路。原来用单管输送时,其水力坡降为 i_0。

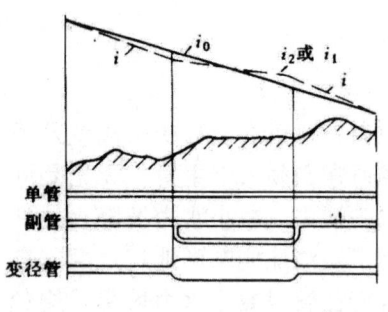

图 5-8 剩余压头用于提高输量

为提高输量将其中一段改用副管或变径管,其时该段水力坡降变小。如仍维持原来流量,A 点的出站压力就用不了那么大。现在保持 A 点压力不变,把剩余的压头用来提高输量,也就是要使由于流速增大引起的能量消耗来抵偿剩余压头,达到 B 点压头亦不变。但流量到底能增加多少是个未知数,新情况下的 i 和 i_2(或 i_1)也是未知数。这就要分别列出三个方程,如表 5-3。由①和②可解出 i_2(或 i_1)和 i,然后由③可解出 Q。因此时流态未知,故属于第二类问题,可用试算或作管路特性曲线求解。

表 5-3 剩余压头用于提高输量时的三个方程

序 号	副 管	变径管
①	$\dfrac{i_2}{i} = \omega$	$\dfrac{i_1}{i} = \Omega$
②	$h_f = i(L + \omega L_2 - L_2)$	$h_f = i(L + \Omega L_1 - L_1)$
③		$i = \beta \dfrac{Q^{2-m} \nu^m}{D^{5-m}}$

2) 延伸输送距离。如图 5-9 所示,按设计流量用单管输送时其水力坡降为 i,只能送到 B 点。现欲延伸到 C 点,但流量和起点、终点的压力都不变,就必须增加副管或采用变径管,以使节省出的压头足以继续送到 C 点。这就是计算一下副管或变径管需要多长为宜。由于流量没有变,故延伸距离后,主管的水力坡降仍为 i,而可根据式 (5-13)[或式 (5-15)]直接求出 i_2(或 i_1)。自 C 点绘出水力坡降线 i_2(或 i_1),交 i 于 D 点,即可求出副管(或变径管)应有的长度。或用下式直接计算

副管: $h_f = i(L - L_2) + i_2 L_2$

变径管: $h_f = i(L - L_1) + i_1 L_1$

其时 L 为 A 至 C 的总距离,减去原来 AB 段的长度 L_0 即为延伸距离。

副管(或变径管)铺设地段的位置与延伸距离无关,可安排在 AC 之间任一段位置上。

3) 克服翻越点。在地形复杂地区布置泵站时,常会遇到两站间出现地形上高峰。因为水力坡降线是根据管线两端的位差和站间损失计算的,如果画出的水力坡降线与高峰相交,

如图 5-10 所示，这时要把水力坡降线向上平移到与高峰相切之 P 点，液流才能顺利通过。这时需要提高 A 点出站压头才能使液流越过翻越点。若所增加压头不太大，则不必换泵来提高压头，而采用在翻越点前加铺一段副管（或变径管）以降低水力坡降取得剩余压头来抵偿。其时，水力坡降线为 ADP，L_2（或 L_1）为所需副管（或变径管）的长度。计算方法同前。

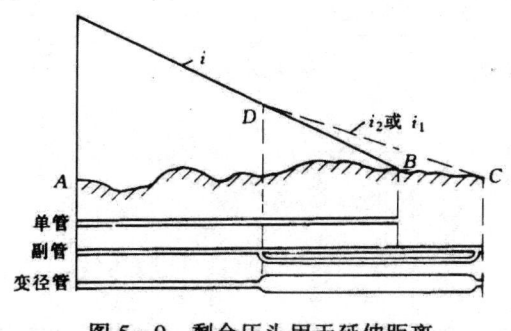

图 5-9 剩余压头用于延伸距离

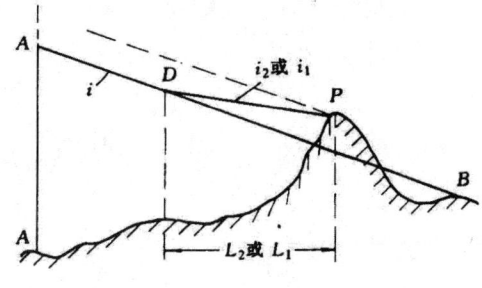

图 5-10 克服翻越点

至于有关泵站布置及液流经过翻越点后可能出在不满流情况的处理方法，可参看专业教材，此处不再详述。

三、分支管路

油库、泵站的输油和给水管路，常是从一处送往多处，属于分支管路。分支管路的特点是相当于串联管路的复杂情况。所以，它具备串联管路的两个特点，即各节点处出入流量平衡；沿一条管线上总水头损失为各段水头损失的总和。

分支管路的计算内容包括：

1) 根据管线布置选定主干线，一般以从起点到最远点为主干线。
2) 按各终点流量要求，从末端前推，分配各管段流量。
3) 根据流量及合理流速，选定各段管径。
4) 计算干线各段水头损失，确定干线上各节点处的压头，进而推算起点压头，以确定泵压或罐塔高度。
5) 以算出的节点压头为准，确定各支管的水头损失，再根据设定的管径校核水头损失。如对比后相差过大，需重选支管径。

下面举例说明具体计算方法。

例 5-4 图 5-11 表示从泵房向三个罐区输油。设计流量：①罐区为 60m³/h，②罐区为 50m³/h，③罐区为 50m³/h。各点高程以米计算，标于△内。各管段长度以米计标于图上。每个罐最高油位高度设为 11m。油面上蒸气压强为 2.5m 油柱（表压）。油品运动粘度 0.07St，相对密度 0.83。试决定各管直径及泵出口压头。

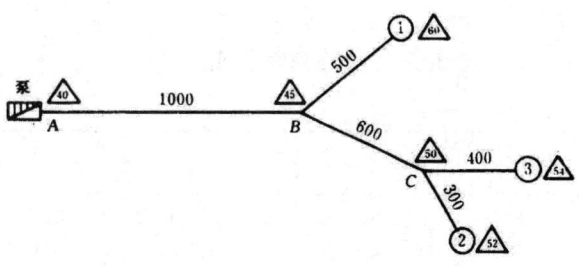

图 5-11 分支管路

解 1) 根据管线布置选起点至最远点 ABC③为干线。
2) 按设计要求分配流量如下表：

管 段		AB	BC	B①	C②	C③
流量	m³/h	160	100	60	50	50
	m³/s	0.0445	0.0278	0.0167	0.0139	0.0139

3) 选管径。取合理流速为 2m/s。因

$$v = \frac{Q}{A} = \frac{4Q}{\pi d^2}$$

故

$$d = \sqrt{\frac{4Q}{\pi v}} = \sqrt{\frac{4Q}{3.14 \times 2}} = \sqrt{0.637Q}$$

选各段管径如下：

管 段	AB	BC	B①	C②	C③
试算 d, m	0.168	0.133	0.103	0.094	0.094
选用 d, mm	φ168×6 156	φ140×5 130	φ108×4 100	φ108×4 100	φ108×4 100

4) 计算干管各段水头损失，确定压头。

①计算水头损失：

段别	实际 v m/s	Re	β	m	Q^{2-m}	v^m	L, m	d^{5-m}	h_f, m
AB	3.33	51800			0.004310		1000	1.47×10^{-4}	37.0
BC	2.09	38900	0.0246	0.25	0.001895	0.0514	600	0.618×10^{-4}	23.2
C③	1.77	25300			0.000541		400	0.1778×10^{-4}	15.4

②确定压头（由终点算至起头）：

点	Z, m	$Z + \frac{p}{\gamma}$, m	h_f, m	$\frac{p}{\gamma}$, m
A	40	106.1+37.0=143.1	37.0	143.1−40=103.1
B	45	82.9+23.2=106.1	23.2	106.1−45=61.1
C	50	67.5+15.4=82.9	15.4	82.9−50=32.9
③	54	54+13.5=67.5		11+2.5=13.5

即起点 A 处压头为 103.1m 油柱。泵出口压强为 $p = \gamma H = 0.83 \times 9800 \times 103.1 = 838615.4\text{Pa} = 8.56\text{at}$。

5) 计算支管水头损失，校核管径。

管 段	L, m	Q, m³/s	d, m	v, m/s	Re	β	m
B①	500	0.0167	0.100	2.13	30400	0.0246	0.25
C②	300	0.0139	0.100	1.77	25300	0.0246	0.25

管段	Q^{2-m}	ν^m	d^{5-m}	实际 h_f, m	计算 $h_f = \left(Z_1 + \frac{p_1}{\gamma}\right) - \left(Z_2 + \frac{p_2}{\gamma}\right)$
B①	7.75×10^{-4}	0.0514	0.1778×10^{-4}	27.60	$106.1 - (60 + 13.5) = 32.6$
C②	5.41×10^{-4}	0.0514	0.1778×10^{-4}	11.55	$82.9 - (52 + 13.5) = 17.4$

从以上计算结果看出：按干线上确定的压头算出的支线水头损失，两条线都超过按所选管径计算出的水头损失，这说明支线的管径还可再选小一些。在水头损失相差不太大的情况下，一般就不必重选管径。因此时管径略大，将导致实际流量略超出设计流量的结果，但这在工程设计上是允许的，并且可用阀门来调节。反之，若按所选管径算出的水头损失过大，则不能满足设计流量，就需要加大管径，或采用加变径管办法，使水头损失略为降低以符合实际要求。然而，支线一般都不太长，选用两种管径对安装和修理都增加麻烦，故多数情况仍以选较大的同一管径为宜。只有管线很长的情况下，从经济上考虑，才选不同管径串联。

如上例中支线 B①，全长 500m，取直径为 100mm 时，算出的水头损失为 27.6m。按干线计算的 B 点压头得出的水头损失应为 32.6m。就可试将 B① 段用两种不同直径串联，设一段取 $d = 100$mm，另一段取 $d_1 = 73$mm（$\phi 76 \times 1.5$），则根据变径管公式（5-16），令 h_{f1} 为加变径管的水头损失，则

$$h_{f1} = i(L - L_1) + i_1 L_1 = iL - (i - i_1)L_1$$

而

$$L_1 = \frac{iL - h_{f1}}{i - i_1}$$

由式（5-15）知

$$\frac{i_1}{i} = \left(\frac{d}{d_1}\right)^{5-m} = \left(\frac{100}{73}\right)^{4.75} = 4.43$$

令

$$i = \frac{h_f}{L} = \frac{27.6}{500} = 0.0552$$

故

$$i_1 = 4.43 \times 0.0552 = 0.2445$$

则变径管长度

$$L_1 = \frac{0.0552 \times 500 - 32.6}{0.0552 - 0.2445} = 26.4 \text{(m)}$$

即用直径 $d_1 = 73$mm、长 26.4m 及直径 100mm、长 $500 - 26.4 = 473.6$m 的管子串联。由此亦可见，只用 26.4m 变径管，在实际上是没有什么必要的。

*§5-3 沿程均匀泄流及装卸油鹤管

一些冷却设备的淋水管，洒水车的喷水管及浴室淋浴管，油库装卸油鹤管，这些管路也都属于分支管路。但其特点是每隔一定距离开有泄水孔或接出支管，液流沿程较均匀地循序泄出，称为沿程均匀泄流。槽车装卸油鹤管在卸油时只是与装油流动方向相反，原理则完全一致。

下面就直接开孔泄流及接支管泄流两种情况的水头损失的计算方法作简要叙述。

一、直接开孔泄流

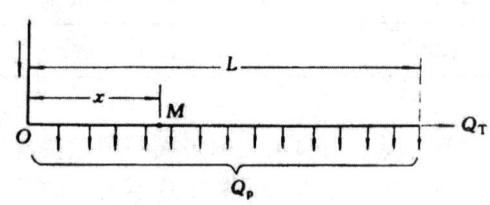

图 5-12 沿程均匀泄流管路

如图 5-12 表示泄流的流程简图。图中泄流支管总长为 L，由于泄水孔间隔较密，可以近似地认为液流沿程以流量 $q = \dfrac{Q_p}{L}$ 均匀泄出（Q_p 为泄出总流量），距起点 O 为 x 处的 M 点处支管内通过流量将是

$$Q_M = Q_T + Q_p - \frac{Q_p}{L}x \tag{5-17}$$

该处水力坡降为

$$i_M = \beta \frac{Q_M^{2-m}\nu^m}{D^{5-m}}$$

dx 段水头损失   为 $dh_f = i_x dx = \beta \dfrac{Q_M^{2-m}\nu^m}{D^{5-m}}dx$

将 Q_M 代入，并取 $\beta = 0.0826\lambda, m = 0$。因此类管线一般都为紊流水力粗糙区。沿全长 L 积分得

$$h_f = \int_0^L dh_f = \int_0^L 0.0826\lambda \frac{\left(Q_T + Q_p - \dfrac{Q_p}{L}\right)^2}{D^5}dx$$

$$= 0.0826\lambda \frac{L}{D^5}\left(Q_T^2 + Q_T Q_p + \frac{Q_p^2}{3}\right) \tag{5-18}$$

其中 $Q_T^2 + Q_T Q_p + \dfrac{1}{3}Q_p^2 \approx (Q_T + 0.55Q_p)^2$

取 $Q_{计} = Q_T + 0.55Q_p$

则 $Q_{计}^2 = Q_T^2 + Q_T Q_p + \dfrac{1}{3}Q_p^2$

当 $Q_T = 0$ 时，$Q_{计}^2 = \dfrac{1}{3}Q_p^2$，则由式（5-18）得

$$h_f = 0.0826\lambda \frac{L}{D^5} \frac{Q_p^2}{3}.$$

即相当于单管通过流量 Q_p 时的水头损失的 1/3。

如为层流，同理取 $m=1$，则可证明全管沿程水头损失将相当于单管流量 Q_p 时的水头损失的 1/2。

二、装卸油鹤管

装卸油鹤管由集油管分出若干分支，设每个集油支管上有 n 个鹤管，集油支管直径为 D，两鹤管间距离为 L，则集油支管总长为 $\left(n-\dfrac{1}{2}\right)L$。鹤管直径为 d，鹤管长为 l。鹤管流量分别为 q_1、q_2、q_3、$\cdots$、q_n。如图 5-13 所示。

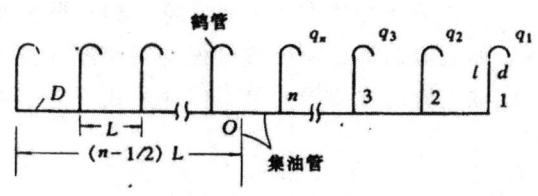

图 5-13 装卸油鹤管

装卸油过程仅是液流流向相反，其原理相同。在 O 点压头一定的情况下，鹤管 1 距 O 点最远，故 q_1 最小。鹤管 n 距 O 点最近，故流量 q_n 最大。并且 $\sum\limits_{i=1}^{n} q_i = Q$ (Q 为集油支管总流量)。

由于鹤管出口的位置水头和压力水头都相同，它类似于并联管路，需要求解流量分配和水头损失。n 个鹤管就有 n 个流量、n 个鹤管损失和 n 段集油管损失，这些都是未知数。这样多的未知数怎么解决呢？

按照并联管的道理，只要先解出流量，则各段损失就迎刃而解。为简便起见，可设流态相同，一般多为水力光滑状态。从末端开始，依序以节点 2、3、$\cdots$、n 列等式，求出各流量比。例如对节点 2，因从节点 2 到 1、2 两鹤管出口的水头损失相等，故

$$\frac{q_2^{1.75} l}{d^{4.75}} = \frac{q_1^{1.75} L}{D^{4.75}} + \frac{q_1^{1.75} l}{d^{4.75}} \qquad (因 \beta 和 \nu^m 都消掉)$$

于是
$$\left(\frac{q_2}{q_1}\right)^{1.75} = \left[1 + \left(\frac{d}{D}\right)^{4.75} \cdot \frac{L}{l}\right]$$

$$\frac{q_2}{q_1} = \sqrt[1.75]{1 + \left(\frac{d}{D}\right)^{4.75} \cdot \frac{L}{l}} = 常数\ C_1$$

同理：对节点 3，因 2~3 段流量为 $q_1 + q_2 = q_1 + C_1 q_1 = (1+C_1)q_1$，则

$$\frac{q_3^{1.75} l}{d^{4.75}} = \frac{(1+C_1)^{1.75} q_1^{1.75} L}{D^{4.75}} + \frac{C_1^{1.75} q_1^{1.75} l}{d^{4.75}}$$

于是
$$\left(\frac{q_3}{q_1}\right)^{1.75} = C_1^{1.75} + (1+C_1)^{1.75} \left(\frac{d}{D}\right)^{4.75} \cdot \frac{L}{l}$$

$$\frac{q_3}{q_1} = \sqrt[1.75]{C_1^{1.75} + (1+C_1)^{1.75}\left(\frac{d}{D}\right)^{4.75} \cdot \frac{L}{l}} = C_2$$

依此类推，就可求出所有流量 q_i 和 q_1 的比；再代入流量总和的公式 $Q = \sum_{i=1}^{n} q_i$ 就可解出 q_1；然后由流量比的关系可解出其他流量 q_2、q_3、$\cdots$、q_n；进一步就可利用第一类问题的解法求出各段的水头损失了。

在实际装卸油作业中经常是 3 到 6 节槽车同时装卸，故计算起来并不太繁。

如近似估算，也可按沿程均匀泄流的方法设各管流量相同，则各鹤管水头损失相同，这样集油支管的水头损失可类似地用式 (5-18) 确定。但由于鹤管间距较大，故精度要差一些。

§5-4 短管的水力计算

一般室内管线以及自流发油管线，如管件较多，沿程直径亦有所变化，就属于短管。短管系统通常都可直接由能量方程求解，但计算起来比较麻烦。

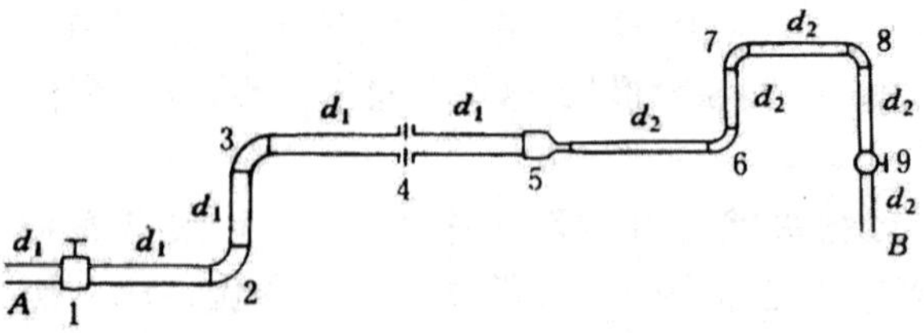

为了使计算简化，常先把所有阻力系数综合在一起，再代入能量方程，或作出管路特性曲线，就可以方便地解各类问题了。

一、综合阻力系数

设所计算的管段上，由两种不同直径的直管和各种管件组成，如图 5-14 所示。

图 5-14 短管管路
1—大闸门；2、3—大弯头；4—孔板流量计；
5—大小头；6、7、8—小弯头；9—小闸门；
d_1—大管直径；d_2—小管直径

全管段的总水头损失应为所有沿程水头损失和所有局部水头损失的总和，即

$$h_w = \sum h_f + \sum h_j = \lambda_1 \frac{l_1}{d_1}\frac{v_1^2}{2g} + \lambda_2 \frac{l_2}{d_2}\frac{v_2^2}{2g} + (\zeta_1 + \zeta_2 + \zeta_3)\frac{v_1^2}{2g}$$
$$+ \zeta_4 \frac{v_{孔}^2}{2g} + (\zeta_5 + \zeta_6 + \zeta_7 + \zeta_8 + \zeta_9)\frac{v_2^2}{2g} \tag{5-19}$$

式中　v_1——大管流速；
　　　v_2——小管流速；
　　　$v_{孔}$——孔板处流速；
　　　ζ_1、ζ_2、$\cdots$、ζ_9——各局部阻力系数；
　　　λ_1、λ_2——沿程水力摩阻系数；
　　　l_1、l_2——分别为直径 d_1 和 d_2 的管子总长。

为了便于计算，常利用连续原理把流速都化为一个相同的流速，一般以出口处流速为

准。这样

$$v_1^2 = \left(\frac{d_2}{d_1}\right)^4 v_2^2$$

$$v_{孔}^2 = \left(\frac{d_2}{d_{孔}}\right)^4 v_2^2 \qquad (d_{孔} 为孔板孔径)$$

代入式（5-19），整理后可得

$$h_w = \left[\left(\lambda_1 \frac{l_1}{d_1} + \zeta_1 + \zeta_2 + \zeta_3\right)\left(\frac{d_2}{d_1}\right)^4 + \zeta_4 \left(\frac{d_2}{d_{孔}}\right)^4 \right. $$
$$\left. + \left(\lambda_2 \frac{l_2}{d_2} + \zeta_5 + \zeta_6 + \zeta_7 + \zeta_8 + \zeta_9\right)\right]\frac{v_2^2}{2g}$$

令方括号内所有系数总和为 ζ_c 称综合阻力系数，则可写成

$$h_w = \zeta_c \frac{v^2}{2g} \tag{5-20}$$

式中，$v = v_2 =$ 出口流速。

二、短管实用计算通式

对图 5-14 所示 AB 段列能量方程，其时

$$z_1 + \frac{p_1}{\gamma} + \frac{v_1^2}{2g} = z_2 + \frac{p_2}{\gamma} + \frac{v_2^2}{2g} + \zeta_c \frac{v_2^2}{2g} \tag{5-21}$$

令

$$H_0 = (z_1 - z_2) + \frac{p_1 - p_2}{\gamma} + \frac{v_1^2}{2g} = (1 + \zeta_c)\frac{v_2^2}{2g} \tag{5-22}$$

式中，H_0 相当于长管计算中的 H，称为作用水头。并且 $v = v_2 =$ 出口流速。

在实用计算中，一般直接用流量代替流速，可写成

$$H_0 = (1 + \zeta_c)\frac{Q^2}{2gA^2} = \alpha Q^2 \tag{5-23}$$

式中

$$\alpha = \frac{1 + \zeta_c}{2gA^2} \tag{5-24}$$

按式（5-23）还可写成

$$Q = \frac{1}{\sqrt{1 + \zeta_c}} A \sqrt{2gH_0} = \mu A \sqrt{2gH_0} \tag{5-25}$$

式中

$$\mu = \frac{1}{\sqrt{1 + \zeta_c}} \tag{5-26}$$

称为流量系数。

式（5-23）和式（5-25）称为短管的实用计算公式。可用它来解管路的第一、第二两类问题：

第一类问题，因流量是已知数，故流速很容易求出，进而可确定流态，求出综合阻力系数，然后就可直接由式（5-23）求出 H_0，而可确定压头。

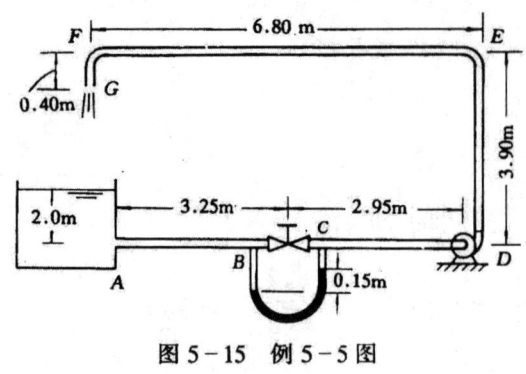

图 5-15 例 5-5 图

第二类问题，也像长管一样，需用式(5-25)试算，或用式（5-23）作出管路特性曲线，由曲线来确定在给定 H_0 的情况下的流量 Q。但要注意 α 是随 ζ_c 及流态而变的，至少算三个点才能绘成曲线。

例 5-5 图 5-15 所示水力循环系统，水温 20℃，$\nu = 10^{-6}\mathrm{m^2/s}$，管为普通镀锌钢管，内径均为 50mm。阀门两侧连接 U 形压差计，内充水银。每个圆弯头局部阻力系数为 0.60，进口阻力系数 0.50。系统内流量为 $0.2\mathrm{m^3/min}$。求

1) 阀门的局部阻力系数 ζ；
2) 管系阻力系数和全管路的水头损失；
3) 泵的扬程和有效功率。

解 （1）局部阻力系数 ζ

管内流速
$$v = \frac{4Q}{\pi d^2} = \frac{4 \times 0.2}{60 \times 3.14 \times (0.05)^2} = 1.7 \mathrm{(m/s)}$$

$$\frac{p_B - p_C}{\gamma} = \frac{(\gamma_{汞} - \gamma)\Delta h}{\gamma} = 12.6 \times 0.15 = 1.89 \mathrm{(m)}$$

阀门损失
$$h_j = \zeta \frac{v^2}{2g} = \frac{p_B - p_C}{\gamma}$$

则阀门局部阻力系数
$$\zeta = \frac{19.6 \times 1.89}{(1.7)^2} = 12.78$$

（2）计算沿程水力摩阻系数 λ

镀锌钢管 $\Delta = 0.39$，$\frac{d}{\Delta} = \frac{50}{0.39} = 128.2$，查图为混合摩擦区，又

$$Re = \frac{vd}{\nu} = \frac{1.7 \times 0.05}{10^{-6}} = 85000$$

则
$$\frac{1}{\sqrt{\lambda}} = -1.8\lg\left[\frac{6.8}{Re} + \left(\frac{\Delta}{3.7d}\right)^{1.11}\right]$$
$$= -1.8\lg\left[\frac{6.8}{85000} + \left(\frac{0.39}{3.7 \times 50}\right)^{1.11}\right]$$
$$= 5.292$$

$$\lambda = \frac{1}{(5.292)^2} = 0.0357$$

管线总长 $l = 3.25 + 2.95 + 3.90 + 6.80 + 0.4 = 17.3(m)$

$$\zeta_c = \lambda \frac{l}{d} + \zeta_{进} + \zeta_{阀} + \zeta_{弯} \times 2$$
$$= 0.0357 \times \frac{17.3}{0.05} + 0.5 + 12.78 + 0.6 \times 2$$
$$= 26.83$$

全管路水头损失
$$h_w = \zeta_c \frac{v^2}{2g} = 26.83 \times \frac{(1.7)^2}{19.6} = 3.96(m)$$

(3) 泵的扬程
$$H = \Delta Z + h_w = (3.90 - 0.40 - 2.00) + 3.96 = 5.46(m)$$

有效功率
$$N = \frac{\gamma QH}{75} = \frac{1000 \times \frac{0.2}{60} \times 5.46}{75} = 0.243(hp)$$

§5-5 孔口和管嘴泄流

不加外来能量，完全靠自然位差获得能量来源输送或排泄液体的管路称为自流管路。油库、泵站生活用水和洗涤作业用水，常建储水塔，提高位能以供应需要。设计油库时，常尽可能利用地形或架设高架罐达到自流发油，自流罐装，以节省动力消耗，方便操作。

为了较全面地理解自流泄流原理，我们从最简单的定水头孔口泄流出发，进一步分析管嘴泄流。下一章中再讨论变水头情况下沿管路泄流和排空时间的计算。

一、定水头孔口泄流

储液罐壁或底打开的小孔称为孔口。若在孔口处接出短管就称为管嘴。两者区别仅在于孔口只有局部阻力，而管嘴则除了局部阻力还有沿程阻力。

定水头薄壁圆形小孔口泄流的分析，是孔口泄流的基础。如图5-16表示自液箱侧壁打开圆形锐缘的小孔的泄流。

孔为锐缘，即液流与孔口周围只有线接触，称为薄壁孔口。一般规定孔径 d 小于水头 H

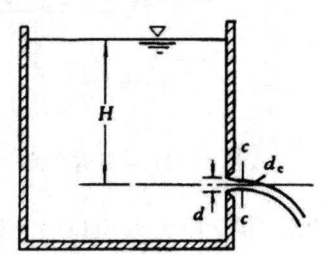

图5-16 孔口泄流

的 $\frac{1}{10}$ 时，称为小孔口，其时自孔口出流的速度可视为均匀的。由于流线不能转折，故液流射出时，将先向内部收缩形成收缩断面 $c—c$（约在距出口 $\frac{d}{2}$ 处），其处 d_c 小于 d，其断面大小比值

$$\frac{A_c}{A} = \left(\frac{d_c}{d}\right)^2 = \varepsilon \tag{5-27}$$

式中　ε ——收缩系数。

在收缩断面处符合缓变流动条件。取液面及收缩断面列能量方程，可得

$$H + \frac{p_0}{\gamma} + \frac{v_0^2}{2g} = \frac{p_a}{\gamma} + \frac{v_c^2}{2g} + \zeta_{孔}\frac{v_c^2}{2g}$$

或

$$H_0 = H + \frac{p_0 - p_a}{\gamma} + \frac{v_c^2}{2g} = (1 + \zeta_{孔})\frac{v_c^2}{2g}$$

显然，这就是短管泄流公式，$\zeta_{孔}$ 称为孔口阻力系数。并且

$$v_c = \frac{1}{\sqrt{1+\zeta_{孔}}}\sqrt{2gH_0} \tag{5-28}$$

令 $\varphi = \frac{1}{\sqrt{1+\zeta_{孔}}}$，称为流速系数，则

$$v_c = \varphi\sqrt{2gH_0} \tag{5-29}$$

流量

$$Q = v_c A_c = \varepsilon A\varphi\sqrt{2gH_0} = \mu A\sqrt{2gH_0} \tag{5-30}$$

其中，$\mu = \varepsilon \cdot \varphi$，称为流量系数。这也就是短管泄流的计算公式。只不过此时 ζ_c 仅为 $\zeta_{孔}$ 而已。

经验表明，对圆形薄壁小孔口，这些系数都接近常数，即 $\zeta_{孔} \approx 0.06, \varphi = \frac{1}{\sqrt{1+0.06}} \approx 0.97, \varepsilon \approx 0.62 \sim 0.64$，而 $\mu \approx 0.60 \sim 0.62$。对理想流体，则 $\zeta_{孔} = 0, \varphi = 1, \varepsilon = 1, \mu = 1$，而 $Q = A\sqrt{2gH_0}, v = \sqrt{2gH_0}$。故 μ 的物理意义为实际流量与理想流量之比，φ 为实际流速与理想流速之比。

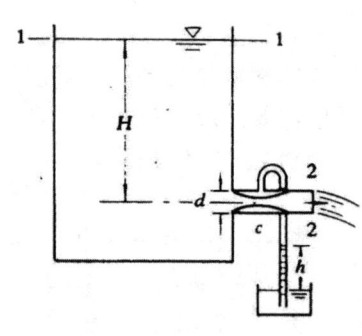

图 5-17　管嘴泄流

二、管嘴泄流

图 5-17 表示自孔口接出与孔径 d 相同而长度 $l = (3\sim 4)d$ 的短管，称为标准圆柱管嘴。其特点是液流在管嘴内先收缩，再扩大封住出口均匀地泄出而不再收缩。

此时，液流通过管嘴的阻力包括收缩阻力（即孔口阻力）、扩大阻力及出口微小段沿程阻力。综合阻力系数

$$\zeta_c = \zeta_{孔} + \zeta_{扩大} + \lambda\frac{l}{d}$$

正如短管那样，各阻力系数都应换算为以出口流速水头表示时的阻力系数，则

$$\zeta_{孔} = 0.06 \times \left(\frac{d}{d_c}\right)^4 = 0.06 \times \left(\frac{A}{A_c}\right)^2$$

$$= 0.06 \times \left(\frac{1}{\varepsilon}\right)^2 = \frac{0.06}{(0.64)^2} \approx 0.15$$

$$\zeta_{扩大} = \left(\frac{A}{A_c} - 1\right)^2 = \left(\frac{1}{\varepsilon} - 1\right)^2 = \left(\frac{1}{0.64} - 1\right)^2 \approx 0.32$$

如取 $\lambda = 0.02, l = 3d$，则

$$\lambda \frac{l}{d} = 0.02 \times 3 = 0.06$$

有 $$\zeta_c = 0.15 + 0.32 + 0.06 = 0.53$$

此数值正相当于自容器接出管路时的进口阻力系数。由于对管嘴出口来说，$\varepsilon = 1, \mu = \varphi$，可得

$$\varphi = \frac{1}{\sqrt{1 + \zeta_c}} = \frac{1}{\sqrt{1 + 0.53}} = 0.81$$

实验证明 $\varphi = 0.82$。故对标准外圆柱管嘴，$\mu = \varphi = 0.82$。而流量 $Q = \mu A \sqrt{2gH}$，流速 $v = \varphi \sqrt{2gH}$。与同直径薄壁小孔口比较，其流量增大了约 1/3。这是由于所取出口断面不同，孔口取在收缩断面，其处压强为大气压；而管嘴出口在收缩断面之后，由于液流带走一部分气体，形成负压，这就造成 1 断面和 c 断面间比孔口增大了一个压头差，当然流速和流量也就比孔口增大了。

为计算此真空度的大小，可取 1 - c 列能量方程，则

$$H + \frac{p_a}{\gamma} + \frac{v_0^2}{2g} = \frac{p_c}{\gamma} + \frac{v_c^2}{2g} + \zeta_{孔} \frac{v_c^2}{2g}$$

令 $v_0 = 0$，得真空度为

$$h = \frac{p_a - p_c}{\gamma} = (1 + \zeta_{孔}) \frac{v_c^2}{2g} - H \tag{5-31}$$

又知 $$v_c = \frac{Q}{A_c} = \frac{\mu A \sqrt{2gH}}{A_c} = \frac{\mu}{\varepsilon} \sqrt{2gH}$$

故 $$\frac{v_c^2}{2g} = \left(\frac{\mu}{\varepsilon}\right)^2 H$$

代入式 (5-31) 得

$$h = (1 + \zeta_{孔})\left(\frac{\mu}{\varepsilon}\right)^2 H - H = \left[(1 + 0.06)\left(\frac{0.82}{0.64}\right)^2 - 1\right]H$$
$$= [1.06 \times 1.64 - 1]H \approx 0.75H \tag{5-32}$$

为了增大流量，是否造成真空愈大愈好呢？也不尽然。若真空度过大，会形成气阻，当气被液流带出时，外部空气将进入而破坏真空，使液流脱离壁面形成不满管流动，反而失去增加流量的目的。

除上述标准管嘴外，尚有内伸管嘴、收缩管嘴、扩张管嘴及流线型管嘴，如图5-18所示。

流经孔口和各式管嘴的出流系数如表5-4。需注意该表系数都是对出口断面而言的。如进行对比，必须把它们化为对相同断面。例如扩张管嘴看来流量系数很小，但化为接管嘴开孔处断面来比较，流量系数可达到2~3。

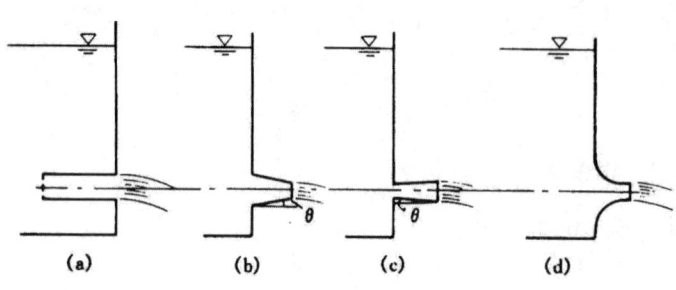

图 5-18 不同类型管嘴
(a) 内伸管嘴；(b) 收缩管嘴；(c) 扩张管嘴；(d) 流线型管嘴

表 5-4 流经孔口和各式管嘴的出流系数

类别	阻力系数 ζ	收缩系数 ε	流速系数 φ	流量系数 μ
薄壁孔口	0.06	0.64	0.97	0.62
外伸管嘴	0.5	1.0	0.82	0.82
内伸管嘴	1.0	1.0	0.71	0.71
收缩管嘴 ($\theta = 13° \sim 14°$)	0.09	0.98	0.96	0.95
扩张管嘴 ($\theta = 5° \sim 7°$)	4.0	1.0	0.45	0.45
流线型管嘴	0.04	1.0	0.98	0.98

内伸管嘴必须保证 $l > 3d$，收缩管嘴和扩张管嘴必须注意角度 θ 的限制范围，否则会降低效果。收缩管嘴适用于速度及动能大而流量小的情况，如水力采煤水枪、水枪机射水管。扩张管嘴抽吸能力大，适用于大流量小流速处，如喷射泵、水轮机尾水管。而流线型管嘴则加工困难，不会出现真空，无抽吸力，流量并不很大，应用不广。

思 考 题

5-1 何谓压力管路？长管和短管如何划分？

5-2 何谓管路特性曲线？有何用途？

5-3 长管的水力计算通常有哪几类问题？计算方法和步骤各如何？

5-4 选择管径应该注意哪些问题？为什么？

5-5 串联管路和并联管路各有何特点？在输油管上可用来解决哪些问题？

5-6 分支管路应如何进行水力计算？计算中要注意哪些问题？

5-7 沿程均匀泄流管路有何特点？怎样计算其流量和水头损失？

5-8 装卸油鹤管有何特点？计算的原则如何？

5-9 何谓管路综合阻力系数？何谓作用水头？如何确定综合阻力系数？

5-10 孔口和管嘴各有何特点？有什么区别？流量系数、流速系数、收缩系数的物理意义如何？它们之间成怎样的关系？

习 题

5-1 直径 257mm 的长输管线，总长 50km，起点高程 45m，终点高程 84m，输送相对密度 0.88 的原油，运动粘度 0.276St，设计输量为 200t/h，求水力坡降和总压降。

5-2 沿直径 200mm，长 3km 的无缝钢管（$\Delta = 0.2$mm）输送相对密度 0.9 的原油。若输量为 90t/h，其平均运动粘度在冬季为 1.09St，夏季为 0.42St。试求沿程损失各为多少米油柱？

5-3 在直径 257mm 管线中输送相对密度 0.8 的煤油，其运动粘度为 1.2cSt。管长 50km，地形平缓，不计高差，设计水力坡降为 5‰，终点压强 1.5at，管线绝对粗糙度 $\Delta = 0.15$mm。试决定泵压及排量（t/d）。

5-4 长输管线，设计水力坡降 9.5‰，输送相对密度 0.9、运动粘度 1.125St 的油品，设计输送量为 40t/h。试求应用多大管径？

5-5 原油沿直径 305mm，长 80km 的管线输送，由于一年内温度的升降，油的粘度由 0.2P 变为 0.4P，而相对密度由 0.893 变为 0.900。

设不计高差，沿输油管内压降保持 50at，输送过程全部在水力光滑区内。试计算流量增减的百分数。

5-6 图示一串联管路，管径、管长、沿程水力摩阻系数和流量分别标于图中，试按长管计算所需的水头 H 为多少？

5-7 图示一输水管路，总流量 $Q = 100$L/s，各段管径、长度及沿程水力摩阻系数分别标于图中。试确定流量 Q_1、Q_2 及 AB 间的水头损失为多少？

5-8 图示一管路系统，CD 管中的水由 A、B 两水池联合供应。已知 $L_1 = 500$m，$L_0 = 500$m，$L_2 = 300$m，$d_1 = 0.2$m，$d_0 = 0.25$m，$\lambda_1 = 0.029$，$\lambda_2 = 0.026$，$\lambda_0 = 0.025$，$Q_0 = 100$L/s。求 Q_1、Q_2 及 d_2。

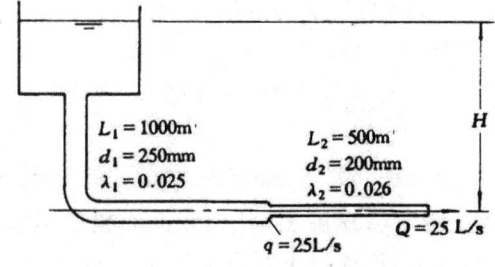

题 5-6 图

5-9 用直径 257mm 的管子输送相对密度 0.86，粘度 6cSt 的原油，管线全长 50km，起点高于终点 30m，起点压强 50at，终点压强 2at。求输送量及水力坡降？

若把其中 10km 管线换成直径 305mm 的管子，则输量能提高多少？

5-10 上题中如果把 10km 管线改用直径 257mm 的两根管线并联，其余仍用直径 257mm 的单管，输量仍保持和原来单管相同，问可延长输送距离多远？（设延长部分高程变

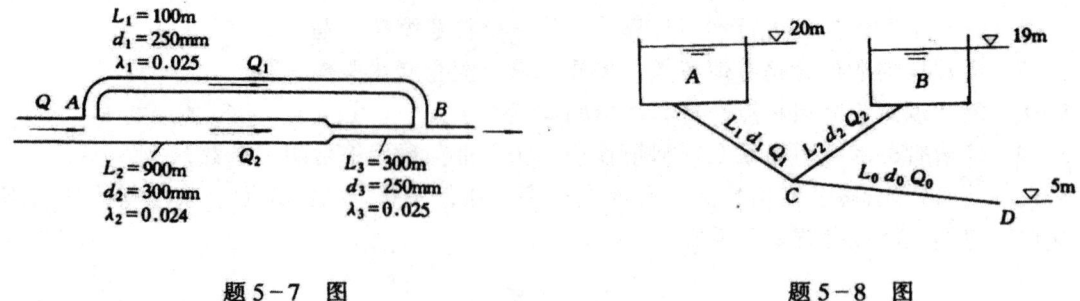

题 5-7 图　　　　　　　　　题 5-8 图

化不大）

5-11 由水塔供水的输水管路，具有沿途每米连续泄流量 0.10L/s 的 AB 段如图。水管末端通过流量为 10L/s。各段长度及直径如下：

$$l_1 = 300\text{m}, l_2 = 200\text{m}, l_3 = 100\text{m}$$
$$d_1 = 200\text{mm}, d_2 = 150\text{mm}, d_3 = 100\text{mm}$$

试求水塔的水头 H 为多少米？（取 $\lambda = 0.03$）

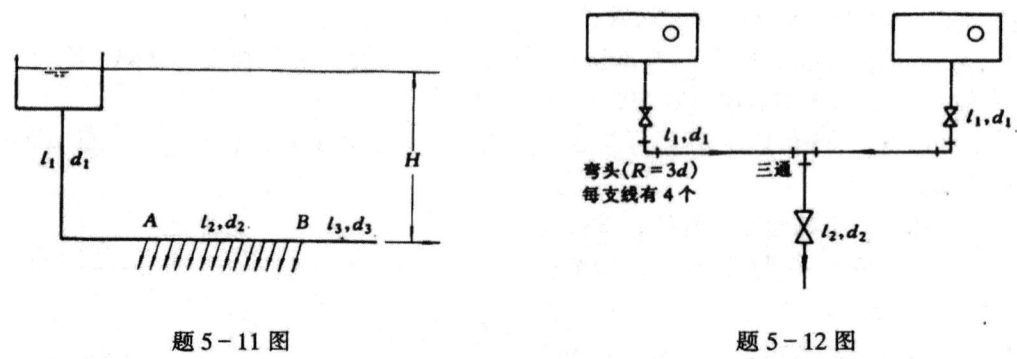

题 5-11 图　　　　　　　　　题 5-12 图

5-12 两台 50m³ 的槽车，同时用一台泵卸油。油品相对密度 0.75，运动粘度 0.01St，管子绝对粗糙度 $\Delta = 0.15$mm。输油管长 $l_1 = 18$m，$l_2 = 100$m，管径 $d_1 = 100$mm，$d_2 = 156$mm。每支线上有弯头 4 个（$R = 3d$），闸阀 1 个。支管与干管由三通联接。干管上有闸阀 1 个，轻油过滤器 1 个。设必须在一小时内将油卸完，求吸油管线的水头损失？

5-13 自泵房向两台 50m³ 油槽车装油。管线长度及直径如下：

$$L_1 = 250\text{m}, L_2 = 10\text{m}, l_1 = l_2 = 5\text{m}; d_1 = 203\text{mm}, d_2 = 100\text{mm}$$

油品相对密度为 0.80，运动粘度 4cSt。干管为水平的，支管鹤管出口高于泵出口 4m。如欲在 1h 左右将油装完，泵出口压强需多少（设局部损失按沿程损失的 5% 计算）？

5-14 鹤管装车流程如图。同时向四台槽车装油。每台槽车容量 50m³。管线长度及直径如下：

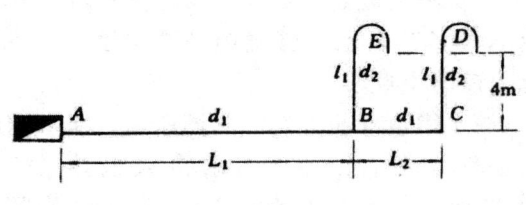
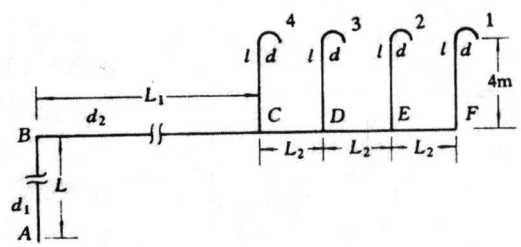

题 5-13 图   题 5-14 图

$L = 50\text{m}, L_1 = 180\text{m}, L_2 = 10\text{m}, l = 5.6\text{m}; d_1 = 200\text{mm}; d_2 = 150\text{mm}, d = 100\text{mm}$，油品相对密度 0.85，粘度 6.8P。局部损失按沿程损失的 10% 计，总流量 $Q = 200\text{m}^3/\text{h}$。求各鹤管的流量。

5-15 铁路油槽车卸油流程如图。

水龙带长 $H_1 = 5\text{m}$，直径 $d_1 = 90\text{mm}$，管线直径 $d_2 = 75\text{mm}$。各段管长为：$l_1 = 3\text{m}, l_2 = 5\text{m}, H_2 = 6\text{m}, H_3 = 2\text{m}$。罐底到泄油口高 $H_4 = 3\text{m}$。管线上有三个弯头（$R = 3d$）。当温度 20℃时，油品相对密度 0.75，运动粘度 1cSt，饱和蒸气压为 3.8m 油柱。试绘出管路特性曲线，并校核最大真空度。卸油开始及末尾的流量各为多少？（水龙带 $e = 26\text{mm}, \Delta = 2\text{mm}$）

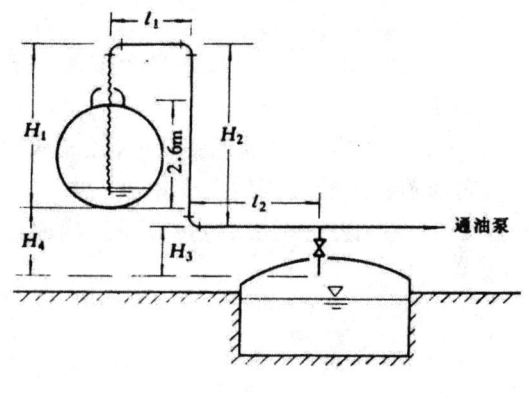

题 5-15 图

[提示] 先找出 λ 和 ζ_c 的关系；然后设定几个流量计算水头 H 来绘制管路特性曲线。注意考虑最大真空度发生在什么情况？在管线上什么位置？其时流量是多少？才能作校核计算。

5-16 用实验方法测得从直径 $d = 10\text{mm}$ 的圆孔出流时，流出 10L 容积的水所需时间为 32.8s，作用水头为 2m，收缩断面直径 $d_c = 8\text{mm}$。试确定收缩系数、流速系数、流量系数和局部阻力系数的大小。

5-17 在 $d_1 = 20\text{mm}$ 的圆柱形外管嘴上，加接一个直径 $d_2 = 30\text{mm}$、长 80mm 的短管嘴，使液体充满管口泄出。试比较加接第二管嘴前后流量的变化。

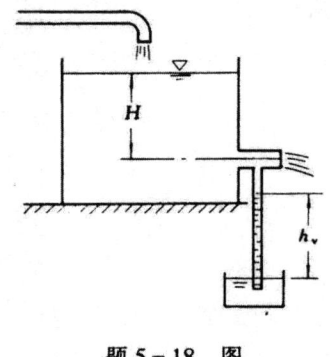   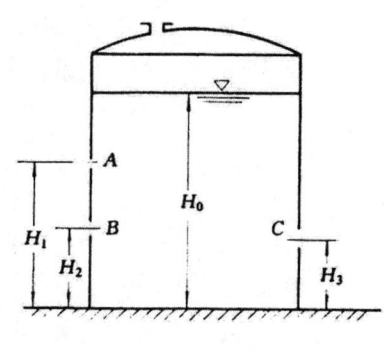

题 5-18 图   题 5-19 图

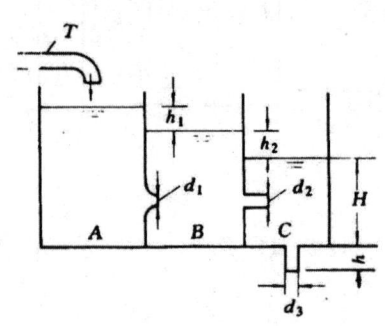

题 5-20 图

5-18 水从固定液面的水箱，通过直径 $d=0.03\mathrm{m}$ 的圆柱形外管嘴流出。已知管嘴内的真空度为 1.5m 水柱，求管嘴出流的流量。

5-19 储水槽顶部通大气，如图所示。在水槽的铅直侧壁上有面积相同的两个圆形小孔口 A 及 B，位于距底部不同高度上。孔口 A 为薄壁孔口，孔口 B 为圆边孔口，其水面高 $H_0=10\mathrm{m}$。

问：1) 通过 A、B 两孔口流量相同时，H_1 与 H_2 应成何种关系？

2) 如果由于锈蚀，使槽壁形成一个直径 $d=0.0015\mathrm{m}$ 的小孔 C，C 距槽底 $H_3=5\mathrm{m}$。求一昼夜内通过 C 的漏水量。

5-20 水沿 T 管流入容器 A，经流线型管嘴流入容器 B，再经圆柱形管嘴流入容器 C，最后经底部圆柱形管嘴流到大气中。已知 $d_1=0.008\mathrm{m}$，$d_2=0.010\mathrm{m}$，$d_3=0.006\mathrm{m}$。当 $H=1.2\mathrm{m}$，$h=0.025\mathrm{m}$ 时，求经过此系统的流量和水位差 h_1 与 h_2。

第六章 一元不稳定流

凡是流动参数（压力、速度、密度等）随时间变化的流动，通称为不稳定流（或非定常流）。不稳定流可以发生在有压流动和无压流动中。在有压系统中，由于管路工作状态的突然改变，使液体流速发生急剧变化，引起管内压强在大范围内波动，形成水击现象。它将导致管路强烈振动，发生噪声和气穴，使管路严重变形遭到破坏。这在长输管线中尤应注意。再如往复泵的操作运行，也由于流速随时间变化，导致流体在系统中的振荡。从事油库工作，进行灌装作业，常需计算灌装时间，也涉及到不稳定流动原理。针对专业特点，本章着重于分析密闭有压系统的液体不稳定流，以及由此而引起的水击现象，并简要论述容器排空的计算方法。

§6-1 一元不稳定流基本方程

分析不稳定流也像分析稳定流一样，其基本方程主要为连续性方程和运动方程。

一、连续性方程

先考虑一种普遍情况，设过水断面 A 和密度 ρ 都是随时间变化的，即 $A = A(s,t)$，$\rho = \rho(s,t)$。取控制体 1—2，如图 6-1 所示。

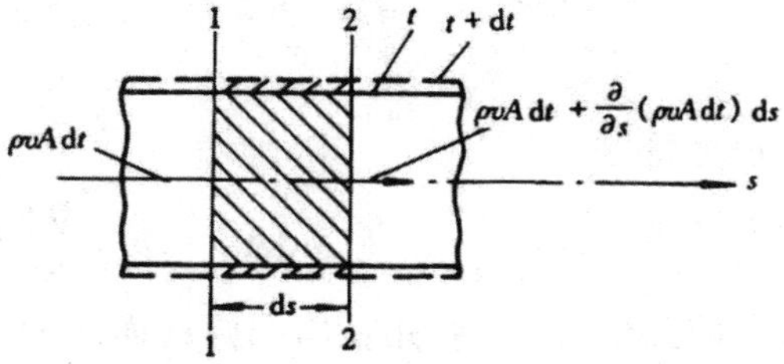

液体从断面 1—1 流入，从断面 2—2 流出。两断面间距离为 ds。取断面 1—1 处的面积为 A，流速为 v，液体的密度为 ρ。则在 dt 时段内，流入的质量为

$$m_1 = \rho v A dt$$

图 6-1 连续性方程分析

而在同一时段内，从段面 2—2 流出的质量为

$$m_2 = \rho v A dt + \frac{\partial}{\partial s}(\rho v A dt) ds$$

流出和流入的质量差为

$$dm_s = m_2 - m_1 = \frac{\partial}{\partial s}(\rho v A dt) ds$$

在同一时段 dt 内，控制体中的液体质量从原有的 $\rho A ds$ 改变为 $\rho A ds + \frac{\partial}{\partial t}(\rho A ds) dt$，故质量变化为

$$dm_t = \frac{\partial}{\partial t}(\rho A ds) dt$$

根据质量守恒原理，在 dt 时段内，流出和流入该体积的质量差应等于同一时段内该体积内的质量变化，但符号相反。即

$$\frac{\partial}{\partial s}(\rho v A dt) ds = -\frac{\partial}{\partial t}(\rho A ds) dt$$

或简化为

$$\frac{\partial}{\partial s}(\rho v A) + \frac{\partial}{\partial t}(\rho A) = 0 \tag{6-1}$$

这就是一元不稳定流的连续性方程的普遍形式。

如果液体认为是不可压缩的，则 $\rho=$ 常数，但 A 随时间变化，则

$$\frac{\partial}{\partial s}(vA) + \frac{\partial A}{\partial t} = 0 \tag{6-2}$$

若为液体不可压缩，A 又不随时间变化的管道中的不稳定流，则式（6-2）进一步简化为

$$vA = f(t) \tag{6-3}$$

上式说明在某一特定瞬间，流量是沿程不变的。

二、运动方程

在管路中围绕管轴取微元柱体，如图 6-2 所示。

微元断面面积为 dA，长为 ds，流向为 s，管轴与水平线的夹角为 θ。先分析作用于 s 方向上的作用力。

微元段的流体重量在 s 方向的分量为

$$dG_s = \gamma dA ds \sin\theta = -\gamma dA ds \frac{\partial z}{\partial s}$$

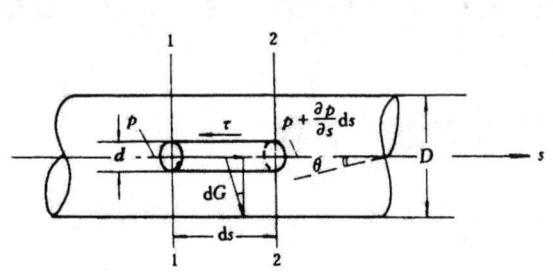

图 6-2 运动方程分析

两端压力差为

$$p dA - (p + \frac{\partial p}{\partial s} ds) dA = -\frac{\partial p}{\partial s} ds dA$$

微元段的直径为 d，作用在周围圆柱面上的平均应力为 τ，则 ds 段上的阻力为再分析该微元 $-\tau\pi d \cdot ds$ 段的加速度。u 为 s 方向的流速，对于不稳定流，$u = u(s, t)$，则加速度为

$$a = \frac{du}{dt} = \frac{\partial u}{\partial t} + u\frac{\partial u}{\partial s}$$

根据牛顿第二定律，$\sum F = ma$，得

$$-\gamma dA ds \frac{\partial z}{\partial s} - \frac{\partial p}{\partial s} ds dA - \tau\pi d \cdot ds = \rho ds dA(\frac{\partial u}{\partial t} + u\frac{\partial u}{\partial s})$$

等式两边同除以 $\gamma ds dA$，即对于单位重量流体，得

$$\frac{\partial z}{\partial s} + \frac{1}{\gamma}\frac{\partial p}{\partial s} + \frac{1}{g}(\frac{\partial u}{\partial t} + u\frac{\partial u}{\partial s}) + \frac{4\tau}{\gamma d} = 0 \tag{6-4}$$

这就是不稳定流的运动微分方程式。

对于总流，若为缓变流动，忽略管路断面上流速分布的不均匀性，以断面平均流速 v 表示，则得到一元不稳定流总流的运动方程为

$$\frac{\partial z}{\partial s} + \frac{1}{\gamma}\frac{\partial p}{\partial s} + \frac{1}{g}(\frac{\partial v}{\partial t} + v\frac{\partial v}{\partial s}) + \frac{4\tau_0}{\gamma D} = 0 \tag{6-5}$$

式中　z——总流断面的平均高程；

　　　p——总流断面的平均压强；

D——总流断面直径；

τ_0——管壁切应力。

运动方程表明作用于总流上的重力、压力、惯性力和阻力的平衡关系。

式（6-5）中 $\dfrac{4\tau_0}{\gamma D}$ 表明单位重量液体在单位距离内的能量损失，或单位重量液体作用在总流段的平均阻力在单位距离上所做的功。这可表示为 $\dfrac{\partial h_w}{\partial s}$，即水力坡降。于是式（6-5）可进一步写为

$$\frac{\partial}{\partial s}\left(z + \frac{p}{\gamma} + \frac{v^2}{2g}\right) = -\frac{\partial h_w}{\partial s} - \frac{1}{g}\frac{\partial v}{\partial t}$$

对不可压缩流体，γ 为常数。将该式各项乘以 ds，并从断面1—1至断面2—2积分，即得不可压缩流体一元不稳定流总流的能量方程

$$z_1 + \frac{p_1}{\gamma} + \frac{v_1^2}{2g} = z_2 + \frac{p_2}{\gamma} + \frac{v_2^2}{2g} + h_w + \frac{1}{g}\int_1^2 \frac{\partial v}{\partial t}ds \tag{6-6}$$

式中，$\dfrac{1}{g}\int_1^2 \dfrac{\partial v}{\partial t}ds$ 是液流由于当地加速度而引起的惯性力在断面1—1至2—2的距离上，对单位重量液体所做的功，称为惯性水头，用 h_i 表示。即

$$h_i = \frac{1}{g}\int_1^2 \frac{\partial v}{\partial t}ds$$

所以，式（6-6）可写为

$$z_1 + \frac{p_1}{\gamma} + \frac{v_1^2}{2g} = z_2 + \frac{p_2}{\gamma} + \frac{v_2^2}{2g} + h_w + h_i \tag{6-6a}$$

由此看出：一元不稳定流同稳定流的区别，仅仅在于增加了由于当地加速度引起的惯性水压头损失。如果流动是加速的，则 $\dfrac{\partial v}{\partial t}$ 为正值，惯性力是向后的，起阻力作用，其时 h_i 为正值；反之，若流动为减速的，则 $\dfrac{\partial v}{\partial t}$ 为负值，惯性力是向前的，起动力作用，h_i 为负值。

在等直径的管路中，断面面积 A 为常数，v 仅为时间 t 的函数，则惯性水头可写为

$$h_i = \frac{1}{g}\frac{dv}{dt}\int_0^L ds = \frac{L}{g}\frac{dv}{dt} = \frac{L}{gA}\frac{dQ}{dt} \tag{6-7}$$

工程上常见的用活塞式往复泵输液的管线就是这种不稳定流的例子。由于活塞运动速度的不均匀，使得整个系统内的液体不稳定。如图6-3所示泵内活塞向右移动时，泵内发生吸液过程，靠大气压强 p_a 和活塞上压强 p_b 的差，把液体吸入泵内。同时，一部分能量转为动能，并要克服位差和流动阻力以及惯性水头损失。

这时，若取吸入液面为基准面，可写如下的能量方程

$$\frac{p_a}{\gamma} = H_{吸} + \frac{p_b}{\gamma} + \frac{v_b^2}{2g} + h_w + h_i$$

其中惯性水头包括两部分：一部分是吸入管内的惯

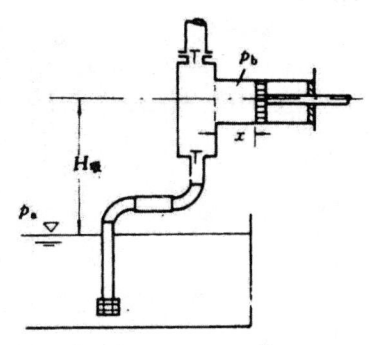

图6-3 往复泵吸入段

性水头

$$h_{i_1} = \frac{L}{gA}\frac{dQ}{dt}$$

另一部分是泵缸内的惯性水头

$$h_{i_2} = \frac{x}{gA_b}\frac{dQ}{dt}$$

式中 A_b——泵缸横截面积。

总的惯性水头为

$$h_i = h_{i_1} = h_{i_2} = \left(\frac{L}{gA} + \frac{x}{gA_b}\right)\frac{dQ}{dt}$$

因而在吸液过程中，泵内压头为

$$\frac{p_b}{\gamma} = \frac{p_a}{\gamma} - \left[H_{吸} + \frac{v_b^2}{2g} + h_w + \left(\frac{L}{gA} + \frac{x}{gA_b}\right)\frac{dQ}{dt}\right]$$

根据活塞的具体运动规律（各种不同的往复泵这个规律不同），可得到 $\frac{dQ}{dt} = f(x)$ 的值。上式便可解出 $p_b = f(x)$。

为了使泵能正常工作，必须使泵缸内的压强 p_b 在整个吸液过程中保持应有的真空度，才能顺利地吸上液体。这就要求 p_b 恒大于液体的饱和蒸气压，以防由于液体沸腾而大量气化造成泵的工作中断。当 $H_{吸}$ 一定时，从上式可见保证 p_b 的重要因素是减小惯性水头，这可以通过减小吸入管长度 L，扩大吸入管径和泵缸直径（扩大 A 和 A_b），或降低泵的转数以降低加速度等措施来实现。

§6-2 水击现象

水击是指压力瞬变过程，是管路中不稳定流所引起的一种特殊重要现象。当由于某种原因引起管路中流速突然变化时，例如开关阀门过快、突然断电停泵，都会引起管内压力突然变化，造成水击。当急剧升降的压力波波前通过管路时，产生一种声音，犹如用锤子敲击管路时发出的噪音，故水击亦称水锤。

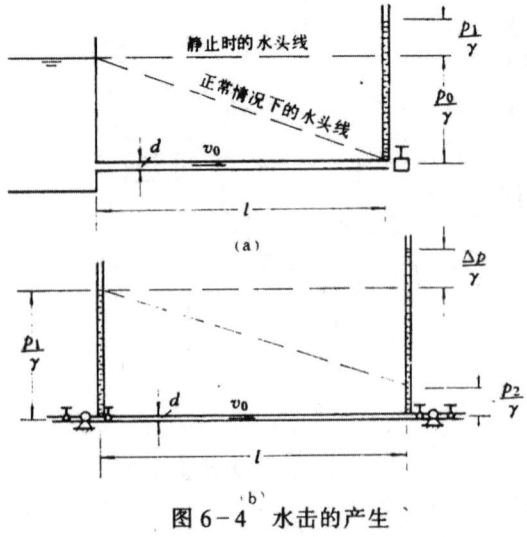

图 6-4 水击的产生

对于输送液体的长管来说，由于计入管子弹性和液体的压缩性，压缩波通过充满液体的管路需要相当长的时间。由于压缩波引起的压力可能大到足以使管子破裂，故水击影响绝不能忽视。但如果管路很短，则压力瞬变同时传到全管液体质点，此时忽略管子的弹性和液体的压缩性，则是可行的。后者称为刚性液柱理论，前者称为弹性理论。刚性液柱理论能够比较形象地描述水击波的传递过程；而弹性理论则是在研究波速中进一步发展的，是近代水击理论的基础。

发生水击现象的物理原因主要是由于液体具有惯性和压缩性。如图 6-4（a）表示具有固定液面的液罐或水库,沿长度为 l、直径为 d 的等直径管路流向大气中,管路出口装有阀门控制;图 6-4(b)则表示长输管线两泵站间的长度为 l、直径为 d 的等直径管线,上站出站压头 p_1/γ,即相当于图(a)中的起点压头 p_0/γ。

现以图 6-4(a)为例,说明压力波传递过程。

当阀门开启一定大小的正常情况下,管中流速为 v_0,进口压力为 p_0,出口阀前压力为 p。如将阀门骤然关闭,邻近阀门的一层厚度为 Δs 的液体在 Δt 时间内首先停止流动,参看图 6-5。该段液体被压缩,压力增高了静压以上 Δp,即水击压力,同时,管壁也发生膨胀。在分析水击现象时,尽管液体和管材的弹性都不大,压缩性都很小,但绝不能忽视。

当第一层液体在一个无限小的时间 Δt 内停下来以后,紧邻着的第二层液体又停下来,也受压缩,同时这段管材也要膨胀。由于液体依序停止而形成的高低压分界面,依次向液罐方向传递,传播的速度 c 实际上略小于液体中的音速。

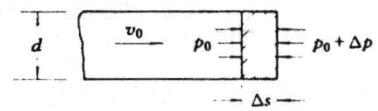

图 6-5 近阀门处的液层

当阀门关闭后 $t_1 = l/c$ 时刻,压力波传至管路入口处。这时,全管内液体都已停止流动,处于被压缩状态,管子则处于膨胀状态。而此刻管内压力高于液罐内的压力,发生不平衡,管入口邻近液罐的一层液体将开始以速度 v_0 又冲向液罐,而使水击压力消失,恢复正常静压,管壁也恢复原状。从此刻开始,管中液体高低压区分界面又将以速度 c 向阀门方向传播。

当阀门关闭后 $t_2 = 2l/c$ 时刻,全管内压力都已恢复到静压。特别注意,就在此瞬间,紧邻阀门的一层液体,由于惯性作用,仍企图以速度 v_0 向液罐方向继续流动。而此刻后面不再有液体补充,从而液体产生双倍膨胀,出现压力双倍降低,即产生负的水击压力 Δp。正如受压弹簧一样,当外力取消后,弹簧会伸长得比原来长度还要长一样。同样,第二层、第三层依次膨胀,形成减压波面仍以速度 c 向液罐方向传递。

当阀门关闭后 $t_3 = 3l/c$ 的时刻,减压波传到管子入口处,全管内液体处于低压的静止状态,管子处于收缩状态。其时,液罐内压力高于管子内压力,又失掉平衡,在压差作用下,液体又以速度 v_0 冲向管路中,使紧邻管入口的一层液体压力恢复到正常压力。这种不平衡断面又依次以速度 c 向阀门方向传播。直到 $t_4 = 4l/c$ 时刻,传到阀门处。此时,全管又恢复到阀门关闭前的流动状况。随后开始第二个压力传递的循环。

水击压力传递的循环过程约如图 6-6 所示。

下面分析管路上某点的压力增减状况。先忽略压力波传递过程的阻尼,则某点压力变化如下:

1)阀门骤然关闭,紧靠阀门处压力变化过程。根据上述的压力传递的循环过程将如图 6-7 所示。此时,阀门处压力在 $t = 0 \sim \dfrac{2l}{c}$ 时段内表现增压;而在 $t = \dfrac{2l}{c} \sim \dfrac{4l}{c}$ 时段内表现降压。增减值相当于水击压力。此种压力变化将以 $\dfrac{4l}{c}$ 时段长循环不已。

实际上在压力波传递过程中,表现有阻尼作用,其增减值将随时间的延续而减弱,如图 6-8 的趋势衰减下去。

2)阀门骤然关闭,距阀门 s 距离处压力变化过程。这时,由于与阀门处相比,增减压都滞后了 s/c 的时间,同时恢复常压则超前 s/c 的时间,故压力变化的循环过程将如图 6-9 所示。如像在阀门处一样,计入阻尼后,同样将逐渐衰减。

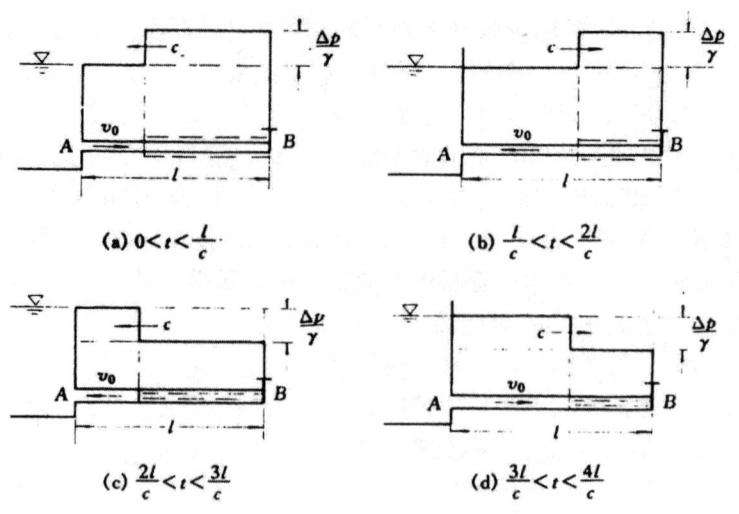

图 6-6 理想情况水击波传递过程

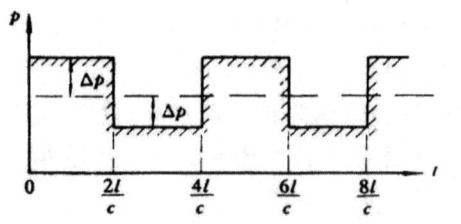
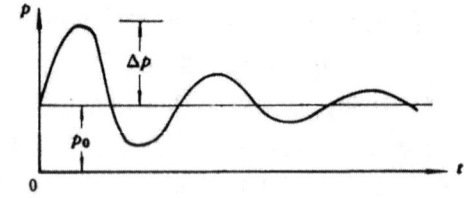

图 6-7 阀门处压力变化过程　　图 6-8 水击压力的衰减

从以上分析，可以这样来认识水击现象的物理本质。在阀门迅速调整而引起液流状况的急剧变化中，液体的压缩性和惯性起着主要作用。惯性企图维持原有运动状态，故流速突然改变导致压强的急剧变化；反之，液体两侧受力不平衡也必导致流速的改变。而液体的压缩性却又企图改变液体体积来适应阀门调节后液体的运动状态，所以液体的压缩性和管壁的弹性将对管中流速和压强变化起缓冲作用。

从 B 处阀门关闭产生增压波到上游反射回来的减压波又传到 B 为止，所需时间恰为 $\frac{2l}{c}$。此时间称为水击的相或相长，用 τ_0 表示。即

$$\tau_0 = \frac{2l}{c} \tag{6-8}$$

水击的相经常作为分析水击现象和计算水击压力的时间单位。

实际上，阀门关闭不可能在瞬时完成，总要有一定的时间。因此，可把整个关阀过程看成是一系列微小瞬时关闭的综合。这时，每一微小瞬时关闭都产生一个相应的弹性波，每个弹性波又依次按上述四个阶段循环发展，如图 6-10 所示。因此，它和瞬时关闭不同，不是单个水击波，而是一系列发生在不同时刻的水击波传播和反射的过程。水击波前锋形状在流

速随时间直线变化的条件下，可近似地表示为三角形和梯形。管道中任意断面在任意时刻的流动情况是一系列水击波在各自不同发展阶段的叠加结果。

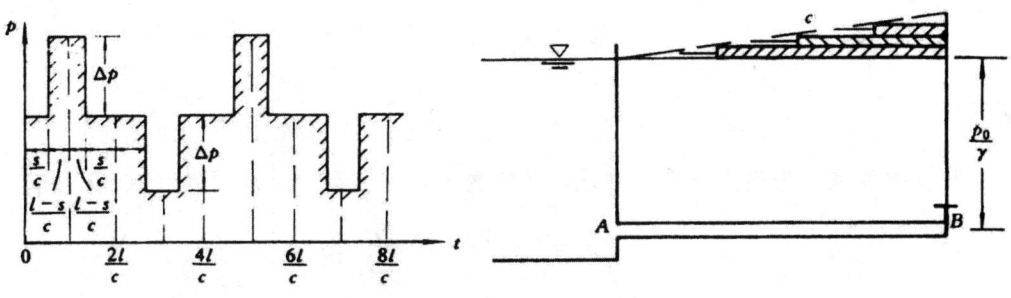

图 6-9　距阀门 s 距离处压力变化过程　　　　图 6-10　弹性波的依次发展

当阀门关闭时间 $T<\tau_0$ 时，最早由阀门处产生的向上游传播，而又反射回来的减压顺行波，在阀门全部关闭时还未到达 B 处，则在 B 处产生可能最大的水击压力，称为直接水击。

当阀门关闭时间 $T>\tau_0$ 时，则在初生弹性波继续发生时，由上游反射回来的减压波已到达 B 端，并可能在 B 端发生正反射。这就会部分抵消了水击增压，使 B 处水击压力不致达到直接水击的增压值，称为间接水击。

工程设计中，力图合理选择参数，以避免直接水击的发生，并在可能的条件下，延缓阀门调节时间，或通过设置调压井并缩短受水击影响的管长来降低水击压力。

当 T 大到一定程度后，流动主要受惯性和粘性影响，而与弹性波的传播无关。

对于阀门突然开启的情况，产生水击的性质也是类似的，只不过初生的弹性波是增速的降压波。其传播、反射和叠加过程原理相同，由于水击的降压称为负水击。

§6-3　水击压力的计算

参看图 6-5，它表示阀门附近的一段管路。当阀门突然关闭时，停下来 Δs 段液体的质量为 $\rho A \Delta s$，其中 A 为管子截面积。此部分液体受阀门阻挡而被压缩，增大的总压力为 $\Delta p \cdot A$。根据动量原理可以写成

$$\Delta p \cdot A = \frac{\rho A \Delta s (v_0 - 0)}{\Delta t}$$

或

$$\Delta p = \rho \frac{\Delta s}{\Delta t} v_0$$

而 $\frac{\Delta s}{\Delta t} = c$ 为压力传播速度，则

$$\Delta p = \rho c v_0 \text{ 或 } \frac{\Delta p}{\gamma} = \frac{c v_0}{g} \tag{6-9}$$

这就是直接水击压力的计算公式。

问题归结到如何计算压力传播速度 c 的大小。令 E_0 为管材的弹性系数，E 为液体的弹性系数。因液体的弹性系数是压缩系数 β 的倒数，故

$$E = \frac{1}{\beta} = -\frac{\mathrm{d}p}{\frac{\mathrm{d}V}{V}}$$

式中，V 为液体体积。由于质量 $m = \rho V$，而 m 为常数，由微分定理，$0 = V\mathrm{d}\rho + \rho \mathrm{d}V$，故

$$\frac{\mathrm{d}V}{V} = -\frac{\mathrm{d}\rho}{\rho}$$

从而
$$E = \rho \frac{\mathrm{d}p}{\mathrm{d}\rho} \tag{6-10}$$

管材弹性系数为应力与应变之比，令管材的应力变化为 $\mathrm{d}\sigma$，相应的应变为 $\frac{\mathrm{d}D}{D}$。则

$$E_0 = \frac{\mathrm{d}\sigma}{\frac{\mathrm{d}D}{D}} = \frac{D}{\mathrm{d}D} \cdot \mathrm{d}\sigma \tag{6-11}$$

又管子厚度为 e，按薄壁筒箍拉力公式

$$e = \frac{pD}{2\sigma}$$

于是
$$\mathrm{d}\sigma = \frac{D}{2e}\mathrm{d}p \tag{6-12}$$

代入式（6-11）后，得

$$E_0 = \frac{D}{\mathrm{d}D} \cdot \frac{D}{2e}\mathrm{d}p = \frac{D^2}{2e\mathrm{d}D} \cdot \frac{\mathrm{d}p}{e} \tag{6-13}$$

在 Δt 时间内，传播距离为 $\Delta s = c \cdot \Delta t$；同时由于管材弹性，在 Δs 段内管子断面由 A 增加到 $A + \mathrm{d}A$，液体密度由 ρ 增加到 $\rho + \mathrm{d}\rho$。可见，当液体及管材受到水击压力变形后，在 Δs 段内其质量增值为

$$(\rho + \mathrm{d}\rho)(A + \mathrm{d}A)c \cdot \Delta t - \rho Ac \cdot \Delta t = (\rho \mathrm{d}A + A\mathrm{d}\rho)c \cdot \Delta t$$

式中忽略了二阶无限小项。

上述质量变化是由于尚未受到水击压力作用的管段中的液体以速度 v_0 流入 Δs 段的结果。即

$$(\rho \mathrm{d}A + A\mathrm{d}\rho)c \cdot \Delta t = \rho A v_0 \cdot \Delta t$$

故
$$\frac{v_0}{c} = \left(\frac{\mathrm{d}A}{A} + \frac{\mathrm{d}\rho}{\rho}\right) \tag{6-14}$$

由式（6-10）知

$$\frac{\mathrm{d}\rho}{\rho} = \frac{\mathrm{d}p}{E} \tag{6-15}$$

又由式（6-13）知

$$\frac{\mathrm{d}A}{A} = \frac{\mathrm{d}D^2}{D^2} = \frac{2\mathrm{d}D}{D} = \frac{D\mathrm{d}p}{eE_0} \tag{6-16}$$

将上二式代入式（6-14）中，并应用式（6-9），则

$$\frac{v_0}{c} = \left(\frac{1}{E} + \frac{D}{eE_0}\right)\mathrm{d}p = \left(\frac{1}{E} + \frac{D}{eE_0}\right)\rho c v_0$$

消去 v_0 得

$$c^2 = \frac{1}{\rho\left(\frac{1}{E} + \frac{D}{eE_0}\right)}$$

于是
$$c = \sqrt{\frac{E}{\rho}} \cdot \frac{1}{\sqrt{1 + \frac{D}{e}\frac{E}{E_0}}} \tag{6-17}$$

令 $c_0 = \sqrt{\frac{E}{\rho}}$，它相当于液内的音速。则

$$c = \frac{c_0}{\sqrt{1 + \frac{D}{e}\frac{E}{E_0}}} \tag{6-18}$$

常用液体及管材的弹性系数值可参看表 6-1。

表 6-1 液体和管材的弹性系数

液体	弹性系数 E, Pa	管材	弹性系数 E_0, Pa
水	2.06×10^9	钢管	2.06×10^{11}
石油	1.32×10^9	铸铁管	9.8×10^{10}

例 6-1 用 $\phi 108 \times 4$ 的钢管输水时，水击压力传播速度将为多少？若管内流速 $v_0 = 1$m/s，可能产生的最大水击压力为多少？若输水管总长 2km，则避免直接水击的关阀时间以多大为宜？

解 先计算水击传播速度。由表 6-1 知
$$E = 2.06 \times 10^9 \text{Pa}; E_0 = 2.06 \times 10^{11} \text{Pa}$$
又由题设知 $D = 100$mm，$e = 4$mm，水的密度 $\rho = 1000$kg/m³。

则
$$c_0 = \sqrt{\frac{E}{\rho}} = \sqrt{\frac{2.06 \times 10^9}{1000}} = 1435 (\text{m/s})$$

水击传播速度
$$c = \frac{c_0}{\sqrt{1 + \frac{D}{e}\frac{E}{E_0}}} = \frac{1435}{\sqrt{1 + \frac{100}{4} \cdot \frac{2.06 \times 10^9}{2.06 \times 10^{11}}}} = \frac{1435}{\sqrt{1 + 0.25}} = 1280 (\text{m/s})$$

若流速 $v_0 = 1$m/s，则最大水击压力
$$\Delta p = \rho c v_0 = 1000 \times 1280 \times 1 = 1280000 (\text{Pa}) = 13.05 (\text{at})$$

若管长 $l = 2$km $= 2000$ 米，则相长
$$\tau_0 = \frac{2l}{c} = \frac{4000}{1280} = 3.125 (\text{s})$$

故欲避免产生直接水击的关闭时间必须大于 3.125 (s)。

*§6-4 水击基本方程

为了给深入分析水击问题打下基础，下面从理论上对水击问题中几个基本方程，作进一步的分析，以加深理解。水击现象是弹性和惯性起主要作用的不稳定流，因此，作理论分析时，可从不稳定流的基本方程式（6-1）及式（6-5）出发，导出水击基本方程式。

一、水击连续性方程

由式 (6-1) 知

$$\frac{\partial}{\partial s}(\rho v A) + \frac{\partial}{\partial t}(\rho A) = 0$$

展开后

$$\frac{\partial \rho}{\partial s}(vA) + \frac{\partial v}{\partial s}(\rho A) + \frac{\partial A}{\partial s}(\rho v) + \frac{\partial \rho}{\partial t}A + \frac{\partial A}{\partial t}\rho = 0$$

由于 $A = A(s, t)$,$\rho = \rho(s, t)$,则除以 ρA 得

$$\frac{v}{\rho}\frac{\partial \rho}{\partial s} + \frac{\partial v}{\partial s} + \frac{v}{A}\frac{\partial A}{\partial s} + \frac{1}{\rho}\frac{\partial \rho}{\partial t} + \frac{1}{A}\frac{\partial A}{\partial t} = 0$$

因

$$\frac{dA}{dt} = \frac{\partial A}{\partial t} + v\frac{\partial A}{\partial s}$$

$$\frac{d\rho}{dt} = \frac{\partial \rho}{\partial t} + v\frac{\partial \rho}{\partial s}$$

则代入上式可得

$$\frac{1}{\rho}\frac{d\rho}{dt} + \frac{1}{A}\frac{dA}{dt} + \frac{\partial v}{\partial s} = 0 \tag{6-19}$$

式中,第一项代表液体密度变化率,即压缩性,是由弹性波的压强变化而引起的。由式 (6-10) 可知

$$\frac{1}{\rho}\frac{d\rho}{dt} = \frac{1}{E}\frac{dp}{dt} \tag{6-20}$$

第二项为管道断面变化率,即代表管子的弹性,也是由弹性波的压强变化引起的。对均质圆形管道,由式 (6-16) 得

$$\frac{1}{A}\frac{dA}{dt} = \frac{D}{eE_0}\frac{dp}{dt} \tag{6-21}$$

将式 (6-20) 及式 (6-21) 代入式 (6-19) 中,则

$$\frac{1}{E}\frac{dp}{dt}\left(1 + \frac{ED}{E_0 e}\right) + \frac{\partial v}{\partial s} = 0 \tag{6-22}$$

上式中第一项的系数 $\frac{1}{E}\left(1 + \frac{ED}{E_0 e}\right)$ 为一常数,它决定于液体的压缩性和管壁的弹性。由式 (6-17) 可推得

$$c^2 = \frac{\dfrac{E}{\rho}}{1 + \dfrac{E}{E_0}\dfrac{D}{e}} \tag{6-23}$$

c 为压力传播速度。将上式代入式 (6-22) 中并整理得

$$\frac{1}{\rho}\frac{dp}{dt} + c^2\frac{\partial v}{\partial s} = 0 \tag{6-24}$$

因 $p = p(s, t)$,故

$$\frac{dp}{dt} = \frac{\partial p}{\partial t} + v\frac{\partial p}{\partial s} \tag{6-25}$$

综合式 (6-24) 和式 (6-25),可得

$$-\frac{\partial v}{\partial s} = \frac{1}{c^2\rho}\left(\frac{\partial p}{\partial t} + v\frac{\partial p}{\partial s}\right) \tag{6-26}$$

由于 $p = \gamma H$（H 为测压管水头），并考虑到水头沿程变化小于水头的当地变化，即 $\frac{\partial H}{\partial s} \ll \frac{\partial H}{\partial t}$，$\frac{\partial p}{\partial s} \ll \frac{\partial p}{\partial t}$，则式（6-26）又可简化为

$$\frac{\partial H}{\partial t} = -\frac{c^2}{g}\frac{\partial v}{\partial s} \tag{6-27}$$

式（6-26）及式（6-27）通称为水击的连续性微分方程式。

二、水击运动方程

由式（6-5）并考虑到 $\tau_0 = \frac{\lambda}{8}\rho v^2$，代入后得

$$\frac{\partial}{\partial s}\left(z + \frac{p}{\gamma}\right) + \frac{\lambda}{D}\frac{v^2}{2g} + \frac{1}{g}\left(\frac{\partial v}{\partial t} + v\frac{\partial v}{\partial s}\right) = 0 \tag{6-28}$$

由于 $z + \frac{p}{\gamma} = H$，则

$$\frac{\partial H}{\partial s} + \frac{\lambda}{D}\frac{v^2}{2g} + \frac{1}{g}\left(\frac{\partial v}{\partial t} + v\frac{\partial v}{\partial s}\right) = 0 \tag{6-29}$$

式（6-28）及式（6-29）即计入摩阻影响的水击运动微分方程。

三、水击基本方程的简化

式（6-26）和式（6-28）组成一阶拟线性双曲型偏微分方程组，包括两个自变量（s，t）和两个因变量（v，p）。一般情况下，这两个方程不能积分求解，但它们是各种水击计算的出发点。

为了在设计和管理工作中简明地分析长输管线的水击过程，并运用计算机进行计算，必须了解近似解的原理及其应用方法。

首先将式（6-26）和式（6-28）进一步整理成

$$\left. \begin{array}{l} -\dfrac{\partial v}{\partial s} = \dfrac{1}{c^2\rho}\left(\dfrac{\partial p}{\partial t}\right)\left(1 + v\dfrac{\partial p/\partial s}{\partial p/\partial t}\right) \\[2mm] -\dfrac{\partial p}{\partial s} - \dfrac{\lambda\gamma v^2}{2gD} = \dfrac{\gamma}{g}\left(\dfrac{\partial v}{\partial t}\right)\left(1 + v\dfrac{\partial v/\partial s}{\partial v/\partial t}\right) \end{array} \right\} \tag{6-30}$$

注意，这里 $p = \gamma H$ 已属于折算压力。

比值 $\dfrac{\partial p/\partial s}{\partial p/\partial t}$ 和 $\dfrac{\partial v/\partial s}{\partial v/\partial t}$ 的物理意义可简述如下：设在管路沿线有两个断面 Ⅰ 和 Ⅱ，Ⅱ 在 Ⅰ 的上游，相距为 ds。因管中的流速和压强的变化是由水击波传递的结果，故如有一观察者随着水击波从断面 Ⅰ 行进到断面 Ⅱ，所经的时间是 dt，则其所看到的流速变化是 $\dfrac{\partial v}{\partial t}dt$；而在同一瞬时，由一静止的观察者看来，断面 Ⅱ 和 Ⅰ 的速度差是 $\dfrac{\partial v}{\partial s}ds$。对于很小时间间隔 dt，可以近似地认为

$$\frac{\partial v}{\partial t}dt = \frac{\partial v}{\partial s}ds$$

因此

故
$$\frac{\frac{\partial v}{\partial t}}{\frac{\partial v}{\partial s}} = \frac{\mathrm{d}s}{\mathrm{d}t} = c$$

$$1 + v\frac{\partial v/\partial s}{\partial v/\partial t} = 1 + \frac{v}{c}$$

由于 $v \ll c$，故可近似地取 $1 + \frac{v}{c} \approx 1$。同理，由于压强变化和流速变化成正比，故

$$\frac{\frac{\partial p}{\partial s}}{\frac{\partial p}{\partial t}} = \frac{1}{c}$$

利用上述关系将式 (6-30) 简化为

$$\left. \begin{aligned} -\frac{\partial v}{\partial s} &= \frac{1}{c^2\rho}\frac{\partial p}{\partial t} = \frac{g}{c^2\gamma}\frac{\partial p}{\partial t} \\ -\frac{\partial p}{\partial s} - \frac{\lambda\gamma v^2}{2gD} &= \frac{\gamma}{g}\frac{\partial v}{\partial t} = \rho\frac{\partial v}{\partial t} \end{aligned} \right\} \quad (6-31)$$

上式即为长输管线水击计算中普遍应用的简化了的水击基本方程。

四、忽略摩阻影响的水击波动方程

水击计算中习惯取坐标 s 方向与来流方向相反，即从末端阀门处指向上游。因此，式 (6-31) 中负号取消，如再忽略摩阻影响，则可进一步简化为

$$\left. \begin{aligned} \frac{\partial v}{\partial s} &= \frac{1}{c^2\rho}\frac{\partial p}{\partial t} \\ \frac{\partial p}{\partial s} &= \rho\frac{\partial v}{\partial t} \end{aligned} \right\} \quad (6-32)$$

注意：忽略摩阻影响是一种简化的处理方法，否则很难求得分析解。而有此假设后分析解又将是很近似的。为方便起见，埃利维将 $p = \gamma H$ 化为以水头表示，并将 s 写为 x，则可得

$$\left. \begin{aligned} \frac{\partial H}{\partial t} &= \frac{c^2}{g}\frac{\partial v}{\partial x} \\ \frac{\partial H}{\partial x} &= \frac{1}{g}\frac{\partial v}{\partial t} \end{aligned} \right\} \quad (6-33)$$

将该方程分别对 t 及 x 进行求导，经整理后可得

$$\left. \begin{aligned} \frac{\partial^2 H}{\partial t^2} &= \frac{c^2}{g}\frac{\partial^2 v}{\partial x \partial t} \\ \frac{\partial^2 H}{\partial x^2} &= \frac{1}{g}\frac{\partial^2 v}{\partial t \partial x} \end{aligned} \right\} \quad (6-34)$$

则

同理可得

$$\left. \begin{aligned} \frac{\partial^2 H}{\partial t^2} &= c^2\frac{\partial^2 H}{\partial x^2} \\ \frac{\partial^2 v}{\partial t^2} &= c^2\frac{\partial^2 v}{\partial x^2} \end{aligned} \right\} \quad (6-35)$$

它属于数理方程中的波动方程,称为水击波动方程。其通解是由黎曼给出的,其结果为

$$\left.\begin{aligned} H - H_0 &= F(t - \frac{x}{c}) + f(t + \frac{x}{c}) \\ v - v_0 &= -\frac{g}{c}[F(t - \frac{x}{c}) - f(t + \frac{x}{c})] \end{aligned}\right\} \quad (6-36)$$

上式给出管路中由于流速变化 $\Delta v = v - v_0$ 而引起的水头增值 $\Delta H = H - H_0$。式中 H_0 和 v_0 分别为水击发生以前在稳定流情况下的测压管水头和流速;H 和 v 则为任意时刻 t 时在任意断面 x 处的水头和流速。F 和 f 为两个未知函数,其意义如下:

如一观察者随水击波以速度 c 沿 x 方向向上游行进,当 $t=0$ 时观察者位置在 x_1 处,到某一时刻 t,观察者位置在 $x = x_1 + ct$ 处。将这个 x 值代入函数 $F(t - \frac{x}{c})$ 可得:

$$F(t - \frac{x_1 + ct}{c}) = F(-\frac{x_1}{c}) = 常数$$

说明函数 F 是一个以速度 c 沿 x 方向传播的波,传播过程中波幅不变,即水击逆行波的表达式。对于简单管道,各处波速相同。

同样可以说明,函数 $f(t + \frac{x}{c})$ 是一个以速度 c 沿 $-x$ 方向传播的波,传播过程中波幅不变,即水击顺行波的表达式。

上述分析说明,由式(6-36)计算所得任一断面在任一时刻的水击压力和流速是逆行波和顺行波的叠加结果。也是图 6-6 所分析的水击波传递过程的数学表达式。其中函数 $F(t - \frac{x}{c})$ 和 $f(t + \frac{x}{c})$ 的具体波形决定于管路两端的边界条件。但即使给定了边界条件,确定 F 和 f 的具体函数式也是相当困难的。而通过以下变换,可避免求解 F 和 f,直接得到便于计算的关系式。

1) 将式(6-36)两式相减,得

$$2F(t - \frac{x}{c}) = H - H_0 - \frac{c}{g}(v - v_0)$$

在管道中取 A、B 两断面。设断面 A 位于 $x = x_1$ 处,在 t_1 时刻的水头为 $H_{t_1}^A$,其流速为 $v_{t_1}^A$;断面 B 位于 $x = x_2$ 处,在 t_2 时刻的水头为 $H_{t_2}^B$,流速为 $v_{t_2}^B$。则对断面 A,有

$$2F(t_1 - \frac{x_1}{c}) = H_{t_1}^A - H_0 - \frac{c}{g}(v_{t_1}^A - v_0)$$

对断面 B,有

$$2F(t_2 - \frac{x_2}{c}) = H_{t_2}^B - H_0 - \frac{c}{g}(v_{t_2}^B - v_0)$$

如令 $t_1 - \frac{x_1}{c} = t_2 - \frac{x_2}{c}$,即 $t_2 - t_1 = \frac{x_2 - x_1}{c}$,则上面二式的左边相等。因此,右边也相等,而得

$$H_{t_1}^A - H_{t_2}^B = \frac{c}{g}(v_{t_1}^A - v_{t_2}^B) \quad (6-37)$$

上式中已消去了 F 和 f 的函数,仅含有任意两断面在两个不同瞬时 t_1 及 t_2 的流速和水头。若时间间隔 $t_2 - t_1$ 恰是逆行波从下游断面 A 传到上游断面 B 的时间 $\frac{x_2 - x_1}{c}$,则它们的水头

和流速必然满足式 (6-37) 的关系。

2) 将式 (6-36) 两式相加, 得

$$2f(t+\frac{x}{c}) = H - H_0 + \frac{c}{g}(v - v_0)$$

把 A、B 两断面在另外两个时间 t'_1 及 t'_2 的情况代入上式, 并令 $t'_1 + \frac{x_1}{c} = t'_2 + \frac{x_2}{c}$, 即 $t'_1 - t'_2 = \frac{x_2 - x_1}{c}$, 则可得

$$H'^A_{t_1} - H'^B_{t_2} = -\frac{c}{g}(v'^A_{t_1} - v'^B_{t_2}) \tag{6-38}$$

它表明任意两断面 A、B 在两个不同瞬时 t'_1 与 t'_2 的流速和水头。若时间间隔 $t'_1 - t'_2$ 恰好为顺行波从上游断面 B 传到下游断面 A 的时间 $\frac{x_2 - x_1}{c}$, 则它们的水头和流速之间必然满足式 (6-38) 的关系。

利用式 (6-37) 和式 (6-38) 就可以从已知断面在特定时间的水头和流速, 求解另一断面在相应时刻的水头和流速。由于这个关系, 这两个方程就称为水击的联锁方程。

为使方程具有更一般的表达形式, 常写成无因次式的相对值。水头的相对增量 $\zeta = \frac{H - H_0}{H_0} = \frac{\Delta H}{H_0}$; 相对流速 $\eta = \frac{v}{v_m}$, 其中 v_m 为管道中可能的最大流速; 令 $\mu = \frac{cv_m}{2gH_0}$ 为管道特征系数, 它不随水击波的传播而变化, 仅决定于管道特征, 亦为无因次量。则式 (6-37) 和式 (6-38) 可写成

$$\left. \begin{array}{r} \zeta^A_{t_1} - \zeta^B_{t_2} = 2\mu(\eta^A_{t_1} - \eta^B_{t_2}) \\ \zeta'^A_{t_1} - \zeta'^B_{t_2} = -2\mu(\eta'^A_{t_1} - \eta'^B_{t_2}) \end{array} \right\} \tag{6-39}$$

这就是水击联锁方程的普遍形式, 适用于不计摩阻的简单管道。

应用联锁方程求解, 必须知道初始条件和边界条件。

初始条件为水击波发生以前的运动要素, 如 H_0、v_0 等。边界条件要根据具体情况而定。

一般情况管道上游和水库相连, 进口断面压力受水库水位控制而固定不变, 即 $\Delta H^B = 0$, 或 $\zeta^B = 0$。管道另一端常为调节阀门, 其流速变化与阀门关闭规律有关。设阀门全开时的出口断面为 A_m, t 时刻的出口断面为 A_t, 则阀门相对开度为

$$\tau_t = \frac{A_t}{A_m}$$

其流量可近似地表示为

$$Q_t = \mu_0 A_t \sqrt{2gH^A_t}$$

式中, μ_0 为阀门的流量系数, 在调节过程中近似地认为常数。H^A_t 为阀门处在 t 时刻的水头, 它在水击过程中是变化的。由流量可得管道 A 端在时刻 t 的流速为

$$v^A_t = \frac{Q_t}{A} = \mu_0 \frac{A_t}{A} \sqrt{2gH^A_t}$$

式中 A 为管道断面积。利用上式可得阀门全开时稳定流的最大流速, 其时水头为 H_0, 则

$$v_m = \mu_0 \frac{A_m}{A} \sqrt{2gH_0}$$

两式相除,就得流速相对值为

$$\eta_t^A = \frac{v_t^A}{v_m} = \frac{A_t}{A_m}\sqrt{\frac{H_t^A}{H_0}} = \tau_t\sqrt{1+\zeta_t^A} \tag{6-40}$$

知道阀门相对开度 τ_t(以后简写为 τ)随时间的变化过程,就可由式(6-40)确定 η_t^A 和 ζ_t^A 的关系。此即阀门处边界条件表达式。在没有具体资料时,可设 τ 随时间直线变化。

水击的计算主要是确定最大水击增压值。故先要找出可能发生最大水击的断面和时刻。而此断面必然是在阀门处,所以只需算出各相末时刻阀门处的水击压强,即可找出最大水击压力。

为求第一相末阀门 A 处的压强,应用逆行波的联锁方程,水击波从下游断面 A 传到相距为 l 的上游断面 B,需要 $\frac{l}{c}$ 即半相时间。以相作为时间单位,则可由断面 A($t_1=0$)的流速 η_0^A、压强 ζ_0^A,求断面 B($t_2=0.5$ 相)的流速 $\eta_{0.5}^B$,即

$$\zeta_0^A - \zeta_{0.5}^B = 2\mu(\eta_0^A - \eta_{0.5}^B)$$

已知 $\zeta_0^A = 0$,$\eta_0^A = \tau_0\sqrt{1+\zeta_0} = \tau_0$,$\zeta_{0.5}^B = 0$,代入上式得

$$\eta_{0.5}^B = \eta_0^A = \tau_0$$

说明在 $t=0.5$ 相时上游断面 B 处的流速仍是初始状态时的流速。

再由断面 B($t_2'=0.5$ 相)的流速 $\eta_{0.5}^B$ 和压强 $\zeta_{0.5}^B$,应用顺行波的联锁方程,求断面 A($t_1'=1$ 相)的压强 ζ_1^A,可写成

$$\zeta_1^A - \zeta_{0.5}^B = -2\mu(\eta_1^A - \eta_{0.5}^B)$$

其中 η_1^A 为断面 A 在第一相末的流速,可由边界条件 $\eta_1^A = \tau_1\sqrt{1+\zeta_1^A}$ 确定。整理可得

$$\tau_1\sqrt{1+\zeta_1^A} = \tau_0 - \frac{\zeta_1^A}{2\mu} \tag{6-41}$$

即为阀门处第一相末水击值的计算式。

用同样方法可求得 ζ_2^A,其计算式为

$$\tau_2\sqrt{1+\zeta_2^A} = \tau_0 - \frac{\zeta_2^A}{2\mu} - \frac{\zeta_1^A}{\mu}$$

连续应用联锁方程,由前一相末的水击压强求后一相末的水击压强,可写出阀门 A 处第 n 相末的水击压强计算式为

$$\tau_n\sqrt{1+\zeta_n^A} = \tau_0 - \frac{\zeta_n^A}{2\mu} - \frac{1}{\mu}\sum_{i=1}^{n-1}\zeta_i^A \tag{6-42}$$

由上述可见,只要知道阀门关闭的规律 $\tau—t$,就可依次求出任一相末阀门处的水击压力。

§6-5 变水头泄流及排空

当自流管路的高架罐、塔无液体补充时,则泄流过程中,液面逐渐下降,即作用水头随时间降低,泄流流量也将随时间的延长而变小,形成不稳定流。如果从高罐向低罐自流灌油,则高罐液面下降,低罐液面升高,罐间液面差随时间的延长而变小,也相当于作用水头变小,而流量也是逐渐减小的。下面就分析这种变水头不稳定流的泄水原理,以及泄流时间的计算方法。

一、自流不稳定泄流原理

图 6-11 表示一断面不变的柱状容器（如立式油罐）。当水头不变时，其流量将由下式决定

$$Q = \mu A \sqrt{2gH} \qquad (6-43)$$

当水头变化时，流量将随之变化，需用积分方法计算。这时，可根据体积平衡列出微分关系式来进行积分。由于罐横断面积一般很大，可忽略惯性水头。

设在微小时段 dt 内，液面下降了 dH 的高度。令容器横断面面积为 Ω，则由于液面变化引起的体积变化应等于同时段内排出的液体体积，即

$$-\Omega dH = Q dt \qquad (6-44)$$

注意，在微小时段内可以认为是稳定流。式中负号是由于随时间 t 增加，水头 H 要降低，成反变化的缘故。

将式（6-43）代入后，即可求得液面自 H_1 降至 H_2 所需的时间 T（注意这时作用水头为 $H+Z$），即

$$dt = -\frac{\Omega}{Q} dH = \frac{-\Omega}{\mu A \sqrt{2g}} \frac{dH}{\sqrt{H+Z}}$$

取积分限由 0 到 T 及由 H_1 到 H_2，积分后得

$$T = \int_0^T dt = \frac{\Omega}{\mu A \sqrt{2g}} \int_{H_2}^{H_1} \frac{d(H+Z)}{\sqrt{H+Z}} = \frac{\Omega}{\mu A \sqrt{2g}} \left[\frac{\sqrt{H+Z}}{\frac{1}{2}} \right]_{H_2}^{H_1}$$

即

$$T = \frac{2\Omega}{\mu A \sqrt{2g}} (\sqrt{H_1+Z} - \sqrt{H_2+Z}) \qquad (6-45)$$

式中，A 为泄油管出口面积。如果有并排 N 个管子同时泄油（例如灌装油桶时和灌装汽车槽车时），则 $A = Na$（a 为每个排油管出口面积）。流量系数 $\mu = \dfrac{1}{\sqrt{1+\zeta_c}}$，根据实际情况来确定。

如果容器断面是变化的，例如卧式油罐，则必须求出 Ω 随罐内油高 h 的变化关系，然后再进行积分。若罐为横卧圆筒，则 Ω 随 h 的变化存在下列关系。如图 6-12 设罐直径为 D，长为 L，罐内油高为 h，罐底距泄油口高度为 Z。

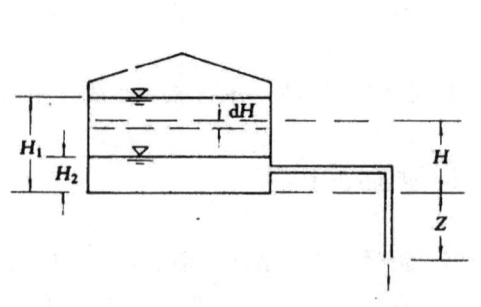

图 6-11 自流不稳定泄流

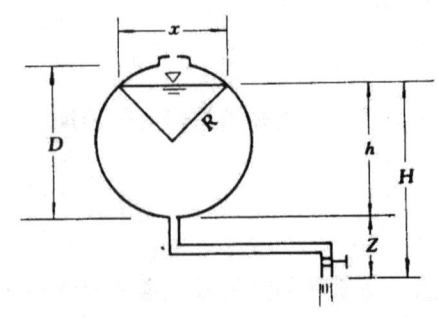

图 6-12 变断面排空

其时，$\Omega = Lx$，由三角关系知

$$x = 2\sqrt{R^2 - (h-R)^2} = 2\sqrt{h(2R-h)}$$
$$= 2\sqrt{h(D-h)}$$

又知
$$H = Z + h$$

故由式（6-44）得
$$dt = -\frac{\Omega}{Q}dh = \frac{-2L\sqrt{h(D-h)}}{\mu A\sqrt{2g(Z+h)}}dh$$

排空油罐所需时间为
$$T = \int_0^T dt = \frac{-2L}{\mu A\sqrt{2g}}\int_D^0 \left[\frac{h(D-h)}{Z+h}\right]^{1/2}dh = \frac{4}{3}\frac{LD\sqrt{D}}{\mu A\sqrt{2g}}\phi\left(\frac{Z}{D}\right) \quad (6-46)$$

式中，$\phi\left(\frac{Z}{D}\right)$ 为随高度变化的一个函数，可由图 6-13 查得。

由图 6-13 可以看出，在高差 Z 不太大的情况下，与高差 $Z=0$ 相比较，自流泄油时间减短较快。而高差愈大，泄油时间减短就愈缓慢了。这是因为管线阻力增大的缘故。为有利于灌装，这时可以加大管径 d 以降低管线阻力。

二、自流泄油时间的实用图解法

从前面分析可以看出，当储液容器断面变化时，计算是比较繁的。而且实际上很多情况下，容器形状并不很规则，难以用函数式表示断面的变化，这就需要用图解法来解决。

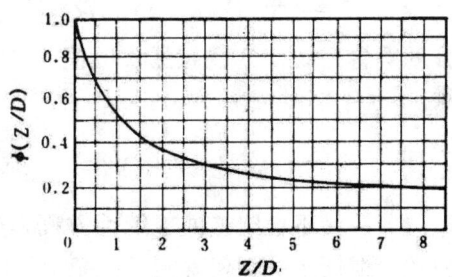

图 6-13 函数 $\phi\left(\frac{Z}{D}\right)$ 的变化

解题时，需要作两条曲线：一是泄液管路的特性曲线；二是储液容器的容积曲线。容积曲线是表示储液容积和储液深度的关系。容积曲线的绘制对油罐可根据油罐容积表。其他容器则需事先标定。

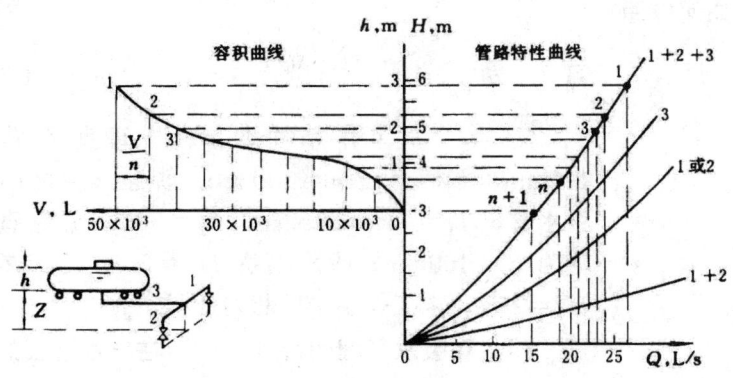

图 6-14 自流泄油实用图解法

图 6-14 左下角表示槽车泄油流程简图。曲线图纵坐标表示两曲线公用的高度坐标（即容积曲线的液面深度 h 和管路特性曲线的水头损失 H）。左侧横坐标代表油罐容积 V，右侧横坐标代表流量 Q。

由于泄油管路是由 1、2、3 三段组成，此时要分别绘出每段管子的管路特性曲线，再用串并联原理相加。本例中，管子 1、2 并联，应按横坐标（流量）相加得 1+2；管子 3 是与 1 和 2 串联，应按纵坐标（水头损失）相加得 1+2+3，此即全管路系统的总特性曲线。

绘成两曲线之后，将体积分成 n 等分，并由各分点作铅垂线交容积曲线于 1、2、3、…、n、$n+1$，再由交点引水平线与管路特性曲线相交，自新交点再向下作铅垂线交于横轴，则 Q_1、Q_2、Q_3、…、Q_n、Q_{n+1} 就代表各不同液面下的流量。

因为经过流出 V/n 的体积的那一段时间 Δt 后，排出的流量由 Q_n 变成了 Q_{n+1}。如取在该段时间内的平均流量为

$$\overline{Q} = \frac{Q_n + Q_{n+1}}{2} \tag{6-47}$$

则泄出 V/n（在相对液面下）体积流量所需时间 Δt 便可由下式计算

$$\Delta t = \frac{\dfrac{V}{n}}{\dfrac{Q_n + Q_{n+1}}{2}} = \frac{2V}{n} \cdot \frac{1}{Q_n + Q_{n+1}} \tag{6-48}$$

而排空油罐所需的总时间将是

$$T = \sum \Delta t = \frac{2V}{n} \left(\frac{1}{Q_1 + Q_2} + \frac{1}{Q_2 + Q_3} + \frac{1}{Q_3 + Q_4} + \cdots + \frac{1}{Q_n + Q_{n+1}} \right) \tag{6-49}$$

当等分划得愈密时，$\overline{Q}$ 愈接近实际值，精度愈高。通常划分为 10 等分即足够满足工程计算的要求。

思 考 题

6-1 一元不稳定流的连续性方程和运动方程中各项的物理意义如何？

6-2 惯性水头如何确定其正负号？

6-3 为减低往复泵装置的惯性水头，可采取哪些措施？

6-4 管路中的水击现象是如何产生的？问题的实质是什么？有哪些种类？怎样计算水击压力的大小？

6-5 如何从不稳定流的基本方程推导水击的基本方程？

6-6 如何求解水击的联锁方程？

6-7 概要说明变水头自流泄流的原理。

6-8 自流泄流的图解法如何应用？

习 题

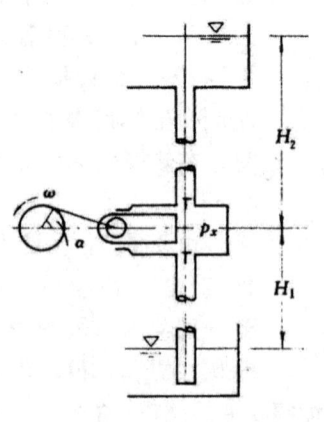

题 6-1 图

6-1 一单作用柱塞泵，柱塞直径 $D = 141$ mm，曲柄半径 $r = 100$ mm，转速 $n = 60$ rpm，吸水管长 $l_1 = 4$ m，压水管长 $l_2 = 30$ m，管路直径均为 $d = 100$ mm，吸水高度 $H_1 = 3$ m，压水高度 $H_2 = 27$ m，求工作室中的相对压强 P_x：

（1）在吸水行程的起点；（2）在压水行程的终点。

6-2 相对密度 0.856 的原油，沿内径 305mm，壁厚 10mm 的钢管输送。输量 300t/h；钢管弹性系数 2.06×10^{11} Pa；原油弹性系数 1.32

$\times 10^9$ Pa。试计算原油中的声速和最大水击压力。

6-3 上题中在其他条件不变的情况下（即管材、流量相同），对输油管和输水管哪一种水击压力较大？相差多少？

6-4 某泵站新建一座 2000m³ 的金属油罐，经试水合格后，欲将罐内存水自流排掉，试求泄流时间。已知罐直径 $D=15.25$m，$H=11$m，$h_0=1.5$m，泄流管路直径为 $\phi 273\times 7$，长度 $l=50$m。流量系数按公式 $\mu = \dfrac{1}{\sqrt{1.5+0.045\dfrac{l}{d}}}$ 计算（d 为管路内径）。

6-5 今有半径 $R=0.8$m 的球形容器，试确定经底部 $d_0=0.05$m 的锐缘孔口（流量系数 $\mu_0=0.62$）完全泄空的时间。在泄空过程中，液体自由表面上始终为大气压强。

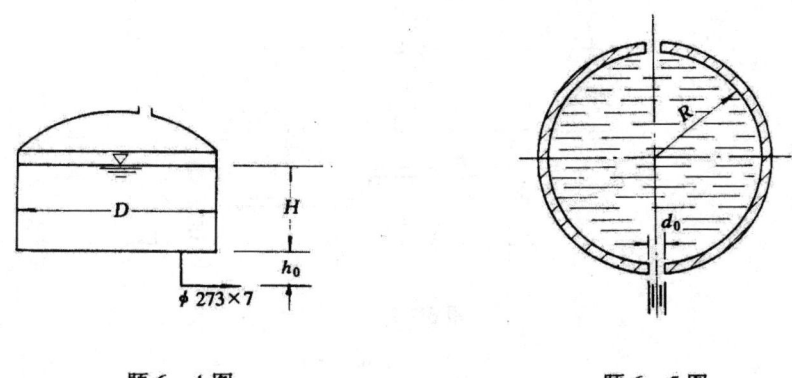

题 6-4 图　　　　　　题 6-5 图

6-6 2000m³ 立式油罐，直径 16m，内装相对密度 0.8 的油品，最高油位 10m，低油位 3m。自油罐接出的管线如图。管线内径 100mm，沿程水力摩阻系数 $\lambda=0.02$。

（1）求最高油位和低油位时的重量流量各为多少 t/h？

（2）罐中油位自最高油位降至低油位所需时间为多少？

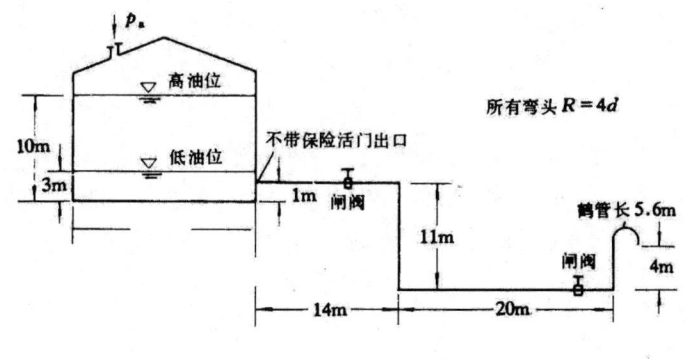

题 6-6 图

6-7 自 50m³ 油槽车卸油，槽车容积和油位高度的关系如下表：

h, m	0	0.26	0.52	0.78	1.04	1.30	1.56	1.82	2.08	2.34	2.60
V, m³	0	2.54	7.02	12.53	18.64	25.05	31.44	37.57	43.07	47.55	50.08

卸油管直径100mm，总长15m，上有弯头（$R=3d$）4个，闸阀2个，管子绝对粗糙度 $\Delta=0.15$mm。油品相对密度0.78，运动粘度1.5cSt。槽车底在泄油口以上2m。

试计算全部排空 50m³ 油所需的时间。

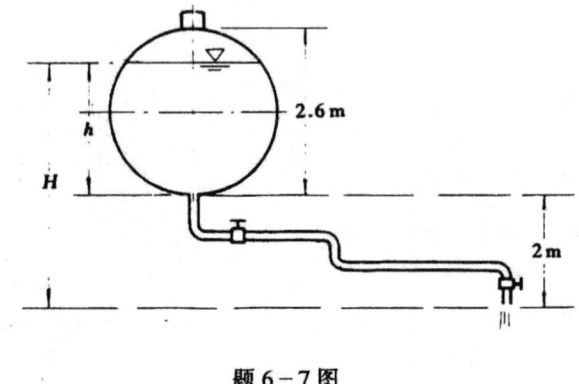

题 6-7 图

6-8 上题中，如果油品的运动粘度增大10倍，即 $\nu=15$cSt，则排空时间将增大多少？

第七章 理想流体二元不可压缩流动

前面各章所述有关流体的运动，尽管在用微分法及积分法进行讨论时，曾涉及到三元流动的一般表达方法，但分析的重点主要是一元流动。因为它是工程问题中最常见的流动。然而，实际工程问题并不限于一元流动，还有大量问题属于二元流动和三元流动，即运动参数沿两个或三个坐标轴都发生变化。最常遇到的是绕流问题，或是流体绕过静止物体如桥墩、海上钻井平台、水上输油管道；或是物体在流体中运动使流体绕过物体，如水下航行的潜艇，空中飞行的飞机。再如离心式水力机械作为转子的叶轮旋转过程中，流体绕过叶栅的运动，将形成更复杂的流场。

关于绕流的研究，如果计入流体的粘性，将在数学分析上遇到很大困难。1904 年普朗特提出的附面层理论，使绕流的研究大为简化。据此，对绕流的研究，一般先分析附面层外部的流场的理想流体的运动，而后结合理论分析和实验验证确定绕流阻力的大小。有关附面层的基本理论概述见第四章，此外仅着重分析附面层外部理想流体的运动。在具体分析这类问题时，又常先忽略某些端部影响，把三元流动作为二元流动处理，即视为流体绕过无限长的其中心轴线垂直于来流方向的柱形物体所形成的平面流动。在实际问题中只要柱形物体有足够的长度，这种近似的处理是可行的。

由于绕流流场的研究涉及到流体微团的运动状况及变形特点，故本章先从一般流体微团运动出发，区别有旋和无旋性质，而后重点分析平面无旋（势流）流场，最后简要讨论绕流中的升力和阻力问题。

§7-1 流体微团运动的分析，势流和涡流

一、流体微团运动分析

研究流体的运动，欧拉法是从流线概念出发，进而分析流束和总流，得出沿流程参量变化的关系，这只适用于通道流场的一元流动。而研究绕流则必须以整个流场为对象，分析空间中任一坐标点处的运动参量的变化，这就必须从质点的概念出发，分析流体微团的运动特点，而后建立整个流场中的运动规律。

流体的主要特征是具有连续变形的性质。刚体质点的运动只表现为移动和旋转，而流体质点的运动则除了移动和旋转以外，突出地表现为变形运动。为了便于说明，先考虑二元情况。

图 7-1 表示 xoy 平面上点 A 附近的方形流体微团 $ABCD$，经过某瞬时 dt 后，此微团可能有四种情况：①如图 7-1 (a)，移至 $A'B'C'D'$ 位置，其各边方位及形状都

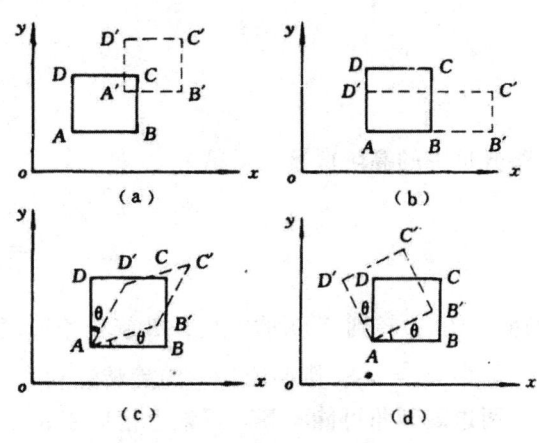

图 7-1 流体微团运动形式

与原来相同，属于单纯的平移运动；②如图 7-1（b），其时微团横向伸长而纵向缩短，属于单纯的线变形运动；③如图 7-3（c），其时 A 点不变，但围绕 A 点互相垂直的两边各有转动，转动的方向相反，转角大小相等，各边长不变，属于单纯的角变形运动；④如图 7-1（d），A 点位置不变，形状不变，微团质点围绕 A 点向同方向转动相同的角度，属于单纯的旋转运动。如果把线变形和角变形合称为变形运动，则流体微团的基本运动形式，就可分为平移、旋转和变形运动，而后者正是流体的主要特征。

下面进一步分析这些运动形式和流速变化之间的关系。设微团 ABCD 的边长为 dx 和 dy，如图 7-2 所示。

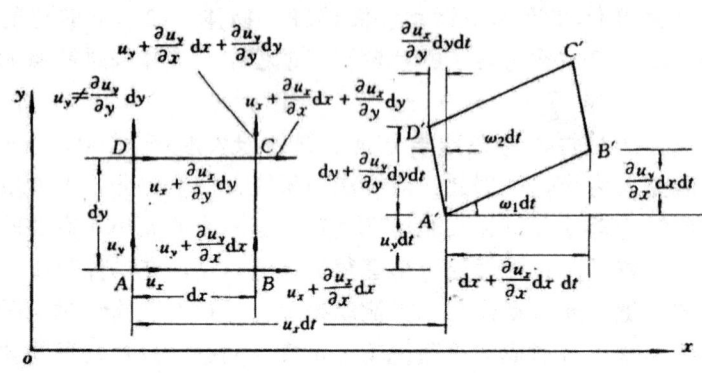

图 7-2　流体微团运动形式和流速变化的关系

取 A 点处的流速分量为 u_x 及 u_y，则 B、C、D 各点处的流速分量将如图所示。其时，流速的增量按泰勒级数展开后作为一阶微量考虑。经过 dt 时间后，该微团运动到图示 $A'B'C'D'$ 的位置。其时，A 至 A' 的水平和垂直移动距离将分别是 $u_x dt$ 和 $u_y dt$。而 B 至 B' 的水平移动距离，由于 B 处水平分速比 A 处快 $\frac{\partial u_x}{\partial x}dx$，故边长 AB 在 x 向要拉伸 $\frac{\partial u_x}{\partial x}dx dt$，亦即微团在 x 向的线变形率（单位时间、单位长度的线变形）为 $\frac{\partial u_x}{\partial x}$，以 ε_{xx} 表示，即 $\varepsilon_{xx} = \frac{\partial u_x}{\partial x}$。同理在 y 方向的线变形率为 $\varepsilon_{yy} = \frac{\partial u_y}{\partial y}$。

围绕 A 点原来相互垂直的两边 AB 和 AD，经 dt 时间后，方位发生变化。因 B 点在 y 方向的分速度比 A 点在 y 方向的分速度具有增量 $\frac{\partial u_y}{\partial x}dx$，故 AB 边产生一个逆时针方向的转动，成为 $A'B'$。若令单位时间的转角或旋转角速度为 ω_1，则 AB 的转角为

$$\omega_1 dt = \frac{\frac{\partial u_y}{\partial x}dx dt}{dx + \frac{\partial u_x}{\partial x}dx dt}$$

忽略分母中的高阶微量，可得

$$\omega_1 = \frac{\frac{\partial u_y}{\partial x}dt}{dt} = \frac{\partial u_y}{\partial x}$$

同理，AD 边转到 $A'D'$ 的方位，其旋转角速度为 $\omega_2 = -\frac{\partial u_x}{\partial y}$。

如果 $\omega_1 = \omega_2$，则微团作单纯旋转运动，如图 7-1（d）。实际上，可能会同时发生角变形，两边的转角可能不等。习惯上把原来相互垂直的两边的旋转角速度的平均值，亦即夹角的分角线的旋转角速度定义为围绕 z 轴的旋转角速度，以 ω_z 表示（z 轴垂直于 xoy 平面），

即
$$\omega_z = \frac{1}{2}(\omega_1 + \omega_2) = \frac{1}{2}(\frac{\partial u_y}{\partial x} - \frac{\partial u_x}{\partial y}) \tag{7-1}$$

当 AB 旋转角速度 ω_1 为正，AD 旋转角速度 ω_2 为负时，夹角将减小；若 ω_2 为正，ω_1 为负，则夹角将增大。由图 7-2 可见夹角减小值为 $d\alpha = \frac{\pi}{2} - (\frac{\pi}{2} - \omega_1 dt + \omega_2 dt) = (\omega_1 - \omega_2) dt$，习惯上把单位时间的角变形之半定义为角变形率，以 ϵ_{xy} 表示（xoy 平面上角变形），即

$$\epsilon_{xy} = \frac{1}{2}(\omega_1 - \omega_2) = \frac{1}{2}(\frac{\partial u_y}{\partial x} + \frac{\partial u_x}{\partial y}) \tag{7-2}$$

以上关系推广到三元流场，则流体微团运动的基本关系式可归纳为

平移速度： $\qquad\qquad\qquad u_x, u_y, u_z$

线变形率：
$$\epsilon_{xx} = \frac{\partial u_x}{\partial x}, \epsilon_{yy} = \frac{\partial u_y}{\partial y}, \epsilon_{zz} = \frac{\partial u}{\partial z} \tag{7-3}$$

角变形率：
$$\left. \begin{array}{l} \epsilon_{xy} = \epsilon_{yx} = \frac{1}{2}(\frac{\partial u_y}{\partial x} + \frac{\partial u_x}{\partial y}) \\ \epsilon_{yz} = \epsilon_{zy} = \frac{1}{2}(\frac{\partial u_z}{\partial y} + \frac{\partial u_y}{\partial z}) \\ \epsilon_{zx} = \epsilon_{xz} = \frac{1}{2}(\frac{\partial u_x}{\partial z} + \frac{\partial u_z}{\partial x}) \end{array} \right\} \tag{7-4}$$

旋转角速度：
$$\left. \begin{array}{l} \omega_z = \frac{1}{2}(\frac{\partial u_y}{\partial x} - \frac{\partial u_x}{\partial y}) \\ \omega_x = \frac{1}{2}(\frac{\partial u_z}{\partial y} - \frac{\partial u_y}{\partial z}) \\ \omega_y = \frac{1}{2}(\frac{\partial u_x}{\partial z} - \frac{\partial u_z}{\partial x}) \end{array} \right\} \tag{7-5}$$

现在用流体微团运动的基本关系来表达空间中邻近两点间的速度变化关系。取空间任一点 O 处的速度分量为 u_{x_0}，u_{y_0}，u_{z_0}，距 O 点 ds 处某点的速度分量为 u_x、u_y、u_z。有 $u_x = u_{x_0} + du_x$，$u_y = u_{y_0} + du_y$，$u_z = u_{z_0} + du_z$。将 du_x 按泰勒级数展开有

$$du_x = (\frac{\partial u_x}{\partial x})_0 dx + (\frac{\partial u_x}{\partial y})_0 dy + (\frac{\partial u_x}{\partial z})_0 dz$$

将上式进行配项整理，代入 u_x 式

$$u_x = u_{x0} + (\frac{\partial u_x}{\partial x})_0 dx + \frac{1}{2}(\frac{\partial u_x}{\partial y} - \frac{\partial u_y}{\partial x})_0 dy + \frac{1}{2}(\frac{\partial u_x}{\partial y} + \frac{\partial u_y}{\partial x})_0 dy$$
$$+ \frac{1}{2}(\frac{\partial u_x}{\partial z} - \frac{\partial u_z}{\partial x})_0 dz + \frac{1}{2}(\frac{\partial u_x}{\partial z} + \frac{\partial u_z}{\partial x})_0 dz$$

把式 (7-3)、式 (7-4)、式 (7-5) 代入得

$$u_x = u_{x_0} + \omega_y dz - \omega_z dy + \varepsilon_{xx} dx + \varepsilon_{xy} dy + \varepsilon_{xz} dz$$

同理，对其他两个速度分量也可写出类似的关系式，而该点的速度可表达为

$$\left.\begin{aligned} u_x &= u_{x_0} + \omega_y dz - \omega_z dy + \varepsilon_{xx} dx + \varepsilon_{xy} dy + \varepsilon_{xz} dz \\ u_y &= u_{y_0} + \omega_z dx - \omega_x dz + \varepsilon_{yy} dy + \varepsilon_{yz} dz + \varepsilon_{yx} dx \\ u_z &= u_{z_0} + \omega_x dy - \omega_y dx + \varepsilon_{zz} dz + \varepsilon_{zx} dx + \varepsilon_{zy} dy \end{aligned}\right\} \quad (7-6)$$

各式右边第一项为平移速度；第二、三两项为旋转引起的速度增量；第四项为线变形引起的速度增量；第五、六两项为角度变形引起的速度增量。可见，流场中任一点的流速都可以由平移、旋转和变形三部分组成。

例 7-1 设有平面流场 $u_x = x^2 y + y^2$，$u_y = x^2 - y^2 x$，求此流场在点 (1, 2) 处的线变形率、角变形率和旋转角速度。

解 因是平面流场，$u_z = 0$，
线变形率

$$\varepsilon_{xx} = \frac{\partial u_x}{\partial x} = 2xy = 2 \times 1 \times 2 = 4$$

$$\varepsilon_{yy} = \frac{\partial u_y}{\partial y} = -2xy = -4$$

角变形率

$$\varepsilon_{xy} = \varepsilon_{yx} = \frac{1}{2}\left(\frac{\partial u_y}{\partial x} + \frac{\partial u_x}{\partial y}\right) = \frac{1}{2}[(2x - y^2) + (x^2 + 2y)]$$

$$= \frac{1}{2}[x^2 - y^2 + 2(x+y)] = \frac{1}{2}[1 - 4 + 2 \times 3] = \frac{3}{2}$$

旋转角速度

$$\omega_z = \frac{1}{2}\left(\frac{\partial u_y}{\partial x} - \frac{\partial u_x}{\partial y}\right) = \frac{1}{2}[(2x - y^2) - (x^2 - 2y)]$$

$$= (x - y) - \frac{1}{2}(x^2 + y^2) = (-1) - \frac{5}{2} = -3\frac{1}{2}$$

二、势流和涡流

按照流体微团运动是否存在旋转，将流动划分为两大类型：无旋流动和有旋流动。

1. 无旋流动

其时，旋转角速度为零，通称为势流。根据流体微团运动分析，势流的存在条件是

$$\left.\begin{aligned} \omega_x &= \frac{1}{2}\left(\frac{\partial u_z}{\partial y} - \frac{\partial u_y}{\partial z}\right) = 0 \text{ 或} \frac{\partial u_z}{\partial y} = \frac{\partial u_y}{\partial z} \\ \omega_y &= \frac{1}{2}\left(\frac{\partial u_x}{\partial z} - \frac{\partial u_z}{\partial x}\right) = 0 \text{ 或} \frac{\partial u_x}{\partial z} = \frac{\partial u_z}{\partial x} \\ \omega_z &= \frac{1}{2}\left(\frac{\partial u_y}{\partial x} - \frac{\partial u_x}{\partial y}\right) = 0 \text{ 或} \frac{\partial u_y}{\partial x} = \frac{\partial u_x}{\partial y} \end{aligned}\right\} \quad (7-7)$$

由数学分析知道，式（7-7）是使 $u_x dx + u_y dy + u_z dz$ 为某一函数 φ 的全微分的必要和充分条件。因而在有势流动中必然存在以下关系

$$u_x dx + u_y dy + u_z dz = d\varphi = \frac{\partial \varphi}{\partial x} dx + \frac{\partial \varphi}{\partial y} dy + \frac{\partial \varphi}{\partial z} dz \tag{7-8}$$

由此可见

$$u_x = \frac{\partial \varphi}{\partial x}, u_y = \frac{\partial \varphi}{\partial y}, u_z = \frac{\partial \varphi}{\partial z} \tag{7-9}$$

即在势流中必存在一个标量场 $\varphi(x, y, z)$。若为不稳定流动，则 $\varphi = \varphi(x, y, z, t)$。式（7-9）代表此标量场与流速场之间的关系。因此，称函数 φ 为速度势。对有势流动，只需求出速度势 φ，即可由式（7-9）求出各速度分量。

例 7-2 圆管中层流运动，取管轴线与 ox 轴重合时，其流速特性为

$$u_x = u_m - k(y^2 + z^2)$$

$$u_y = 0, \quad u_z = 0$$

其中，u_m 为管中心最大速度。问此流场是否有旋？

解 由于

$$\omega_x = \frac{1}{2}\left(\frac{\partial u_z}{\partial y} - \frac{\partial u_y}{\partial z}\right) = \frac{1}{2}(0-0) = 0$$

$$\omega_y = \frac{1}{2}\left(\frac{\partial u_x}{\partial z} - \frac{\partial u_z}{\partial x}\right) = \frac{1}{2}(-2kz - 0) = -kz$$

$$\omega_z = \frac{1}{2}\left(\frac{\partial u_y}{\partial x} - \frac{\partial u_x}{\partial y}\right) = \frac{1}{2}(0 + 2ky) = ky$$

故为有旋流场。

例 7-3 已知平面流动的速度势为

$$\varphi = x^2 - y^2 + x$$

求在点 (2, 1) 处的流速分量。

解
$$u_x = \frac{\partial \varphi}{\partial x} = 2x + 1 = 4 + 1 = 5$$

$$u_y = \frac{\partial \varphi}{\partial y} = -2y = -2$$

2．有旋流动

其时，旋转角速度不为零，通称为涡流。

旋转角速度 ω 也象流速一样，为一矢量，可用描述流速类似的方法来描述旋转角速度。各点旋转角速度的方向可用涡线来表示。涡线上各质点在同一瞬间的旋转角速度矢量都与涡线在该点相切，如图 7-3 所示。

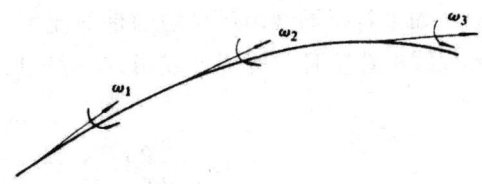

图 7-3　涡线

涡线的绘制方法与流线相同，其表达式也类似于流线，写为

$$\frac{\mathrm{d}x}{\omega_x} = \frac{\mathrm{d}y}{\omega_y} = \frac{\mathrm{d}z}{\omega_z} \tag{7-10}$$

通过微元断面的涡线，组成涡束，涡束表面称为涡管。如图7-4。

涡束断面面积和2倍旋转角速度的乘积称为涡通量，以 I 表示，则微元涡通量为

$$\mathrm{d}I = 2\omega \mathrm{d}A = \Omega \mathrm{d}A \tag{7-11}$$

$\Omega = 2\omega$ 称为旋度，亦称涡量。

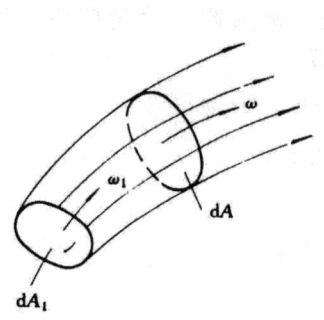
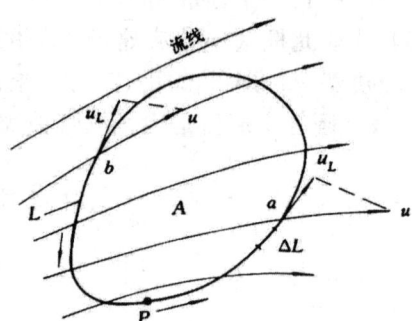

图7-4 涡管　　　　　　　　图7-5 速度环量

涡流的另一重要概念是速度环量。在流场中任取封闭周线 L，如图7-5所示。流速沿该曲线的积分称为沿曲线 L 的速度环量，用 Γ 表示，则

$$\Gamma = \oint_L \boldsymbol{u} \cdot \mathrm{d}\boldsymbol{L} = \oint_L u_L \mathrm{d}L = \oint_L (u_x \mathrm{d}x + u_y \mathrm{d}y + u_z \mathrm{d}z) \tag{7-12}$$

式中，u_L 为曲线切线方向的分速，规定与沿 L 绕行方向一致时为正（如图中 a 点），相反为负（如图中 b 点）。速度环量的正向规定为：沿封闭周线前进时，周线所包围的面积在速度方向的左侧。因此，逆时针的速度环量为正。

速度环量与涡通量有密切关系。当封闭周线内有涡束时，则沿封闭周线的速度环量等于该封闭周线内曲面上所有涡束的涡通量，即

$$\Gamma = \oint_L \boldsymbol{u} \cdot \mathrm{d}\boldsymbol{L} = \int_A \Omega_n \mathrm{d}A = 2\int_A \omega_n \mathrm{d}A \tag{7-13}$$

上式关系称为斯托克斯定理（证明从略）。据此可通过分析速度环量研究涡流。

如果封闭周线内所包围的是势流区，其时 $\omega = 0$，则在速度势为单值的情况下，沿该封闭周线的速度环量为零。或由式（7-12）

$$\Gamma = \oint_L \left(\frac{\partial \varphi}{\partial x}\mathrm{d}x + \frac{\partial \varphi}{\partial y}\mathrm{d}y + \frac{\partial \varphi}{\partial z}\mathrm{d}z\right) = \oint_L \mathrm{d}\varphi = \varphi_p - \varphi_p = 0$$

因为从任一点 p 出发积分，绕行后仍回到 p 点，其积分上下限的速度势相同，故 $\Gamma=0$。

关于涡流有关的其他定理，就不一一介绍了。可参看其他有关资料。

例 7-4 已知有旋流动的速度场为 $u_x=2y+3z$，$u_y=2z+3x$，$u_z=2x+3y$，求涡量及涡线方程。

解 先求旋转角速度

$$\omega_x=\frac{1}{2}\left(\frac{\partial u_z}{\partial y}-\frac{\partial u_y}{\partial z}\right)=\frac{1}{2}(3-2)=\frac{1}{2}$$

$$\omega_y=\frac{1}{2}\left(\frac{\partial u_x}{\partial z}-\frac{\partial u_z}{\partial x}\right)=\frac{1}{2}(3-2)=\frac{1}{2}$$

$$\omega_z=\frac{1}{2}\left(\frac{\partial u_y}{\partial x}-\frac{\partial u_x}{\partial y}\right)=\frac{1}{2}(3-2)=\frac{1}{2}$$

$$\omega=\sqrt{\omega_x^2+\omega_y^2+\omega_z^2}=\sqrt{\left(\frac{1}{2}\right)^2+\left(\frac{1}{2}\right)^2+\left(\frac{1}{2}\right)^2}=\frac{\sqrt{3}}{2}$$

涡量 $\quad \Omega=2\omega=2\times\frac{\sqrt{3}}{2}=\sqrt{3}$

涡线方程 $\quad \dfrac{\mathrm{d}x}{\omega_x}=\dfrac{\mathrm{d}y}{\omega_y}=\dfrac{\mathrm{d}z}{\omega_z}$

即 $\quad \dfrac{\mathrm{d}x}{\frac{1}{2}}=\dfrac{\mathrm{d}y}{\frac{1}{2}}=\dfrac{\mathrm{d}z}{\frac{1}{2}}$

图 7-6

而 $\quad \mathrm{d}x=\mathrm{d}y=\mathrm{d}z$

积分得 $\quad x=y=z$

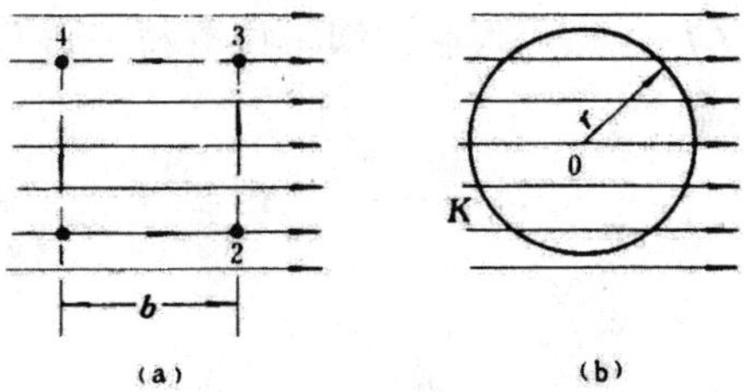

例 7-5 试证明平行流的速度环量等于零（见图 7-6）。

解 流体以等速度 u_0 水平方向流动。在流场中取图示 (a) 的矩形封闭周线，计算沿周线的速度环量为

$$\Gamma_{12341}=\Gamma_{12}+\Gamma_{23}+\Gamma_{34}+\Gamma_{41}=bu_0+0-bu_0+0=0$$

若再取图示 (b) 的圆周周线，计算其速度环量为

$$\Gamma_K=\oint_K u_0\cos\alpha\,\mathrm{d}s=u_0r\int_0^{2\pi}\cos\alpha\,\mathrm{d}\theta=u_0r\int_0^{2\pi}\cos(90°+\theta)\mathrm{d}\theta=0$$

式中 θ 为圆的半径 r 与水平方向的夹角。同样可证，沿任何形状的封闭周线的速度环量均等于零。

§7-2 平面势流

平面流动是二元流动,所有流体质点在任一时刻的速度都平行于某一固定平面,而在此平面的任一条垂直线上各点处的质点流速在大小和方向上都相同。严格来说,自然界并不存在真正的平面流动,因为都要受流场边界的影响。为了简化分析,通常先把问题作为平面流动处理,再根据实际条件对边界部分进行适当修正。

一、速度势和流函数、流网

在平面流动中势流的分析对研究绕流问题占有重要位置。前已讨论过在势流中具有速度势。在不可压缩流体的有势流动中,速度势将满足拉普拉斯方程。因为对不可压缩流体,它满足以下的连续性方程

$$\frac{\partial u_x}{\partial x} + \frac{\partial u_y}{\partial y} + \frac{\partial u_z}{\partial z} = 0$$

将式(7-9)代入后,即得拉普拉斯方程

$$\frac{\partial^2 \varphi}{\partial x^2} + \frac{\partial^2 \varphi}{\partial y^2} + \frac{\partial^2 \varphi}{\partial z^2} = \nabla^2 \varphi = 0 \tag{7-14}$$

式中,$\nabla^2 = \frac{\partial^2}{\partial x^2} + \frac{\partial^2}{\partial y^2} + \frac{\partial^2}{\partial z^2}$ 称为拉普拉斯算子。在数学分析上,凡是满足拉普拉斯方程的函数称为调和函数。故速度势为调和函数。对平面势流则有

$$u_x = \frac{\partial \varphi}{\partial x}, \qquad u_y = \frac{\partial \varphi}{\partial y} \tag{7-15}$$

这时,拉普拉斯方程为

$$\frac{\partial^2 \varphi}{\partial x^2} + \frac{\partial^2 \varphi}{\partial y^2} = \nabla^2 \varphi = 0 \tag{7-16}$$

在不可压缩流体稳定平面流动中,另一个描绘流场的函数是流函数。由流线微分方程可知,对平面流动有

$$\frac{\mathrm{d}x}{u_x} = \frac{\mathrm{d}y}{u_y}$$

或

$$u_x \mathrm{d}y - u_y \mathrm{d}x = 0 \tag{7-17}$$

从高等数学分析知道,要使式(7-17)能够积分的必要和充分条件是

$$\frac{\partial u_x}{\partial x} + \frac{\partial u_y}{\partial y} = 0$$

亦即不可压缩流体的平面流动是连续的必满足上式。

对式(7-17)进行积分,可得

$$\int (u_x \mathrm{d}y - u_y \mathrm{d}x) = \psi(x,y) \tag{7-18}$$

式中，$\psi(x, y)$ 是积分结果，称为流函数。

将式（7-18）微分，得

$$\mathrm{d}\psi = u_x \mathrm{d}y - u_y \mathrm{d}x \tag{7-19}$$

因 $\psi = \psi(x, y)$，故其全微分

$$\mathrm{d}\psi = \frac{\partial \psi}{\partial x}\mathrm{d}x + \frac{\partial \psi}{\partial y}\mathrm{d}y \tag{7-20}$$

比较上两式得

$$u_x = \frac{\partial \psi}{\partial y}, u_y = -\frac{\partial \psi}{\partial x} \tag{7-21}$$

此即流函数与流速的关系。

现在说明流函数的物理意义。把流函数的微分式（7-19）与流线方程（7-17）比较，得 $\mathrm{d}\psi = 0$，即

$$\psi(x,y) = C \tag{7-22}$$

说明同一流线上各点的流函数为一常数，故等流函数线即是流线。另外可证明平面流场中，两相邻流线间的流函数差值，相当于单宽流量。可证明如下：

图 7-7 表示一平面势流中的几条流线，每条流线有各自的 ψ 值。在任意两条流线 ψ 和 $\psi + \mathrm{d}\psi$ 之间有一固定流量 $\mathrm{d}q$。由于是平面问题，在 z 轴方向可取单位长度，故 $\mathrm{d}q$ 称为单宽流量。取 ab 为两流线间的过水断面，设 a 点坐标为 (x, y)，则由图看出，b 点坐标为 $(x - \mathrm{d}x, y + \mathrm{d}y)$。设 ab 断面的水平和铅垂投影为 cb 及 ac，则

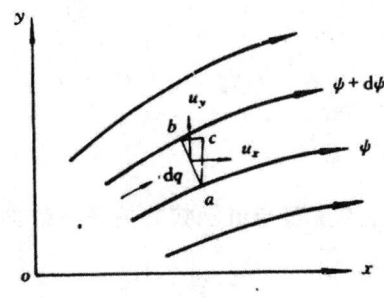

图 7-7 流函数物理意义

$$\mathrm{d}q = u_x ac + u_y cb$$

由于 $ac = \mathrm{d}y$，$cb = -\mathrm{d}x$（正负由 a 到 b 的坐标差决定），故上式可写为

$$\mathrm{d}q = u_x \mathrm{d}y - u_y \mathrm{d}x$$

将式（7-21）代入得

$$\mathrm{d}q = \frac{\partial \psi}{\partial y}\mathrm{d}y + \frac{\partial \psi}{\partial x}\mathrm{d}x = \mathrm{d}\psi \tag{7-23}$$

积分后

$$q = \int_{\psi_1}^{\psi_2} \mathrm{d}\psi = \psi_2 - \psi_1 \tag{7-24}$$

即上述得证。

在论证流函数存在及说明其特性时，仅用了平面流动的条件，故以上结论对任何平面流动，不论势流和涡流都适用。

在平面势流中，质点的旋转角速度为零，即

$$\omega_z = \frac{1}{2}\left(\frac{\partial u_y}{\partial x} - \frac{\partial u_x}{\partial y}\right) = 0$$

或

$$\frac{\partial u_y}{\partial x} - \frac{\partial u_x}{\partial y} = 0$$

将式（7-21）代入，得

$$\frac{\partial^2 \psi}{\partial x^2} + \frac{\partial^2 \psi}{\partial y^2} = \nabla^2 \psi = 0 \tag{7-25}$$

亦即在平面势流中，流函数亦满足拉普拉斯方程，也是一个调和函数。

根据式（7-15）和式（7-21）可得

$$\left.\begin{array}{l} u_x = \dfrac{\partial \varphi}{\partial x} = \dfrac{\partial \psi}{\partial y} \\ u_y = \dfrac{\partial \varphi}{\partial y} = -\dfrac{\partial \psi}{\partial x} \end{array}\right\} \tag{7-26}$$

上述速度势与流函数的关系在数学分析中称为柯西－黎曼条件。据此可知

$$\frac{\partial \varphi}{\partial x} \cdot \frac{\partial \psi}{\partial x} + \frac{\partial \varphi}{\partial y} \cdot \frac{\partial \psi}{\partial y} = 0 \tag{7-27}$$

它是等势线簇 $\varphi(x, y)$ 和流线簇 $\psi(x, y)$ 相互垂直的条件，即等势线簇和流线簇在平面上构成正交网格，称为流网，如图 7-8 所示。

根据上述的柯西－黎曼条件，可以从势函数求流函数或从流函数求势函数。

例 7-6 已知不可压缩流体平面流动的速度势为 $\varphi = x^2 - y^2 + x$，求流函数。

解 因

$$u_x = \frac{\partial \varphi}{\partial x} = 2x + 1 = \frac{\partial \psi}{\partial y}$$

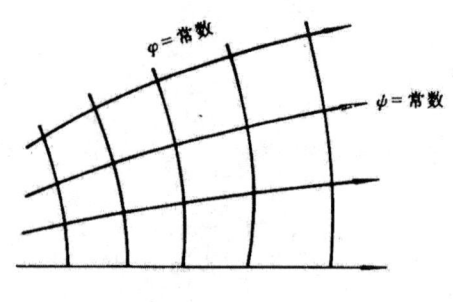

图 7-8 流网

则积分后
$$\psi = 2xy + y + c(x)$$

再由
$$\frac{\partial \psi}{\partial x} = 2y + c'(x) = -\frac{\partial \varphi}{\partial y} = 2y$$

从而
$$c'(x) = 0, c(x) = c$$

故
$$\psi = 2xy + y + c$$

一般情况下，可令 c 为 0，则
$$\psi = 2xy + y$$

二、几种简单的不可压缩流体平面势流

拉普拉斯方程在复杂边界条件下不易求解，但对一些简单的平面势流，其速度势和流函数不难解出。并且这些简单的平面势流，经过恰当的叠加，往往能合成一种符合给定边界条件下的流动，有助于实际问题的解决。

1. 平行等速流

设流体作平行直线等速流动，流场中各点速度的大小和方向均相同。即 $u_x = a$，$u_y = b$，a 和 b 均为定值。流线方程为

$$\frac{dx}{a} = \frac{dy}{b}$$

或
$$bdx - ady = 0$$

积分后得
$$bx - ay = C \tag{7-28}$$

它将是一组斜率 $\frac{dy}{dx} = \frac{b}{a}$ 的平行直线，如图 7-9 所示。

由于 $\frac{\partial \varphi}{\partial x} = u_x = a$，$\frac{\partial \varphi}{\partial y} = u_y = b$，故

$$d\varphi = \frac{\partial \varphi}{\partial x}dx + \frac{\partial \varphi}{\partial y}dy = adx + bdy$$

于是，速度势为
$$\varphi = ax + by \tag{7-29}$$

又
$$d\psi = \frac{\partial \psi}{\partial x}dx + \frac{\partial \psi}{\partial y}dy = -\frac{\partial \varphi}{\partial y}dx + \frac{\partial \varphi}{\partial x}dy = -bdx + ady$$

而流函数为

$$\psi = -bx + ay \tag{7-30}$$

式（7-29）和式（7-30）都满足拉普拉斯方程，且等势线簇 $ax + by =$ 常数，如图 7-9 中虚线所示。它与流线簇 $-bx + ay =$ 常数相互垂直。

由于流场中各点速度都相同，根据伯诺利方程可得 $z + \dfrac{p}{\gamma} =$ 常数。若流动沿水平平面，则 $z =$ 常数，重力影响忽略不计，而流场中压力 $p =$ 常数。

2．点源和点汇

设在无限平面上流体从一点沿径向直线均匀地向各方向流出，称为点源，如图 7-10 (a)，此点称为源点。若流体沿径向直线均匀地从各方向流入一点，则称为点汇，此点称为汇点，如图 7-10 (b) 所示。

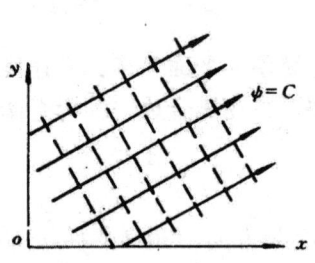

图 7-9　平行等速流

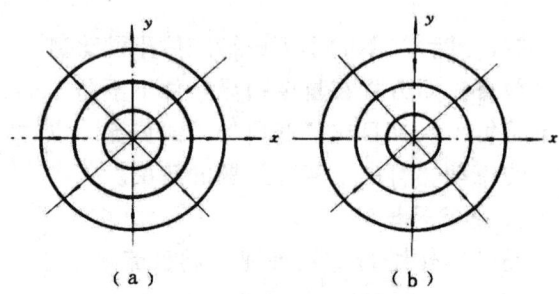

图 7-10　点源和点汇

点源和点汇的流动都只有径向速度 u_r，把源点（或汇点）放在极坐标原点处，则

$$v_r = \frac{\partial \varphi}{\partial r}, v_\theta = 0$$

$$\mathrm{d}\varphi = v_r \mathrm{d}r$$

根据流动的连续性条件，流体通过任一圆柱面的流量都应相等，故每秒通过半径 r 的单宽流量（称为点源或点汇的强度）为

$$2\pi r v_r \times 1 = Q = 常数$$

由此

$$v_r = \frac{Q}{2\pi r} \tag{7-31}$$

对于点源，$Q > 0$，而 $v_r > 0$；对于点汇，$Q < 0$，而 $v_r < 0$。故对点源和点汇，其区别仅在于 Q 或 v_r 的符号不同，对点源取正号，对点汇取负号。对点源有

$$\mathrm{d}\varphi = \frac{Q}{2\pi} \cdot \frac{\mathrm{d}r}{r}$$

积分（积分常数取为 0）得

$$\varphi = \frac{Q}{2\pi}\ln r = \frac{Q}{2\pi}\ln\sqrt{x^2+y^2} \qquad (7-32)$$

等势线 φ = 常数，其时 r = 常数，是半径不同的同心圆簇。当 $r=0$ 时，速度势 φ 和速度 v_r 都变成无穷大，源点（或汇点）为奇点。

为求流函数，根据式（7-19）

$$d\psi = -u_y dx + u_x dy = -\frac{\partial\varphi}{\partial y}dx + \frac{\partial\varphi}{\partial x}dy$$

$$= -\frac{Qy}{2\pi(x^2+y^2)}dx + \frac{Qx}{2\pi(x^2+y^2)}dy = \frac{Q}{2\pi}\frac{xdy-ydx}{x^2+y^2}$$

积分（积分常数取为 0）得

$$\psi = \frac{Q}{2\pi}\int\frac{xdy-ydx}{x^2+y^2} = \frac{Q}{2\pi}\int\frac{d(\frac{y}{x})}{1+(\frac{y}{x})^2} = \frac{Q}{2\pi}\operatorname{tg}^{-1}\frac{y}{x}$$

由于 $\operatorname{tg}\theta = \frac{y}{x}$，即 $\operatorname{tg}^{-1}\frac{y}{x}=\theta$，则

$$\psi = \frac{Q}{2\pi}\theta \qquad (7-33)$$

流线为 ψ = 常数，即 θ = 常数，是辐角一定的辐射线。等势线及流线都满足拉普拉斯方程及正交条件。

若为无限大水平平面，则根据伯诺利方程可得

$$\frac{p}{\gamma} + \frac{u_r^2}{2g} = \frac{p_\infty}{\gamma}$$

式中，p_∞ 是在 $r\to\infty$ 处的流体压力，该处速度 $u_r = \frac{Q}{2\pi r}=0$。将 u_r 以 Q 表示，则解出流场内压力分布为

$$p = p_\infty - \frac{Q^2\gamma}{8\pi^2 g}\frac{1}{r^2} \qquad (7-34)$$

可见，压力 p 随半径 r 的减小而降低，当 $r = r_0 = [\frac{Q^2\gamma}{8\pi^2 g p_\infty}]^{1/2}$ 时，$p=0$。图 7-11 表示当 $r_0 < r < \infty$ 时，点汇沿半径 r 的压力分布状况。

3. 纯环流

设有一半径为 r_0、沿 z 轴方向为无限长的圆柱体，围绕其中心作旋转运动，旋转角速度为 ω。柱体周围流体将被带动跟着作旋转运动，如图 7-12 所示。

柱体之所以能带动周围流体，保持流速连续，是由于粘性作用。但下面分析诱导流速分布时，认为粘性足够小，而仍可按理想流体处理。此种结果，基本符合事实。

实验与分析都证明，在诱导的流场中，速度 v_θ 的大小与半径 r 成反比，称为纯环流流

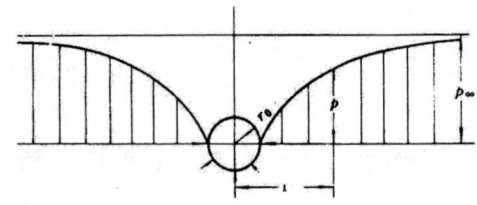

图 7-11　点汇沿半径压力分布

动。

图 7-12 中，任意点 $M(r,\theta)$ 处的速度可以写成

$$u = \frac{K}{r}$$

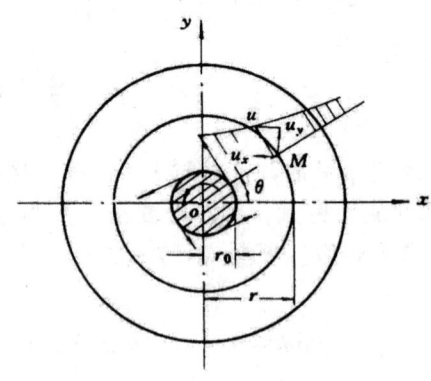

图 7-12　纯环流

其中，K 为常数。当 $r = r_0$，即在圆柱表面上，$u = r_0\omega$，由此可得 $K = r_0^2\omega$ 或 $u = \frac{r_0^2\omega}{r}$。对任意点 M 的速度 u 可分成两个分速度

$$\left.\begin{array}{l} u_x = -\dfrac{r_0^2\omega}{r}\sin\theta = -r_0^2\omega\dfrac{y}{x^2+y^2} \\ u_y = \dfrac{r_0^2\omega}{r}\cos\theta = r_0^2\omega\dfrac{x}{x^2+y^2} \end{array}\right\} \quad (7-35)$$

当 $r \to 0$ 时，$u_x \to \infty$，$u_y \to \infty$，因此，原点为奇点。实际上圆柱半径永为有限值，由于

$$\begin{aligned}\frac{\partial u_x}{\partial x} + \frac{\partial u_y}{\partial y} &= \frac{\partial}{\partial x}\left(-r_0^2\omega\frac{y}{x^2+y^2}\right) + \frac{\partial}{\partial y}\left(r_0^2\omega\frac{x}{x^2+y^2}\right) \\ &= \frac{0}{(x^2+y^2)^2} = 0\end{aligned}$$

故除原点外，纯环流符合连续性条件，包围原点的任意曲线的环量应等于常数，其值为

$$\Gamma = \oint_L u\,\mathrm{d}s = \int_0^{2\pi}\frac{r_0^2\omega}{r}r\,\mathrm{d}\theta = 2\pi r_0^2\omega \quad (7-36)$$

于是式（7-35）可改写为

$$\left.\begin{array}{l} u_x = -\dfrac{\Gamma}{2\pi}\dfrac{y}{x^2+y^2} \\ u_y = \dfrac{\Gamma}{2\pi}\dfrac{x}{x^2+y^2} \end{array}\right\} \quad (7-37)$$

由于纯环流除原点外都是连续的，应有流函数存在，则

$$d\psi = u_x dy - u_y dx = -\frac{\Gamma}{2\pi}\frac{ydy + xdx}{x^2 + y^2}$$

积分得

$$\psi = -\frac{\Gamma}{2\pi}\ln(x^2 + y^2) = -\frac{\Gamma}{2\pi}\ln r \qquad (7-38)$$

由式（7-37）可求得旋转角速度

$$\omega = \frac{1}{2}\left(\frac{\partial u_y}{\partial x} - \frac{\partial u_x}{\partial y}\right)$$

$$= \frac{1}{2}\left[\frac{\partial}{\partial x}\left(\frac{\Gamma}{2\pi}\frac{x}{x^2+y^2}\right) - \frac{\partial}{\partial y}\left(\frac{\Gamma}{2\pi}\frac{(-y)}{x^2+y^2}\right)\right] = 0$$

因此，除原点外，纯环流为势流，又称为势涡。其速度势为

$$d\varphi = u_x dx + u_y dy = \frac{\Gamma}{2\pi}\frac{-ydx + xdy}{x^2 + y^2} = \frac{\Gamma}{2\pi}\frac{d\left(\frac{y}{x}\right)}{1+\left(\frac{y}{x}\right)^2}$$

积分得

$$\varphi = \frac{\Gamma}{2\pi}\text{tg}^{-1}\frac{y}{x} = \frac{\Gamma}{2\pi}\theta \qquad (7-39)$$

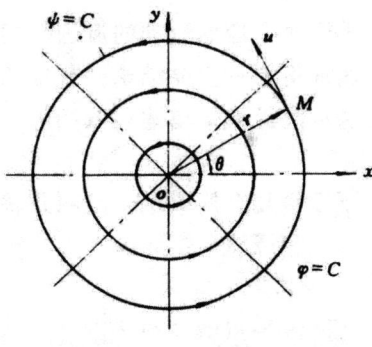

图 7-13 纯环流流网

可见纯环流的流线簇是以原点为中心的同心圆簇，其等势线是以原点为起点的辐射线。对比点源的流函数和速度势，可以看出，只要流函数与速度势互换一下，并把 Q 换成 Γ，即得描述纯环流的流函数和速度势（但纯环流的流函数多一负号）。图 7-13 表示纯环流的流网。

§7-3 势流的叠加原理

由于势流的速度势满足拉普拉斯方程，而拉普拉斯方程又是线性的，故几个势流的速度势叠加后仍满足拉普拉斯方程。

设有两个势流，其速度势分别为 φ_1 和 φ_2，则

$$\left.\begin{array}{l}\dfrac{\partial^2 \varphi_1}{\partial x^2} + \dfrac{\partial^2 \varphi_1}{\partial y^2} = 0 \\ \dfrac{\partial^2 \varphi_2}{\partial x^2} + \dfrac{\partial^2 \varphi_2}{\partial y^2} = 0\end{array}\right\} \qquad (7-40)$$

此时，两个速度势之和将代表一个新的不可压缩液体平面势流。其速度势

$$\varphi = \varphi_1 + \varphi_2 \tag{7-41}$$

因为
$$\frac{\partial^2 \varphi}{\partial x^2} + \frac{\partial^2 \varphi}{\partial y^2} = \left(\frac{\partial^2 \varphi_1}{\partial x^2} + \frac{\partial^2 \varphi_1}{\partial y^2}\right) + \left(\frac{\partial^2 \varphi_2}{\partial x^2} + \frac{\partial^2 \varphi_2}{\partial y^2}\right)$$
$$= \frac{\partial^2(\varphi_1 + \varphi_2)}{\partial x^2} + \frac{\partial^2(\varphi_1 + \varphi_2)}{\partial y^2} = 0 \tag{7-42}$$

即速度势叠加结果，代表一新的复合流动。其速度分量

$$\left.\begin{array}{l} u_x = \dfrac{\partial \varphi}{\partial x} = \dfrac{\partial \varphi_1}{\partial x} + \dfrac{\partial \varphi_2}{\partial x} = u_{x1} + u_{x2} \\ u_y = \dfrac{\partial \varphi}{\partial y} = \dfrac{\partial \varphi_1}{\partial y} + \dfrac{\partial \varphi_2}{\partial y} = u_{y1} + u_{y2} \end{array}\right\} \tag{7-43}$$

同理可证明，新的复合流动的流函数

$$\psi = \psi_1 + \psi_2 \tag{7-44}$$

亦即等于两个原始流动的流函数的代数和。

由此得出一重要结论：叠加两个或多个势流组成一新的复合势流，只需将各原始势流的速度势或流函数简单地代数相加，其速度将是各原始势流速度的矢量和。此即势流的叠加原理。

下面举几个简单例子说明几种复合流动。

一、源环流和汇环流

1. 源环流

源环流为点源与纯环流叠加结果。令 φ_1 和 φ_2，ψ_1 和 ψ_2 分别为点源及纯环流的速度势和流函数。其复合流动源环流的速度势和流函数将分别为

$$\left.\begin{array}{l} \varphi = \varphi_1 + \varphi_2 = \dfrac{Q}{2\pi}\ln r + \dfrac{\Gamma}{2\pi}\theta = \dfrac{1}{2\pi}(Q\ln r + \Gamma\theta) \\ \psi = \psi_1 + \psi_2 = \dfrac{Q}{2\pi}\theta - \dfrac{\Gamma}{2\pi}\ln r = \dfrac{1}{2\pi}(Q\theta - \Gamma\ln r) \end{array}\right\} \tag{7-45}$$

显然，等势线方程为

$$Q\ln r + \Gamma\theta = 常数\ C$$

或
$$r = e^{\frac{C - \Gamma\theta}{Q}} \tag{7-46}$$

流线方程为

$$Q\theta - \Gamma \ln r = 常数\ C_1$$

或
$$r = e^{\frac{C_1 - Q\theta}{-\Gamma}} \tag{7-47}$$

即等势线和流线分别是一组正交的对数螺旋线，亦称螺旋流。如图 7－14 所示。水泵内导轮中流动属于源环流。

图 7－14　源环流

2．汇环流

汇环流为点汇与纯环流叠加结果。与源环流类似，只是 Q 的符号相反。故只要把源环流中的 Q 改为负号，即得汇环流的叠加结果。其时，速度势和流函数分别为

$$\left.\begin{aligned} \varphi &= \frac{1}{2\pi}(\Gamma\theta - Q\ln r) \\ \psi &= \frac{-1}{2\pi}(Q\theta + \Gamma\ln r) \end{aligned}\right\} \tag{7-48}$$

其等势线和流线分别为

$$\left.\begin{aligned} &等势线 \quad r = e^{-\frac{C - \Gamma\theta}{Q}} \\ &流线 \quad r = e^{\frac{C_1 - Q\theta}{\Gamma}} \end{aligned}\right\} \tag{7-49}$$

亦为一组正交的对数螺旋线，只是流动方向由外向内流。旋风燃烧室、离心式除尘器属于此种螺旋流。

二、等强度点源和点汇及偶极流

等强度点源和点汇，其强度分别为 Q 和 $-Q$。流场叠加结果，当源点和汇点无限接近趋于极限时，则形成偶极流。

如图 7－15 设源点与汇点的距离为 2ε，则任意点 M（x，y）处的速度势为

图 7－15　推导偶极矩用图

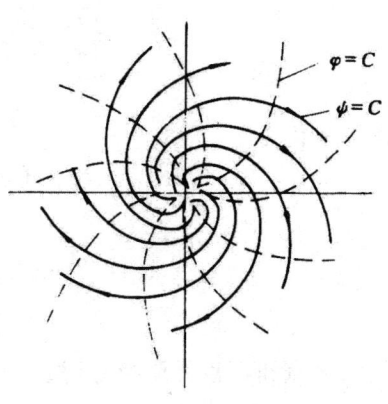

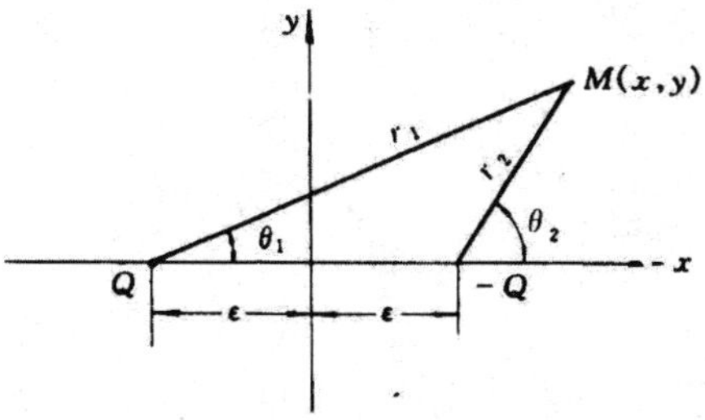

$$\varphi = \varphi_1 + \varphi_2 = \frac{Q}{2\pi}(\ln r_1 - \ln r_2) = \frac{Q}{2\pi}\ln\frac{r_1}{r_2} \tag{7-50}$$

其中，r_1 和 r_2 分别表示 M 点距源点和汇点的距离。由图可得

$$r_1 = \sqrt{(x+\varepsilon)^2 + y^2}$$

$$r_2 = \sqrt{(x-\varepsilon)^2 + y^2}$$

则代入式（7－50）后，有

$$\varphi = \frac{Q}{2\pi}\ln\sqrt{\frac{(x+\varepsilon)^2+y^2}{(x-\varepsilon)^2+y^2}} = \frac{Q}{4\pi}\ln\frac{(x+\varepsilon)^2+y^2}{(x-\varepsilon)^2+y^2}$$

或进一步化为

$$\varphi = \frac{Q}{4\pi}\ln\frac{(x+\varepsilon)^2+y^2+(x-\varepsilon)^2-(x-\varepsilon)^2}{(x-\varepsilon)^2+y^2}$$

$$= \frac{Q}{4\pi}\ln[1+\frac{4x\varepsilon}{(x-\varepsilon)^2+y^2}]$$

当源点和汇点无限接近时，$\varepsilon \to 0$，可根据级数

$$\ln(1+Z) = Z - \frac{Z^2}{2} + \frac{Z^3}{3} - \cdots$$

展开，并近似地取第一项，可得速度势

$$\varphi = \frac{Q}{4\pi}\frac{4x\varepsilon}{(x-\varepsilon)^2+y^2} \tag{7-51}$$

而流函数

$$\psi = \psi_1 + \psi_2 = \frac{Q}{2\pi}(\theta_1 - \theta_2) \tag{7-52}$$

由于

$$\mathrm{tg}\theta_1 = \frac{y}{x+\varepsilon}, \mathrm{tg}\theta_2 = \frac{y}{x-\varepsilon}$$

则

$$\mathrm{tg}(\theta_1-\theta_2) = \frac{\mathrm{tg}\theta_1-\mathrm{tg}\theta_2}{1+\mathrm{tg}\theta_1\mathrm{tg}\theta_2} = \frac{y(x-\varepsilon)-y(x+\varepsilon)}{x^2-\varepsilon^2+y^2} = \frac{-2y\varepsilon}{x^2+y^2-\varepsilon^2}$$

而

$$\theta_1-\theta_2 = \mathrm{tg}^{-1}\frac{-2y\varepsilon}{x^2+y^2-\varepsilon^2}$$

于是

$$\psi = \frac{Q}{2\pi}\mathrm{tg}^{-1}\frac{-2y\varepsilon}{x^2+y^2-\varepsilon^2}$$

再利用级数展开式

$$\mathrm{tg}^{-1}Z = Z - \frac{Z^3}{3} + \frac{Z^5}{5} - \cdots$$

由于 ε 很小，只保留第一项，则流函数可写为

$$\psi = -\frac{Q}{2\pi}\frac{2y\varepsilon}{x^2+y^2-\varepsilon^2} \tag{7-53}$$

当 $\varepsilon \to 0$ 时,将有 $Q \to \infty$,而导致 $2Q\varepsilon$ 的极限趋于某一极限值 M。M 称为偶极流的偶极矩,是一个矢量,其方向由点源向点汇。将 M 代入式(7-51)和式(7-53),则得到偶极流的速度势和流函数分别为

$$\left.\begin{array}{l} \varphi = \dfrac{M}{2\pi} \dfrac{x}{x^2+y^2} = \dfrac{M}{2\pi} \dfrac{x}{r^2} \\ \psi = -\dfrac{M}{2\pi} \dfrac{y}{x^2+y^2} = -\dfrac{M}{2\pi} \dfrac{y}{r^2} \end{array}\right\} \qquad (7-54)$$

显然,偶极流的流线方程为

$$\frac{y}{x^2+y^2} = c_1$$

或

$$x^2 + \left(y - \frac{1}{2c_1}\right)^2 = \frac{1}{4c_1^2}$$

它是圆心在 y 轴上的圆曲线族,并在坐标原点处与 x 轴相切,如图 7-16 所示。

而等势线方程为

$$\frac{x}{x^2+y^2} = c$$

或

$$y^2 + \left(x - \frac{1}{2c}\right)^2 = \frac{1}{4c^2}$$

是圆心在 x 轴上的圆曲线簇,并在坐标原点处与 y 轴相切,如图 7-16 中虚线所示,与流线簇相正交。

三、平行流绕圆柱体的流动

工程实际中经常遇到流体横绕过圆柱体的流动。各种冷却及加热设备中多属于此种流动。先分析理想流体平行流绕无限长圆柱体的流动,作为分析绕流的基础。

这时,可用势流叠加原理,把平行流与偶极流形成复合的绕圆柱的平面流动,如图 7-17 所示。

来自无穷远处的速度为 U_∞、方向平行于 x 轴的等速平行流,其流函数与速度势分别为

$$\psi_1 = U_\infty y, \quad \varphi_1 = U_\infty x$$

另外,以坐标原点为偶极点的偶极流,其流函数与速度势分别为

$$\psi_2 = -\frac{My}{2\pi r^2} \quad \varphi_2 = \frac{Mx}{2\pi r^2}$$

叠加结果,得复合流动的流函数为

$$\psi = \psi_1 + \psi_2 = U_\infty y - \frac{My}{2\pi r^2} = U_\infty y \left(1 - \frac{M}{2\pi U_\infty r^2}\right) \qquad (7-55)$$

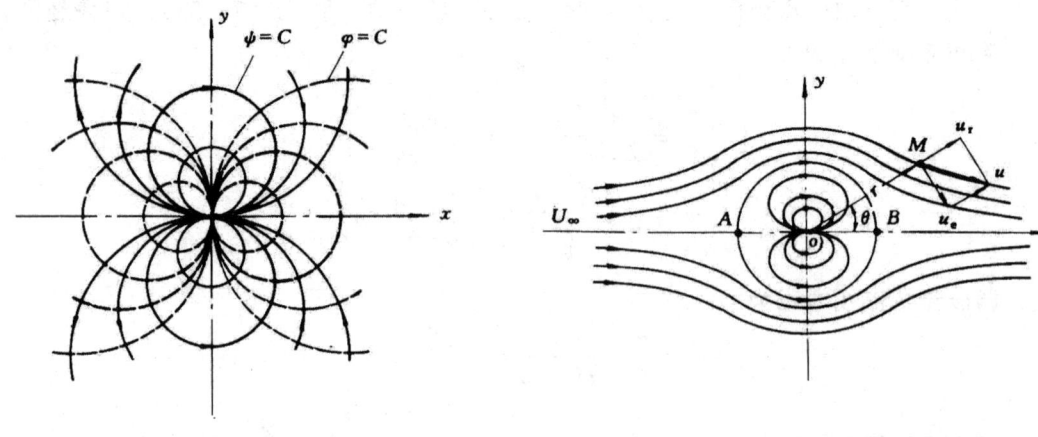

图 7-16 偶极流流网　　　　图 7-17 理想流体绕圆柱的流动

需证明它符合平行流绕圆柱流的边界条件。由式 (7-55) 可见：当 $y=0$ 并在半径 $r=r_0$ 的圆柱面上，流函数 $\psi=0$，是零流线。可知此时

$$M = 2\pi U_\infty r_0^2$$

代回式 (7-55)，则

$$\psi = U_\infty y(1 - \frac{r_0^2}{r^2}) = U_\infty \sin\theta(r - \frac{r_0^2}{r}) \tag{7-56}$$

同理可求得，复合流动的速度势为

$$\varphi = U_\infty x(1 + \frac{r_0^2}{r^2}) = U_\infty \cos\theta(r + \frac{r_0^2}{r}) \tag{7-57}$$

由上面分析中可知，在 $r=r_0$ 的圆柱表面上，满足这样的复合流动，零流线自无穷远处沿 x 轴到达 A 点，而后分两股沿柱面上下两半圆周流到 B 点汇合，再沿 x 轴向前流动到无穷远处。

现在再看流场中的流速是否符合以上的复合流动。由式 (7-57) 知，流场中任一点 M 处的流速分量以极坐标表示为

$$\left. \begin{array}{l} u_r = \dfrac{\partial \varphi}{\partial r} = U_\infty (1 - \dfrac{r_0^2}{r^2})\cos\theta \\ u_\theta = \dfrac{1}{r}\dfrac{\partial \varphi}{\partial \theta} = -U_\infty (1 + \dfrac{r_0^2}{r^2})\sin\theta \end{array} \right\} \tag{7-58}$$

当 $r \to \infty$ 时，即距圆柱无穷远处，由式 (7-57) 知

$$u_x = \frac{\partial \varphi}{\partial x} = U_\infty$$

$$u_y = \frac{\partial \varphi}{\partial y} = 0$$

它满足平行流。

当 $r = r_0$ 时，即在圆柱表面上，由式（7-58）得

$$u_r = 0$$

$$u_\theta = -2U_\infty \sin\theta$$

它表明在圆柱表面上只有切向速度，而无径向速度，流动紧贴圆柱表面绕行，而不发生脱离。

以上充分说明等速平行流与偶极流叠加可代表绕圆柱的流动。

现在看圆柱表面上速度和压力分布状况。由前面分析知，在 $\theta = 0°$（B 点）和 $\theta = 180°$（A 点）处 $u_\theta = 0$；在 $\theta = \pm 90°$ 处 u_θ 达最大值 $u_m = 2U_\infty$，即等于来流速度的 2 倍。圆柱面上任一点处的压力，由伯诺利方程得

$$\frac{p}{\gamma} + \frac{u_\theta^2}{2g} = \frac{p_\infty}{\gamma} + \frac{U_\infty^2}{2g}$$

因 $u_\theta = -2U_\infty \sin\theta$，代入整理可得

$$p = p_\infty + \frac{1}{2}\rho U_\infty^2 (1 - 4\sin^2\theta) \tag{7-59}$$

工程上常用无因次压力系数 C_p 表示作用在物体上任一点处的压力，其定义为

$$C_p = \frac{p - p_\infty}{\frac{1}{2}\rho U_\infty^2} = 1 - \left(\frac{u_\theta}{U_\infty}\right)^2 \tag{7-60}$$

对比式（7-59）可得

$$C_p = 1 - 4\sin^2\theta \tag{7-61}$$

可以看出：沿圆柱面的无因次压力系数，与圆柱半径 r_0 及无穷远处速度 U_∞ 均无关，用起来比较方便。

§7-4 绕流的升力和阻力

理想流体绕圆柱体的流动，在忽略质量力的情况下，由于作用在圆柱表面上的压力上下对称，左右对称，并不计粘性影响产生的阻力，因而作用在圆柱体上的合力为零。流体作用在圆柱体上的总力的水平分力 F_x 和垂直分力 F_y，分别称为流体作用在圆柱体上的阻力 F_D

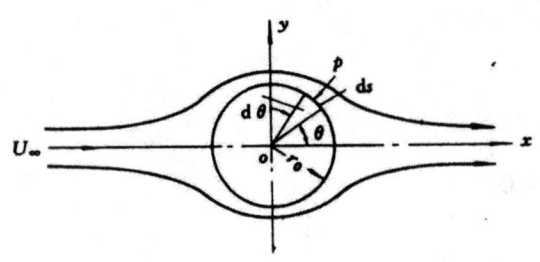

图 7-18 作用在圆柱体表面上的压力

和升力 F_L。可证明如下：

在单位柱长的圆柱体上，取微弧 $ds = r_0 d\theta$，其上作用的微小总压力 $dF = pr_0 d\theta$，如图 7-18 所示。则 dF 沿 x 轴和 y 轴向的分量分别为

$$dF_x = -pr_0\cos\theta d\theta$$

$$dF_y = -pr_0\sin\theta d\theta$$

式中负号是由于 θ 为正值时，dF_x 和 dF_y 的方向分别与 x 轴和 y 轴相反。将式 (7-59) 代入并积分得

$$F_D = F_x = -\int_0^{2\pi} r_0[p_\infty + \frac{1}{2}\rho U_\infty^2(1-4\sin^2\theta)]\cos\theta d\theta = 0$$

$$F_L = F_y = -\int_0^{2\pi} r_0[p_\infty + \frac{1}{2}\rho U_\infty^2(1-4\sin^2\theta)]\sin\theta d\theta = 0$$

显然，这是与实际不符的。因为实际流体具有粘性，在物体表面形成附面层，而且在大雷诺数情况下，还会产生附面层的分离形成尾涡，都会造成阻力。另外，如果圆柱绕自身轴作旋转运动，在其周围流体将被诱导产生环流，它与绕流叠加结果会造成一个垂直作用力，即所谓升力。下面就简要地分析这种升力和阻力的规律。

一、升力

如上述是由于绕流与环流综合作用的结果。理想流体无环流的绕圆柱流动，其流场如图 7-17，存在两个驻点（前驻点 A 和后驻点 B），以 x 轴为对称轴上下对称。设叠加一个顺时针的纯环流（$\Gamma<0$），则由于上部绕流与环流方向相同，增速结果将引起压力降低；而下部绕流与环流方向相反，减速结果将引起压力增高。这就破坏了流线对 x 轴的对称性，使驻点 A 和 B 离开 x 轴，向下移动，如图 7-19（a）所示。

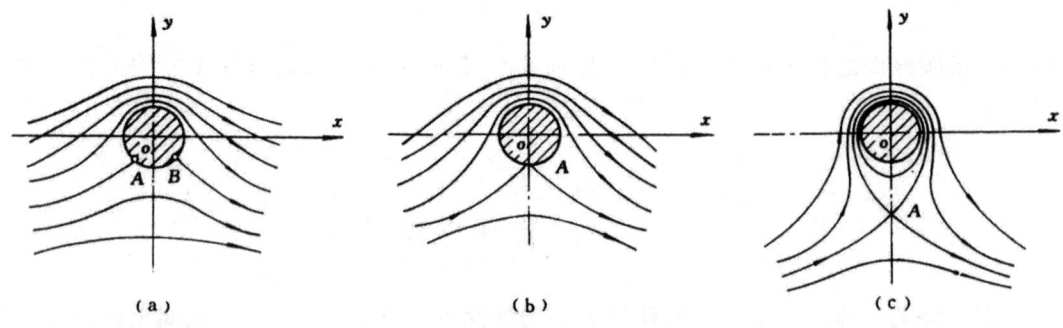

图 7-19 平行流绕圆柱有环流情况

此复合流动的流函数和速度势分别为

$$\left. \begin{array}{l} \psi = U_\infty(1 - \dfrac{r_0^2}{r^2})r\sin\theta + \dfrac{\Gamma}{2\pi}\ln r \\ \varphi = U_\infty(1 + \dfrac{r_0^2}{r^2})r\cos\theta - \dfrac{\Gamma}{2\pi}\theta \end{array} \right\} \quad (7-62)$$

当 $r = r_0$ 时，$\psi = \dfrac{\Gamma}{2\pi}\ln r_0 =$ 常数，即 $r = r_0$ 的圆周为一条流线。并且由于 $\varphi = 2U_\infty r_0\cos\theta - \dfrac{\Gamma}{2\pi}\theta$，$u_r = \dfrac{\partial \varphi}{\partial r} = 0$，即只有沿圆周的切向速度 u_θ，它满足圆柱绕流在圆柱面上的边界条件。

当 $r = r_\infty$ 时，则由于 $u_x = \dfrac{\partial \varphi}{\partial x} = U_\infty$，$u_y = \dfrac{\partial \varphi}{\partial y} = 0$，亦满足圆柱绕流在无穷远处的条件。

为了确定驻点位置，要写出流场中任意点处的流速表达式：

$$\left. \begin{array}{l} u_r = \dfrac{\partial \varphi}{\partial r} = U_\infty(1 - \dfrac{r_0^2}{r^2})\cos\theta \\ u_\theta = \dfrac{1}{r}\dfrac{\partial \varphi}{\partial \theta} = -U_\infty(1 + \dfrac{r_0^2}{r^2})\sin\theta - \dfrac{\Gamma}{2\pi r} \end{array} \right\} \quad (7-63)$$

将 $r = r_0$ 代入上式，可得圆柱面上的速度分量

$$\left. \begin{array}{l} u_r = 0 \\ u_\theta = -2U_\infty\sin\theta - \dfrac{\Gamma}{2\pi r_0} \end{array} \right\} \quad (7-64)$$

由于在驻点处速度为零，令 $u_\theta = 0$，可得驻点位置满足

$$\sin\theta = -\dfrac{\Gamma}{4\pi r_0 U_\infty} \quad (7-65)$$

即 θ 角决定于 Γ 和 U_∞ 之值。

若 $\Gamma < 4\pi r_0 U_\infty$，则 $|\sin\theta| < 1$，又因 $\sin(-\theta) = \sin[-(\pi - \theta)]$，则两个驻点将位于第三、四象限内，如图 7-19 (a) 所示。在 U_∞ 保持不变的情况下，随环量 Γ 的增加，两个驻点将向下互相靠拢。

若 $\Gamma = 4\pi r_0 U_\infty$，则 $\sin\theta = -1$，即两驻点合成一个驻点，位于圆柱最下端，如图 7-19 (b) 所示。

若 $\Gamma > 4\pi r_0 U_\infty$，则 $|\sin\theta| > 1$，其时驻点已不在圆柱面上，而沿 y 轴向下移至某一位置。令式 (7-63) 中 $u_r = 0$，$u_\theta = 0$，可得到位于 y 轴上的两个驻点，一个在圆柱内，一个在圆柱外。这时，全流场由经过驻点 A 的流线划分成内外两个区域。外部为平行流绕圆柱的有环流的流动，而内部自成闭合的环流，如图 7-19 (c) 所示。故此时，只有一个在圆

柱外的自由驻点 A。

这时，圆柱面上的压力分布，由伯努利方程可得

$$p = p_\infty + \frac{1}{2}\rho U_\infty^2 - \frac{1}{2}\rho(u_r^2 + u_\theta^2)$$
$$= p_\infty + \frac{1}{2}\rho\left[U_\infty^2 - \left(2U_\infty\sin\theta + \frac{\Gamma}{2\pi r_0}\right)^2\right] \quad (7-66)$$

流体作用在单位长度圆柱体上的阻力和升力，如前所述

$$F_D = F_x = -\int_0^{2\pi} p r_0 \cos\theta d\theta$$

$$F_L = F_y = -\int_0^{2\pi} p r_0 \sin\theta d\theta$$

与无环流相比较，仅是压力分布不同。将式（7-66）代入上式，积分后可得

$$F_D = F_x = 0$$

$$F_L = F_y = \rho U_\infty \Gamma \quad (7-67)$$

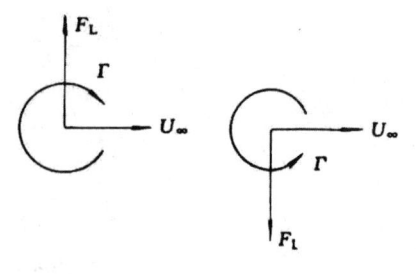

图 7-20 升力方向

此即著名的儒柯夫斯基升力定理。即有环流的圆柱体绕流，流体作用于圆柱表面上的力，方向垂直于来流 U_∞，大小等于 U_∞ 与环量 Γ 及流体密度 ρ 的乘积，称为升力。当 $\Gamma<0$（顺时针），升力方向向上；当 $\Gamma>0$（逆时针），则升力方向向下，因此时上部减速，下部加速之故。因此，升力方向按来流方向逆时针转 90°，如图 7-20 所示。

日常生活中涉及升力的问题很多，如鸟类的飞翔、球类运动的旋转球、飞机的起飞和飞行。许多流体机械的工作原理，都与升力有关。

二、阻力

绕流物体的阻力一般是由两部分组成：一部分称为摩擦阻力，是绕流流体的粘性对物体表面直接作用的结果。由于附面层内的流速梯度产生的应力而形成摩擦阻力，它是切应力与作用面积的乘积在来流方向上投影的总和。另一部分称为压差阻力，是绕流流体的粘性对物体间接作用的结果。当流体绕过曲面时，例如绕圆柱的流动，若附面层在升压区内发生分离，形成旋涡，则从分离点开始，后部所受的流体压力，大致接近分离点的压力，而不再恢复到理想流体绕圆柱流动应有的压力值。因而破坏了作用在圆柱前后的压力的对称性，造成反流向的压力差，形成压差阻力。它是作用在物体表面上的压力在来流方向上投影的总和。而旋涡所携带的能量也将在尾涡区中化为热能散掉。压差阻力的大小与物体形状关系极大，故亦称为形状阻力。

方形平板板面与来流平行时，阻力主要是摩擦阻力；而当板垂直于来流时，则阻力主要是压差阻力，后者将比前者约大 100 倍。迎流面积相同的无限长圆柱体与流线型柱体相比较，后者阻力比前者约小 20 倍。这些都说明物体形状对阻力的影响。

为了减小摩擦阻力，应使物体上的层流附面层尽量延长。由于层流附面层产生的切应力比紊流要小得多，这可以通过将绕流的物体最大速度位置向后推移来实现。因为加速流动比减速流动容易使附面层保持层流。另外光滑壁面将优于粗糙壁面。

为了减小压差阻力，必须采用造成后面尾涡区尽可能小的外形，亦即使分离点尽量向后推移。圆头尖尾细长外形的流线型，其时升压区的压力梯度小，引起的压差阻力将比尾部钝粗形的为小。故涡轮机叶片叶型和机翼翼型，都采用流线型。

由于绕流阻力的复杂性，绝大多数情况尚不能通过理论计算确定阻力系数值，而是借助于实验来测定。为了便于比较，工程上习惯用无因次阻力系数 C_D 来代替阻力 F_D

$$C_D = \frac{F_D}{\frac{1}{2}\rho U_\infty^2 A} \qquad (7-68)$$

式中，A 为最大迎流面积。

实验表明，绕流阻力大小与雷诺数密切相关。其时雷诺数表示为 $Re = \frac{U_\infty d}{\nu}$，其中 d 为特性长度。对不可压缩流体，在层流状态下，无因次阻力系数 C_D 仅决定于雷诺数；而在紊流状态下，则物体表面粗糙度、紊流强度、尾涡区的宽度等都是影响因素。

图 7-21（对圆柱体）和图 7-22（对圆球和圆盘）是无因次阻力系数与雷诺数的关系的实验结果。由图看出：对于不同直径的圆柱或圆球，在低雷诺数情况下，无因次阻力系数

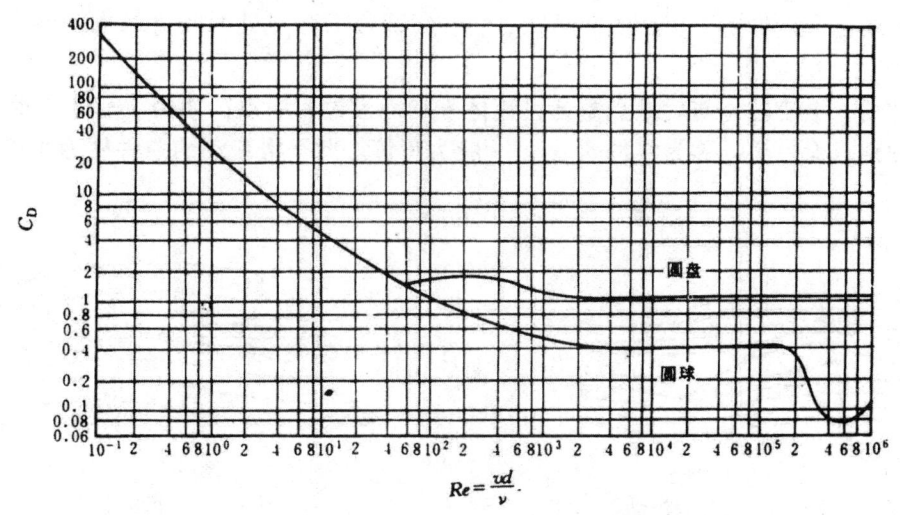

图 7-21　圆球和圆盘的阻力系数

随雷诺数增加而降低，而后逐渐平缓。当雷诺数增大到某一临界值（对圆柱 $Re \approx 2 \times 10^5$，对圆球 $Re \approx 3 \times 10^5$）后，阻力系数急剧下降。这是由于附面层已由层流变为紊流，发生强烈

的动量交换，使分离点后移，尾涡区变窄，以致阻力系数明显下降（对圆柱从1.2下降到0.3，对圆球从0.4下降到0.1以下）。在雷诺数 $Re=10^3\sim10^5$ 范围内阻力系数比较稳定，对圆柱 $C_D\approx1.1\sim1.2$，对圆球 $C_D\approx0.4$，对水平圆盘 $C_D\approx1.1$，垂直圆盘 $C_D\approx1.9$。

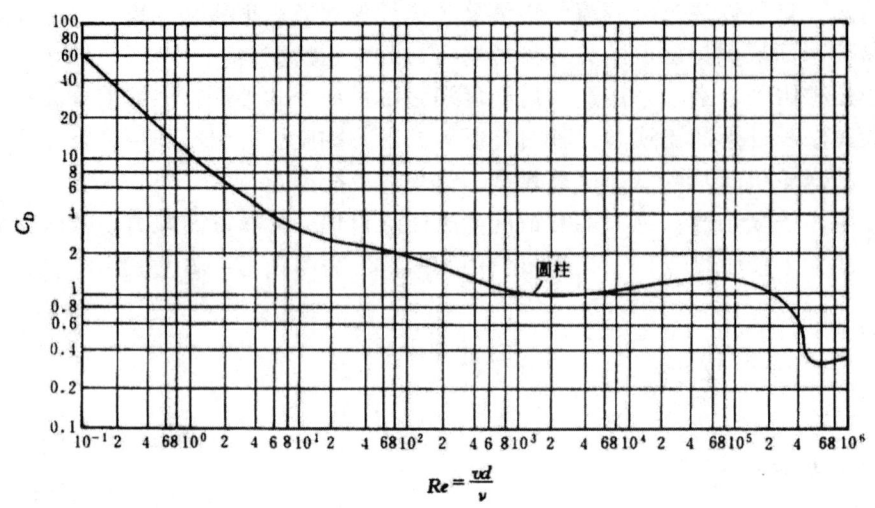

图7-22 圆柱的阻力系数

三、叶型和叶栅的绕流

库塔（1902）和儒柯夫斯基（1905）把绕流理论扩展到绕流叶型和叶栅上面，这里略作简单介绍。

叶型前后缘中点连线称为叶弦，叶弦与来流夹角称为冲角，冲角在叶弦以下为正，以上为负。

理想流体绕叶型的流动也和绕圆柱类似。设平行流以一定冲角 α 流向叶型，在叶型的前驻点处流线分开，沿上下表面流向后缘点，在上表面后驻点处两股流线重新会合，如图7-23所示。

减小冲角，会使驻点与后缘点重合，流体平滑地流过后缘点，如图7-24所示。符合这个条件的冲角只有一个，称为零冲角 α_0，一般为负值。此平滑流动的条件称为库塔条件。

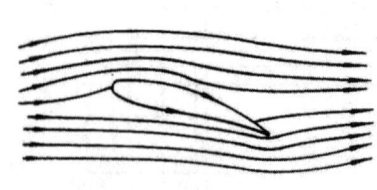 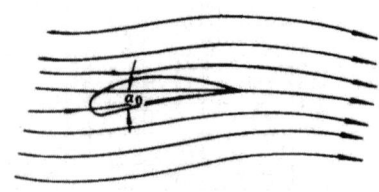

图7-23 绕叶型流动　　　　　　　　　图7-24 库塔条件

由于叶型上下不对称，并有一定冲角，就使得流线在后缘点会合时，产生速度不连续，引起旋涡，称为起动涡，如图7-25（a）。起动涡一旦形成，立即被主流带走。然而它引起围绕叶型的环量，其强度与起动涡的环量相等而符号相反，如图7-25（b）。因为在绕流区域为势流，维持环量总和为零，才能满足初始的无旋条件。

因此，在给定冲角下，可以利用库塔条件确定儒柯夫斯基升力公式中的未知环量值。应该说明，满足库塔条件不仅与环量 Γ 有关，而且与来流速度 U_∞ 亦有关，因来流速度 U_∞ 改变时，环量 Γ 亦将变化。已经证明，Γ 与 U_∞ 成正比，故升力 $\rho U_\infty \Gamma$ 正比于动压力 $\frac{1}{2}\rho U_\infty^2$。当冲角或叶型几何尺寸改变时，为了满足库塔条件，就要改变 $\frac{\Gamma}{U_\infty}$ 的比值。一般要借助实验来确定。

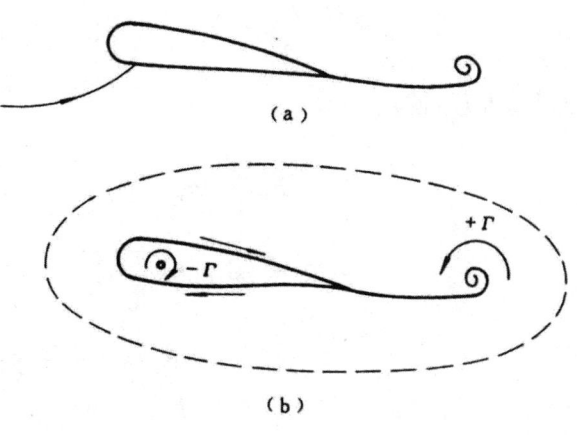

图 7-25 起动涡

顺便提一下绕叶栅的流动。叶栅是由同一叶型的叶片以相等间隔 t 排列而成，如图 7-26 所示。

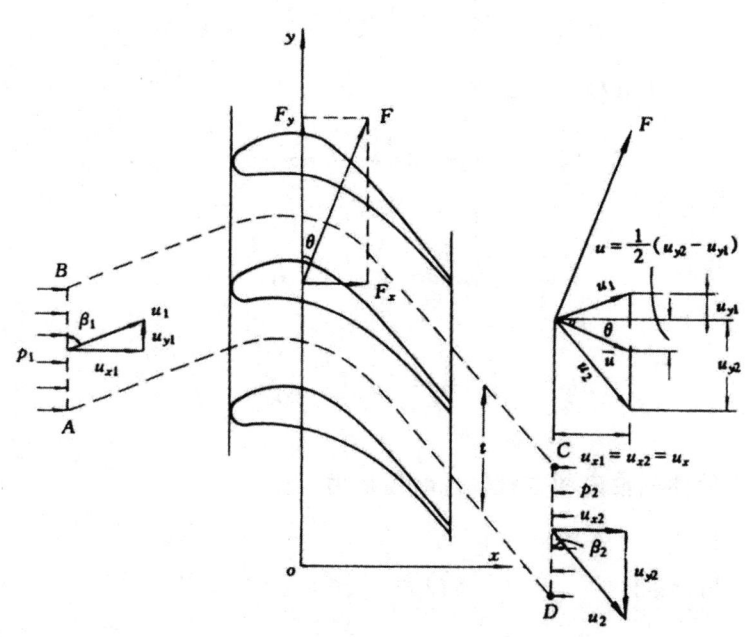

图 7-26 绕叶栅的流动

分析绕流时，可以其中一个单叶片为主，取 $ABCD$ 为控制面，应用动量原理，确定作用于单一叶片上单宽的作用力。

设为理想流体稳定平面势流，流入叶栅的速度为 u_1，安装角 β_1；流出叶栅的速度为 u_2，安装角 β_2。作用在上下控制面 BC 和 AD 上的压力，由于分布完全相同，故合力为零。而作用在 AB 和 CD 两面上的压力差为 $(p_1-p_2)t\times 1$。流体作用于叶片上的合力为 F，其分量为 F_x 和 F_y。因此，叶片对流体的反作用力为 $-F_x$ 及 $-F_y$。又流体单宽质量流量为 $\rho u_{x1} t \times 1 = \rho u_{x2} t \times 1$，故

$$u_{x1} = u_{x2} = u_x$$

根据动量原理可写

$$-F_x + (p_1 - p_2)t = \rho u_x t(u_{u2} - u_{x1}) = 0$$

$$-F_y = \rho u_x t[(-u_{y2}) - u_{y1}] = -\rho u_x t(u_{y1} + u_{y2})$$

即
$$\left. \begin{array}{l} F_x = (p_1 - p_2)t \\ F_y = \rho u_x t(u_{y1} + u_{y2}) \end{array} \right\} \quad (7-69)$$

由于沿流线 BC 和 DA 速度的线积分大小相等，方向相反，互相抵消，故绕封闭周线 $ABCDA$ 的速度环量为

$$\Gamma = \Gamma_{ABCDA} = \Gamma_{AB} + \Gamma_{BC} + \Gamma_{CD} + \Gamma_{DA} = \Gamma_{AB} + \Gamma_{CD}$$

即
$$\Gamma = t(u_{y1} + u_{y2}) \quad (7-70)$$

为了便于分析，引入几何平均速度

$$\boldsymbol{u} = \frac{1}{2}(\boldsymbol{u}_1 + \boldsymbol{u}_2)$$

其分量为

$$u_x = \frac{1}{2}(u_{x1} + u_{x2}) = u_{x1} = u_{x2}$$

$$u_y = \frac{1}{2}(u_{y2} - u_{y1})$$

根据理想不可压缩流体的伯诺利方程，忽略质量力，得

$$\begin{aligned} p_1 - p_2 &= \frac{1}{2}\rho(u_2^2 - u_1^2) = \frac{1}{2}\rho(u_{y2}^2 - u_{y1}^2) \\ &= \frac{1}{2}\rho(u_{y2} + u_{y1})(u_{y2} - u_{y1}) = \rho(u_{y2} + u_{y1})u_y \end{aligned} \quad (7-71)$$

将式（7-70）代入得

$$p_2 - p_1 = \frac{\rho \Gamma u_y}{t} \quad (7-72)$$

再将式（7-72）和式（7-70）代入式（7-69），又因 $u = \sqrt{u_x^2 + u_y^2}$，则

$$\left.\begin{aligned} F_x &= \rho u_y \Gamma \\ F_y &= \rho u_x \Gamma \\ F &= \sqrt{F_x^2 + F_y^2} = \rho u \Gamma \\ \frac{F_x}{F_y} &= \frac{u_y}{u_x} = \text{tg}\theta \end{aligned}\right\} \quad (7-73)$$

上式即为叶栅的库塔-儒柯夫斯基公式。

思 考 题

7-1 流体微团运动和刚体质点运动有什么不同？

7-2 何谓线变形率和角变形率？在数学上如何表示？旋转角速度靠什么来决定？

7-3 何谓势流？有什么特点？何谓涡流？有什么特点？

7-4 何谓速度环量？它和涡通量及旋度成怎样的关系？

7-5 速度势和流函数各有何物理意义？正交的条件如何？

7-6 何谓柯西-黎曼条件？有何用途？

7-7 点源、点汇和纯环流的流函数和速度势有何类似之处？

7-8 何谓偶极流？何谓偶极矩？

7-9 为什么平行流与偶极流可叠加成平行流绕圆柱体的流动？试证明之。

7-10 绕流的升力和阻力是怎样产生的？各与哪些因素有关？

7-11 理想流体有环流的绕圆柱流动其驻点位置取决于什么因素？有哪几种情况？

7-12 何谓儒柯夫斯基升力？对叶型和叶栅有无区别？

习 题

7-1 已知有旋流动的速度场为 $u_x = x+y$，$u_y = y+z$，$u_z = x^2+y^2+z^2$，求点（2，2，2）处的旋转角速度。

7-2 试确定下列流场是否连续和是否无旋？

(1) $u_x = \dfrac{kx}{x^2+y^2}$，$u_y = \dfrac{ky}{x^2+y^2}$；

(2) $u_x = x^2 + 2xy$，$u_y = y^2 + 2xy$；

(3) $u_x = y+z$，$u_y = z+x$，$u_z = x+y$。

7-3 已知平面势流的流函数 $\psi = xy + 2x - 3y + 10$，求速度势与流速分量。

7-4 试证流速分量为 $u_x = 2xy + x$，$u_y = x^2 - y^2 - y$ 的平面流动为势流。求速度势和流函数。

7-5 已知平面势流的流函数 $\psi = 9 + 6x - 4y + 7xy$，求速度势。

7-6 已知速度势 $\varphi = xy$，求速度分量和流函数，画出 $\varphi = 1$、2、3 的等势线。证明等势线和流线互相正交。

7-7 强度均为 $60\text{m}^2/\text{s}$ 的点源和点汇，分别位于（0，-3）和（0，3）处，求（0，0）和（0，4）点的流速。

7-8 位于坐标原点的源流量 $Q = 24\text{m}^2/\text{s}$，沿水平方向自右向左运动的均匀直线流流

速为 $u_0 = 10\text{m/s}$。求两种流动叠加后的驻点位置,通过驻点的流线,此流线在 $\theta = \dfrac{\pi}{2}$ 和 π 时的 y 坐标值及 $\theta = \dfrac{\pi}{2}$ 时流线上的流速值。

7-9 为了在 (0, 5) 点产生数值为 10 的流速,位于坐标原点的偶极矩强度 M 应为多大?并求通过 (0, 5) 点的流函数值。

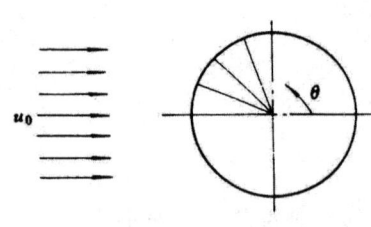

题 7-10 图

7-10 一长圆柱体,直径为 1m,位于 $u_0 = 10\text{m/s}$ 的正交于柱轴的直线流中,流体密度为 1000kg/m^3,未扰动流动的压强为 0,求在圆柱表面上 $\theta = \pi$、$\dfrac{7}{8}\pi$、$\dfrac{6}{8}\pi$、$\dfrac{5}{8}\pi$ 和 $\dfrac{\pi}{2}$ 处的流速和压强值。

7-11 直径为 1.2m,长为 50m 的圆柱体,以 90rps 的角速度绕其轴旋转,空气流以 80km/h 的速度沿与圆柱体轴相垂直的方向绕流圆柱体。试求速度环量、升力和驻点的位置。(假设环流与圆柱体之间没有滑动,$\rho = 1.205\text{kg/m}^3$)。

7-12 在风洞中以 10m/s 的迅速垂直吹向直径为 50cm 的圆盘,试求圆盘所受的阻力。(空气温度为 20℃)。

第八章 气体的运动

§8-1 气体动力学诸方程

气体的运动和液体的运动一样,均属流体的运动,其差异仅在于流体本身的属性有所不同。对气体而言,具有明显的可压缩性,即在流动的过程中其密度为变量。因此在高速流动中,尤其在超声速流动时,必须考虑可压缩性的影响。考虑了密度为变量时,三元欧拉方程、连续方程等均适用于气体的运动。然而,这并不是绝对的。在处理某些工程问题中,为使问题简化、计算方便,在气流速度较小,且精确度要求不高的情况下,也可忽略其压缩性的影响。对工程技术人员而言,应对具体问题做具体分析,灵活应用。下面仅对一元稳定管流的气体运动诸方程进行讨论。

一、连续方程式

在一元稳定管流中,根据质量守恒定律,流束任意有效断面处的质量流量为常数。

$$\dot{m}_1 = \dot{m}_2 = \cdots = 常数 \tag{8-1}$$

则

$$\rho_1 u_1 A_1 = \rho_2 u_2 A_2 = \cdots = 常数 \tag{8-2}$$

其微分形式

$$\frac{\mathrm{d}\rho}{\rho} + \frac{\mathrm{d}u}{u} + \frac{\mathrm{d}A}{A} = 0 \tag{8-3}$$

式中 ρ ——气流密度,kg/m^3;
  u——气流速度,m/s;
  A——有效断面面积,m^2。

在等断面管流中 $\mathrm{d}A = 0$,则

$$\frac{\mathrm{d}\rho}{\rho} + \frac{\mathrm{d}u}{u} = 0$$

可见,气流密度变化时必然引起气流速度的变化,反之亦然。

二、状态方程式

由工程热力学可知,理想气体的状态方程式为

$$pv = RT$$

或写成

$$p = \rho RT \tag{8-4}$$

式中 R——气体常数,对发动机气 $R = 287.4 \mathrm{J}/(\mathrm{kg \cdot K})$,对空气 $R = 287.06 \mathrm{J}/(\mathrm{kg \cdot K})$;
  p——压强,Pa;

v——比容，$v = \dfrac{1}{\rho}$；

T——绝对温度，K。

其微分形式

$$\frac{\mathrm{d}p}{p} = \frac{\mathrm{d}\rho}{\rho} + \frac{\mathrm{d}T}{T} \tag{8-5}$$

式（8-4）表明理想气体在任一平衡状态时，压强 p、密度 ρ 和温度 T 三者之间的变化关系。当已知其中任意两个参数时，便可求出第三个参数。

对实际气体，其状态方程式为

$$p = Z\rho RT \tag{8-6}$$

式中　Z——实际气体的压缩系数。

三、能量方程式

能量守恒定律是自然界的普遍规律之一，是任何物理现象所必然遵循的，气体的流动也不例外。现根据能量守恒定律来建立固定坐标系上一元（流束）稳定流的能量方程式。

1. 热焓形式的能量方程式

在流束中划出一段容积 1—2，见图 8-1，经过 $\mathrm{d}t$ 时间移到 $1'$—$2'$ 位置，现研究此时能量的转换关系。

由图可知，容积 $1'$—2（影线部分）为共同所有的，因此在 1—2 移到 $1'$—$2'$ 之间能量的变化，将等于 2—$2'$ 和 1—$1'$ 中气体所具有的各种能量的变化。设在 $\mathrm{d}t$ 时间内，对 1—2 那块容积的气流加入热量 $\mathrm{d}Q$；在 1—1 断面上作用外力压强 p_1，其方向为顺着气流方向，这种外来的压力对 1—2 那块气体要作功。此时气体由断面 1—1 移动到断面 $1'$—$1'$ 可看作是面积为 A_1 的活塞所造成的，活塞上的压强为 p_1，活塞在 $\mathrm{d}t$ 时间内所作的功等于

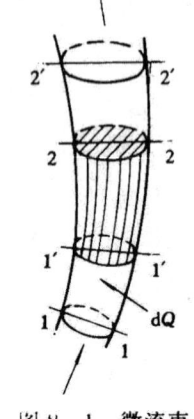

图 8-1　微流束

$$p_1 A_1 u_1 \mathrm{d}t = \frac{p_1}{\rho_1}\mathrm{d}m$$

在断面 2—2 上作用的压强为 p_2，方向为逆着气流方向。同样可以看作是作用在面积为 A_2 的一个活塞上，在 $\mathrm{d}t$ 时间内，气体把活塞推到 $2'$—$2'$，此时气体对外界作功

$$p_2 A_2 u_2 \mathrm{d}t = \frac{p_2}{\rho_2}\mathrm{d}m$$

作用在流束侧面积上的压强是垂直流线的，所以并不作功。这样压力功便等于活塞 1 与活塞 2 所作的两部分功之差

$$\left(\frac{p_1}{\rho_1} - \frac{p_2}{\rho_2}\right)\mathrm{d}m$$

可见，加到这块流体上的一方面有热能 dQ，一方面有机械功 $\left(\dfrac{p_1}{\rho_1} - \dfrac{p_2}{\rho_2}\right)dm$。现在研究这块流体作了哪些功和其本身增加了哪些能量呢？在 dt 时间内气体可以对外作机械功 dW，如安装在 1 与 2 两断面间有涡轮机；在 dt 时间内气体流动要克服摩擦力所作的摩擦功 dW_f。而能量增加有：动能增加为 $dm\left(\dfrac{u_2^2 - u_1^2}{2}\right)$；位能增加为 $dmg(z_2 - z_1)$。内能增加为 $dm(e_2 - e_1)$。由工程热力学可知，内能 $e = C_v T$（C_v 为定容比热，容积为常数时温度升高 1K 所需的热量），当定容比热 C_v 为常数时，$dm(e_2 - e_1) = C_v dm(T_2 - T_1)$。

根据能量守恒定律，加到气流中的热能和压力所作的功两者之和必等于气流对外所作机械功、克服摩擦所消耗的功、以及动能、位能和内能增量之和。即

$$dQ + \left(\frac{p_1}{\rho_1} - \frac{p_2}{\rho_2}\right)dm = dW + dW_f + \frac{u_2^2 - u_1^2}{2}dm + g(z_2 - z_1)dm + C_v(T_2 - T_1)dm \tag{8-7}$$

式 (8-7) 各项均除以 dm 便得到单位质量流体的能量方程式

$$q + \left(\frac{p_1}{\rho_1} - \frac{p_2}{\rho_2}\right) = W + W_f + \frac{u_2^2 - u_1^2}{2} + g(z_2 - z_1) + C_v(T_2 - T_1) \tag{8-8}$$

式中　$q = \dfrac{dQ}{dm}$——加到 1—2 段中每千克气体的热量；

$W = \dfrac{dW}{dm}$——每千克气体所作的机械功；

$W_f = \dfrac{dW_f}{dm}$——每千克气体所作的摩擦功。

由理想气体的状态方程式 $\dfrac{p}{\rho} = RT$，及比热之间的关系 $C_p = C_v + R$，及焓 $i = C_p T$（其中，C_p 为定压比热，即压强为常数时，温度升高一度所需的热量），得

$$\frac{p_1}{\rho_1} - \frac{p_2}{\rho_2} = \frac{R}{C_p}(i_1 - i_2) = -\frac{R}{C_p}(i_2 - i_1) \tag{8-9}$$

将式 (8-9) 代入式 (8-8) 得

$$q - \frac{R}{C_p}(i_2 - i_1) = W + W_f + \frac{u_2^2 - u_1^2}{2} + g(z_2 - z_1) + \frac{C_v}{C_p}(i_2 - i_1)$$

化简后得

$$q = W + W_f + \frac{u_2^2 - u_1^2}{2} + g(z_2 - z_1) + (i_2 - i_1) \tag{8-10}$$

微分形式的能量方程式为

$$dq = dW + dW_f + \frac{du^2}{2} + gdz + di \tag{8-11}$$

众所周知，加入的热量 q 通常包括两部分，一部分是外界加入的热量 q_a，另一部分是摩擦功所转变成又自动加进气流中去的热量 q_i，所以 $q = q_a + q_i$。显然，$W_f = q_i$，则式（8-10）变为

$$q_a = W + \frac{u_2^2 - u_1^2}{2} + g(z_2 - z_1) + (i_2 - i_1) \tag{8-12a}$$

或

$$dq_a = dW + \frac{du^2}{2} + gdz + di \tag{8-12b}$$

方程式（8-12）称为一般情况下热焓形式的能量方程式。从推导过程可知，在形式上虽然不包括摩擦功，但对有摩擦的流动仍然适用。

下面分别讨论常用的几种形式的能量方程式：

1) 对于气体的流动，通常均不考虑位能的变化，$z_2 - z_1 = 0$，则

$$q_a = W + \frac{u_2^2 - u_1^2}{2} + (i_2 - i_1) \tag{8-13}$$

2) 当外界对气流没有加入热量，且对外界也没有散出热量（绝热过程），$q_a = 0$，$z_2 - z_1 = 0$，于是

$$W + \frac{u_2^2 - u_1^2}{2} + (i_2 - i_1) = 0 \tag{8-14}$$

3) 当气流也没有作机械功，即在 1—2 段中没有涡轮机的绝能过程：$q_a = 0$，$W = 0$，$z_2 - z_1 = 0$，则

$$\frac{u_2^2 - u_1^2}{2} + (i_2 - i_1) = 0$$

或

$$\frac{u_1^2}{2} + i_1 = \frac{u_2^2}{2} + i_2 = \frac{u^2}{2} + i = 常数 \tag{8-15}$$

方程式（8-15）表明：在绝能条件下（无热交换和无机械功），在流动过程中气流的动能和焓之和为常数。

4) 当气流不作机械功，不计位能时，$W = 0$，$z_2 - z_1 = 0$，能量方程式为

$$q_a = \frac{u_2^2 - u_1^2}{2} + (i_2 - i_1) \tag{8-16}$$

此式可用来计算热交换过程中各参数的变化。

5) 如果忽略速度的变化，无热交换，能量方程式可简化为

$$W + (i_2 - i_1) = 0$$

或
$$\Delta T = -\frac{W}{C_p} \qquad (8-17)$$

由此式可以计算出涡轮机工作时温度升高的数值。

2. 机械功形式下的能量方程式

以上我们详细地讨论了热焓形式下的能量方程式，该方程式中考虑了各种能量的作用，把气流的温度和速度联系进去。但是在研究某些工程问题中，需要把气流的速度、压强和密度联系起来，处理问题较为方便，即演变成机械功形式下的能量方程式，通常也称为概括性的伯诺利方程式。

由式 (8-11)

$$dq = dW + dW_f + \frac{du^2}{2} + gdz + di$$

因为由热力学第一定律 $di = de + d(pv) = de + pdv + vdp = (de + pdv) + vdp$

即
$$di = dq + vdp = dq + \frac{dp}{\rho}$$

则
$$dW + dW_f + \frac{du^2}{2} + gdz + \frac{dp}{\rho} = 0 \qquad (8-18)$$

积分
$$W + W_f + \frac{u_2^2 - u_1^2}{2} + g(z_2 - z_1) + \int_1^2 \frac{dp}{\rho} = 0 \qquad (8-19)$$

可见，求解此方程式时，应找到压强 p 和密度 ρ 之间的函数关系式 $p = f(\rho)$，便可求得积分 $\int_1^2 \frac{dp}{\rho}$，为此必须知道变化的热力过程，下面分别进行讨论。

(1) 定容过程

所谓定容过程就是气体在运动的过程中，其比容 v 保持不变，即密度 ρ = 常数，则

$$\int_1^2 \frac{dp}{\rho} = \frac{1}{\rho} \int_1^2 dp = \frac{1}{\rho}(p_2 - p_1)$$

将此式代入式 (8-19) 得

$$W + W_f + \frac{u_2^2 - u_1^2}{2} + g(z_2 - z_1) + \frac{1}{\rho}(p_2 - p_1) = 0 \qquad (8-20)$$

当流动过程中不作功和无摩擦时

$$\frac{u_2^2 - u_1^2}{2} + g(z_2 - z_1) + \frac{1}{\rho}(p_2 - p_1) = 0 \qquad (8-21a)$$

或者
$$\frac{u_1^2}{2} + gz_1 + \frac{p_1}{\rho} = \frac{u_2^2}{2} + gz_2 + \frac{p_2}{\rho} = 常数 \tag{8-21b}$$

显然，这就是前面所讲的不可压缩流的伯诺利方程。

(2) 等压过程

气流在运动中保持压强不变，此时 $\mathrm{d}p=0$，故有

$$W + W_\mathrm{f} + \frac{u_2^2 - u_1^2}{2} + g(z_2 - z_1) = 0 \tag{8-22}$$

当气流不作功、无摩擦及无位能变化时

$$u_1 = u_2 = u$$

因此在这种条件下，流动过程中保持等速。

(3) 等温过程

在流动的过程中其温度（静温）不变，$T=$常数，由状态方程有 $\rho = \rho_1 \dfrac{p}{p_1}$，则

$$\int_1^2 \frac{\mathrm{d}p}{\rho} = \frac{p_1}{\rho_1} \ln \frac{p_2}{p_1}$$

代入式 (8-19) 得

$$W + W_\mathrm{f} + \frac{u_2^2 - u_1^2}{2} + g(z_2 - z_1) + \frac{p_1}{\rho_1} \ln \frac{p_2}{p_1} \tag{8-23}$$

(4) 多变过程

由工程热力学可知，所谓多变过程是自然界中存在的普遍过程，它包括了所有的热力过程，其状态参数变化规律为 $pv^m = 常数$，m 为多变指数，可以是不同的常数。

对 $pv^m = 常数$，或 $\dfrac{p}{\rho^m} = 常数$，微分得

$$\mathrm{d}p = m \frac{p_1}{\rho_1^m} \rho^{m-1} \mathrm{d}\rho$$

而

$$\int_1^2 \frac{\mathrm{d}p}{\rho} = m \frac{p_1}{\rho_1^m} \int_1^2 \frac{\rho^{m-1}}{\rho} \mathrm{d}\rho = \frac{m}{m-1} \frac{p_1}{\rho_1} \left[\left(\frac{\rho_2}{\rho_1} \right)^{m-1} - 1 \right] \tag{a}$$

因

$$\frac{\rho_2}{\rho_1} = \left(\frac{p_2}{p_1} \right)^{\frac{1}{m}}$$

则

$$\int_1^2 \frac{\mathrm{d}p}{\rho} = \frac{m}{m-1} \frac{p_1}{\rho_1} \left[\left(\frac{p_2}{p_1} \right)^{\frac{m-1}{m}} - 1 \right] \tag{b}$$

分别将 (a)、(b) 两式代入式 (8-19) 得

$$W + W_f + \frac{u_2^2 - u_1^2}{2} + g(z_2 - z_1) + \frac{m}{m-1}\frac{p_1}{\rho_1}\left[\left(\frac{\rho_2}{\rho_1}\right)^{m-1} - 1\right] = 0 \quad (8-24a)$$

$$W + W_f + \frac{u_2^2 - u_1^2}{2} + g(z_2 - z_1) + \frac{m}{m-1}\frac{p_1}{\rho_1}\left[\left(\frac{p_2}{p_1}\right)^{\frac{m-1}{m}} - 1\right] = 0 \quad (8-24b)$$

（5）绝热等熵过程

绝热等熵过程是多变过程的一个特例，即多变指数 m 等于绝热指数 k（对空气 $k=1.4$，对过热蒸汽 $k=1.33$），则相应的方程式 (8-24a) 和 (8-24b) 为

$$\frac{u_2^2 - u_1^2}{2} + g(z_2 - z_1) + \frac{k}{k-1}\frac{p_1}{\rho_1}\left[\left(\frac{\rho_2}{\rho_1}\right)^{k-1} - 1\right] = 0 \quad (8-25a)$$

$$\frac{u_2^2 - u_1^2}{2} + g(z_2 - z_1) + \frac{k}{k-1}\frac{p_1}{\rho_1}\left[\left(\frac{p_2}{p_1}\right)^{\frac{k-1}{k}} - 1\right] = 0 \quad (8-25b)$$

上面讨论了能量方程式的各种形式，在处理工程问题时可以根据具体条件灵活应用。

四、动量方程式

动量定理为流束的冲量等于其动量的变化，通常可表达为

$$Pdt = d(mu) \quad (8-26)$$

式中 P 为作用在质量 m 上的一切力在指定坐标轴上的投影总和，u 为速度在同一轴上的投影，dt 为力 P 作用的时间。式 (8-26) 适用于自然界中较普遍情况的动量方程。据此原理，现推演在气体动力学中应用比较方便的形式。

设在流场中任取一流束，如图 8-2，划定两个与流束轴线相垂直的断面 1-1、2-2。在流束中任取一质点 A，其质量为 m，速度为 u，则建立作用力在 x 轴上的投影与动量在同一轴上的投影之间的关系。根据式 (8-26)，在 dt 时间内，作用在 1-2 那块流体上一切力的冲量在 x 轴方向上的投影之和必等于动量之和在该轴上投影的变化

$$P_x dt = d\sum(mu_x) \quad (8-27)$$

在 dt 时间内，流体由 1—2 的位置移动到 1′—2′。假设流体的运动为稳定流，于是 1′-2 中的动量由开始到终止时，其动量总和并没有变化，则动量总和的变化只等于 2—2′ 与 1—1′ 两部分的动量差，所以

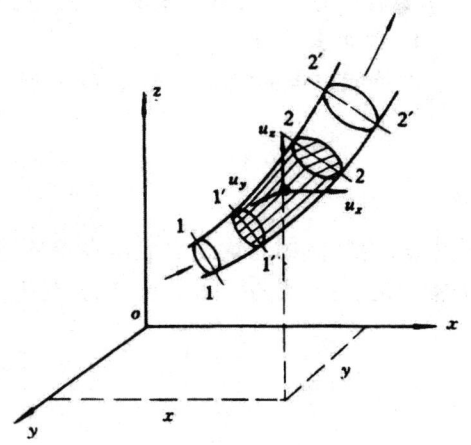

图 8-2 空间流束

$$d\sum(mu_x) = (u_{x2} - u_{x1})dm$$

式中 dm 是 1—1′ 或 2—2′ 段中的流束质量，u_{x2} 和 u_{x1} 为 2—2、1—1 两断面处流速在 x 轴上

的投影。这段流束质量 $\mathrm{d}m$ 等于每秒流过的流体质量 $\dot{m}$ 乘以时间间隔 $\mathrm{d}t$

$$\mathrm{d}m = \dot{m}\mathrm{d}t$$

所以
$$\mathrm{d}\sum(mu_x) = (u_{x2} - u_{x1})\dot{m}\mathrm{d}t$$

把此式代入式 (8-27) 得

$$P_x\mathrm{d}t = (u_{x2} - u_{x1})\dot{m}\mathrm{d}t$$

则
$$P_x = (u_{x2} - u_{x1})\dot{m} \tag{8-28a}$$

同理对 y、z 轴有

$$P_y = (u_{y2} - u_{y1})\dot{m} \tag{8-28b}$$

$$P_z = (u_{z2} - u_{z1})\dot{m} \tag{8-28c}$$

式 (8-28) 就是流体动力学中的动量方程。其重要意义在于：用动量方程式求解作用力时，只须已知所划定的两个控制面上流动参数，无须知道两控制面之间的实际过程。

§8-2 滞止参数、气体动力学函数及其应用

一、滞止参数

将流动的气体等熵地滞止到储气箱内，变为静止的气体，此时储气箱内气体各参数称为滞止参数。相应的压强称为滞止压强（或称为总压强）用 p_0 表示；温度称为滞止温度（或称为总温）用 T_0 表示；密度称为滞止密度（或称为总密度），用 ρ_0 表示。

1. 滞止温度 T_0

由绝能过程的能量方程式 (8-15) 有

$$\frac{u^2}{2} + i = i_0 = 常数 \tag{8-29a}$$

式中 i_0 为气流的总焓，它表示在绝能流动中单位质量气流所具有的总能量。当定压比热 C_p 为常数时，$i = C_p T$，$i_0 = C_p T_0$，代入上式得

$$T_0 = T + \frac{u^2}{2C_p} \tag{8-29b}$$

可见，当气流等熵滞止时，$u \rightarrow 0$，则 $T \rightarrow T_0$。该式对可压缩流和不可压缩流均适用。

2. 滞止压强 p_0

由不可压缩流的伯诺利方程式 (8-21b)，不计位能时

$$p + \frac{\rho u^2}{2} = p_0 = 常数$$

或
$$p_0 = p + \frac{\rho u^2}{2} \tag{8-30}$$

此式表明，不可压缩流等熵滞止时，$u \to 0$，则 $p \to p_0$。

对可压缩流，无机械功和不计位能的变化时，由方程式（8-25b）得

$$\frac{u_1^2 - u_2^2}{2} = \frac{k}{k-1} \frac{p_1}{\rho_1} \left[\left(\frac{p_2}{p_1} \right)^{\frac{k-1}{k}} - 1 \right]$$

等熵滞止时 $u_2 \to 0$，则 $p_2 \to p_0$，上式变为

$$\frac{u^2}{2} = \frac{k}{k-1} \frac{p}{\rho} \left[\left(\frac{p_0}{p} \right)^{\frac{k-1}{k}} - 1 \right]$$

代简后得

$$\frac{p_0}{p} = \left[1 + \frac{k-1}{2} \frac{u^2}{k \frac{p}{\rho}} \right]^{\frac{k}{k-1}} \tag{8-31}$$

3. 滞止密度 ρ_0

由滞止压强 p_0 和滞止温度 T_0，根据状态方程式可求得滞止密度 ρ_0 为

$$\rho_0 = \frac{p_0}{RT_0} \tag{8-32}$$

二、声速 C、马赫数 M 和速度系数 λ

1. 声速 C

在气体动力学中，经常用到一个很重要的物理量——声速。现推导声速的表达式。

声速是微弱扰动在具有弹性的介质中的传播速度。理论上，在不可压缩流中微弱扰动的传播速度是无限大的。但在实际气流中，由于气体是具有弹性的（可压缩），就不能在一瞬间内某一扰动传遍全部流场。现在我们按沿等截面管推进的无限微弱平面压缩波来计算声速。这种波可以这样来形成：例如，将等直管的左端放一活塞，且以速度 u 向右轻微推动 dt 时

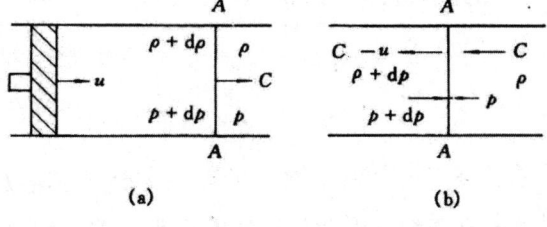

图 8-3 等直径管中活塞推压气体

间，如图 8-3a。此时活塞先压缩与活塞面直接接触的那一层气体，这一层气体又压缩邻层，邻层再下传，在直管中这样一直传播下去，使形成一道微弱的压缩波，即直管中出现一道向前推进的 A—A 波面。该波面是已被扰动和未扰动区域的分界面，称为波头。波头是以声速 C 向前推进的，在波头 A—A 以右的气体是静止的。在 dt 时间内被波头所扫过的未

扰动的气体质量是 dm

$$dm = C\rho A dt$$

式中　C——声速；
　　　ρ——未经扰动的气体密度；
　　　A——直管的截面积。

记波头以左的气体密度为 $\rho + d\rho$，压强为 $p + dp$，在 dt 时间内扰动区内增添的气体质量为 dm

$$dm = (C - u)(\rho + d\rho)A dt$$

式中 u 为扰动区中气体微团的运动速度（即活塞运动速度）。根据流动的连续性，扫过的气体质量和扰动区内增添的气体质量相等，故

$$C\rho = (C - u)(\rho + d\rho) \tag{a}$$

现围绕波头前后写动量方程。为使分析问题方便起见，设想观察者站在波头上并以速度 C 与波一起运动，则此时观察到的现象是波头不动，而原来静止的气体现以速度 C 流向波头，波头后的气流速度为 $(C - u)$，见图 8-3 (b)。由动量方程式有

$$[p - (p + dp)]A dt = dm[(C - u) - C]$$

因

$$dm = \rho C A dt$$

则

$$dp = \rho C u \tag{b}$$

将 (a) 式代入 (b) 得

$$dp = \rho C \frac{C d\rho}{\rho + d\rho} = C^2 \frac{d\rho}{1 + \frac{d\rho}{\rho}} \tag{c}$$

因 $\frac{d\rho}{\rho}$ 为无穷小量，与 1 相比较可略而不计，则

$$C = \sqrt{\frac{dp}{d\rho}} \tag{8-33}$$

不难看出，$\frac{dp}{d\rho}$ 代表气体的可压缩性，其值愈大则气体愈不易压缩。反之，其值愈小表明气体愈易压缩。因此声速的大小表征着介质可压缩的难易程度。理论上，在绝对刚体介质中微弱扰动的传播速度为无穷大。

气体受微弱扰动而产生的变化是既快又微小的，因此可以认为是绝热等熵过程，则 ρ 与 p 之间的关系为

$$\frac{p}{\rho^k} = 常数$$

故
$$C^2 = \frac{dp}{d\rho} = k\frac{p}{\rho} \tag{8-34}$$

代入状态方程式时

$$C = \sqrt{kRT} \tag{8-35}$$

对空气而言，$k=1.4$，$R=287.06\text{J}/(\text{kg}\cdot\text{K})$，则

$$C = 20.1\sqrt{T} \tag{8-36}$$

声速在分子量小的气体介质中传播速度大，如温度 $t=5℃$ 时，氢气中的声速约为 1280m/s，空气中的声速约为 335m/s。

由式（8-35）可知，声速仅取决于气体的物理性质和绝对温度。

2. 马赫数 M

气体的速度与声速之比称为马赫数。

$$M = \frac{u}{C} = \frac{u}{\sqrt{kRT}} \tag{8-37}$$

马赫数 M 在气体动力学中是经常用到的一个参数，它的大小可用来衡量气体可压缩性的大小。在一般情况下，当 $M=\frac{u}{C}\leqslant 0.4$ 时，密度的相对变化量是很微小的，通常认为是不可压缩流。当 $M>0.4$ 时，密度 ρ 在流动过程中变化显著，就要考虑其可压缩性。

$M<1$ 的流动称为亚声速流；$M>1$ 的流动称为超声速流。

3. 气体的极限速度 u_{max}、临界声速 C_c、速度系数 λ

由绝能过程的能量方程式（8-29a）

$$i_0 = i + \frac{u^2}{2}$$

可见，当气流的焓减小到零，即 $i \to 0$ 时，则速度便达到极限值 $u \to u_{max}$。这表明气体分子的全部热能都转变成有规律运动的动能

$$i_0 = \frac{u_{max}^2}{2}$$

由此得到气流极限速度的表达式

$$u_{max} = \sqrt{2i_0} \tag{8-38a}$$

或

$$u_{max} = \sqrt{2C_p T_0} \tag{8-38b}$$

对空气而言

$$u_{max} = 44.8\sqrt{T_0} \tag{8-39}$$

应该指出，极限速度仅仅是一个理论上的极限值。实际上，就目前的科学技术水平而言

是不可能达到的。因为当流速达到极限值时，$i=0$，因而 $T=0$，而气体温度降到绝对零度目前还做不到。

从式（8-39）可知，极限速度 u_{max} 仅是滞止温度 T_0 的函数，当 T_0 一定时，u_{max} 为定值。因此在绝能流动中，总温不变，u_{max} 也不变。要想提高 u_{max}，唯一的办法是提高气体的总温。

利用状态方程式 $p=\rho RT$，及 $C_p=\dfrac{k}{k-1}R$，代入式（8-29a）得

$$\frac{k}{k-1}\frac{p}{\rho}+\frac{u^2}{2}=常数$$

因

$$C^2=k\frac{p}{\rho}$$

则

$$\frac{C^2}{k-1}+\frac{u^2}{2}=常数 \tag{8-40}$$

由式（8-40）可见，随着速度减小到零（$u\to 0$），声速增加到最大值。反之，当速度增加到最大值时（$u\to u_{max}$），声速下降到零。显然在气流速度由零增大到 u_{max} 的过程中，必然会有一个速度恰好等于声速，此时对应的声速，称为临界声速，以 C_c 表示。下面我们来找出临界声速 C_c 和总温 T_0 极限速度 u_{max} 之间的关系。

由式（8-40）有

$$\frac{C^2}{k-1}+\frac{u^2}{2}=\frac{C_c^2}{k-1}+\frac{C_c^2}{2}=\frac{1}{2}u_{max}^2 \tag{8-41}$$

由此

$$C_c=\sqrt{\frac{2}{k+1}kRT_0}=\sqrt{\frac{k-1}{k+1}}\cdot u_{max} \tag{8-42}$$

从上面的分析中，我们发现在绝热流动时，随着速度的变化，声速 C 也发生变化，但临界声速 C_c 不变，只与气流的总温有关。当总温不变时，临界声速 C_c 也不变，从而在气体动力学中得到广泛应用。与此同时，相应于马赫数 M 而引出速度系数 λ 这一概念。

$$\lambda=\frac{u}{C_c}$$

今后，除了马赫数 M 外，速度系数 λ 将极广泛被使用。因为一方面临界声速 C_c 比较容易计算，在绝能的情况下为一常数。另一方面当速度达到极大值 u_{max} 时，声速 C 变为零，马赫数 M 为无限大。而根据式（8-42）可知

$$\lambda_{max}=\sqrt{\frac{k+1}{k-1}}$$

对空气：$k=1.4$，$\lambda_{max}=2.449$。λ_{max} 保持一有限值，在作图表、曲线时比较方便。

显然，给定每一个马赫数 M 就对应于一个完全确定的速度系数 λ，其关系为

$$\frac{M^2}{\lambda^2} = \frac{C_c^2}{C^2} = \frac{2}{k+1}\frac{T_0}{T} = \frac{2}{k+1}\left(1+\frac{k-1}{2}M^2\right)$$

故

$$\lambda^2 = \frac{\frac{k+1}{2}M^2}{1+\frac{k-1}{2}M^2} \tag{8-43}$$

反之得

$$M^2 = \frac{\frac{2}{k+1}\lambda^2}{1-\frac{k-1}{k+1}\lambda^2} \tag{8-44}$$

由此可见：

当 $M<1$，则 $\lambda<1$，亚声流速。
当 $M>1$，则 $\lambda>1$，超声速流。
当 $M=1$，则 $\lambda=1$，声速流。
当 $M=0$，则 $\lambda=0$，无流动。
当 $M=\infty$，则 $\lambda=\sqrt{\frac{k+1}{k-1}}$，流速最大。

三、气体动力学函数及其应用

我们在应用气体动力学的知识去分析、研究、计算有关工程上的问题时，在一些公式中其速度系数 λ 往往成几种常见的组合形式出现，定名叫做气体动力学函数，每个函数用一符号代表。把各函数随速度系数 λ 变化的数值计算出来列成数值表，运用这种函数及其数值表就可将公式大大简化，而且使计算工作变得十分简便。

目前通用的气体动力学函数可分为三组。

1. 第一组：气体动力学函数

将 $C_p = \frac{k}{k-1}R$ 代入式（8-29b）得

$$\frac{T_0}{T} = 1 + \frac{k-1}{2}M^2 \tag{8-45}$$

考虑到式（8-44）则有

$$\frac{T}{T_0} = 1 - \frac{k-1}{k+1}\lambda^2$$

令

$$\tau(\lambda) = \frac{T}{T_0}$$

则
$$\tau(\lambda) = \frac{T}{T_0} = 1 - \frac{k-1}{k+1}\lambda^2 \tag{8-46}$$

将 $C^2 = k\dfrac{p}{\rho}$ 代入式（8-31）化简后得

$$\frac{p_0}{p} = \left(1 + \frac{k-1}{2}M^2\right)^{\frac{k}{k-1}} \tag{8-47}$$

考虑到式（8-44），并令 $\pi(\lambda) = \dfrac{p}{p_0}$，则有

$$\pi(\lambda) = \frac{p}{p_0} = \left(1 - \frac{k-1}{k+1}\lambda^2\right)^{\frac{k}{k-1}} \tag{8-48}$$

由绝热过程方程式有

$$\frac{p_0}{p} = \frac{\rho_0^k}{\rho^k} \tag{8-49}$$

代入式（8-47）

$$\frac{\rho_0}{\rho} = \left(1 + \frac{k-1}{2}M^2\right)^{\frac{1}{k-1}} \tag{8-50}$$

考虑到式（8-44），并令 $\varepsilon(\lambda) = \dfrac{\rho}{\rho_0}$，则

$$\varepsilon(\lambda) = \frac{\rho}{\rho_0} = \left(1 - \frac{k-1}{k+1}\lambda^2\right)^{\frac{1}{k-1}} \tag{8-51}$$

显然三个气体动力学函数之间的关系为

$$\varepsilon(\lambda) = \frac{\pi(\lambda)}{\tau(\lambda)} \tag{8-52}$$

2. 第二组：气体动力学函数

这一组气体动力学函数是与气流质量流量有关的函数 $q(\lambda)$ 及 $y(\lambda)$。

气流的质量流量公式为

$$\dot{m} = \rho u A$$

现在用滞止参数 p_0、T_0 及速度系数 λ 来表示密度 ρ 和速度 u

$$\rho = \rho_0\left(1 - \frac{k-1}{k+1}\lambda^2\right)^{\frac{1}{k-1}} = \frac{p_0}{RT_0}\left(1 - \frac{k-1}{k+1}\lambda^2\right)^{\frac{1}{k-1}}$$

$$u = \lambda C_c = \lambda\sqrt{\frac{2}{k+1}kRT_0}$$

代入质量流量方程式中并简化后得

$$\dot{m} = \sqrt{k\left(\frac{2}{k+1}\right)^{\frac{k+1}{k-1}}\frac{1}{R}} \cdot \frac{p_0 A}{\sqrt{T_0}} \cdot \left(\frac{k+1}{2}\right)^{\frac{1}{k-1}} \cdot \lambda \cdot \left(1 - \frac{k-1}{k+1}\lambda^2\right)^{\frac{1}{k-1}} \quad (8-53)$$

令

$$m = \sqrt{k\left(\frac{2}{k+1}\right)^{\frac{k+1}{k-1}}\frac{1}{R}}$$

$$q(\lambda) = \left(\frac{k+1}{2}\right)^{\frac{1}{k-1}} \cdot \lambda \cdot \left(1 - \frac{k-1}{k+1}\lambda^2\right)^{\frac{1}{k-1}} \quad (8-54)$$

故

$$\dot{m} = m\frac{p_0 q(\lambda) A}{\sqrt{T_0}} \quad (8-55)$$

绝热指数 k 为不同值时，$\sqrt{k\left(\frac{2}{k+1}\right)^{\frac{k+1}{k-1}}}$ 的值列入表 8-1。对于空气：$k=1.4$，$R=287.06\text{J}/(\text{kg}\cdot\text{K})$，则 $m=0.0404$。对于发动机排出的气体：$k=1.33$，$R=287.4\text{J}/(\text{kg}\cdot\text{K})$，则 $m=0.0397$。

表 8-1 $\sqrt{k\left(\frac{2}{k+1}\right)^{\frac{k+1}{k-1}}}$ 函数值

k	1.4	1.35	1.33	1.3	1.25
$\sqrt{k\left(\frac{2}{k+1}\right)^{\frac{k+1}{k-1}}}$	0.685	0.676	0.673	0.667	0.658

在研究工程上许多问题时，往往要用到质量流量与给定有效断面上的静压强之间的关系。因

$$p_0 = \frac{p}{\pi(\lambda)}$$

将此式代入式 (8-55) 得

$$\dot{m} = m\frac{pA}{\sqrt{T_0}} \cdot \frac{q(\lambda)}{\pi(\lambda)} \quad (8-56)$$

令

$$y(\lambda) = \frac{q(\lambda)}{\pi(\lambda)} = \left(\frac{k+1}{2}\right)^{\frac{1}{k-1}} \cdot \frac{\lambda}{1 - \frac{k-1}{k+1}\lambda^2} \quad (8-57)$$

所以

$$\dot{m} = m\frac{py(\lambda)A}{\sqrt{T_0}} \quad (8-58)$$

由式（8-54）知：$\lambda=0$，$q(\lambda)=0$，$M=0$；$\lambda=1$，$q(\lambda)=1$，$M=1$；$\lambda=\sqrt{\dfrac{k+1}{k-1}}$，$q(\lambda)=0$，$M=\infty$。气体动力学函数$q(\lambda)$随$\lambda$的变化规律见图8-4（a）。由图可见，对应同一个$q(\lambda)$值则有两个速度系数$\lambda$值：一个大于1，为超声速流；另一个小于1，为亚声速流。

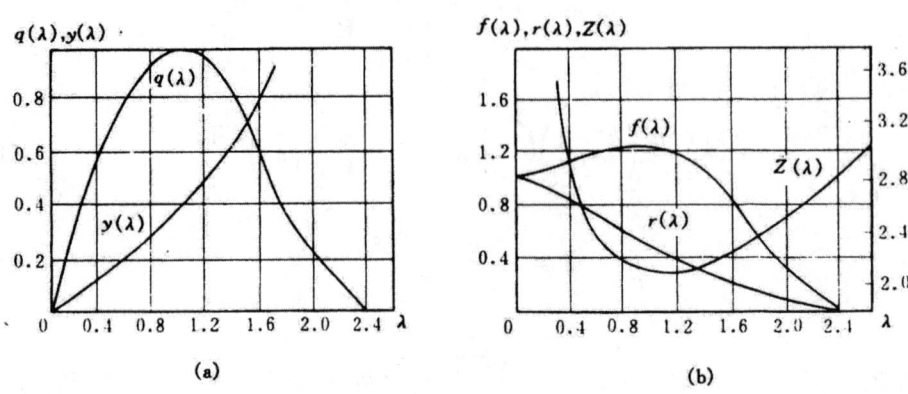

图8-4 气体动力学函数随速度系数的变化规律

由式（8-57）知：当$\lambda=0$时$y(\lambda)=0$；当$\lambda=\sqrt{\dfrac{k+1}{k-1}}$时$y(\lambda)=\infty$。见图8-4（a）。

3. 第三组、气体动力学函数

这一组气体动力学函数是由冲量定理得出来的。任一截面上的动量与力两项之和为

$$\dot{m}u + pA$$

这个式子在许多问题里出现，现把它演化一下

$$\dot{m}u + pA = \dot{m}\left(u + \frac{p}{\rho u}\right) \qquad (8-59)$$

因

$$\frac{p}{\rho} = RT = RT_0\tau(\lambda) = RT_0\left(1 - \frac{k-1}{k+1}\lambda^2\right)$$

$$RT_0 = \frac{k+1}{2k}C_c^2$$

则

$$\frac{p}{\rho} = \frac{k+1}{2k}C_c^2\left(1 - \frac{k-1}{k+1}\lambda^2\right)$$

将此式代入式（8-59），简化得

$$\dot{m}u + pA = \dot{m}C_c\left[\frac{k+1}{2k}\left(\frac{1}{\lambda} + \lambda\right)\right]$$

令
$$Z(\lambda) = \lambda + \frac{1}{\lambda} \qquad (8-60)$$

则
$$\dot{m}u + pA = \dot{m}C_c\frac{k+1}{2k}Z(\lambda) \qquad (8-61)$$

气体动力学函数 $Z(\lambda)$ 的最小值为 2。不难看出用 λ 的倒数 $\frac{1}{\lambda}$ 代入 $Z(\lambda)$ 式也是其中一个解，所以一个 $Z(\lambda)$ 值对应两个互为倒数的 λ 值：其中一个 $\lambda<1$，亚声速流；另一个 $\lambda>1$，超声速流。因此对亚声速流取用 $\lambda<1$ 的值，超声速流时取用 $\lambda>1$ 的值。

现将 $\dot{m}u + pA$ 用气体动力学函数 $q(\lambda)$、$Z(\lambda)$、p_0 表示之。

将式 (8-53)、式 (8-42) 代入式 (8-61) 简化后得

$$\dot{m}u + pA = p_0 A\left(\frac{2}{k+1}\right)^{\frac{1}{k-1}} q(\lambda) \cdot Z(\lambda) \qquad (8-62)$$

令
$$f(\lambda) = \left(\frac{2}{k+1}\right)^{\frac{1}{k-1}} q(\lambda) \cdot Z(\lambda) = (\lambda^2 + 1)\left(1 - \frac{k-1}{k+1}\lambda^2\right)^{\frac{1}{k-1}} \qquad (8-63)$$

有
$$\dot{m}u + pA = p_0 A f(\lambda) \qquad (8-64)$$

因
$$p = p_0 \pi(\lambda)$$

则
$$\dot{m}u + pA = Ap\frac{f(\lambda)}{\pi(\lambda)} \qquad (8-65)$$

令
$$r(\lambda) = \frac{f(\lambda)}{\pi(\lambda)} = \frac{1 - \frac{k-1}{k+1}\lambda^2}{\lambda^2 + 1} \qquad (8-66)$$

则
$$\dot{m}u + pA = pA\frac{1}{r(\lambda)} \qquad (8-67)$$

气体动力学函数 $Z(\lambda)$、$f(x)$、$r(\lambda)$ 随速度系数 λ 的变化曲线见图 8-4b。

上述各气体动力学函数 $\tau(\lambda)$、$\pi(\lambda)$、$q(\lambda)$、$y(\lambda)$、$\varepsilon(\lambda)$、$Z(\lambda)$、$f(\lambda)$、$r(\lambda)$ 随速度系数 $\lambda(M)$ 的变化数值表见附录Ⅳ。

例 8-1 求某压气机出口截面处的总压。其出口有效截面积 $A=0.1\text{m}^2$，由测量得知出口处的静压强为 $p=4.12\times10^5\text{Pa}$，空气流量为 50kg/s，总温 $T_0=480\text{K}$。

解

$$由\ y(\lambda) = \frac{G\sqrt{T_0}}{mAp} = \frac{50 \times \sqrt{480}}{0.0404 \times 0.1 \times 4.12 \times 10^5} = 0.658$$

查表得 $\lambda = 0.406$，$\pi(\lambda) = 0.907$。故

$$p_0 = \frac{p}{\pi(\lambda)} = \frac{4.12 \times 10^5}{0.907} = 4.543 \times 10^5 (\text{Pa})$$

例 8-2 气体在等直管进口处的流动参数为：$T_{01} = 600\text{K}$，$\lambda_1 = 0.40$。对此等直管加热，气流的滞止温度升至 $T_{02} = 1200\text{K}$，不计摩擦，求加热后气流的速度系数。

解 在等直管中不计摩擦，进出口之间的动量方程为

$$(p_1 - p_2)A = \dot{m}(u_2 - u_1)$$

故

$$\dot{m}u_1 + p_1 A_1 = \dot{m}u_2 + p_2 A_2 \quad (A_1 = A_2)$$

由式（8-61）

$$\frac{k+1}{2k}\dot{m}C_{1c}Z(\lambda_1) = \frac{k+1}{2k}\dot{m}C_{2c}Z(\lambda_2)$$

则

$$C_{1c}Z(\lambda_1) = C_{2c}Z(\lambda_2)$$

$$Z(\lambda_2) = Z(\lambda_1)\sqrt{\frac{T_{01}}{T_{02}}}$$

$$Z(\lambda_2) = 2.9\sqrt{\frac{600}{1200}} = 2.05$$

查表，$\lambda_2 = 0.8$。另一个解 $\lambda_2 = 1.25$，为超声速流。据题意为亚声速流，故取为 $\lambda_2 = 0.8$。

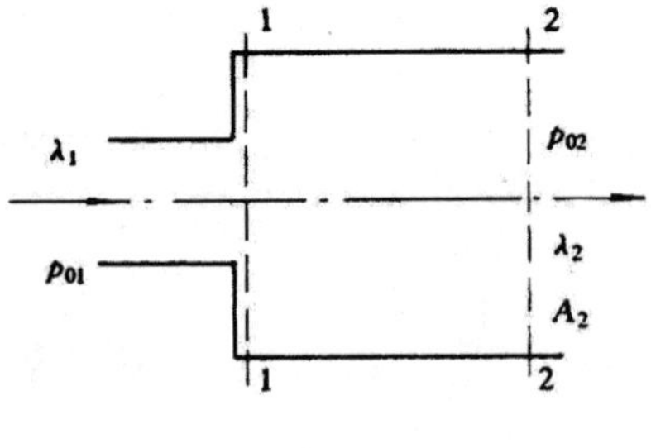

例 8-3 已知突然扩张管进口有效截面处速度系数 $\lambda_1 = 0.8$，有效截面面积比 $\frac{A_2}{A_1} = 4$，求突然扩张管的总压恢复系数 $\sigma = \frac{p_{02}}{p_{01}}$，及出口有效截面处的速度系数 λ_2。见图 8-5。

解 由控制面 1—1，2—2 写动量方程式有

$$\dot{m}u_2 + p_2 A_2 = \dot{m}u_1 + p_1 A_1 + p_1(A_2 - A_1)$$

图 8-5 突然扩张管

由式（8-61）

$$\frac{k+1}{2k}\dot{m}C_c Z(\lambda_2) = \frac{k+1}{2k}\dot{m}C_c Z(\lambda_1) + p_1(A_2 - A_1)$$

因

$$p_1 = \frac{\dot{m}\sqrt{T_0}}{my(\lambda_1)A_1}, C_c = \sqrt{\frac{2}{k+1}kRT_0}$$

则

$$p_1 = \frac{\dot{m}C_c}{k\left(\frac{2}{k+1}\right)^{\frac{k}{k-1}}y(\lambda_1)A_1}$$

而

$$\frac{k+1}{2k}\dot{m}C_c Z(\lambda_2) = \frac{k+1}{2k}\dot{m}C_c Z(\lambda_1) + \frac{\dot{m}C_c(A_2 - A_1)}{k\left(\frac{2}{k+1}\right)^{\frac{k}{k-1}}y(\lambda_1)A_1}$$

故

$$Z(\lambda_2) = Z(\lambda_1) + \frac{1}{\left(\frac{2}{k+1}\right)^{\frac{1}{k-1}}}\frac{1}{y(\lambda_1)}\left(\frac{A_2}{A_1} - 1\right)$$

因

$$\lambda_1 = 0.8, Z(\lambda_1) = 2.05, y(\lambda_1) = 1.4126$$

则

$$Z(\lambda_2) = 2.05 + (4-1)\frac{1}{1.4126} \times \frac{1}{0.634} = 5.4$$

查表

$$\lambda_2 = 0.192$$

应用连续方程式

$$\dot{m}\frac{p_{01}q(\lambda_1)A_1}{\sqrt{T_{01}}} = \dot{m}\frac{p_{02}q(\lambda_2)A_2}{\sqrt{T_{02}}}$$

绝热流动，$T_{01} = T_{02}$，则

$$\sigma = \frac{p_{02}}{p_{01}} = \frac{q(\lambda_1)}{q(\lambda_2)} \cdot \frac{A_1}{A_2}$$

查表，$\lambda_1 = 0.8$，$q(\lambda_1) = 0.9518$；$\lambda_2 = 0.192$，$q(\lambda_2) = 0.2982$，故

$$\sigma = \frac{p_{02}}{p_{01}} = \frac{0.9518}{0.2982} \cdot \frac{1}{4} = 0.806$$

§8-3 微弱扰动在亚声速流和超声速流中的传播

前面我们讨论了微弱扰动在管内静止介质中的传播过程。现在讨论其一般情况，即微弱

扰动在亚声速和超声速流的介质中的传播过程。

在静止的气体空间中，一质点扰动一次（如质点的体积突然胀大，此时扰动源为一质点 o），则扰动就以声速向各个方向传播。可见，此声波是一球形波，在平面上的投影为一个圆。而在产生这一波之后的第一秒钟传播的距离为声速 C，两秒钟后传播的距离为 $2C$，三秒钟后为 $3C$……。将其波的位置表示如图 8-6。如果质点 o 在空间中不停地扰动时，则在扰动源的周围充满了球面波，扰动的区域是整个空间。如果声波不是在静止的气体中传播，而是在以一定速度运动的气流中传播时，情况就不同了，现分别进行讨论。

一、微弱扰动在亚声速流动的气体中的传播

设一质点 o 在速度为 u（$u<C$）的气流中产生一扰动。显然，所产生的波在顺着气流方向上是以 $C+u$ 的速度传播的，而在逆流方向上是以 $C-u$ 的速度传播的。如图 8-7。如果不考虑介质粘性影响，在无限长的时间内其波同样能传遍整个空间，即整个空间都受到扰动。但和在静止气体中的传播不同，其声波的传播不对称于扰动源 o。

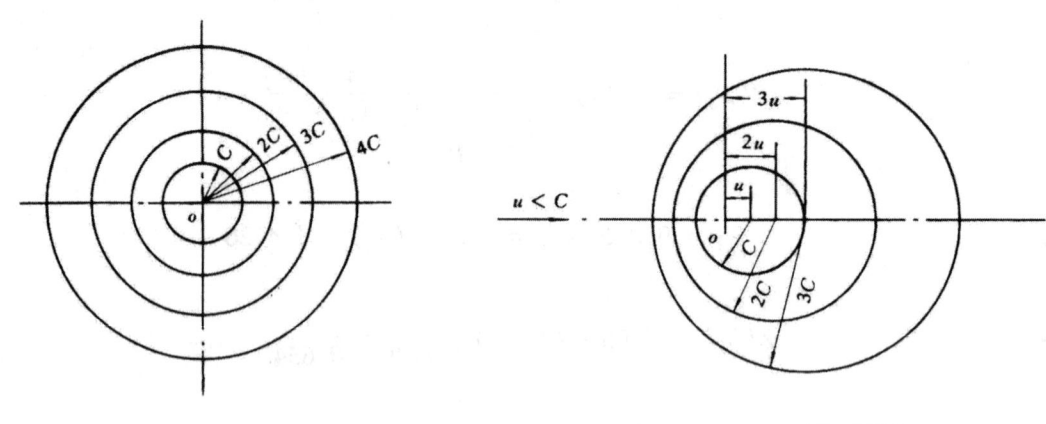

图 8-6　球形波投影　　　　　图 8-7　$u<C$ 时的球形波

二、微弱扰动在声速流动的气体中的传播

质点 o 在气流速度为声速（$u=C$）的气流中扰动时，在顺着气流方向上波的传播速度为 $u+C=2C$，而在逆流方向上的传播速度为 $u-C=0$。如图 8-8 所示。显然，波的传播区是在 AoB 平面的右侧，而左侧没有波的传播，称为寂静区，传播区称为扰动区。因此，AoB 平面是扰动区和寂静区的分界面。

三、微弱扰动在超声速流动的气体中的传播

在这种情况下，由于气流速度大于声速，因此声波只能由扰动点源 o 向顺流方向传播，且传播的范围更小了，只被限制在一个圆锥体内，其扰动边界是这个圆锥的表面，此圆锥称为马赫锥或扰动锥。此种波称为扰动边界波或马赫波。设气流速度 $u=2C$，$M=2$，其图像见图 8-9。

流动速度与马赫锥母线之间的夹角 α（即马赫锥的半顶角），称为马赫角或扰动角。由图 8-9 中可知

$$\sin\alpha = \frac{C}{u}$$

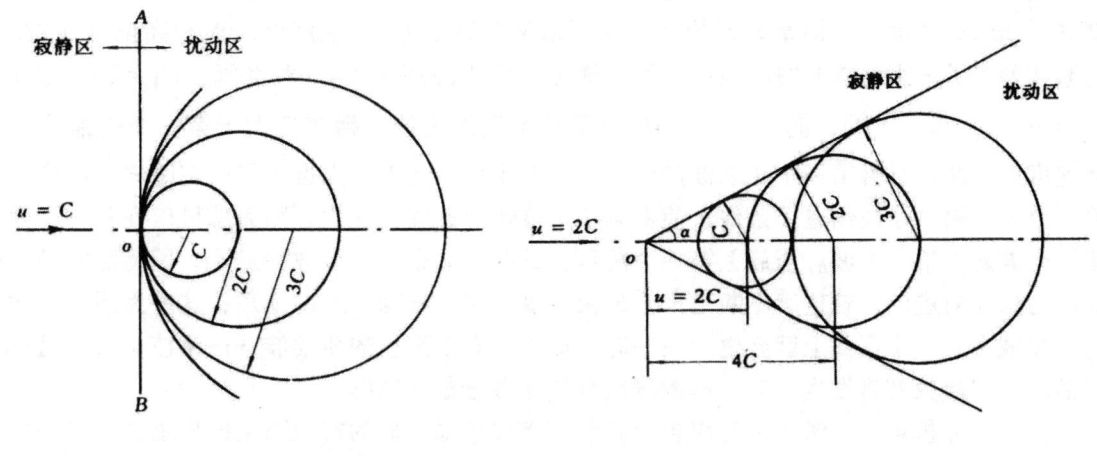

图 8-8 $u=C$ 时的球形状   图 8-9 $u=2C$ 时的球形波

或
$$\sin\alpha = \frac{1}{M} \tag{8-68}$$

从此式看出，马赫数 M 愈大，马赫角 α 就愈小。当 $M=1$ 时，$\alpha=90°$，则马赫锥就变成一平面了。在马赫锥以外的气流不受扰动，为寂静区；锥内为扰动区。

从上面分析可知，亚声速流动与超声速流动主要的差别在于：在亚声速流中，任何扰动都可以传遍整个空间；而在超声速流中，扰动只局限在马赫锥范围内。

*§8-4 激 波

人们在早期研究弹丸飞行和近几十年来对超声速飞行器实验中，都发现往往在弹丸的头部、在超声速喷气发动机进口处、或在超声速机翼的前缘以及超声速气流在管道流动中都存在着波头十分窄（约 10^{-5}mm）、有限强度的压缩波。气流经过它以后其一切参数：压强、密度、速度和温度都发生突然变化，且伴随着机械能的损失和熵的增加。我们把这种有限强度的压缩波称之为激波（或冲波、冲激波）。

一、激波的物理概念

为了说明激波形成的物理过程，先看一个半无限长的等直管，管内充满气体，管左端有一活塞。见图 8-10。假设气体起初处于静止状态，然后活塞向右做匀加速运动，加速度为 $\frac{\Delta u}{t}$。由于气体的可压缩性，活塞向右的加速运动就不可能立即传遍管内所有的气体，必然先压缩与活塞表面直接接触的那层气体，使压强升高一无限小量 Δp，温度相应由 T_1 变为 $T_1+\Delta T$。然后便以无限微弱压缩的形式向右传播，传播的速度等于当地声速 C_1，其大小取决于管内未受扰动的气体温度 T。压缩波传播到何处，则该处的气体压强便升高 Δp，温度升高 ΔT，同时该处的气体便脱离

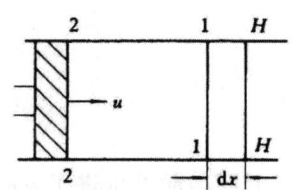

图 8-10 激波的产生

了静止状态得到与活塞速度相同的速度 Δu。因为活塞是以匀加速前进的,在下一瞬间其速度达到 $2\Delta u$,因而靠近活塞表面的气体的压强又升高了 Δp,温度相应地升高至 $T + 2\Delta T$,此时又形成了一无限微弱的压缩波,其传播速度为当地声速 C_2(对空气,$C_1 = 20.1\sqrt{T_1}$,$C_2 = 20.1\sqrt{T_1 + \Delta T}$),而 $C_2 > C_1$。所以第二个压缩波的传播速度大于第一个压缩波的传播速度。显然,尽管第一个压缩波产生在第二个压缩波之前,先推进了一定距离,但是由于第一个波给第二个波创造了条件,使得第二个波传播速度比它大,因而总可以在某一个地方第二个波赶上第一个波。当赶上第一个波后,此两个波合成一个波前进了。因为活塞是不停地以匀加速前进的,就连续不断地产生出无限多个波。根据上述的道理,这些无限多个微弱的压缩波在某一个截面上就会叠加在一起,形成了有限强度的压缩波——激波。气流通过它以后,一切参数都将发生突变,即激波前后气流各参数不连续。

由以上分析可知,激波是无限多个微弱压缩波叠加而成的有限强度的压缩波。但是应该指出,尽管激波也是压缩波,仍和微弱压缩波有本质上的区别。微弱压缩波的强度微弱,气流通过它时,各参数的变化是极微小的,其过程可以认为是接近平衡状态的可逆过程,即等熵过程。但是气流通过激波则不然,其各参数的变化不是无限微小的,而是有限的,过程是不可逆的,必然伴随着机械能的损失和熵的增加。

下面我们来阐明激波在气流中的传播速度以及维持激波存在的条件。如图 8-10 所示,设在 dt 时间内激波波头推进了 dx 距离,即在 dt 时间内,1—H 区里气体的压强由 p_H(未经扰动的气体压强)增加为 p_1(激波后的压强),与之相应的 1—H 区中的气体密度必增加 $\Delta\rho = \rho_1 - \rho_H$。同时激波向前推进时,波头后面的气体要发生运动,其速度等于活塞运动的速度 u,运动方向与波推进方向一致。在 dt 时间内波头后面发生运动的气体为

$$dm = \rho_1 A u dt$$

式中 A——等直管有效截面面积。

在 dt 时间内气体由 1—2 区进入 H—1 区的气体为

$$dm = (\rho_1 - \rho_H) A dx$$

根据连续原理可知两者相等,即有

$$\rho_1 A u dt = (\rho_1 - \rho_H) A dx$$

即

$$u = \frac{\rho_1 - \rho_H}{\rho_1} \frac{dx}{dt} \tag{8-69}$$

在 dt 时间内激波推进了 dx 距离,因此 $\dfrac{dx}{dt}$ 是激波推进的速度 v

$$v = \frac{dx}{dt} \tag{8-70}$$

由此得到激波推进速度 v 和气体运动速度 u 的关系式

$$u = \frac{\rho_1 - \rho_H}{\rho_1} v \tag{8-71}$$

对 H—1 区引用动量定理,可再得一个连结两个速度的关系式。在 dt 时间内,原占据 H—1 区间的气体质量为 $\rho_H A dx$。 这部分气体质量从原来静止状态进入速度为 u 的运动状态,对应的动量变化等于作用力的冲量,这个力便是作用在两截面上的压力差所造成的,所以

$$(p_1 - p_H) A dt = \rho_H A (u - 0) dx$$

由此得到激波推进速度 v

$$v = \frac{dx}{dt} = \frac{p_1 - p_H}{\rho_H u} \tag{8-72}$$

将式 (8-71) 代入式 (8-72) 得

$$v^2 = \frac{(p_1 - p_H)\rho_1}{\rho_H(\rho_1 - \rho_H)}$$

或

$$v = \sqrt{\frac{(p_1 - p_H)\rho_1}{\rho_H(\rho_1 - \rho_H)}} \tag{8-73}$$

式 (8-73) 为激波推进速度,可见它是压强增量和密度增量的函数

$$v = \sqrt{\frac{\Delta p}{\Delta \rho} \frac{\rho_1}{\rho_H}} \tag{8-74}$$

不难看出,当激波退化为无限微弱的压缩波时,$\rho_1 \doteq \rho_H$,则

$$u = \sqrt{\frac{dp}{d\rho}} \tag{8-75}$$

此式恰好是微弱扰动的声波的传播速度 C。

比较式 (8-74) 和式 (8-75) 可知,激波推进速度比声波推进速度快。

现将式 (8-72) 代入式 (8-71),则得激波后气流速度的公式

$$u^2 = \frac{(\rho_1 - \rho_H)(p_1 - p_H)}{\rho_1 \rho_H}$$

故

$$u = \sqrt{\frac{\Delta \rho \Delta p}{\rho_1 \rho_H}} \tag{8-76}$$

由式 (8-76) 可知,激波强度减弱时,$\Delta \rho \downarrow$,$\Delta p \downarrow$,则气体运动速度 u 减小。在激波退化为微弱扰动的波时,$\Delta \rho \to 0$,$\Delta p \to 0$,$\rho_1 \to \rho_H$,$p_1 \to p_H$,则变为声波,气体速度 $u \to 0$。实际上也是如此的,声波是有规律地压缩和膨胀交替所组成的波。波后的气体运动是十

分微弱地摆动,其平均前进速度为零。另外由此式可见,激波后的气流速度 u 随着激波强度增加 $(\Delta \rho \uparrow)(\Delta p \uparrow)$ 而增大。也就是说,激波强度愈大则通过激波后气体被压缩得愈厉害,空出来的空间就愈大,则波后气体的运动速度就愈大,以便填充所空出来的空间,此时激波也就能维持住。但是不管怎样,对此例而言,等直管中活塞的运动速度都无需超声速就可以在等直管中形成激波。除此之外,在二元和三元流动问题中,其速度为亚声速时,在物体的头部是不会产生激波的,原因何在?问题的关键在于等直管中的气体为管壁所包围,活塞前移时就迫使气体随之前移,一旦激波形成后,要维持激波存在,唯一需要满足的条件就是波后的气体应以

$$u = \sqrt{\frac{(\rho_1 - \rho_H)(p_1 - p_H)}{\rho_1 \rho_H}}$$

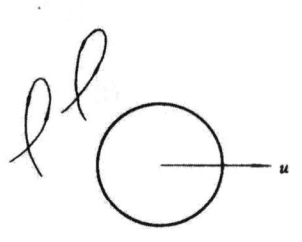

图 8-11 气流躲开物体

的速度向前跟,以填补激波一路上把气体压缩之后所空出来的空间。所以在直管中活塞只要有一定的加速度就能产生激波(只要管长是足够长的)。但是在二元或三元空间里,亚声速运动的物体(如机翼)所通过的静止空气是无边界限制的,物体对空气所产生的扰动是以声速 C 而大于物体运动的速度 u 向四周传播的。所以在离物体足够远的前方,空气已经预先感受到物体运动即将来临,则离物体足够远的地方起流线就开始从原来的直线逐步变成曲线,

准备让物体通过去,气体微团在物体通过它附近时就打一个圈子躲开物体,让物体通过。见图 8-11。因而不像活塞在长管中运动时,前面的压缩波先压缩气体,提高温度、压强、使后面产生的压缩波传播速度大于前者,也就不可能形成激波。

但是,当一物体以超声速运动时,由于物体所产生的扰动和传播速度低于物体运动的速度,物体前方的气体不会预感物体的来临,因此前方的气体和原来的状态一样,当物体运动过来,紧靠着物体前面的一部分气体被物体猛烈地推向前进,只是在这个区域里流线形状才发生改变,并与物体外形相适应。气流方向的突然改变,就通过激波来实现。

综合上述,在二元或三元空间中,超声速运动的物体前面才产生激波,亚声速运动的物体前面不会产生激波。

如果激波的波面垂直于气流方向,即波面与气流方向之间的夹角(所谓激波角)$\alpha = 90°$,如图 8-12(a)所示,称为正激波;而当激波角 $\alpha < 90°$ 时,如图 8-12(b)所示,则称为斜激波。

当超声速气流冲向楔形物体,会产生斜激波。当楔角 ω 大于某一极限值 ω_{max} 时,就得不到由楔点发出的斜激波了,而变为一道离开楔的曲线形激波,称为脱体激波,如图 8-13 所示。ω 愈大则脱体激波离开物体的距离愈远。脱体激波中间部分接近正激波,其两边部

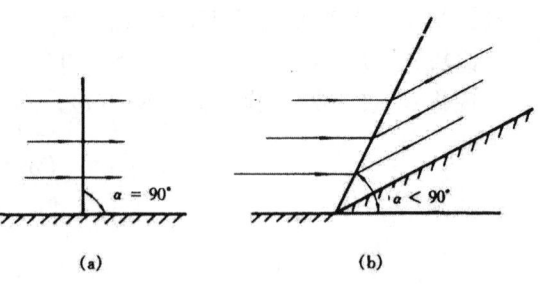

图 8-12 正激波与斜激波

分逐渐向后弯曲,随之激波强度变弱,到无限远处,激波退化为微弱波——马赫波。

因为斜激波后的气流最大转折角为 ω_{max},显然,当 $\omega > \omega_{max}$ 时,波后的气流折转不过

去，即不能正常地流出去，则必在物体表面附近累积起来，压强增高，把激波向前挤开，从而形成脱体激波。

本书将着重讨论正激波前后气流参数间的基本关系。正激波是属于一元流动的问题，将应用于后面拉瓦尔喷管的分析中。至于斜激波内容更详细的分析，因与本专业相距较远，此处不再一一赘述。

二、正激波的基本关系式

上面对激波形成的物理过程、激波推进速度以及和气流速度之间的关系进行了论述，下面讨论正激波的基本关系式。

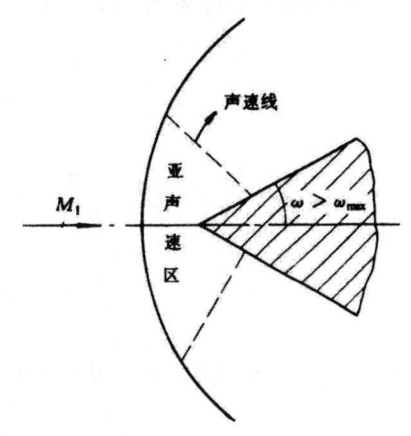

图 8-13 脱体激波

在研究激波形成的物理过程时，采用了波前的气体是静止的，而激波是运动的方法。根据相对运动的原理，在以后讨论问题时，都假设激波是静止的，而波前气体是运动的，但实质是完全相同的。

对所有的实际工程计算来说，我们关心的是通过激波气流各参数是如何变化的，而对激波内部复杂的粘性和导热现象则不感兴趣。所以激波尽管实际上具有一定的厚度，但在研究激波的基本关系式时，忽略激波内部的一些细节，假定激波的厚度为零，为一张平面。显然，气体通过激波时其参数的变化不是连续的。

为了研究问题方便，假设：流动为稳定流；绝热流动；忽略激波本身的厚度。激波前气流各参数用下标"1"表示，波后气流各参数用下标"2"表示。

1. 正激波前后气流速度之间的关系

通过正激波波面积为 A，波前每秒气流的质量流量为 $\rho_1 u_1 A$，流出波后的气流质量流量为 $\rho_2 u_2 A$。由连续方程有 $\rho_1 u_1 A = \rho_2 u_2 A$，即

$$\rho_1 u_1 = \rho_2 u_2 \tag{8-77}$$

现在写出对于流过激波前后面积为 A 的气流的动量方程。显然，每秒钟气流的质量流量为 $\dot{m} = \rho_1 u_1 A = \rho_2 u_2 A$。这部分质量在一秒钟内动量变化为

$$\dot{m}(u_1 - u_2) = \rho_1 u_1 A(u_1 - u_2) \tag{8-78}$$

产生此动量变化的力是激波前后的压差乘以所考虑的面积 A，即 $(p_2 - p_1)A$。所以有

$$p_2 - p_1 = \rho_1 u_1 (u_1 - u_2) \tag{8-79}$$

两边除以 $\rho_1 u_1$，并注意到 $\rho_1 u_1 = \rho_2 u_2$ 得

$$\frac{p_2}{\rho_2 u_2} - \frac{p_1}{\rho_1 u_1} = u_1 - u_2 \tag{8-80a}$$

或

$$\frac{p_2}{\rho_2} u_1 - \frac{p_1}{\rho_1} u_2 = u_1 u_2 (u_1 - u_2) \tag{8-80b}$$

下面由绝能流动的能量方程式求 $\dfrac{p}{\rho}$。因

$$i_0 = i + \dfrac{u^2}{2}$$

代入 $i_0 = C_p T_0$, $i = C_p T$, $C_c^2 = \dfrac{2}{k+1} k R T_0$, $p = \rho R T$, $C_p = \dfrac{k}{k-1} R$ 后，上式可简化为

$$\dfrac{p}{\rho} = \dfrac{k+1}{2k}\left(C_c^2 \dfrac{k+1}{k-1} - u^2\right) \qquad (8-81)$$

将式（8-81）代入式（8-80）简化后得

$$C_c^2 = u_1 u_2 \qquad (8-82a)$$

或

$$\lambda_1 \lambda_2 = 1 \qquad (8-82b)$$

由此得到正激波前后气流速度之间的关系。因为正激波前为超声速流，$\lambda_1 > 1$，则由式（8-82b）可知，正激波后气流速度为亚声速 $\lambda_2 < 1$。

式（8-82）还可以表示为如下形式

$$\dfrac{u_2}{u_1} = \dfrac{2}{(k+1)M_1} + \dfrac{k-1}{k+1} \qquad (8-83)$$

通过这些公式，已知正激波前的速度，便可求出波后的速度来。

2. 正激波前后气流压强之间的关系

应用状态方程式 $p = \rho R T$, $u = MC$，式（8-83）代入式（8-79）简化后得

$$\dfrac{p_2}{p_1} = \dfrac{2}{k+1} M_1^2 - \dfrac{k-1}{k+1} \qquad (8-84a)$$

或

$$\dfrac{p_2}{p_1} = \dfrac{\lambda_1^2 - \dfrac{k-1}{k+1}}{1 - \dfrac{k-1}{k+1}\lambda_1^2} \qquad (8-84b)$$

3. 正激波前后气流密度之间的关系

因 $\rho_1 u_1 = \rho_2 u_2$，则

$$\dfrac{\rho_2}{\rho_1} = \dfrac{u_1}{u_2} = \lambda_1^2 \qquad (8-85a)$$

或

$$\dfrac{\rho_2}{\rho_1} = \dfrac{k+1}{\dfrac{2}{M_1} + k - 1} \qquad (8-85b)$$

4. 正激波前后气流温度之间的关系

因 $\dfrac{T_2}{T_1} = \dfrac{p_2 \rho_1}{p_1 \rho_2}$，则

$$\frac{T_2}{T_1} = \left(\frac{2k}{k+1}M_1^2 - \frac{k-1}{k+1}\right)\left[\frac{\dfrac{2}{M_1^2} + k - 1}{k+1}\right] \tag{8-86}$$

5. 正激波前后总压之间的关系

因 $p_0 = \dfrac{p}{\pi(\lambda)}$，故

$$\sigma = \frac{p_{02}}{p_{01}} = \frac{p_2}{p_1}\frac{\pi(\lambda_1)}{\pi(\lambda_2)}$$

又

$$\lambda_2 = \frac{1}{\lambda_1}$$

则

$$\sigma = \frac{p_{02}}{p_{01}} = \frac{p_2}{p_1}\frac{\left(1 - \dfrac{k-1}{k+1}\lambda_1^2\right)^{\frac{k}{k-1}}}{\left(1 - \dfrac{k-1}{k+1}\dfrac{1}{\lambda_1^2}\right)^{\frac{k}{k-1}}} \tag{8-87a}$$

或

$$\sigma = \frac{p_{02}}{p_{01}} = \lambda_1^2\left[\frac{1 - \dfrac{k-1}{k+1}\lambda_1^2}{1 - \dfrac{k-1}{k+1}\dfrac{1}{\lambda_1^2}}\right]^{\frac{1}{k-1}} \tag{8-87b}$$

$\sigma = \dfrac{p_{02}}{p_{01}}$ 代表了经过正激波后气流能量恢复的程度，σ 大说明经过正激波后能量损失较小，故 σ 称为总压恢复系数。可见，正激波前速度愈大，激波的强度愈强，能量损失愈大。

通过上面的讨论，正激波后的气流各参数便可全部解出。

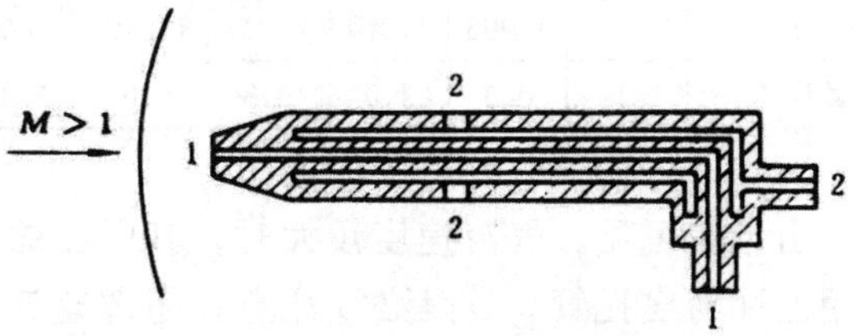

图 8-14 皮托管

三、超声速气流速度的测定

在亚声速流里，测量流体的速度时，通常采用皮托管（总静压测量管），见图 8-14。其基本原理是根据不可压缩流的伯诺利方程式 (8-30)

$$p_0 - p = \frac{\rho}{2}u^2$$

对于低速流动气体，其可压缩性可以忽略，利用测得的总压 p_0 和静压 p 就能得到速度 u。但是气流速度较大，尤其是超声速流时，可压缩性不能忽略，因此应采用式 (8-47)

$$\frac{p_0}{p} = \left(1 + \frac{k-1}{2}M^2\right)^{\frac{k}{k-1}}$$

现将此式展开为级数

$$\frac{p_0}{p} = 1 + \frac{k}{2}M^2 + \frac{k}{8}M^4 + \frac{1}{48}k(2-k)M^6 + \cdots$$

$$= 1 + \frac{k}{2}M^2\left(1 + \frac{1}{4}M^2 + \frac{2-k}{24}M^4 + \cdots\right)$$

设

$$\delta p_0 = 1 + \frac{1}{4}M^2 + \frac{2-k}{24}M^4 + \cdots$$

则

$$p_0 = p + \frac{k}{2}pM^2\delta p_0$$

因

$$C^2 = \frac{kp}{\rho}$$

故

$$p_0 - p = \frac{\rho}{2}u^2\delta p_0 \tag{8-88}$$

现取 δp_0 头两项, 比较式 (8-30) 与式 (8-88), 其相对误差列入表 8-2。

表 8-2 式 (8-30) 与式 (8-88) 的相对误差

M	0	0.1	0.2	0.3	0.4	0.5	0.6	0.7	0.8	0.9	1.0	1.1	1.2
δp_0	1	1.003	1.010	1.023	1.040	1.063	1.090	1.123	1.160	1.203	1.250	1.303	1.360
误差,%	0	0.3	1.0	2.3	4.0	6.3	9.0	12.3	16.0	20.3	25.0	30.3	36.0

由上表可见,气流速度较大时,其可压缩性不能忽略。在测定超声速气流的速度时,也可用上述的皮托管。只是必须注意,超声速气流流过皮托管时,管前将产生脱体激波(是一道离开管端的曲线形激波)。如果皮托管的中心线与气流方向一致时,靠近中心线那部分气流要完全滞止下来,必先经过脱体激波中的正激波那一段,转为亚声速流后流入管口 1,速度才逐渐降为零。

正激波后的气流参数按式 (8-48) 为

$$\frac{p_2}{p_{02}} = \pi(\lambda_2) = \left(1 - \frac{k-1}{k+1}\lambda_2^2\right)^{\frac{k}{k-1}}$$

式中, p_{02}、p_2、λ_2 均为正激波后的总压、静压和速度系数。引用正激波前后速度系数之间的关系式 $\lambda_1\lambda_2=1$ 和式 (8-84) 可将上式改写为

$$\frac{p_1}{p_{02}} = \left(\frac{1}{\lambda_1^2} - \frac{k-1}{k+1}\right)\left(1 - \frac{k-1}{k+1}\frac{1}{\lambda_1^2}\right)^{\frac{k}{k-1}} \qquad (8-89)$$

或应用式 (8-47) 及式 (8-84) 有

$$\frac{p_{02}}{p_1} = \left(\frac{k+1}{2}\right)^{\frac{k+1}{k-1}}\left(\frac{2}{k-1}\right)^{\frac{1}{k-1}} \frac{M_1^{\frac{2k}{k-1}}}{\left(\frac{2k}{k-1}M_1^2 - 1\right)^{\frac{1}{k-1}}} \qquad (8-90)$$

式中，p_1、M_1、λ_1 为正激波前的压强、马赫数及速度系数。

如果静压孔 2 离前端的距离在 4~6 倍管径的范围内，经验证明管 2 中的压强等于波前的压强 p_1。所以由管 1 和管 2 测得的 p_{01}、p_1，应用式 (8-89) 或式 (8-90) 便可得到超声速流的速度系数 λ_1 或马赫数 M_1。在通常的情况下，波前的静温 T_1 和总温 T_{01} 为已知数，则

$$u_1 = M_1 \sqrt{kRT_1}$$

或

$$u_1 = \lambda_1 \sqrt{\frac{k}{k+1}2RT_0}$$

波前超声速流的速度便可得到。

§8-5 气体的加速与减速

前面讨论了气体流动所服从的基本规律以及激波。现在运用这些基本理论来研究几种不同类型的管内流动。

一、拉瓦尔喷管

要想把亚声速流在管道中加速到超声速流，管道本身的几何参数应如何变化呢？回答此问题以前先进行如下的分析：

由不计位能和绝能流动的能量方程式 (8-18)

$$\frac{\mathrm{d}u^2}{2} + \frac{\mathrm{d}p}{\rho} = 0$$

故

$$\mathrm{d}p = -\rho u \mathrm{d}u \qquad (8-91\mathrm{a})$$

或

$$\rho = -\frac{\mathrm{d}p}{u\mathrm{d}u} \qquad (8-91\mathrm{b})$$

由微分形式的连续方程式 (8-3)

$$\frac{\mathrm{d}\rho}{\rho} + \frac{\mathrm{d}u}{u} + \frac{\mathrm{d}A}{A} = 0$$

将式 (8-91) 代入此式简化后得

$$-\frac{1}{\frac{dp}{d\rho}}u\,du + \frac{du}{u} + \frac{dA}{A} = 0$$

因

$$C^2 = \frac{dp}{d\rho}$$

故

$$\frac{dA}{A} = (M^2 - 1)\frac{du}{u} \qquad (8-92)$$

此方程式表达出流速 u 与管道截面面积 A 之间的关系。要使气流加速，即 $\frac{du}{u}>0$，则管道截面面积变化规律应为：

当 $M<1$，则 $\frac{dA}{A}<0$，管道面积收敛。

当 $M=1$，则 $\frac{dA}{A}=0$，管道面积不变。

当 $M>1$，则 $\frac{dA}{A}>0$，管道面积扩张。

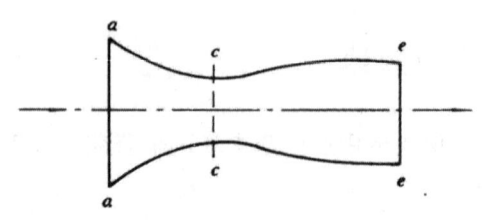

图 8-15 拉瓦尔喷管

由此便得到一个惊人的结论，即面积变化的影响对亚声速流和对超声速流恰恰相反。可知，要使亚声速流加速变为超声速流的必要条件是管道面积的变化规律为开头要收敛，到最小面积时 $M=1$，然后面积变为扩张。这种先收敛后扩张的管道称为超声速喷管，或拉瓦尔喷管，见图 8-15。

亚声速流进入拉瓦尔喷管后的流动情况说明如下：速度较低的气流进入喷管的初始段时，气体的可压缩性不明显，因此要使气流做加速运动，喷管的面积要较快地收敛。再加速下去，速度的增加将伴随着压强的显著下降，气体的密度因而也显著地下降，它抵消了一部分的速度增加，于是管道截面面积就不必收敛得那么快了。最后，气流的加速过程会到达这样一种程度，气流密度的下降恰与速度的增加互相抵消，则该处的管道截面面积就不必改变了。在这个截面上，气流的速度恰等于当地声速，这个截面称为拉瓦尔喷管的临界截面，或称为拉瓦尔喷管的"喉道"，各参数的注角用 c 表示。气流超声速后，速度进一步的增加会使密度产生更大的下降，这时只有在管道截面面积不断扩张的条件下气流才能继续加速。

1. 流速与管道截面面积之间的关系

应用连续方程式来建立拉瓦尔喷管任意截面处的面积 A 与临界截面面 A_c 之间的变化规律。

由式 (8-55) 有

$$m \frac{p_{0c}q(\lambda_c)A_c}{\sqrt{T_{0c}}} = m \frac{p_0 q(\lambda)A}{\sqrt{T_0}}$$

设气流在拉瓦尔喷管中为等熵绝热流动，则

$$p_{0c} = p_0 \qquad T_{0c} = T_0 \qquad m = m$$

临界截面处气流为声速，所以 $q(\lambda_c) = 1$。则

$$\frac{A}{A_c} = \frac{1}{q(\lambda)} \tag{8-93a}$$

或

$$\frac{A}{A_c} = \frac{1}{\lambda} \left[\frac{\frac{2}{k+1}}{1 - \frac{k-1}{k+1}\lambda^2} \right]^{\frac{1}{k-1}} \tag{8-93b}$$

可见，在给定了拉瓦尔喷管的面积比后，就可以应用式（8-93）计算出任意一截面上的速度系数 λ 和马赫数 M。反之，每一马赫数 M 必对应于一确定的面积比 $\frac{A}{A_c}$。图8-16 表示了面积比 $\frac{A}{A_c}$ 与马赫数 M 之间的关系曲线。从曲线上看到，方程式（8-93）有两个解，即对应同一个 $\frac{A}{A_c}$ 值有两个马赫数 M（除 $M=1$ 以外），一个为亚声速，另一个为超声速。临界截面之前的收敛段内为亚声速流解，临界截面以后的扩张段内为超声速流解。只有在临界截面上 $\left(\frac{A}{A_c} = 1\right)$ 才有一个解 $M=1$。

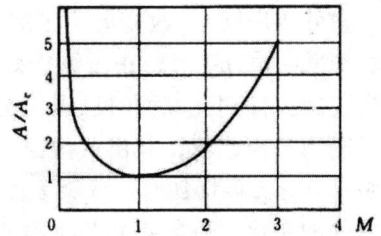

图 8-16 $\frac{A}{A_c}$ 与 M 的关系

拉瓦尔喷管中气流的压强、密度的变化都只取决于马赫数 M，其值可按式（8-48）和式（8-51）计算。于是，任意选定一截面便可求得该截面上的马赫数、温度、压强和密度等。

2. 拉瓦尔喷管的工作特性

前面已经讲过，在拉瓦尔喷管中要得到超声速流的必要条件是面积变化规律应满足式（8-92）。但是只满足此条件还不一定能得到超声速流，其充分条件取决于喷管出口后的外界反压的大小。

拉瓦尔喷管的设计条件之一是使气流在其出口截面上的压强 p_e 恰好等于外界的压强 p_a，这种状态称为设计状态。但是在实际的工作中，由于外界压强 p_a 是变化的，就使得喷管处于非设计状态下工作，也就是说设计的出口压强 p_e 不等于实际的外界压强 p_a。下面讨论 p_a 变化时喷管内、外气流变化的特点。

分析时以二元喷管为例，假定喷管进口的气流总压 p_0 保持不变，则根据喷管的面积比 $\frac{A}{A_c}$ 可计算出在设计状态下其出口处压强 p_e。若外界压强 p_a（出口反压）有变化时，讨论喷

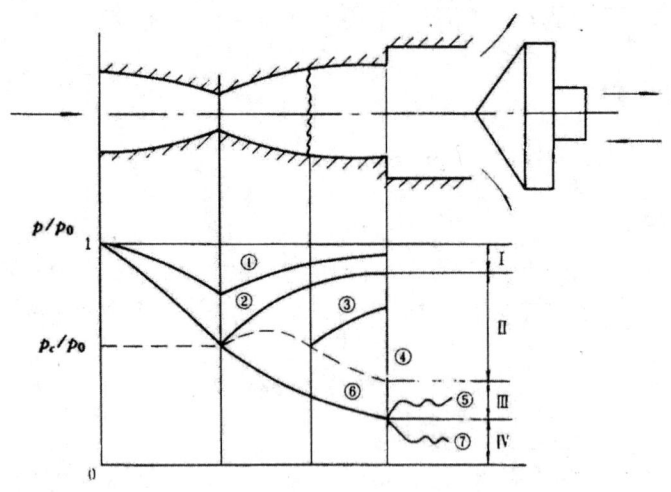

图8-17 正激波实验装置及压强分布

管内部及外部流动变化的情况。在实际的管内流动中，均有附面层存在。当正激波进入喷管内部时，附面层与正激波之间相互作用的结果将产生复杂的激波系。为分析方便起见，假设管内不存在附面层，激波系为一道正激波。在这些假设的条件下，来分析喷管的工作情况。

图8-17示出了讨论用的实验装置，以及对应正激波在管内的位置与压强分布曲线。当调节锥改变轴向位置时，外界压强 p_a 将发生变化，此时喷管可能有四种不同的工作情况：

(1) 第一种工作情况（工况Ⅰ），$p_a \geqslant p_{em}$

当外界压强 p_a 改变时，工况Ⅰ包括两类工作状态①、②。先看状态②：当外界压强 p_a 增加到某一值 p_{em} 时，正激波恰好位于临界截面处。因为临界截面处的气流速度为声速，所以当正激波移到此截面时已退化为马赫波，此时流过喷管的流量达到最大值 $\dot m_{max}$，喷管的扩张段为亚声速流，其出口截面处压强为 p_{em}，临界截面处压强 p_{kp} 达到最低值。当外界压强由 $p_a = p_{em}$ 再增加时，$p_a > p_{em}$，喷管的工作状态变为①，此时喷管中全为亚声速流。外界压强的变化可以影响到整个喷管内部，喷管的内部流动完全取决于反压。也就是说，出口截面处的速度系数 λ_e 不是由面积比决定的，而是由压强比 $\dfrac{p_0}{p_a}$ 所决定的。其他各截面上的速度系数、喷管内压强分布也随反压 p_a 的增加而有相应的变化。同时经过喷管的流量由最大值随之减小。对于工况Ⅰ，管内与管外的流速均为亚声速。

(2) 第二种工作情况（工况Ⅱ），$p_{em} > p_a \geqslant p_{ek}$

工况Ⅱ包括两类工作状态：③、④。当外界压强 p_a 由 p_{em} 减小时就进入状态③，对应正激波由临界截面开始向下游（扩张段）移动。见图8-18。当外界压强 p_a 一直降到等于 p_{ek} 时，则正激波移到喷管出口 e—e 截面上，变为状态④。p_{ek} 为正激波位于 e—e 截面处波后的压强，可用正激波前压强 p_e、速度系数 λ_e 之间的关系式(8-84)求出

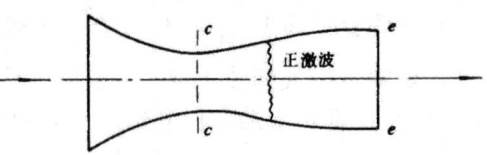

图8-18 正激波向下游移动

$$p_{ek} = p_e \frac{\lambda_e^2 - \dfrac{k-1}{k+1}}{1 - \dfrac{k-1}{k+1}\lambda_e^2} \qquad (8-94)$$

可见状态③是介于状态②、④之间，相应的反压 p_a 在 p_{em} 与 p_{ek} 之间（$p_{em} > p_a > p_{ek}$），相应的正激波的平衡位置是在截面 c—c 与 e—e 之间，相应的管内流动波前为超声速流，波后为亚声速流。应该注意，对于状态③，激波后的压强不等于外界压强，而是低于 p_a，因而在喷管的扩张段中波后压强要继续增加，直到出口处才等于外界压强。

在工况Ⅱ的所有状态中，管内的流量均为最大流量，管外的流动均为亚声速流。

(3) 第三种工作情况（工况Ⅲ），$p_e \leqslant p_a < p_{ek}$

工况Ⅲ包括两类工作状态：⑤、⑥。当外界压强 p_a 由 p_{ek} 减小时就进入状态⑤。此时喷管内是超声速流，出口截面 e—e 处的压强为设计值 p_e。在外界压强 p_a 由 p_{ek} 减小到略大小 p_e 时，则喷管外的射流中心在 ee_1 两点形成交于 c 点的两道斜激波 ec 和 e_1c，见图8-19。这两道斜激波相交后，激波角增大，最后延伸至射流的自由边界上。在气流穿过 ec 和 e_1c 时，流线向喷管中心线折转了 ω 角。根据在2区中压强等于外界压强的条件可以计算出 ω 角的值。在2区内流线彼此平行，且平行于射流的自由边界 eB、e_1B_1。由于对称于中心线，所以气流经过 cB、cB_1 两斜激波后必平行于射流的中心线，亦即流线必须向反方向折转 ω 角，这样就使3区的压强高于外界的压强，因此由 B、B_1 两点起形成两组膨胀波。气流经过膨胀波组之后，压强降到外界压强，流线就折离中心线，射流进行膨胀。当气流穿过交叉后的膨胀波组进入4区时，其压强又恢复到 p_e（低于 p_a）。膨胀波组到达自由边界时，射流的宽度等于 ee_1。在这样的流动情况下，射流是有能量损失的，因为在斜激波系中熵增加了。因此沿中心线压强的分布以及在射流各截面上的压强分布都有不连续的地方。

上述这种情况，只有在 p_a 比 p_e 略高的时候才能存在，此时 ω 角也不太大。当 p_a 比 p_e 大得多时（但小于 p_{ek}），如图8-20所示，在喷管的出口处将产生复杂的激波系。

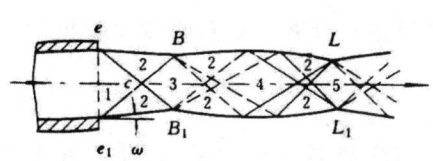

图8-19 喷管工作状态⑤，p_a 略大于 p_e

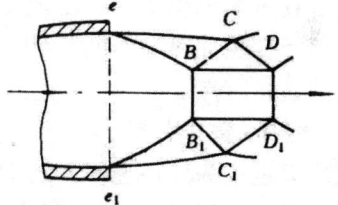

图8-20 喷管工作状态⑤，p_a 远大于 p_e

当外界压强继续下降到 p_e 时（$p_a = p_e$），为喷管的设计状态⑥。出口以后的射流达到完全膨胀，出口处的马赫数为 M_e，喷管外的射流速度也是 M_e 的超声速流。流动图像见图8-21。

(4) 第四种工作情况（工况Ⅳ），$p_e > p_a$

当外界压强 p_a 由 p_e 再继续下降时（$p_a < p_e$），喷管出口截面处的压强仍为设计值 p_e，管内流动仍为超声速流，流量仍保持为最大流量。喷管的工作状态为⑦，其喷管外的流动图像见图8-22。由图可见，在喷管的两边缘点 e、e_1 上，由于压强 p_e 降为 p_a，流线在 e、e_1 点上各处折转 ω 角，同时发出膨胀波组由该两点外伸，这两组膨胀波使气流由 p_e 作等熵膨胀到 p_a。由于 eC、e_1C、eB、e_1B、BD、B_1D_1 诸马赫线都是直线，所以气流的压强沿这些马赫线没有变化，因此②区中的流速和压强均为常数，压强等于外界压强 p_a。膨胀波组 eD_1、eE_1 和 e_1D、e_1E 都一直伸到射流的自由边界上，自由边界上压强不变，保持为 p_a。

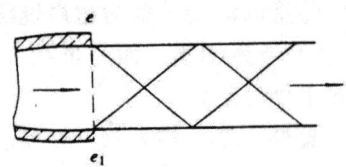 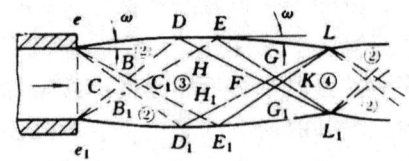

图 8-21　喷管工作状态⑥　　　　　　图 8-22　喷管工作状态⑦

两组膨胀波在 CBC_1B_1 区相交，在这一区里马赫线为曲线，膨胀的结果，BD 波的波角小于 e_1C 波的波角。膨胀波组在自由边界上的反射变为压缩波，气流经过压缩波后，流线向气流的中心线折转 ω 角，一组压缩波相交于自由边界上的 L 点，另一组相交于自由边界上的 L_1 点。气流通过交叉之后的膨胀波组，其压强变得低于外界压强（在③区），气流经过压缩波组进入④区，压强就升高到喷管出口截面 ee_1 处的压强值 p_e。在 LL_1 截面上，射流收缩到面积最小值，该处射流的宽度等于出口截面的宽度 ee_1。在①、③、④各区中，流线都是一些平行于喷管中心线的直线。②区中的流线也都是直线，不过与喷管的中心线成 ω 角。

由上所述可以清楚地看出，要在喷管出口截面上获得一定马赫数的超声速流，只把喷管做成先收敛后扩散的形状，并保持和出口马赫数相对应的出口截面与临界截面之面积比 $\dfrac{A_e}{A_c}$ 并不一定获得超声速流，也就是说，条件还不充分，而是还要保持一定的压强比。反之，若保持一定的压强比而无先收敛后扩张的形状及一定的面积比，仍然不可能在出口截面上获得所需要的马赫数的超声速流，必须两个条件同时满足。

二、收敛喷管

收敛喷管在有关工程中，广泛地用来产生亚声速流和近声速流。它和拉瓦尔喷管的收敛段相似，也属于变截面喷管中的一种，各截面上的气流参数计算公式对收敛喷管也适用。但是有它自己的许多特点。

1. 收敛喷管的基本特点

当喷管出口速度为亚声速时，出口截面上的压强等于外界压强（反压）。在外界压强变化时，必以压力波的形式上传到喷管内部去，使喷管前的压强起变化，则其出口射流速度也跟着变化，气流各参数一直变化到使喷管出口截面上的压强等于外界压强为止。因此收敛喷管与拉瓦尔喷管不同之处是出口速度不取决于喷管截面的面积比，仅取决于收敛喷管前的总压。所以，如果喷管前的总压 p_0 是已知的话，那么知道了出口处压强 p_e 之后，出口速度系数值可利用公式（8-48）求出

$$\lambda_e = \sqrt{\dfrac{k+1}{k-1}\left[1-\left(\dfrac{p_e}{p_0}\right)^{\frac{k-1}{k}}\right]}$$

而

$$u_e = C_e \lambda_e,\quad C_e = \sqrt{\dfrac{2k}{k+1}RT_0}$$

故
$$u_e = \sqrt{\frac{2k}{k-1}RT_0\left[1-\left(\frac{p_e}{p_0}\right)^{\frac{k-1}{k}}\right]} \tag{8-95}$$

但是，当外界压强降低到临界压强 p_c 时，

$$p_c = p_0\left(\frac{2}{k+1}\right)^{\frac{k}{k-1}} \tag{8-96}$$

收敛喷管的出口速度 u_e 达到临界声速 C_e，亦即 $\lambda_e = M_e = 1$ 时，如果继续降低外界压强 p_a，因出口速度已达到声速，外界压强 p_a 再降低所产生的压力波不能再逆流向喷管中传播，则喷管内部的压强和其他参数不受影响。也就是说，当外界压强 $p_a \leqslant p_c$ 时，气流在喷管出口处的压强仍然保持临界压强 p_c 值，但喷管外的射流变为超声速流。因此

1）当 $p_a > p_e$ 时，喷管内外的流动均为亚声速流。应用方程式（8-55）可求出流经喷管的流量

$$\dot{m} = m\frac{p_{0e}q(\lambda_e)A_e}{\sqrt{T_0}}$$

其出口速度可按式（8-95）求出。

2）当 $p_a = p_e$ 时，喷管外的流动为声速流。

喷管出口截面处气流速度达到声速时，称为临界状态，此时的压强可由式（8-96）求出。流经喷管的流量达到最大值 $\dot{m}_{max}$。应用式（8-55）

$$\dot{m}_{max} = m\frac{p_{0e}A_e}{\sqrt{T_{0e}}} \tag{8-97}$$

出口处速度为

$$u_e = \sqrt{\frac{2}{k+1}kRT_{0e}} \tag{8-98a}$$

以上所用的公式均假设喷管内的流动为一元流。对于实际的喷管，保持出口速度分布均匀，喷管内壁的变化规律应有严格要求。通常可按维托辛斯基公式进行设计

$$r = \frac{r_c}{\sqrt{1-\left[1-\left(\frac{r_c}{r_0}\right)^2\right]\frac{\left(1-\frac{x^2}{l^2}\right)^2}{\left(1+\frac{x^2}{3l^2}\right)^3}}} \tag{8-98b}$$

式中 $l = (1.8 \sim 2)D_e$，其余各符号见图 8-23。

实验证明，这种曲线形的喷管，在很大的速度范围内，直到 $\lambda_e = 0.9 \sim 0.95$，出口截面上的速度分布都是相当均匀的。

2. 收敛喷管在超临界（$p_a < p_c$）情况下的工作

当外界压强 p_a 低于临界压强 p_c 时，在喷管外的流动为超声速流。因为喷管出口处的速

度仍为声速流，按式（8-96）进行计算。流量仍为最大流量，按式（8-97）进行计算。

现以二元喷管为例讨论喷管外的流动情况。当 $p_a < p_c$ 时，喷管出口处为声速流，在其边缘 e 和 e_1 两点上就成为声速流的扰动源，射流到了口外，在 e 和 e_1 两点处的压强由 p_c 降为 p_a，结果就从这两点起发出两组膨胀波 ee_1B_1 和 ee_1B。膨胀波在三角形区 ee_1D 中相交（见图 8-24），以后延伸到自由边界 eB 和 e_1B_1 并反射变为压缩波组 eBB_1 和 e_1B_1B。三角形区 ee_1D 为膨胀区，在这个区域中气流的压强有较大的下降，甚至低于外界压强 p_a。

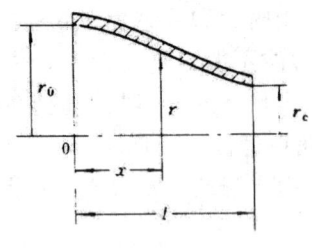

图 8-23　收敛喷管

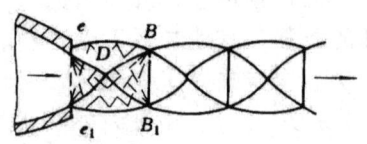

图 8-24　收敛喷管的膨胀波

两组膨胀波在自由边界上反射回来变为压缩波，并在第二个三角形区 DBB_1 中相交，使气流的压强逐渐升高，到 BB_1 截面上压强又恢复到出口截面上的压强 p_c 值，所以三角形区 DBB_1 中变为压缩区，同时宽度 BB_1 等于 ee_1。接下去由 B、B_1 两点开始又重复 ee_1D 和 DB_1B 两三角形的膨胀和压缩过程，成为周期性的循环。在 ee_1、BB_1……截面上是临界声速，两截面之间为超声速，而且 D 点的速度最大。

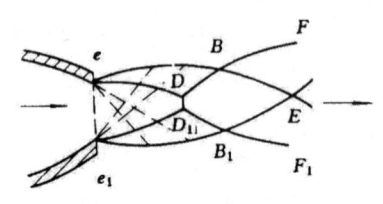

图 8-25　弯曲的斜激波

对三元轴对称的收敛喷管而言，在 p_c 高于外界压强 p_a 不太大的条件下，喷管外的流动图像和二元收敛喷管相似，所不同的地方是三角形的膨胀区和压缩区是圆锥形。

当 p_a 继续下降，且比 p_c 低得多时，eD 和 e_1D_1 都变成了弯曲的斜激波，见图 8-25。在射流的中心部分形成正激波 DD_1。核心以外的两边也形成曲线斜激波 DB 和 D_1B_1，这两道斜激波直伸到自由边界上，在自由边界上反射回来变为两道膨胀波组。因为正激波之后为亚声速流，而斜激波后为超声速流，所以 DB 和 D_1B_1 两线是不同流速的边界，核心中的亚声速流和外边的超声速流互相作用（超声速流带动亚声速流），到后来使整个截面上均为超声速流。当 p_a 再继续下降时，各个区域都将逐渐扩大。

三、有摩擦的水平管的绝热流动

现分析在水平直管绝热流动过程中气体各参数的变化规律。

由能量方程式（8-18）

$$dW + dW_f + \frac{du^2}{2} + gdz + \frac{dp}{\rho} = 0$$

设不计位能变化，$dz = 0$，无机械功 $dW = 0$，则

$$dW_f + u^2 \frac{du}{u} + \frac{dp}{\rho} = 0 \tag{8-99}$$

由等截面直管的连续方程有

$$\frac{d\rho}{\rho} = -\frac{du}{u}$$

及状态方程

$$dp = R(\rho dT + Td\rho)$$

代入式 (8-99), 简化后得

$$dW_f + u^2 \frac{du}{u} + RdT - RT\frac{du}{u} = 0 \tag{8-100}$$

考虑到绝热流动条件及 $C_p = \frac{k}{k-1}R$, 则

$$dT = -\frac{udu}{\frac{k}{k-1}R}$$

及 $T = T_0\left(1 - \frac{k-1}{k+1}\lambda^2\right)$, $C_e^2 = \frac{2}{k+1}kRT_0$。将以上各式代入式 (8-100) 简化后得

$$(\lambda^2 - 1)\frac{du}{u} = -\frac{2k}{(k+1)}\frac{1}{C_e^2}dW_f \tag{8-101a}$$

或

$$(M^2 - 1)\frac{du}{u} = -\frac{k}{C_e^2}dW_f \tag{8-101b}$$

将式 (8-30)

$$dW_f = \zeta \frac{dx}{D}\frac{u^2}{2}$$

代入式 (8-101a) 简化后得

$$\frac{d\lambda}{\lambda} = \frac{\lambda^2}{1-\lambda^2}\frac{k}{k+1}\zeta\frac{dx}{D} \tag{8-102}$$

由式 (8-102) 可见, 管进口流速为亚声速流时, $\lambda < 1$, $(1-\lambda^2) > 0$, $dx > 0$, 所以 $\frac{d\lambda}{\lambda} > 0$, 这是由于摩擦的作用使沿管线气流速度增加。当管进口流速为超声速流时, $\lambda > 1$, $(1-\lambda^2) < 0$, 则 $\frac{d\lambda}{\lambda} < 0$, 即粘性的作用使超声速流降低速度。

现分别研究粘性对绝热管流其他参数的影响：

(1) 气流温度

由 $T = T_0\left(1 - \dfrac{k-1}{k+1}\lambda^2\right)$ 得

$$\frac{dT}{T} = -\frac{2\dfrac{k-1}{k+1}\lambda^2}{1 - \dfrac{k-1}{k+1}\lambda^2}\frac{d\lambda}{\lambda} \tag{8-103a}$$

代入式 (8-102) 得

$$\frac{dT}{T} = -\frac{2k(k-1)}{(k+1)^2}\frac{\lambda^4}{1-\lambda^2}\frac{1}{1-\dfrac{k-1}{k+1}\lambda^2}\zeta\frac{dx}{D} \tag{8-103b}$$

(2) 声速

因 $C^2 = kRT$，故

$$\frac{dC}{C} = \frac{1}{2}\frac{dT}{T}$$

则

$$\frac{dC}{C} = -\frac{\dfrac{k-1}{k+1}\lambda^2}{1 - \dfrac{k-1}{k+1}\lambda^2}\frac{d\lambda}{\lambda} \tag{8-104a}$$

及

$$\frac{dC}{C} = -\frac{k(k-1)}{(k+1)^2}\frac{\lambda^4}{1-\lambda^2}\frac{1}{1-\dfrac{k-1}{k+1}\lambda^2}\zeta\frac{dx}{D} \tag{8-104b}$$

(3) 马赫数

因 $M = \dfrac{u}{C}$，故

$$\frac{dM}{M} = \frac{d\lambda}{\lambda} - \frac{dC}{C}$$

则

$$\frac{dM}{M} = \frac{1}{1 - \dfrac{k-1}{k+1}\lambda^2}\frac{d\lambda}{\lambda} \tag{8-105a}$$

及
$$\frac{\mathrm{d}M}{M} = \frac{1}{1-\frac{k-1}{k+1}\lambda^2}\frac{\lambda^2}{1-\lambda^2}\frac{k}{k+1}\zeta\frac{\mathrm{d}x}{D} \qquad (8-105\mathrm{b})$$

(4) 密度

因 $\rho u = $ 常数，故

$$\frac{\mathrm{d}\rho}{\rho} = -\frac{\mathrm{d}\lambda}{\lambda} \qquad (8-106\mathrm{a})$$

及
$$\frac{\mathrm{d}\rho}{\rho} = -\frac{\lambda^2}{1-\lambda^2}\frac{k}{k+1}\zeta\frac{\mathrm{d}x}{D} \qquad (8-106\mathrm{b})$$

(5) 压强

因 $p = \rho RT$，故

$$\frac{\mathrm{d}p}{p} = -\frac{1+\frac{k-1}{k+1}\lambda^2}{1-\frac{k-1}{k+1}\lambda^2}\frac{\mathrm{d}\lambda}{\lambda} \qquad (8-107\mathrm{a})$$

及
$$\frac{\mathrm{d}p}{p} = -\frac{1+\frac{k-1}{k+1}\lambda^2}{1-\frac{k-1}{k+1}\lambda^2}\frac{\lambda^2}{1-\lambda^2}\frac{k}{k+1}\zeta\frac{\mathrm{d}x}{D} \qquad (8-107\mathrm{b})$$

(6) 总压

因 $p = p_0 \pi(\lambda)$，故

$$\frac{\mathrm{d}p_0}{p_0} = -\frac{1-\lambda^2}{1-\frac{k-1}{k+1}\lambda^2}\frac{\mathrm{d}\lambda}{\lambda} \qquad (8-108\mathrm{a})$$

及
$$\frac{\mathrm{d}p_0}{p_0} = -\frac{\lambda^2}{1-\frac{k-1}{k+1}\lambda^2}\frac{k}{k+1}\zeta\frac{\mathrm{d}x}{D} \qquad (8-108\mathrm{b})$$

在以上各式中，因为 $\lambda_{\max}^2 = \frac{k+1}{k-1}$，所以 $\left(1-\frac{k-1}{k+1}\lambda^2\right)$ 永为正值。粘性对直管中气流各参数的影响如表 8-3 所示。

除总压外，由表 8-3 可见，在水平等截面直管中的绝热流动，粘性对亚声速和超声速流的影响恰恰相反。因此，在亚声速流或超声速流中，仅靠摩擦的作用不可能使气流连续地通过声速。

下面推演直管中任意两截面间气流参数的关系。

表 8-3 粘性对直管中气流各参数的影响

气流\参数	速度 u	密度 ρ	压强 p	声速 C	马赫数 M	总压 p_0	温度 T
亚声速	增加	减小	减小	减小	增加	减小	减小
超声速	减小	增加	增加	增加	减小	减小	增加

由绝热流动条件

$$\frac{T_2}{T_1} = \frac{\tau(\lambda_2)}{\tau(\lambda_1)} = \frac{1-\frac{k-1}{k+1}\lambda_2^2}{1-\frac{k-1}{k+1}\lambda_1^2} \qquad (8-109)$$

由临界声速及连续条件
$$\frac{u_2}{u_1} = \frac{\lambda_2}{\lambda_1} = \frac{\rho_1}{\rho_2} \qquad (8-110)$$

由状态方程式及连续条件

$$\frac{p_2}{p_1} = \frac{\lambda_1}{\lambda_2}\frac{\tau(\lambda_2)}{\tau(\lambda_1)} = \frac{\lambda_1}{\lambda_2}\frac{1-\frac{k-1}{k+1}\lambda_2^2}{1-\frac{k-1}{k+1}\lambda_1^2} \qquad (8-111a)$$

或
$$\frac{p_2}{p_1} = \frac{y(\lambda_1)}{y(\lambda_2)} \qquad (8-111b)$$

由气体动力学函数 $p = p_0\pi(\lambda)$ 及连续条件

$$\sigma = \frac{p_{02}}{p_{01}} = \frac{\lambda_1}{\lambda_2}\left[\frac{1-\frac{k-1}{k+1}\lambda_1^2}{1-\frac{k-1}{k+1}\lambda_2^2}\right]^{\frac{1}{k-1}} \qquad (8-112a)$$

或
$$\sigma = \frac{p_{02}}{p_{01}} = \frac{q(\lambda_1)}{q(\lambda_2)} \qquad (8-112b)$$

由状态方程式及绝热流动条件

$$\frac{\rho_{02}}{\rho_{01}} = \frac{p_{02}}{p_{01}} = \frac{\lambda_1}{\lambda_2} = \left[\frac{1 - \frac{k-1}{k+1}\lambda_1^2}{1 - \frac{k-1}{k+1}\lambda_2^2}\right]^{\frac{1}{k-1}} \tag{8-113}$$

以上各式表示了任意两截面之间的参数关系。

现在进一步讨论在绝热流动的条件下,摩擦对水平等直管紊流各参数的影响。

将方程式（8-102）改写为如下形式

$$\left(\frac{1}{\lambda^2} - 1\right)\frac{d\lambda}{\lambda} = \frac{k}{k+1}\zeta\frac{dx}{D} \tag{8-114}$$

可以近似地认为,摩擦系数 ζ 不论在亚声速流或超声速流中,都与速度系数 λ 无关。

在粗糙管中,不可压缩流体的 ζ 值与雷诺数 Re 无关,可按下式计算

$$\zeta = \frac{1}{\left(1.74 + 2\lg\frac{r_0}{\Delta}\right)^2} \tag{8-115}$$

式中 r_0——管半径;

Δ——管内壁表面上不规则凸起的高度。

工业光滑管的摩擦系数 ζ 随雷诺数 Re 的变化关系为

$$\zeta = 0.0032 + \frac{0.221}{Re^{0.237}} \tag{8-116}$$

式中 $$Re = \frac{\rho u D}{\mu}$$

在等直管中连续方程式为 $\rho u =$ 常数,所以雷诺数 Re 沿管长基本上没有多大变化(只在粘性随温度不同而稍有变化)。因此可近似地认为在管流中摩擦系数 ζ 为常数。

积分式（8-114）

$$\int_1^2 \left(\frac{1}{\lambda^2} - 1\right)\frac{d\lambda}{\lambda} = \int_1^2 \frac{k}{k+1}\frac{\zeta}{D}dx$$

$$\frac{1}{\lambda_1^2} - \frac{1}{\lambda_2^2} - \ln\frac{\lambda_2^2}{\lambda_1^2} = \frac{2}{k+1}\frac{\zeta}{D}(x_2 - x_1)$$

当 λ_1 为等直管进口处的速度系数时,$x_1 = 0$,而 λ_2 是距进口 $x = x_2$ 处截面上的速度系数,则

$$\frac{1}{\lambda_1^2} - \frac{1}{\lambda_2^2} - \ln\frac{\lambda_2^2}{\lambda_1^2} = \frac{2k}{k+1}\frac{\zeta}{D}x \tag{8-117}$$

由此式可知，给定等直管进口的速度系数 λ_1、管径 D、摩擦系数 ζ 和绝热指数 k，便可求出任意截面上的速度系数 λ_2。

由上面分析可知，等直管内为亚声速流动时，速度由于粘性的作用沿管长是增加的，但是不能超过声速，最大可能是等于声速。因此，对于每一个进口速度系数 λ_1 的值，根据 $\lambda_2=1$ 的条件，则就对应一个管子的极限长度 $x_{\max}$，由此可得

$$\frac{1}{\lambda_1^2} + \ln\lambda_1^2 - 1 = \frac{2k}{k+1}\frac{\zeta}{D}x_{\max} \tag{8-118}$$

为了更明显地表示等直管的极限长度，表 8-4 列出了 $\zeta=0.015$ 时不同进口速度系数 λ_1 和马赫数 M_1、空气 $k=1.4$ 的 $x_{\max}/D$ 的数值。

表 8-4　$\zeta=0.015$ 时不同进口速度系数 λ_1 和 M_1 及 $x_{\max}/D$ 的关系

λ_1	0	0.25	0.50	1.00	1.30	1.70	2.00	2.449
M_1	0	0.229	0.466	1.00	1.40	2.156	3.16	∞
$x_{\max}/D$	∞	700	92	0	7	23	49	55

同理，等直管内为超声速流动时，速度由于粘性的作用沿管长是减小的，但是不能变为亚声速流，最大可能是减小到声速。

由表 8-4 可见，对于等直管，进口为亚声速流时，给定 λ_1，则对应一确定的极限管长 $x_{\max}$，如果实际管长超过极限值，$x > x_{\max}$，要满足流动的连续性，成为稳定流动，则进口的速度系数 λ_1 要急剧地减小，以便使出口处的速度系数 $\lambda_2=1$。在进口速度系数 λ_1 的减小过程中，管内为不稳定流，质量流量是随时间减小的。因此，在给定等直管进口各参数时，适用的管长应为 $l \leqslant x_{\max}$。$l > x_{\max}$ 时，管内流量减小，进口各参数将自动调整到使出口的速度系数 $\lambda_2=1$ 为止，在这个过程中管内为不稳定流。

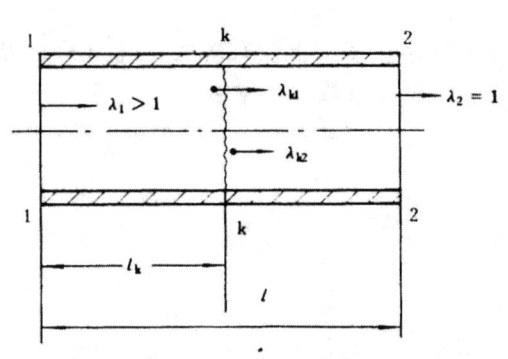

图 8-26　$l > x_{\max}$ 时激波在管内的位置

对于等直管进口为超声速流的情况，可根据方程式（8-118）求出管进口截面处的最小速度系数 $\lambda_{1\min}$（$\lambda_{1\min} > 1$）。如果进口的速度系数 λ_1 小于 $\lambda_{1\min}$，则在管中某一截面上必产生激波，此激波的位置取决于出口处速度系数 λ_2 等于 1 的条件。当给定 λ_1，若管长 $l < x_{\max}$，则等直管出口处的速度为超声速 $\lambda_2 > 1$；若 $l = x_{\max}$，则出口速度为声速 $\lambda_2 = 1$；若 $l > x_{\max}$，则在管内产生正激波。

现在讨论当 $l > x_{\max}$ 时，确定激波在管内的位置。为了分析问题方便，假设管内激波系为一当量正激波。l_k 为正激波距进口的距离，见图 8-26。正激波前速度系数 $\lambda_{k1} > 1$，正激波后的速度系数 $\lambda_{k2} < 1$。正激波以后由于粘性的作用沿管长速度增加，到管出口处速度系数达到声速 $\lambda_2 = 1$。

由式（8-82）有

$$\lambda_{k1} \cdot \lambda_{k2} = 1$$

所以

$$\lambda_{k2} = \frac{1}{\lambda_{k1}} \tag{8-119}$$

应用式 (8-117)，对正激波前那段管 $x = l_k$ 有

$$\frac{1}{\lambda_1^2} - \frac{1}{\lambda_{k1}^2} - \ln\frac{\lambda_{k1}^2}{\lambda_1^2} = \frac{2k}{k+1}\frac{\zeta}{D}l_k$$

简化后

$$\left(\frac{1}{\lambda_1^2} + \ln\lambda_1^2\right) - \left(\frac{1}{\lambda_{k1}^2} + \ln\lambda_1^2\right) = \frac{2k}{k+1}\zeta\frac{l_k}{D} \tag{8-120}$$

正激波后为亚声速流 $\lambda_{k2} < 1$，到管出口处 $\lambda_2 = 1$，所以对 k—2 段管应用方程式 (8-117) 有

$$\frac{1}{\lambda_{k2}^2} - \frac{1}{\lambda_2^2} - \ln\frac{\lambda_2^2}{\lambda_{k2}^2} = \frac{2k}{k+1}\zeta\frac{l-l_k}{D}$$

简化后

$$\frac{1}{\lambda_{k2}^2} + \ln\lambda_{k2}^2 - 1 = \frac{2k}{k+1}\zeta\frac{l-l_k}{D} \tag{8-121}$$

将式 (8-119) 代入式 (8-121) 简化后得

$$\lambda_{k1}^2 + \ln\lambda_{k1}^2 - 1 = \frac{2k}{k+1}\zeta\frac{l-l_k}{D} \tag{8-122}$$

联立方程式 (8-120) 与式 (8-122) 求解，即

$$\begin{cases} \left(\dfrac{1}{\lambda_1^2} + \ln\lambda_1^2\right) - \left(\dfrac{1}{\lambda_{k1}^2} + \ln\lambda_{k1}^2\right) = \dfrac{2k}{k+1}\zeta\dfrac{l_k}{D} \\ \lambda_{k1}^2 + \ln\lambda_{k1}^2 - 1 = \dfrac{2k}{k+1}\zeta\dfrac{l-l_k}{D} \end{cases}$$

便可得到正激波在管内的位置。求解时要采用逐步逼近法。

最后要说明，有关喷管中气流分析的更深入的内容，如具有热力交换情况，可参看其他相应资料。

思 考 题

8-1 写出各种形式的连续性方程，并说明其物理意义。

8-2 写出各种形式的状态方程，并说明其物理意义。

8-3 试说明热焓、机械功形式的能量方程式的物理意义，并导出绝能流动时不可压缩

流的伯诺利方程。

8-4 导出动量方程式，说明其物理意义。

8-5 说明各滞止参数的定义及它们之间的关系。

8-6 何谓声速、临界声速？它们的区别何在？

8-7 何谓气流的极限速度？

8-8 何谓气流的速度系数及马赫数？它们之间有何关系？

8-9 熟练掌握三组气体动力学函数及其应用。

8-10 写出各种形式的流量方程式。

8-11 扰动区与寂静区是如何形成的？何谓马赫锥？亚声速流与超声速流中扰动区有何差别？

8-12 说明正激波形成的物理过程。

8-13 产生激波的条件是什么？

8-14 试述采用皮托管测量超声速气流速度的基本原理。它与亚声速气流速度的测定有何区别？

8-15 试分析拉瓦尔喷管中气流速度与面积之间的变化关系。

8-16 试说明拉瓦尔喷管的工作特性。

8-17 说明收敛喷管的基本特点。

8-18 流体的粘性（摩擦）对亚声速流和超声速流的影响如何？

8-19 具有摩擦的极限管长是何意义？怎样计算极限管长？超过极限管长将发生什么问题？

习　题

8-1 试证微分形式的连续性方程式为

$$\frac{\mathrm{d}p}{p} + \frac{\mathrm{d}u}{u} + \frac{\mathrm{d}A}{A} = 0$$

8-2 试证微分形式的状态方程式为

$$\frac{\mathrm{d}p}{p} = \frac{\mathrm{d}\rho}{\rho} + \frac{\mathrm{d}T}{T}$$

8-3 试证不可压缩气流在突然扩张管中的损失可表示为

$$\Delta p_0 = p_{01} - p_{02} = \rho \frac{(u_1 - u_2)^2}{2}$$

8-4 计算在-100℃、-50℃、0℃、50℃、100℃时空气中的声速。

8-5 一架飞机在12200m高空［温度为216.5K、压强为18738Pa（绝）］以644km/h的速度飞行。试求马赫数、滞止温度、滞止压强及飞行速度系数。

8-6 空气在直径10cm的管道中流动，其流量为1kg/s，滞止温度为38℃，在管内某截面处的气流压强为41332Pa（绝）。求该截面处的气流马赫数、速度及滞止压强。

8-7 一种理想气体在收敛管中作等温流动，已知 $A_2 = 0.8A_1$，$u_1 = 400\mathrm{m/s}$，$p_1 = 2$

大气压（绝），$p_2=1.33$ 大气压（绝）。求 u_2。

8-8 在管道中流动的空气，其某截面上的压强为 1.372×10^5Pa（绝），马赫数为 0.6，流量为 0.3kg/s，管道的截面积为 6cm²。求（1）气流滞止温度；（2）当管道的出口截面面积变小，流量无损失时，其出口面积与进口面积之比的最小值为多少？此时出口处的速度为若干？

8-9 在一人头上 400m 空中有一架飞机，飞机前进了 800m 时，此人才听到飞机的声音。大气温度为 288K。试求该飞机的飞行马赫数、速度及听到声音的时间。

8-10 已知管道某处的截面面积为 $A=80$cm²，空气流的马赫数为 $M=0.8$，气流温度为 $t=23$℃，绝对压强为 $p=1.176\times10^5$Pa。求流量。

8-11 储气箱中的空气总压强为 $p_0=3$ 大气压（绝），通过拉瓦尔喷管流入大气，已知大气压强为 $p_a=1$ 大气压（绝），流动为等熵绝热流动。试求设计状态时（$p_a=p_e$）拉瓦尔喷管出口处的马赫数。

8-12 某超声速风洞喷管是对 $M=2$ 设计的，其临界截面积（喉道截面）为 0.0929m²，喷管进口处（该处速度很小可略而不计）总压强为 7 大气压（绝），总温为 38℃ 的空气。设为一元等熵绝热流动，试计算流量，喷管出口处的面积、速度、密度、压强、温度、及临界截面处的速度、压强、密度和温度。

8-13 有一等直径管，$D=0.5$m，进口马赫数 $M_1=0.229$，介质为空气，其摩擦系数 $\zeta=0.015$，求满足稳定流条件下最大管长为多少？

8-14 试证正激波前后速度满足下列方程式：

$$\frac{u_2}{u_1}=\frac{2}{(k+1)M_1^2}+\frac{k-1}{k+1}$$

*第九章 非牛顿流体的流动

前面所讨论的水、油、气等流体,具有较低的粘性,在低速下发生剪切变形时,其内摩擦力正比于流速梯度,即

$$\tau = \pm \mu \frac{\mathrm{d}u}{\mathrm{d}y} \tag{9-1}$$

称为牛顿流体。上式称为牛顿流体内摩擦定律。

而另外有些工程上常见的流体,如高含蜡或沥青质的易凝原油、钻井用的钻井液、采油的增粘液或降粘液,以及化工上的各种高分子溶液,它们的剪切变形规律与流动规律都与牛顿流体有别,统称之为非牛顿流体。

本章将重点介绍非牛顿流体的一般类型、剪切规律、流动特征、水力计算方法及其所含物性参数的测定方法。

§9-1 非牛顿流体的流变性和流变方程

一、流变性

研究各种流体流动中剪切应力(以下简称切应力)与剪切变形率(即角变形速度,简称速梯或剪速)的关系的科学称为流变学。

我们知道,固体受力后将产生弹性变形,服从虎克定律,称为弹性体。而流体受力后则主要产生剪切变形,变形程度随粘性大小而不同,称为粘性体。粘性较低的流体一般属于牛顿流体,而粘性较高的流体多属于非牛顿流体。有些非牛顿流体不但具有粘性,而且具有弹性,则称为粘弹性体。

非牛顿流体在化学上属于分散体系,一般分散相为颗粒较大的质点。根据颗粒分散程度,可分为悬浊液(颗粒大小约为 $0.2 \sim 0.1$mm)、胶状液(颗粒大小约为 0.1μm $\sim$ 1.0pm)、分子溶液(颗粒极高度分散)。分散性愈高,即颗粒愈微,愈不容易沉淀,静止时形成网状结构,通称为结构性。结构性的强弱不但与颗粒大小有关,而且与颗粒形状及排列状况有关。颗粒表面的润湿性亦将直接影响界面张力,而形成不同厚度的液膜,增大了颗粒间的阻力。此外,分散相的性质、电荷的电位、分散相离子浓度的大小,也都要影响粘度的原因。

实践表明:配制时间的长短、温度变化的历史和搅拌剪切的历史等都要影响其结构性和粘度。

故非牛顿流体的影响因素比较复杂,涉及物理化学的微观机理,而这些机理有的还很难弄清楚。通常是采用实验方法建立切应力与剪速间的关系曲线,称为流变曲线。再按流变曲线结合理论分析,建立不同类型非牛顿流体的切应力与剪速间的数学表达式,这些表达式就称为流变方程或本构方程。

经验表明,某些非牛顿流体,其切应力与剪速间的关系与时间无关或基本无关。此种流

体基本上有三种类型：

1）塑性类型。钻井液、油漆、稀润滑脂等，受力后，不能立刻变形。这是由于其结构性较强，加力后，不能立即破坏其网状结构，必须所加的力足以破坏其结构性，发生剪切变形，才开始流动。流动以后，随剪速增大，切应力逐渐减弱，最后接近牛顿流体，即切应力与剪速成正比，如图9-1中曲线2所示。

图中θ为开始发生流动时需要克服的切应力，称为极限静切应力。τ_0为直线段延长线与横轴的交点处的虚拟切应力，是为计算方便而采用的，称为极限动切应力。而θ_1为曲线段与直线段交点所对应的切应力，称为极限切应力上限值。静切应力的极限值亦称屈服值（或屈服应力）。

此种类型的非牛顿流体，由于结构性较强，流动后经过短时间静止，其结构将恢复。

2）假塑性类型。高分子溶液、乳化液等，其结构性较弱，有的受力后立即流动，有的则不立即流动。前者称为假塑性，后者称为屈服假塑性。随剪速增大，表观粘度下降，或愈搅愈稀。这种特性称

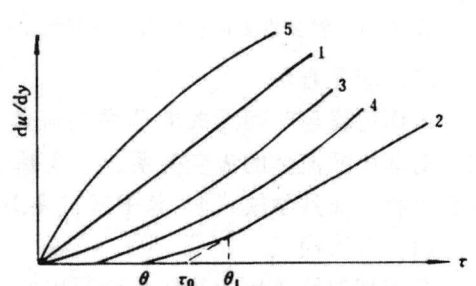

图9-1 各种流体的流变曲线
1—牛顿型；2—塑性型；3—假塑型；
4—屈服假塑型；5—膨胀型

为剪切稀释性。剪速高时，接近牛顿流体，在中剪速下则表现假塑性。其流变曲线如图9-1中曲线3或4所示。

3）膨胀性类型。一般遇到较少，如淀粉糊、石灰浆等。由于所含颗粒形状极不规则，在一定浓度下形成结构。随剪速增大，粘度增大，即愈搅愈稠。停止剪切后马上恢复。其流变曲线如图9-1中曲线5所示。

另外有些非牛顿流体，其流变性随时间呈缓慢变化，如沥青、高分子聚合物溶液。这些非牛顿流体，一般表现有如下性质：

1）触变性。在一定剪速下，随时间增加而切应力下降，即粘度降低，由稠变稀，达到某时刻t_0以后，切应力不再变化，形成动平衡。

图9-2表示此种流体在定剪速下，切应力随时间变化的趋势。在时刻t_0，切应力变为τ_0，而$\tau_0 / \dfrac{\mathrm{d}u}{\mathrm{d}y}$称为泵输粘度。故带有塑性性质。

此种流体，颗粒形状多不规则，表面性质不一致，易成凝胶状，但不易被破坏。破坏后，重新排列要一定时间，故恢复缓慢。从此点看又带有假塑性性质。

触变性还表现与温度历史及剪切历史有关，经过预热及高剪速下输送可降低泵输粘度。

2）震凝性。它与触变性相反，在一定剪速下，随时间增加而切应力上升，即由稀变稠。一般也在一定时间后达到动平衡，如图9-3所示。τ_0值与流体性质有关，一般约10~200min达到平衡。

3）粘弹性。豆荚植物胶、田菁粉、聚丙烯酰胺等属于粘弹性流体。它既具有粘性，又具有弹性。表现为自漏斗流出后，流束变粗，发生膨胀；搅拌时，停止搅动表现有弹性反转，接近膨胀流型。其粘度用一般粘度计无法测定。

综上所述，流变性与时间有关的非牛顿流体，由于其性质更为特殊，目前尚处于探索阶段，无成熟的结论，此处不再赘述。下面讨论仅限于与时间无关的非牛顿流体。

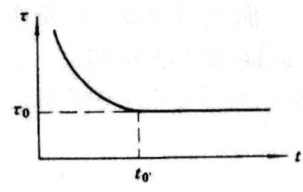
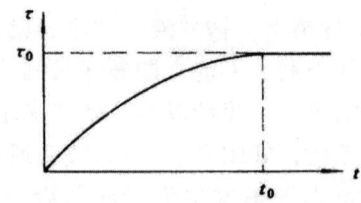

图 9-2　触变性流体切应力随时间的变化　　图 9-3　震凝性流体切应力随时间的变化

二、流变方程

下面将就与时间无关的非牛顿流体，从理论上作进一步分析，建立流变方程。前已表明，对非牛顿流体的流变关系，主要基于实验，故不同研究工作者，曾经提出过多种多样的流变方程（或数学模式），其中经过实践考验，比较公认的有以下几种：

（1）宾汉模式

是根据塑性流型的流变曲线写出的。其形式为

$$\tau = \tau_0 + \eta_p \frac{du}{dy} \qquad (9-2)$$

通称为宾汉定律，塑性流型亦称为宾汉型。式中，τ_0 为极限动切应力，η_p 称为结构粘度（或塑性粘度）。低剪速时 η 为变数，高剪速时 η 为常数。为了便于同牛顿流体相互比较，取

$$\eta = \frac{\tau}{\frac{du}{dy}} = \frac{\tau_0}{\frac{du}{dy}} + \eta_p \qquad (9-3)$$

式中，η 称为视粘度（或有效粘度）。显然，视粘度是随剪速而变化的。

（2）指数模式

适用于假塑性流型及膨胀流型，亦称为幂律流体。表示为

$$\tau = K\left(\frac{du}{dy}\right)^n \qquad (9-4)$$

式中，K 为稠度系数，取决于流体性质。n 为流变指数（或流性指数），无因次，表示偏离牛顿流体的程度。对假塑性流型 $n<1$，对膨胀性流型 $n>1$。其视粘度为

$$\eta = \frac{\tau}{\frac{du}{dy}} = K\left(\frac{du}{dy}\right)^{n-1}$$

当具有屈服应力时，称为屈服假塑性，其时

$$\tau = \tau_0 + K\left(\frac{du}{dy}\right)^n \qquad (9-4a)$$

式（9-4a）更具有广泛代表性，同样适用于塑性流体，其时 $K = \eta_p, n = 1$。若 $\tau_0 = 0, K = \mu, n = 1$，则变为牛顿流体。

（3）卡森模式

早先为油漆、涂料、塑料等工艺所采用,当仅有低、中剪速下的资料可以利用时,它能够较精确地反映出高剪速下的视粘度。近年又为石油矿场所使用。其形式为

$$\eta^{\frac{1}{2}} = \eta_\infty^{\frac{1}{2}} + \tau_0^{\frac{1}{2}}\left(\frac{\mathrm{d}u}{\mathrm{d}y}\right)^{-\frac{1}{2}} = \eta_\infty^{\frac{1}{2}} + \left[\frac{\tau_0}{\frac{\mathrm{d}u}{\mathrm{d}y}}\right]^{\frac{1}{2}} \tag{9-5}$$

式中,η 为视粘度,η_∞ 为卡森粘度,τ_0 为卡森屈服应力。

卡森模式的流变曲线如图9-4所示,是以 $\left(\frac{\mathrm{d}u}{\mathrm{d}y}\right)^{-\frac{1}{2}}$ 为横坐标,$\eta^{\frac{1}{2}}$ 为纵坐标绘出的直线。其斜率为 $c = \tau_0^{\frac{1}{2}}$,截距为 $\eta_\infty^{\frac{1}{2}}$。

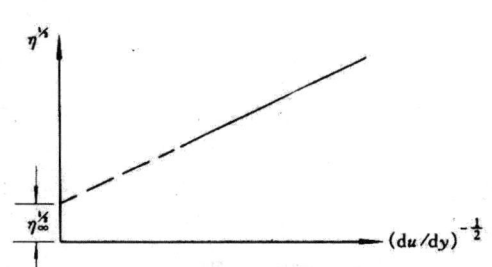

图9-4 卡森模式的流变曲线

上述各模式,为从数学上表达简便,速梯亦常用简符 γ 表示,这样,则

对宾汉模式写成 $\quad \tau = \tau_0 + \eta_p \gamma \quad$ (9-6a)

对指数模式写成 $\quad \tau = \tau_0 + K\gamma^n \quad$ (9-6b)

对卡森模式写成 $\quad \eta^{\frac{1}{2}} = \eta_\infty^{\frac{1}{2}} + c\gamma^{-\frac{1}{2}} \quad$ (9-6c)

§9-2 非牛顿流体的研究方法

非牛顿流体的研究方法,与牛顿流体的研究方法基本上是类似的。在管流中,诸如体现质量守恒的连续性方程,体现能量守恒的伯诺利方程,以及划分流态的原则等都是相一致的。其区别仅在于所依据的内摩擦定律各有不同。

关于非牛顿流体的流态划分,塑性流体最有代表性。就管流而言,当作用的外力小于或等于极限静切力时,属于静平衡状态。当作用的外力超过极限静切力才开始流动,就属于动平衡状态。

静平衡状态亦即静止状态,是静力学问题,一般情况下,处于压力、重力和阻力的平衡。如图9-5所示倾斜管路,当倾角大到一定程度时,压力差和重力及极

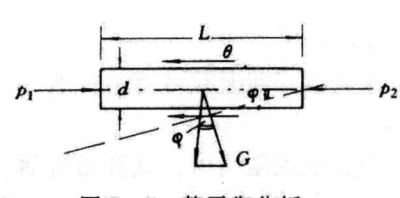

图9-5 静平衡分析

限静切应力造成的阻力达到极限的平衡状态。倾角再增大就会流动。

根据图9-5可建立如下的力平衡关系

$$(p_1 - p_2)\frac{\pi d^2}{4} + G\sin\varphi = \theta\pi dL$$

式中 p_1, p_2——液柱两端的压强;
$\quad d$——液柱直径;

L——液柱长；

φ——管路倾角；

θ——极限静切应力；

G——液柱重力，$G = \gamma \dfrac{\pi d^2}{4} L$（$\gamma$ 为重度）。

将 G 值代入上式并简化后，可得

$$\theta = \frac{(p_1 - p_2)d}{4L} + \frac{\gamma d}{4}\sin\varphi \qquad (9-7)$$

或

$$\sin\varphi = \frac{4\theta}{\gamma d} - \frac{p_1 - p_2}{\gamma L} \qquad (9-7a)$$

若管路水平放置，则 $\varphi = 0°$，$\sin\varphi = 0$，而

$$\theta = \frac{(p_1 - p_2)d}{4L} = \frac{(p_1 - p_2)R}{2L} \qquad (9-8)$$

式中 R——管子半径。

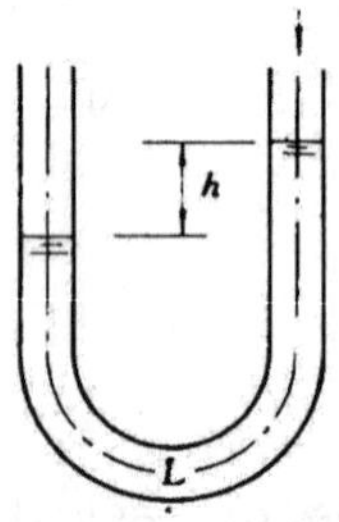

根据静平衡原理，可利用 U 形管，自右端加入塑性流体，来测定塑性流体的极限静切应力 θ。如图 9-6，具有如下的静平衡关系

$$\gamma \frac{\pi d^2}{4} h = \theta \pi d L$$

于是

图 9-6 用 U 形管测极限静切力

$$\theta = \frac{\gamma d h}{4L} \text{ 或 } h = \frac{4L\theta}{\gamma d} \qquad (9-9)$$

式中 h——U 形管右端加入塑性流体的极限高度；

L——U 形管内液柱总长（忽略管子曲度，按中心线计）。

可以看出，在连通器中二液面高差与塑性流体性质、连通器形状及尺寸有关，这一现象与牛顿流体完全不同。

下面再分析动平衡状态。当作用的外力超过极限切应力造成的阻力时，就开始流动。为简便起见，取水平管路分析，其时极限切应力满足式 (9-8)。今取 $p_1 - p_2 = p_0$，作为开始流动所加的压差，并以极限动切应力 τ_0 代替极限静切应力 θ，这样做是为了便于用宾汉定律进行分析。于是有

$$\tau_0 = \frac{p_0 R}{2L} \qquad (9-10)$$

或

$$p_0 = \frac{2L\tau_0}{R} \tag{9-10a}$$

需注意,此时在半径 R 处,推动力 $p_0\pi R^2$ 超过了由于极限动切应力所引起的阻力 $\tau_0 2\pi RL$,故仅在该处的塑性流体开始流动,而半径小于 R 处的流体仍然保持静止。原因是由于推动力与半径的平方成正比,而阻力与半径的一次方成正比,当半径减小时,推动力的减小比阻力减小较快,故仅在半径 R 处可以流动。若不增大压差,则半径 R 以内的流体仍紧聚在一起,此种流态称为塞流,见图 9-7。塞流中各液层速度相同,没有流速梯度。

随两端压差增大,小于半径 R 的各液层依次开始流动,形成塞流的流核半径逐渐缩小,而流核以外部分各液层间速度不同,形成流速梯度,称为梯度区。此区逐渐扩大,最后流核全部消失,形成牛顿流体的层流。由塞流直到形成紊流前的整个区域都称为结构流。当压差再继续增大时,则流动状态将转为紊流。全部流动状态转变过程如图 9-8 所示,图中流速梯度写成 $-\frac{du}{dr}$ 是因为 y 与 r 方向相反之故。

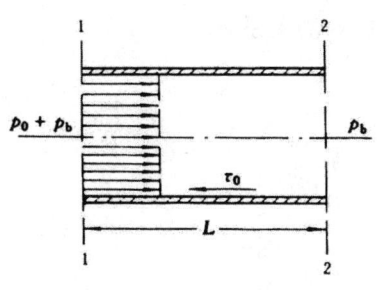

图 9-7 塞流状态

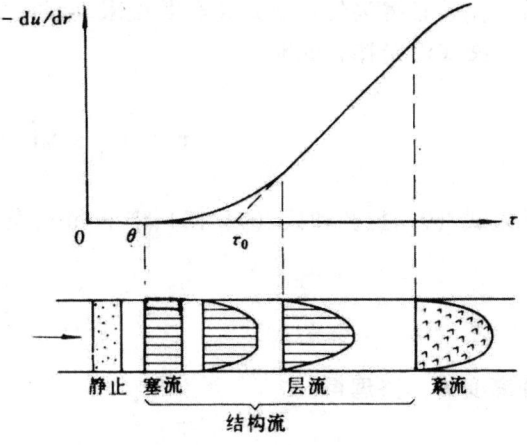

图 9-8 流态转变过程

由图亦可见,塞流和层流是结构流的两个极端情况。对于不具屈服应力的非牛顿流体,其流态则仍划分为层流和紊流。

划分结构流(或层流)和紊流的标准,一般仍用雷诺数,但雷诺数的表达式有所不同。将在后面讨论。

仍像牛顿流体一样,对结构流或层流可完全从理论分析得出流速分布、阻力分布、流量、平均流速,以及沿程水头损失等表达式。而对紊流则必须依靠实验进行。下面将分别就塑性流型、幂律流型进一步加以分析。

§9-3 塑性流体的流动规律

塑性流体在圆管中的稳定流划分为结构流和紊流。下面重点分析结构流的阻力和流速分布规律,流量和压降的关系,进而找出判别流态的雷诺数以及沿程水头损失的计算。

一、结构流状态下圆管内的流量和压降

设塑性流体沿水平圆管在一定压差 p 的作用下,作稳定流动,如图 9-9 所示。

管子半径为 R,流核半径为 r_0。取梯度区任意半径 r 的一段液柱来进行分析,半径 r 处的

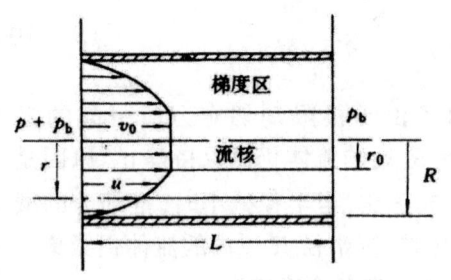

图9-9 圆管中的结构流

速度为 u，单位面积上的内摩擦应力为 τ，两端压差为 p。其时，由力平衡

$$p\pi r^2 = \tau 2\pi rL$$

即

$$\tau = \frac{pr}{2L} \tag{9-11}$$

表明在梯度区内，阻力与半径成直线关系。

在流核表面上，同理有

$$\tau_0 = \frac{pr_0}{2L} \tag{9-12}$$

即流核内部阻力不变，形成塞流。据此可确定流核半径

$$r_0 = \frac{2L\tau_0}{p} \tag{9-13}$$

可以看出，流核半径与所加压差成反比，即压差愈大，流核半径愈小，压差大到一定程度后，流核必将消失。上式还表明极限动切应力 τ_0 与压差 p 的关系。

按宾汉定律，此时

$$\tau = \tau_0 + \eta_p\left(-\frac{du}{dr}\right) = \tau_0 - \eta_p \frac{du}{dr}$$

代入式 (9-11) 和式 (9-13) 将 τ 和 τ_0 化为 p，则

$$\frac{pr}{2L} = \frac{pr_0}{2L} - \eta_p \frac{du}{dr}$$

分离变量，整理得

$$du = \frac{-p}{2L\eta_p}(r - r_0)dr$$

积分，从 $0 \to u$ 及从 $R \to r$，则

$$\int_0^u du = -\int_R^r \frac{p}{2L\eta_p}(r-r_0)dr = \int_r^R \frac{p}{2L\eta_p}(r-r_0)d(r-r_0)$$

有

$$u = \frac{p}{4L\eta_p}[(R-r_0)^2 - (r-r_0)^2] \tag{9-14}$$

此即梯度区中流速分布公式。

当 $r = r_0$ 时，得流核流速 v_0，即

$$v_0 = \frac{p}{4L\eta_p}(R-r_0)^2$$

整个液流的流量由两部分组成。设流核部分流量为 Q_0，梯度区中流量为 Q_1，则总流量为 $Q = Q_0 + Q_1$。现分别计算如下

$$Q_0 = \pi r_0^2 v_0 = \frac{\pi p}{4L\eta_p} r_0^2 (R - r_0)^2 = \frac{\pi p}{4L\eta_p}(R^2 r_0^2 - 2R r_0^3 + r_0^4) \quad (9-15a)$$

$$\begin{aligned}
Q_1 &= \int_{r_0}^{R} u 2\pi r \mathrm{d}r \\
&= \int_{r_0}^{R} \frac{p}{4L\eta_p}(R - r_0)^2 2\pi r \mathrm{d}r - \int_{r_0}^{R} \frac{p}{4L\eta_p}(r - r_0)^2 2\pi r \mathrm{d}r \\
&= \frac{\pi p}{2L\eta_p}\left[\int_{r_0}^{R}(R - r_0)^2 r \mathrm{d}r - \int_{r_0}^{R}(r - r_0)^2 r \mathrm{d}r\right] \\
&= \frac{\pi p}{2L\eta_p}\left[\frac{(R - r_0)^2(R^2 - r_0^2)}{2} - \frac{R^4 - r_0^4}{4} + \frac{2r_0(R^3 - r_0^3)}{3} - \frac{r_0^2(R^2 - r_0^2)}{2}\right] \\
&= \frac{\pi p}{2L\eta_p}\left[\frac{R^4}{4} - \frac{R^3 r_0}{3} - \frac{R^2 r_0^2}{2} + R r_0^3 - \frac{5 r_0^4}{12}\right] \\
&= \frac{\pi p}{4L\eta_p}\left[\frac{R^4}{2} - \frac{2R^3 r_0}{3} - R^2 r_0^2 + 2R r_0^3 - \frac{5 r_0^4}{6}\right] \quad (9-15b)
\end{aligned}$$

$$Q = Q_0 + Q_1 = \frac{\pi p}{4L\eta_p}\left[\frac{R^4}{2} - \frac{2R^3 r_0}{3} + \frac{r_0^4}{6}\right]$$

即

$$Q = \frac{\pi p R^4}{8L\eta_p}\left[1 - \frac{4}{3}\frac{r_0}{R} + \frac{1}{3}\frac{r_0^4}{R^4}\right] \quad (9-16)$$

由式 (9-10) 及式 (9-12) 看出 $p_0 R = p r_0$，则

$$\frac{r_0}{R} = \frac{p_0}{p} \quad (9-17)$$

代入式 (9-16) 得

$$Q = \frac{\pi R^4 p}{8L\eta_p}\left(1 - \frac{4}{3}\frac{p_0}{p} + \frac{1}{3}\frac{p_0^4}{p^4}\right) \quad (9-18)$$

上式表明，结构流状态下，塑性流体流量 Q 与压降 p 之间的关系。

当流核较小时，$R^4 \gg r_0^4$，$p^4 \gg p_0^4$，则忽略高次项后，可得简式

$$Q = \frac{\pi R^4}{8L\eta_p}\left(p - \frac{4}{3}p_0\right) \quad (9-19)$$

二、结构流的断面平均流速和水力坡降

由式 (9-19) 知断面平均流速

$$v = \frac{Q}{\pi R^2} = \frac{R^2}{8L\eta_p}\left(p - \frac{4}{3}p_0\right) \quad (9-20)$$

而水力坡降

$$i = \frac{h_f}{L} = \frac{p}{\gamma L}$$

从而
$$p = i\gamma L$$

代入式（9-20）后，有

$$v = \frac{R^2}{8L\eta_p}\left(i\gamma L - \frac{4}{3}p_0\right)$$

又由式（9-10）知，$p_0 = \frac{2L\tau_0}{R}$，则

$$v = \frac{R^2\gamma}{8\eta_p}\left(i - \frac{8}{3}\frac{\tau_0}{\gamma R}\right) = \frac{D^2\gamma}{32\eta_p}\left(i - \frac{16}{3}\frac{\tau_0}{\gamma D}\right)$$

解出
$$i = \frac{32v\eta_p}{\gamma D^2} + \frac{16}{3}\frac{\tau_0}{\gamma D} \tag{9-21}$$

上式等号右边第一项，就是早已熟知的牛顿流体层流时粘性引起的水力坡降。此时式中右边第二项可视为结构流状态下塑性流体网状结构引起的水力坡降。如不具网状结构，则 $\tau_0 = 0$，而上式就完全与牛顿流体层流时的水力坡降一致了。

三、判别塑性流体流态的综合雷诺数

注意到塑性流体结构流与牛顿流体层流间的类似性，将圆管内塑性流体结构流的水力坡降式（9-21）与牛顿流体的水力坡降式

$$i = \frac{\lambda v^2}{2gD}$$

进行对比，并参照牛顿流体层流时 $\lambda = \frac{64}{Re}$，即可得出判别塑性流体流态的综合雷诺数。此时，令

$$\frac{\lambda v^2}{2gD} = \frac{32v\eta_p}{\gamma D^2} + \frac{16\tau_0}{3\gamma D}$$

解得
$$\lambda = \frac{2gD}{v^2} \cdot \frac{32v\eta_p}{\gamma D^2} + \frac{2gD}{v^2} \cdot \frac{16\tau_0}{3\gamma D}$$
$$= \frac{64\eta_p}{\rho v D} + \frac{64\eta_p}{\rho v D}\frac{\tau_0 D}{6\eta_p v} = \frac{64}{\frac{\rho v D}{\eta_p}}\left(1 + \frac{\tau_0 D}{6\eta_p v}\right)$$

取
$$Re_{综} = \frac{\rho v D}{\eta_p\left(1 + \frac{\tau_0 D}{6\eta_p v}\right)} \tag{9-22}$$

则类似地有
$$\lambda = \frac{64}{Re_{综}} \tag{9-23}$$

式中，$Re_{综}$ 称为综合雷诺数，作为判别塑性流体结构流和紊流的标准。实验表明，此种假设是正确的。如图 9-10 为 λ 与 $Re_{综}$ 的关系的实验结果，其临界值亦为

$$Re_{综临} = 2000 \tag{9-24}$$

当 $Re_{综}$ < 2000 时为结构流；当 $Re_{综}$ > 2000 时为紊流。

式（9-22）与牛顿流体的雷诺数 $\frac{\rho vD}{\mu}$ 相比较，其中多了粘度校正项 $\frac{\tau_0 D}{6\eta_p v}$，该项的物理意义反映了屈服应力 τ_0 与 6 倍平均粘性应力 $\eta_p \frac{v}{D}$ 的比值。

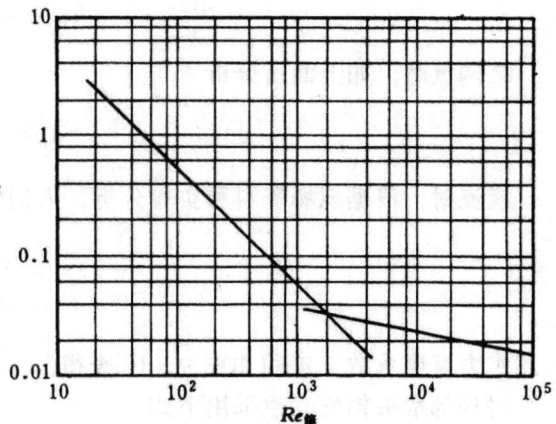

图 9-10 塑性流体 λ 与 $Re_{综}$ 关系曲线

例 9-1 稠油相对密度 0.96，结构粘度 0.75Pa，极限动切应力 11.76Pa，沿直径 203mm 的管子流动，管长 300m，两端压差为 1at。试确定流量。

解 先设为结构流，则

$$Q = \frac{\pi R^4}{8L\eta_p}\left(p - \frac{4}{3}p_0\right)$$

又知
$$p_0 = \frac{2L\tau_0}{R} = \frac{2 \times 300 \times 11.76}{0.1015} = 69520(\text{Pa}) = 0.709(\text{at})$$

则
$$Q = \frac{3.14 \times (0.1015)^4}{8 \times 300 \times 0.75 \times 10^{-1}}\left(9.8 \times 10^4 - \frac{4}{3} \times 69520\right)$$

$$= 0.010(\text{m}^3/\text{s}) = 10(\text{L/s})$$

平均流速
$$v = \frac{4Q}{\pi D^2} = \frac{4 \times 0.010}{3.14 \times (0.203)^2} = 0.309(\text{m/s})$$

$$Re_{综} = \frac{\rho vD}{\eta_p\left(1 + \frac{\tau_0 D}{6\eta_p v}\right)}$$

$$= \frac{960 \times 0.309 \times 0.203}{0.75 \times 10^{-1}\left(1 + \frac{11.76 \times 0.203}{6 \times 0.75 \times 10^{-1} \times 0.309}\right)}$$

$$= \frac{803}{1 + 17.2} = 44.1$$

为结构流，假设正确，流量为 10L/s。

四、水头损失的计算

非牛顿流体的水头损失，也像牛顿流体一样，仍采用同样的公式。

对沿程水头损失，取

$$h_f = \lambda \frac{L}{D} \frac{v^2}{2g} \tag{9-25}$$

结构流时，如上面所分析

$$\lambda = \frac{64}{Re_{综}}$$

紊流时，根据现场资料和实验分析，人们曾提出若干不同的经验公式。其中常用的为

$$\lambda = \frac{0.125}{\sqrt[6]{Re_{综}}} \tag{9-26}$$

上述水力摩擦系数 λ 亦可由图 9-10 查得。

对局部水头损失，也采用下式

$$h_j = \zeta \frac{v^2}{2g} \tag{9-27}$$

或

$$h_j = \lambda \frac{L_当}{D} \frac{v^2}{2g} \tag{9-28}$$

其中局部阻力系数 ζ 及当量长度 $L_当$，在结构流时为变数，一般随雷诺数的减小而增大；在紊流时则近乎常数。关于这方面的经验数据不太多，通常需自行实验确定。因各人实验条件的不同，结果将有不小出入，同时可查读有关资料。粗略估算也可取用牛顿流体资料，增大一定的百分数。

附带谈一下环形空间内的沿程水头损失问题，因为这在钻井工程中经常要遇到。一般可按下式计算

$$h_f = \lambda \frac{L}{D_外 - D_内} \frac{v^2}{2g} \tag{9-29}$$

式中　v——环空中液体平均流速；

$D_外$——外管内径；

$D_内$——内管外径。

根据理论分析知道，此时的综合雷诺数为

$$Re_{综环} = \frac{(D_外 - D_内)\rho v}{\eta_p \left[1 + \frac{\tau_0(D_外 - D_内)}{8\eta_p v}\right]} \tag{9-30}$$

实验表明：$Re_{综环}$ 的临界值可采用 2000，并且沿程水力摩阻系数约如下：

结构流

$$\lambda = \frac{96}{Re_{综环}} \tag{9-31}$$

紊流 $\lambda = 0.015 \sim 0.024$

当 $Re_{综环}$ 较小时，λ 取高值；$Re_{综环}$ 较大时，取低值。

例 9-2 在钻井过程中，如果已知井径 $D_井 = 240\text{mm}$，钻杆外径 $D_外 = 114\text{mm}$，钻杆内径 $D_内 = 96\text{mm}$，井深 $L = 1200\text{m}$。钻井液的相对密度为 $\delta = 1.3$，极限动切应力 $\tau_0 = 9.8\text{Pa}$，塑性粘度 $\eta_p = 10\text{cP}$，流量 $Q = 30\text{L/s}$。试求钻井液在钻杆和环形空间中的沿程水头损失各为多少？

解 钻杆中

$$v = \frac{4Q}{\pi(D_内)^2} = \frac{4 \times 0.03}{3.14 \times (0.096)^2} = 4.15(\text{m/s})$$

确定流态

$$Re_综 = \frac{\rho v D}{\eta_p(1 + \frac{\tau_0 D}{6\eta_p v})}$$

$$= \frac{1300 \times 4.15 \times 0.096}{0.1 \times 10^{-1}(1 + \frac{9.8 \times 0.096}{6 \times 0.1 \times 10^{-1} \times 4.15})}$$

$$= \frac{51792}{1 + 3.78} = 10835$$

因此为紊流

$$\lambda = \frac{0.125}{\sqrt[6]{Re_综}} = \frac{0.125}{\sqrt[6]{10835}} = \frac{0.125}{4.70} = 0.0266$$

沿程水头损失

$$h_f = \lambda \frac{L}{D_内} \frac{v^2}{2g} = 0.0266 \times \frac{1200}{0.096} \times \frac{(4.15)^2}{19.6} = 291(\text{m})$$

环空中

$$A = \frac{\pi}{4}(D_井^2 - D_外^2) = \frac{\pi}{4}(0.24^2 - 0.114^2)$$

$$= \frac{\pi}{4} \times 0.354 \times 0.126 = 0.035(\text{m}^2)$$

$$v = \frac{Q}{A} = \frac{0.03}{0.035} = 0.857(\text{m/s})$$

确定流态

$$Re_{综环} = \frac{\rho v D}{\eta_p(1 + \frac{\tau_0 D}{8\eta_p v})}$$

$$= \frac{1300 \times 0.857 \times 0.126}{0.1 \times 10^{-1}(1 + \frac{9.8 \times 0.126}{8 \times 0.1 \times 10^{-1} \times 0.857})}$$

$$= \frac{14038}{1 + 18} = 733.6$$

因此为结构流

$$\lambda = \frac{96}{Re_{综环}} = \frac{96}{733.6} = 0.131$$

沿程水头损失

$$h_f = \lambda \frac{L}{D_外 - D_内} \frac{v^2}{2g} = 0.131 \times \frac{1200}{0.126} \times \frac{(0.857)^2}{19.6} = 41(\text{m})$$

§9-4 幂律流体的流动规律

前面已经介绍了假塑性和膨胀性流体都可以用幂定律表示其流变方程。对管流可写

$$\tau = K(-\frac{du}{dr})^n \tag{9-32}$$

式中符号见前。当 $n<1$ 属于假塑型，当 $n>1$ 属于膨胀型。

若具有屈服应力，则分析方法类似于塑性流体。这里只讨论不具屈服应力的情况。

一、幂律流体层流状态下，圆管内的流量和压降

由于所讨论情况不具结构性，故阻力分布与牛顿流体无别，即全管内都满足式（9-11）

$$\tau = \frac{pr}{2L}$$

在管轴心处，$r=0$，$\tau=0$；管壁处 $r=R$，$\tau=\tau_b$，而

$$\tau_b = \frac{pR}{2L} = \frac{pD}{4L} \tag{9-33}$$

为求流速分布，需将式（9-11）代入式（9-32）中，即

$$\frac{pr}{2L} = K(-\frac{du}{dr})^n$$

或

$$(\frac{pr}{2LK})^{1/n} = -\frac{du}{dr}$$

分离变量得

$$du = -(\frac{p}{2LK})^{1/n} r^{1/n} dr$$

积分从 $0 \to u$ 及从 $R \to r$, 则

$$\int_0^u du = -(\frac{p}{2LK})^{\frac{1}{n}} \int_R^r r^{\frac{1}{n}} dr = (\frac{p}{2LK})^{\frac{1}{n}} \int_r^R r^{\frac{1}{n}} dr$$

结果得

$$u = (\frac{p}{2LK})^{\frac{1}{n}} (\frac{n}{n+1}) [R^{\frac{n+1}{n}} - r^{\frac{n+1}{n}}] \qquad (9-34)$$

进而可得流量

$$Q = \int_0^R u \cdot 2\pi r dr$$

$$= (\frac{2\pi n}{n+1})(\frac{p}{2LK})^{\frac{1}{n}} \int_0^R [R^{\frac{n+1}{n}} - r^{\frac{n+1}{n}}] r dr$$

$$= (\frac{2\pi n}{n+1})(\frac{p}{2LK})^{\frac{1}{n}} [\frac{R^{\frac{3n+1}{n}}}{2} - (\frac{n}{3n+1}) R^{\frac{3n+1}{n}}]$$

简化后

$$Q = \frac{\pi n R^3}{3n+1} (\frac{pR}{2LK})^{\frac{1}{n}} \qquad (9-35)$$

此即幂律流体层流的流量与压降的关系。

二、断面平均流速和沿程水头损失

由式 (9-35) 可进一步求得断面平均流速

$$v = \frac{Q}{\pi R^2} = \frac{nR}{3n+1}(\frac{pR}{2LK})^{\frac{1}{n}} = (\frac{p}{2LK})^{\frac{1}{n}}(\frac{n}{3n+1}) R^{\frac{n+1}{n}} \qquad (9-36)$$

把式 (9-34) 与式 (9-36) 相除, 可得无因次速度分布

$$\frac{u}{v} = (\frac{3n+1}{n+1})[1 - (\frac{r}{R})^{\frac{n+1}{n}}] \qquad (9-37)$$

取 n 为不同值, 可绘出无因次速度分布加以对比。图 9-11 作出几种典型情况的无因次速度分布曲线: $n=1$, 为牛顿流型; $n=3$, 为膨胀流型; $n=\frac{1}{3}$, 为假塑流型; $n=0$, 为假塑流型的极限情况; $n=\infty$, 为膨胀流型的极限情况。

为了计算沿程水头损失, 常由式 (9-36)

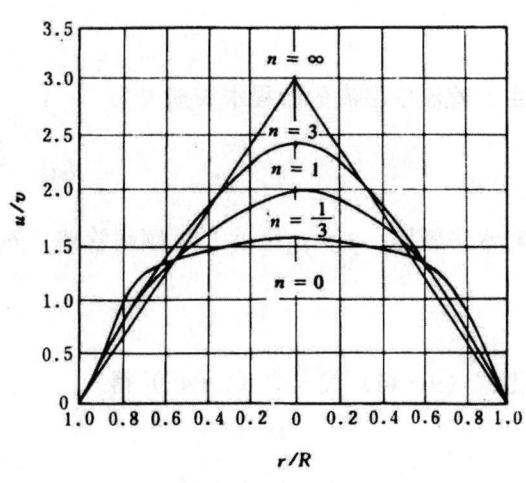

图 9-11 无因次速度分布曲线

解出压降与平均流速的关系，并把半径化为直径 D，则

$$p = \frac{2LK}{R}\left(\frac{3n+1}{n}\right)^n\left(\frac{v}{R}\right)^n$$

$$= \frac{4LK}{D}\left(\frac{3n+1}{4n}\right)^n\left(\frac{8v}{D}\right)^n \qquad (9-38)$$

而沿程水头损失

$$h_f = \frac{p}{\gamma} \qquad (9-39)$$

对于紊流的沿程水头损失将在下面讨论。

§9-5 管流研究的特性参数法

前以塑性流体及幂律流体为例，仿照牛顿流体，对非牛顿流体层流（或结构流）作了分析。本节将依靠管流特性参数作更进一步的讨论，并以幂律流体为例，寻求判别流态的雷诺数以及紊流沿程水头损失的确定方法。

一、管流的特性参数与流动方程

从牛顿流体的内摩擦定律得知，对管流

$$\tau = \mu\left(-\frac{du}{dr}\right) \qquad (9-40)$$

令管壁处的切应力为 τ_b 则其与管壁处流速梯度的关系为

$$\tau_b = \mu\left(-\frac{du}{dr}\right)_b \qquad (9-41)$$

从管壁处力平衡有

$$\tau_b = \frac{pD}{4L} \qquad (9-42)$$

由于管流中层流的沿程水头损失为

$$h_f = \frac{32\mu vL}{\gamma D^2} = \frac{p}{\gamma} \qquad (9-43)$$

对水平管路，$p = p_1 - p_2$；对倾斜管路，p 用折算压力

$$p = \frac{32\mu vL}{D^2} \qquad (9-44)$$

把式（9-44）代入式（9-42）得

$$\tau_b = \mu\left(\frac{8v}{D}\right) \qquad (9-45)$$

对比式（9-41）可知管壁处流速梯度

$$\left(-\frac{\mathrm{d}u}{\mathrm{d}r}\right)_b = \frac{8v}{D} \tag{9-46}$$

此 $\frac{8v}{D}$ 就称为管流的特性参数。在下面推导过程中，将可以看到：无论哪一类流体，管流中任一点处的速梯都可以表示为 $\frac{8v}{D}$ 的函数。

沿管流横断面上距中心 r 处的液流速度为 u，则管路总流量为

$$Q = \int_0^{D/2} u \cdot 2\pi r \mathrm{d}r \tag{9-47}$$

根据定积分的分部积分方法，有

$$\int_a^b y \mathrm{d}z = [yz]_a^b - \int_a^b z \mathrm{d}y$$

今取 $y = u, z = \pi r^2$，则 $\mathrm{d}y = \mathrm{d}u, \mathrm{d}z = 2\pi r \mathrm{d}r$，故式 (9-47) 可写成

$$Q = \int_0^{\frac{D}{2}} (u)(2\pi r \mathrm{d}r) = [u\pi r^2]_0^{\frac{D}{2}} - \int_0^{\frac{D}{2}} \pi r^2 \frac{\mathrm{d}u}{\mathrm{d}r} \mathrm{d}r$$

而在 $r = \frac{D}{2}$ 处，$u = 0$，于是上式简化为

$$Q = -\int_0^{\frac{D}{2}} \pi r^2 \frac{\mathrm{d}u}{\mathrm{d}r} \mathrm{d}r = \int_0^{\frac{D}{2}} \pi r^2 \left(-\frac{\mathrm{d}u}{\mathrm{d}r}\right) \mathrm{d}r$$

由于 $Q = \frac{\pi D^2}{4} v$，故

$$\frac{\pi D^2}{4} v = \int_0^{\frac{D}{2}} \pi r^2 \left(-\frac{\mathrm{d}u}{\mathrm{d}r}\right) \mathrm{d}r$$

两边乘以 $\frac{32}{\pi D^3}$，得

$$\frac{8v}{D} = \frac{32}{D^3} \int_0^{\frac{D}{2}} r^2 \left(-\frac{\mathrm{d}u}{\mathrm{d}r}\right) \mathrm{d}r \tag{9-48}$$

由于各类流体的速梯与切应力之间都有一定的函数关系（即流变方程），故可将流速梯度表示为

$$-\frac{\mathrm{d}u}{\mathrm{d}r} = f(\tau) \tag{9-49}$$

另外，根据流体的推动力和阻力的平衡关系，层流情况将有

$$\frac{r}{\tau} = \frac{\frac{D}{2}}{\tau_b}$$

而

$$r = \frac{D}{2\tau_b} \tau \tag{9-50}$$

且
$$dr = \frac{D}{2\tau_b}d\tau \tag{9-51}$$

将式 (9-49)、式 (9-50)、式 (9-51) 代入式 (9-48) 中,整理后得

$$\frac{8v}{D} = \frac{4}{\tau_b^3}\int_0^{\tau_b} \tau^2 f(\tau)d\tau \tag{9-52}$$

式 (9-48) 和式 (9-52) 称为管路的流动方程。它说明无论哪一类流体,管流中任一点处的速梯和切应力都与特性参数 $\frac{8v}{D}$ 有一定函数关系。因而 $\frac{8v}{D}$ 也与管壁处的切应力 τ_b 有一定的函数关系,即

$$\frac{8v}{D} = \phi(\tau_b) \tag{9-53}$$

由式 (9-42) 知

$$p = \frac{4L}{D}\tau_b \tag{9-54}$$

则借助上述流动方程具体解出式 (9-53) 的函数关系,将可以计算各类流体在管内流动时管壁处的流速梯度和管流的压降。

二、由流动方程导出 τ_b 与 $\frac{8v}{D}$ 的函数关系

考虑到式 (9-53) 和式 (9-52) 可写为

$$\tau_b^3 \phi(\tau_b) = 4\int_0^{\tau_b} \tau^2 f(\tau)d\tau$$

将上式对 τ_b 微分,并且使用积分上限导数定理,得

$$3\tau_b^2 \phi(\tau_b) + \tau_b^3 \phi'(\tau_b) = 4\tau_b^2 f(\tau_b)$$

消去 τ_b^2 得

$$3\phi(\tau_b) + \tau_b \phi'(\tau_b) = 4f(\tau_b)$$

或改写为

$$4f(\tau_b) = 3\phi(\tau_b) + \frac{\tau_b}{d\tau_b}d\tau_b \cdot \frac{\phi'(\tau_b)}{\phi(\tau_b)}\phi(\tau_b) \tag{9-55}$$

因

$$\frac{d\tau_b}{\tau_b} = d\ln\tau_b; \quad \frac{\phi'(\tau_b)d\tau_b}{\phi(\tau_b)} = d\ln\phi(\tau_b)$$

将以上二式代入式 (9-55) 得

$$4f(\tau_b) = 3\phi(\tau_b) + \frac{d\ln\phi(\tau_b)}{d\ln\tau_b}\phi(\tau_b) \tag{9-56}$$

又由式 (9-49) 及式 (9-53) 知

$$f(\tau_b) = \left(-\frac{du}{dr}\right)_b; \quad \phi(\tau_b) = \frac{8v}{D}$$

则代入式 (9-56) 得

$$4\left(-\frac{du}{dr}\right)_b = 3\left(\frac{8v}{D}\right) + \frac{8v}{D}\frac{d\ln\left(\frac{8v}{D}\right)}{d\ln\tau_b} = \frac{8v}{D}\left[3 + \frac{d\ln\left(\frac{8v}{D}\right)}{d\ln\tau_b}\right] \quad (9-57)$$

上式表明管壁切应力和管流特性参数与管壁处流速梯度间的关系。

如果取

$$\frac{d\ln\tau_b}{d\ln\left(\frac{8v}{D}\right)} = n' \quad (9-58)$$

其物理意义表明，管壁切应力与管流特性参数在对数坐标上绘出的曲线上任一点处的斜率，可由实验求得。显然，对照幂定律可写

$$\tau_b = \frac{pD}{4L} = K'\left(\frac{8v}{D}\right)^{n'} \quad (9-59)$$

但是，由幂定律应有

$$\tau_b = K\left(-\frac{du}{dr}\right)_b^n \quad (9-60)$$

同样得知 n 是切应力与速梯在对数坐标上绘出的曲线的斜率，即

$$n = \frac{d\ln\tau}{d\left[\ln\left(-\frac{du}{dr}\right)\right]} \quad (9-61)$$

这就要求找出 n 与 n' 及 K 与 K' 之间的关系，以便把实验结果用于幂定律。

现在回到式 (9-57)，把式 (9-58) 代入并整理后，可得

$$\left(-\frac{du}{dr}\right)_b = \left(\frac{8v}{D}\right)\left(\frac{3n'+1}{4n'}\right) \quad (9-62)$$

再取对数，微分并除以 $d\ln\tau_b$，则

$$\frac{d\left[\ln\left(-\frac{du}{dr}\right)_b\right]}{d\ln\tau_b} = \frac{d\left[\ln\left(\frac{8v}{D}\right)\right]}{d\ln\tau_b} + \frac{d\left[\ln\frac{3n'+1}{4n'}\right]}{d\ln\tau_b} \quad (9-63)$$

考虑到式 (9-58) 及式 (9-61) 有

$$\frac{1}{n} = \frac{1}{n'} + \frac{\mathrm{d}\left[\ln\left(\frac{3n'+1}{4n'}\right)\right]}{\mathrm{d}\ln\tau_b}$$

整理后可得

$$n = \frac{n'}{1 + \frac{1}{3n'+1}\left(\frac{\mathrm{d}n'}{\mathrm{d}\ln\tau_b}\right)} \tag{9-64}$$

上式表明，若 n' 不随切应力而变化，即如果 $\frac{pD}{4L}$ 与 $\frac{8v}{D}$ 的关系在对数坐标上为直线，则上式括号内为零，而 $n=n'$。然而通常并非这样，n 一般要从 n' 来加以确定。但反之则不然。

由式（9-62）可写

$$\tau_b = K\left(\frac{8v}{D}\right)^n \left(\frac{3n'+1}{4n'}\right)^n \tag{9-65}$$

上式和式（9-59）相比较，可以看出，若 $n=n'$，则

$$K' = K\left(\frac{3n+1}{4n}\right)^n \tag{9-66}$$

而

$$\tau_b = \frac{pD}{4L} = K\left(\frac{3n+1}{4n}\right)^n \left(\frac{8v}{D}\right)^n \tag{9-67}$$

它与前面推导出的式（9-38）完全一致。

必须注意：以上结论严格来说仅适用于 $n=n'$ 的情况，而实用上可取 n' 的平均值，再化为 n 值用于计算，获得近似的结果。

§9-6 幂律流体的雷诺数及紊流的水头损失

一、雷诺数

关于非牛顿流体管流的雷诺数计算和流态判别，目前仍多仿照牛顿流体近似地按视粘度来计算雷诺数，而取 2000 作为其临界值。其具体推导如下

由于牛顿流体管流中

$$\tau_b = \mu\left(-\frac{\mathrm{d}u}{\mathrm{d}r}\right)_b = \mu\left(\frac{8v}{D}\right)$$

则

$$\mu = \frac{\tau_b}{\frac{8v}{D}} \tag{9-68}$$

而对于与时间无关的幂律流体管流，根据式（9-59）有

$$\tau_b = K'\left(\frac{8v}{D}\right)^{n'} = K'\left(\frac{8v}{D}\right)^{n'-1}\left(\frac{8v}{D}\right)$$

而
$$\frac{\tau_b}{\frac{8v}{D}} = K'\left(\frac{8v}{D}\right)^{n'-1} \tag{9-69}$$

对比式（9-68）和式（9-69），可定义非牛顿流体的视粘度为

$$\eta = K'\left(\frac{8v}{D}\right)^{n'-1} \tag{9-70}$$

同时，雷诺数定义为

$$Re' = \frac{Dv\rho}{\eta} \tag{9-71}$$

将式（9-70）代入得雷诺数为

$$Re' = \frac{Dv\rho}{K'\left(\frac{8v}{D}\right)^{n'-1}} = \frac{D^{n'}v^{2-n'}\rho}{m'} \tag{9-72}$$

式中
$$m' = 8^{n'-1}K'$$

对幂律流体管流的雷诺数，则

$$Re = \frac{D^n v^{2-n}\rho}{8^{n-1}K\left(\frac{3n+1}{4n}\right)^n} = \frac{D^n v^{2-n}\rho}{\frac{K}{8}\left(\frac{6n+2}{n}\right)^n} = \frac{D^n v^{2-n}\rho}{m} \tag{9-73}$$

式中
$$m = \frac{K}{8}\left(\frac{6n+2}{n}\right)^n$$

二、紊流的沿程水头损失

1958年梅茨纳与里德及平井英二等发现计算非牛顿流体沿程水头损失的摩阻系数是 n' 的函数，并根据实验数据，作出如图9-12的结果。图中横坐标为 Re'，纵坐标为 $\frac{\lambda}{4}$。

其后，多吉对光滑管建议用类似伯拉休斯公式的形式，取

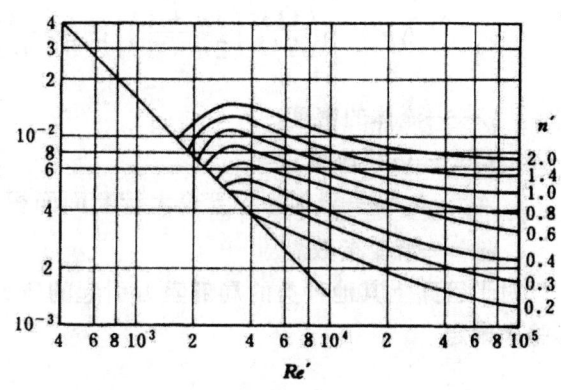

图9-12 非牛顿流体紊流 λ 与 Re' 关系曲线

$$\lambda = \frac{a}{Re'^b} \tag{9-74}$$

式中：a、b 是 n' 的函数，对应不同 n' 值的 a 和 b 值见表9-1。

表 9-1　不同 n' 下的 a、b 值

n'	a	b	n'	a	b
0.2	0.2584	0.349	0.8	0.3044	0.263
0.3	0.2740	0.325	1.0	0.3116	0.250
0.4	0.2848	0.307	1.4	0.3212	0.231
0.6	0.2960	0.281	2.0	0.3304	0.213

多吉与梅茨纳又仿照卡内公式，导出半经验公式

$$\frac{1}{\sqrt{\frac{\lambda}{4}}} = \frac{4.0}{(n')^{0.75}}\lg\left\{Re'\sqrt{\left(\frac{\lambda}{4}\right)^{2-n'}}\right\} - \frac{0.4}{(n')^{1.2}} \quad (9-75)$$

适用范围为 $0.7 < n' < 0.8$，$Re' < 15000$。

1961 年克拉佩在同样基础上结合实验又得出以下的半经验公式

$$\frac{1}{\frac{\lambda}{4}} = \frac{2.69}{n'} - 2.95 + \frac{4.53}{n'}\lg\left\{Re'\left(\frac{\lambda}{4}\right)^{2-n'}\right\} + 0.68\left(\frac{5n'-8}{n'}\right) \quad (9-76)$$

其实验范围为 $0.698 < n' < 0.813$，$5480 < Re' < 42800$。

三、局部水头损失

对于幂律流体来说，它从直径较小的圆管到直径较大的圆管的突然扩大的压力损失，可以按照下式计算

$$\Delta p = \rho\left(\frac{Q}{A_1}\right)^2\left(\frac{3n+1}{2n+1}\right)\left[\frac{n+3}{2(5n+3)}\left(\frac{A_1}{A_2}\right)^2 - \left(\frac{A_1}{A_2}\right) + \frac{3(2n+1)}{2(5n+3)}\right] \quad (9-77)$$

式中　ρ——流体的密度；

　　　Q——体积流量；

　　　A_1、A_2——分别为小管及大管断面面积；

　　　n——流变指数。

对于管路上其他种类的局部阻力引起的压力损失，目前尚无可靠的计算公式，也须通过实验来确定。

§9-7　非牛顿流体物理参数的测定

非牛顿流体的流变方程中的各项物理参数，对塑性流体有 τ_0 和 η_p；对幂律流体有 K 和 n。这些参数的测定，常使用毛细管粘度计和旋转粘度计。下面分别讨论这两种粘度计的水力原理。

一、毛细管粘度计

图 9-13 表示毛细管粘度计的原理示意图。

毛细管试验段长度为 l，半径为 R，两端的压差为 p。测定塑性流体的流变性时，是在不同压差 p 下，计量对应的流量 Q，然后绘制流量 Q 与压差 p 的关系曲线，如图 9-14 所示。

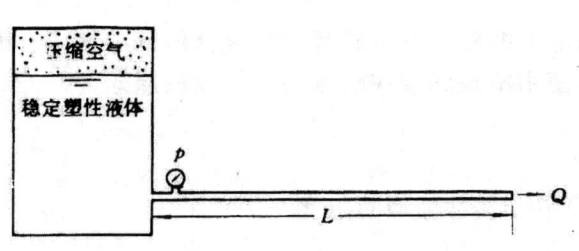

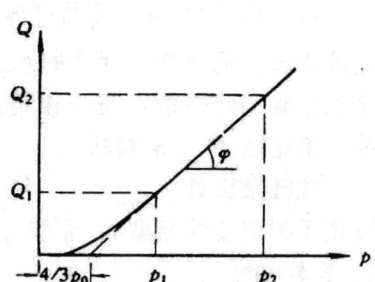

图 9-13 毛细管粘度计原理　　　　　图 9-14 Q 与 p 关系曲线

可以看出：在结构流流态下，当流量较小时，Q 与 p 成曲线关系；当流量较大时，Q 与 p 将成直线关系。

根据流量与压差的简式

$$Q = \frac{\pi R^4}{8L\eta_p}\left(p - \frac{4}{3}p_0\right) \tag{9-78}$$

分别代入 Q_1、p_1 及 Q_2、p_2 后，两式相减，可得

$$Q_2 - Q_1 = \frac{\pi R^4}{8L\eta_p}(p_2 - p_1)$$

故可求得塑性粘度为

$$\eta_p = \frac{\pi R^4}{8L}\frac{p_2 - p_1}{Q_2 - Q_1} \tag{9-79}$$

然后根据式（9-78）可求得

$$p_0 = \frac{3}{4}\left(p - \frac{8L\eta_p Q}{\pi R^4}\right) \tag{9-80}$$

进而按式（9-10）可求出极限动切应力

$$\tau_0 = \frac{p_0 R}{2L}$$

上述的 η_p 与 τ_0 值也可由图上直线段的斜率和截距去求。因这时

$$\text{tg}\varphi = \frac{Q_2 - Q_1}{p_2 - p_1} = \frac{\pi R^4}{8L\eta_p}$$

故
$$\eta_p = \frac{\pi R^4}{8L \tg\varphi}$$

截距为 $\frac{4}{3}p_0$，可求出 p_0，进而可算出 τ_0。

应该指出：毛细管粘度计的水力原理是基于结构流态下圆管内塑性流体流动规律。因此，必须注意实验的条件是否相符。这可由图中测点的规律性来检验，或按照式（9-22）计算综合雷诺数 $Re_{综}$ 来判断。

二、旋转粘度计

可用于测定塑性流型的 τ_0 和 η_p 也可用于测定幂律流型的 K 和 n。

1. 基本结构

旋转粘度计最常见的结构是同轴圆筒式的。它由两个同轴心、不同直径的垂直圆筒构成，两圆筒的环形空间充满着被测定的流体，其俯视图如图9-15所示。

此种粘度计有两种设计形式：

1）用电动机驱动外筒以等角速度 Ω 旋转。紧贴外筒的液层具有相同的角速度 Ω，而位于它里面的液层被粘性影响依次带动，产生旋转运动。于是环空中的液体逐层相对作圆周运动，愈靠近里面的液层其角速度愈小，紧贴内筒的液层，其角速度为零。待稳定后，各液层角速度保持不变。在内筒表面上，由于牛顿流体的粘性或非牛顿流体的流变性引起切应力，因此，就产生了扭转力矩。内圆筒是用弹性金属丝悬挂着的，根据金属丝的扭转角度可以确定其扭转力矩，进而求得流变性关系。

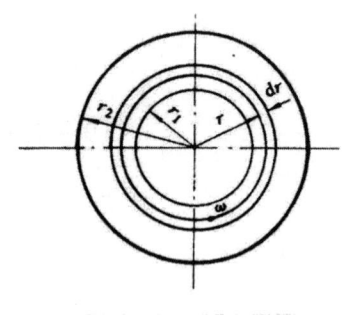

图9-15 同心圆筒

2）外圆筒固定，内盛被测流体。内圆筒借助于重物，并通过滑轮，以等旋转力矩进行旋转。此时，测量内圆筒的角速度，进而也可以求得流变性关系。

下面以第1）种设计形式为例，说明其水力原理。

2. 测定塑性流体的流变性

设内圆筒外半径为 r_1，外圆筒内半径为 r_2，内圆筒高度为 h，如图9-16所示。

内外圆筒间的环空具有一定的宽度，其中充满着被测定的液体。设外圆筒以等角速度 Ω 旋转，内圆筒用弹性金属丝悬挂着。可以通过测定扭角 φ，按下式计算旋转力矩 M

$$M = C\varphi \quad (9-81)$$

式中 C——金属丝的常数，即相当于金属丝扭转1°时的旋转力矩；

φ——金属丝扭转角度度数。

在塑性流体中任意半径 r 处，取一无限薄的液层，其厚度为 dr。此薄层内壁的角速度为 ω，外壁的角速度为 $\omega+d\omega$。剪切面积为 $A=2\pi rh$。根据力学的力矩平衡原理可知：该面上的剪切力矩 M 与切应力 τ 之间的关系为

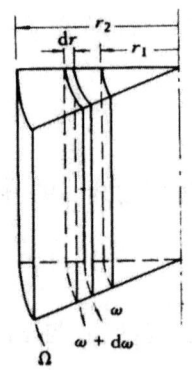

图9-16 流体扇形一角

$$M = A\tau r = 2\pi r h \tau r = 2\pi r^2 h \tau \tag{9-82}$$

故
$$\tau = \frac{M}{2\pi r^2 h} \tag{9-83}$$

由塑性流体流变方程知

$$\tau = \tau_0 + \eta_p \frac{du}{dr} \tag{9-84}$$

注意此时 r 增大时 u 增大，故 $\frac{du}{dr}$ 为正值。因

$$du \approx r d\omega \tag{9-85}$$

将式（9-83）和式（9-85）代入式（9-84）得

$$\frac{M}{2\pi r^2 h} = \tau_0 + \eta_p \frac{r d\omega}{dr}$$

整理后，得

$$d\omega = \left(\frac{M}{2\pi r^2 h} - \tau_0\right)\frac{1}{\eta_p}\frac{dr}{r}$$

$$= \frac{M}{2\pi h \eta_p}\frac{dr}{r^3} - \frac{\tau_0}{\eta_p}\frac{dr}{r} \tag{9-86}$$

在内外圆筒间对上式进行积分。当 $r=r_1$ 时，$\omega=0$；当 $r=r_2$ 时，$\omega=\Omega$。并考虑到当各液层作稳定旋转时，各液层处的剪切力矩相等，即 $M=$ 常数，则

$$\int_0^\Omega d\omega = \frac{M}{2\pi h \eta_p}\int_{r_1}^{r_2}\frac{dr}{r^3} - \frac{\tau_0}{\eta_p}\int_{r_1}^{r_2}\frac{dr}{r}$$

结果得

$$\Omega = \frac{M}{4\pi h \eta_p}\left(\frac{1}{r_1^2} - \frac{1}{r_2^2}\right) - \frac{\tau_0}{\eta_p}\ln\frac{r_2}{r_1}$$

而
$$\eta_p = \frac{1}{\Omega}\left[\frac{M(r_2^2 - r_1^2)}{4\pi h r_1^2 r_2^2} - \tau_0 \ln\frac{r_2}{r_1}\right] \tag{9-87}$$

或
$$\Omega \eta_p = \frac{M(r_2^2 - r_1^2)}{4\pi h r_1^2 r_2^2} - \tau_0 \ln\frac{r_2}{r_1} \tag{9-88}$$

为了求得塑性流体的极限动切应力 τ_0 和塑性粘度 η_p，必须测量两个角速度下的剪切力矩。设当角速度为 Ω_1 时，剪切力矩为 M_1；当角速度为 Ω_2 时，剪切力矩为 M_2。于是由式

(9-88) 有

$$\left.\begin{array}{l}\Omega_1 \eta_p = \dfrac{M_1(r_2^2 - r_1^2)}{4\pi h r_1^2 r_2^2} - \tau_0 \ln \dfrac{r_2}{r_1} \\ \Omega_2 \eta_p = \dfrac{M_2(r_2^2 - r_1^2)}{4\pi h r_1^2 r_2^2} - \tau_0 \ln \dfrac{r_2}{r_1}\end{array}\right\} \quad (9-89)$$

两式相减可得

$$\eta_p = \dfrac{r_2^2 - r_1^2}{4\pi h r_1^2 r_2^2} \times \dfrac{M_2 - M_1}{\Omega_2 - \Omega_1} \quad (9-90)$$

求得 η_p 后，代回式 (9-89) 中的任一式，即可求出 τ_0 值。为提高精确度，消除误差，可将式 (9-90) 分别代回两式，再相加求出 τ_0 的平均值，即

$$2\tau_0 \ln \dfrac{r_2}{r_1} = \dfrac{r_2^2 - r_1^2}{4\pi h r_1^2 r_2^2}\left[(M_1 + M_2) - (\Omega_1 + \Omega_2)\dfrac{M_2 - M_2}{\Omega_2 - \Omega_1}\right]$$

简化后得

$$\tau_0 = \dfrac{r_2^2 - r_1^2}{4\pi h r_1^2 r_2^2} \times \dfrac{\Omega_2 M_1 - \Omega_1 M_1}{(\Omega_2 - \Omega_1)\ln \dfrac{r_2}{r_1}} \quad (9-91)$$

对于一定的粘度计来说，r_1、r_2 和 h 为定值，故当测得 Ω_1、Ω_2 和相应的 M_1、M_2 后，根据式 (9-90) 和式 (9-91) 即可算出 η_p 和 τ_0 值。

3. 测定幂律流体的流变性

幂律流体的流变方程，在管路中为

$$\tau = K\left(-\dfrac{du}{dr}\right)^n$$

用旋转粘度计测定时，流速梯度为正值，可写

$$\tau = K\left(\dfrac{du}{dr}\right)^n$$

两边取对数，即得

$$\lg \tau = \lg K + n \lg\left(\dfrac{du}{dr}\right) \quad (9-92)$$

以 $\lg\left(\dfrac{du}{dr}\right)$ 为纵坐标，$\lg \tau$ 为横坐标作图，可得一直线，如图 9-17 所示。此直线在横轴上的截距为 $\lg K$，它的斜率为流变指数 n 的倒数。这就是求 K 和 n 的图解法。

也可以根据两个测点的数据进行解析计算。其时，按式 (9-92) 可写

$$\left.\begin{array}{l}\lg \tau_1 = \lg K + n \lg\left(\dfrac{du}{dr}\right)_1 \\ \lg \tau_2 = \lg K + n \lg\left(\dfrac{du}{dr}\right)_2\end{array}\right\} \quad (9-93)$$

解此联立方程，得

$$n = \frac{\lg\tau_2 - \lg\tau_1}{\lg\left(\frac{du}{dr}\right)_2 - \lg\left(\frac{du}{dr}\right)_1} \quad (9-94)$$

和

$$K = 10^{\left[\frac{\lg\tau_1 \lg\left(\frac{du}{dr}\right)_2 - \lg\tau_2 \lg\left(\frac{du}{dr}\right)_1}{\lg\left(\frac{du}{dr}\right)_2 - \lg\left(\frac{du}{dr}\right)_1}\right]} \quad (9-95)$$

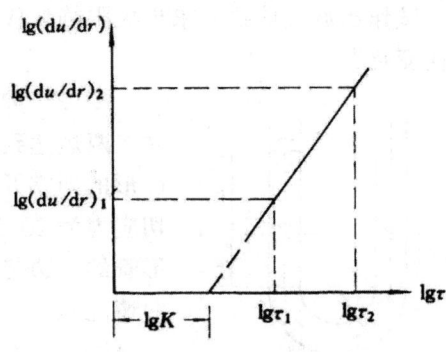

图 9-17 幂律流体的速梯与切应力

思 考 题

9-1 非牛顿流体有哪些类型？各有何特点？

9-2 何谓流变曲线和流变方程？

9-3 何谓触变性、震凝性和粘弹性？有何表现？

9-4 何谓视粘度？何谓结构粘度？

9-5 如何确定塑性流体的极限静切应力？

9-6 如何利用流变曲线确定塑性流体的极限动切应力及结构粘度？

9-7 塑性流体有哪些流态？如何判别结构流和紊流？

9-8 塑性流体的流量和压差成怎样的关系？

9-9 如何计算塑性流体管流的水头损失？

9-10 何谓幂律流体？幂律流有哪些类型？幂律流体层流的流量和压差成怎样的关系？

9-11 幂律流体的无因次流速分布有哪些类型？

9-12 如何计算幂律流体层流和紊流的沿程水头损失？

9-13 何谓管流的特性参数和管流的流动方程？

9-14 如何判别幂律流体的流态？

9-15 简述毛细管粘度计和旋转粘度计的结构原理。如何使用粘度计测定有关物理参数？

习 题

9-1 为了确定钻井液的极限切应力及结构粘度，在粘度计上进行测定流变曲线，测定结果如下：

$\frac{du}{dr}$, s^{-1}	800	700	600	500	400	300	250
τ, g/cm^2	0.1615	0.1525	0.1435	0.1345	0.1255	0.1165	0.1120
$\frac{du}{dr}$, s^{-1}	200	150	100	50	25	10	
τ, g/cm^2	0.1070	0.1015	0.0950	0.0850	0.0750	0.0700	

试作出流变曲线，求出极限静切应力 θ，极限动切应力 τ_0 及结构粘度 η_p 值。其视粘度如何变化？

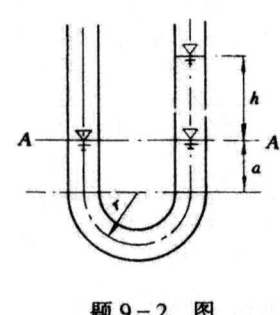

题 9-2 图

9-2 如图所示，将钻井液注入内径为 16mm 的 U 形管中，并在两边达到 A-A 的水平。管子的尺寸为 $r=4$cm，$a=1.2$cm。U 形的两端开敞于大气中。已知钻井液相对密度为 1.26，极限静切应力为 20.58Pa。为了使钻井液在 U 形管内开始流动，应以 U 形管的一边将同一种钻井液增加到如何的高度 h？（忽略管子的弯曲情况）。

9-3 水平管路充满稠油，管径 156mm，长 100m，若管路终点压强为 1 大气压，稠油极限静切应力 $\theta=19.6$Pa。试分析当管路起点压强为多少时，管中的油才能开始流动？

9-4 两端开口的直管，其中充满钻井液。如果管子是铅直放置的，试求为了保持其中的钻井液不流动，管子可能具有的最大直径应为多少？已知钻井液的相对密度为 1.29，极限静切应力为 23.52Pa。

9-5 内径 21mm 的直管，两端开口，在其中充满相对密度 0.95 的粘油，其极限静切应力为 11.8Pa。问将管子倾斜到多大角度后，油开始流动？

9-6 流体相对密度 1.3，结构粘度 10cP，极限动切应力 10.29Pa。沿内径 82mm 的管线流动时，流量为 5L/s。试确定其流动状态。

9-7 相对密度 0.9 的原油，结构粘度 0.05P，极限动切应力 0.05g/cm^2。沿内径 125mm 的管线流动。当流量为 30L/s 时，处于何种流动状态？处于临界状态时的流量应为多少？

9-8 稠油相对密度 0.94，结构粘度 0.40P，极限动切应力为 9.8Pa。沿内径 125mm 的管路输送，管长 2.3km，终点高于泵中心 32m，开敞于大气中。当泵排量为 36L/s 时，泵出口压强应为多少？

9-9 用水平放置的毛细管粘度计测定钻井液的极限动切应力和结构粘度。已知钻井液的相对密度为 1.23，毛细管内径为 0.535cm，长度为 100cm。实测数据如下：

Δp, g/cm^2	180	175	170	165	160	155	150	145	140	135	130	125	120	115	110	105
Q, cm^3/s	19.5	18.1	16.8	15.4	14.0	12.6	11.4	10.0	8.6	7.2	5.9	4.6	4.0	3.2	2.5	2.0

试作图求 τ_0 及 η_p 值。

9-10 幂律流体 30℃ 时，$n=0.92$，$K=1.76\dfrac{\text{dyn}\cdot\text{s}^n}{\text{cm}^2}$，管径 $D=100$mm，平均流速为 1.5m/s，相对密度 0.9。试确定流态，并求每公里的水头损失（不计高差）。

9-11 旋转粘度计，内筒外径 30.8cm，外筒内径 32.8cm，高 $h=7.2$cm。当外筒转数为 300rpm 时，钢丝扭角为 38′45″；当外筒转数为 150rpm 时，钢丝扭角为 25′12″。已知钢丝的扭转常数为 20000dyn·cm/(°)，求结构粘度及极限动切应力。

9-12 幂律流体测得剪切速率 100s^{-1} 时，剪切应力为 700dyn/cm^2；当剪切速率 10s^{-1} 时，剪切应力为 90dyn/cm^2。求流变指数 n 及稠度系数 K 的大小为多少？

9-13 今有 CMC 钻井液,相对密度为 1.125,用旋转粘度计测得的流变性实验数据如下表:

$\frac{du}{dr}$, s^{-1}	1000	500	250	100	25	5
τ, Pa	8.8	4.9	2.74	1.25	0.38	0.098

它属于假塑性流体。

今以该钻井液作为冲洗液。已知钻杆内径为 94mm,钻井液流量为 30L/s。求每 1000m 钻杆中钻井液的沿程水头损失。

中外人名对照表

阿基米德	Archimedes	尼古拉兹	Nikuradse
托里拆利	Tollichelli	郭尔布鲁克－怀特	Colebrook–White
巴斯加	Pascal	伯拉休斯	Blasius
牛顿	Newton	埃利维	Allievi
伯诺利	Bernoulli	斯托克斯	Stokes
欧拉	Euler	拉普拉斯	Laplace
纳维－斯托克斯	Nevier–Stokes	柯西	Cauchy
泊阿松	Poason	黎曼	Rieman
雷诺	Reynolds	马赫	Mach
谢才	Chezy	拉瓦尔	Laval
达西	Darcy	宾汉	Bingham
包达	Borda	卡森	Casson
普朗特	Prandtl	麦茨诺	Metzner
卡门	Karman	里德	Reed
达朗伯	D'Alambert	多吉	Dodge
拉格朗日	Lagrange	克拉佩	Clappy
文丘利	Venturi	莫迪	Moody
皮托	Pitot	儒可夫斯基	Жуковский
富劳德	Froude	伊萨耶夫	Исаев
哈根－泊谡叶	Hagen–Poiseuille	维托辛斯基	Витохинский
泊森涅斯克	Boussinesq		

附 录

附录Ⅰ 不同温度下水和空气的密度、重度和粘度

温度 ℃	水				空气（标准大气压下）			
	密度 ρ kg/m³	重度 γ N/m³	动力粘度 μ cP	运动粘度 ν cSt	密度 ρ kg/m³	重度 γ N/m³	动力粘度 μ cP	运动粘度 ν cSt
0	999.8	9805	1.792	1.792	1.293	12.70	0.0172	13.7
5	1000.0	9807	1.519	1.519	1.270	12.47	—	—
10	999.7	9804	1.308	1.308	1.248	12.24	0.0178	14.7
15	999.1	9798	1.140	1.141	1.226	12.02	—	—
20	998.2	9789	1.005	1.007	1.205	11.82	0.0183	15.7
25	997.0	9777	0.894	0.897	1.185	11.62	—	—
30	995.7	9764	0.801	0.804	1.165	11.43	0.0187	16.6
40	992.2	9730	0.656	0.661	1.128	11.05	0.0192	17.6
50	988.0	9689	0.549	0.556	1.093	10.72	0.0196	18.6
60	983.2	9642	0.469	0.477	1.060	10.40	0.0201	19.6
70	977.8	9589	0.406	0.415	1.029	10.10	0.0204	20.6
80	971.8	9530	0.357	0.367	1.000	9.81	0.0210	21.7
90	965.3	9466	0.317	0.328	0.973	9.55	0.0216	22.9
100	958.4	9399	0.284	0.296	0.947	9.30	0.0218	23.6

附录Ⅱ 输水管局部阻力计算表

表Ⅱ-1 突然扩大的局部阻力系数 ζ

$$h_j = \zeta \frac{v^2}{2g}$$

流速 v m/s 小直径为准	直径比 D/d (D—大直径, d—小直径)										
	1.2	1.4	1.6	1.8	2.0	2.5	3.0	4.0	5.0	10.0	∞
0.6	0.11	0.26	0.40	0.51	0.60	0.74	0.83	0.92	0.96	1.00	1.00
0.9	0.10	0.26	0.39	0.49	0.58	0.72	0.80	0.89	0.93	0.99	1.00
1.2	0.10	0.25	0.38	0.48	0.56	0.70	0.78	0.87	0.91	0.96	0.98
1.5	0.10	0.24	0.37	0.47	0.55	0.69	0.77	0.85	0.89	0.95	0.96
1.8	0.10	0.24	0.37	0.47	0.55	0.68	0.76	0.84	0.88	0.93	0.95
2.1	0.10	0.24	0.36	0.46	0.54	0.67	0.75	0.83	0.87	0.92	0.93
2.4	0.10	0.21	0.36	0.46	0.53	0.66	0.74	0.82	0.86	0.91	0.93
3.0	0.09	0.23	0.35	0.45	0.52	0.65	0.73	0.80	0.84	0.89	0.91
3.6	0.09	0.23	0.35	0.44	0.52	0.64	0.72	0.79	0.83	0.88	0.90
4.5	0.09	0.22	0.34	0.43	0.51	0.63	0.70	0.78	0.82	0.86	0.88
6.0	0.09	0.22	0.33	0.42	0.50	0.62	0.69	0.76	0.80	0.84	0.86
9.0	0.09	0.21	0.32	0.41	0.48	0.60	0.67	0.74	0.77	0.82	0.83
12.0	0.08	0.20	0.32	0.40	0.47	0.58	0.65	0.72	0.75	0.80	0.81

表Ⅱ-2 突然缩小的局部阻力系数 ζ

$$h_j = \zeta \frac{v^2}{2g}$$

流速 v m/s 小直径为准	直径比 D/d (D—大直径，d—小直径)												
	1.1	1.2	1.4	1.6	1.8	2.0	2.2	2.5	3.0	4.0	5.0	10.0	∞
0.6	0.03	0.07	0.17	0.26	0.34	0.38	0.40	0.42	0.44	0.47	0.48	0.49	0.49
0.9	0.04	0.07	0.17	0.26	0.34	0.38	0.40	0.42	0.44	0.46	0.48	0.48	0.49
1.2	0.04	0.07	0.17	0.26	0.34	0.37	0.40	0.42	0.44	0.46	0.47	0.48	0.48
1.5	0.04	0.07	0.17	0.26	0.34	0.37	0.39	0.41	0.43	0.46	0.47	0.48	0.48
1.8	0.04	0.07	0.17	0.26	0.34	0.37	0.39	0.41	0.43	0.45	0.47	0.48	0.48
2.1	0.04	0.07	0.17	0.26	0.34	0.37	0.39	0.41	0.43	0.45	0.46	0.47	0.47
2.4	0.04	0.07	0.17	0.26	0.33	0.36	0.39	0.40	0.42	0.45	0.46	0.47	0.47
3.0	0.04	0.08	0.18	0.26	0.33	0.36	0.38	0.40	0.42	0.44	0.45	0.46	0.47
3.6	0.04	0.08	0.18	0.26	0.32	0.35	0.37	0.39	0.41	0.43	0.45	0.46	0.46
4.5	0.04	0.08	0.18	0.25	0.32	0.34	0.37	0.38	0.40	0.42	0.44	0.45	0.45
6.0	0.05	0.09	0.18	0.25	0.31	0.33	0.35	0.37	0.39	0.41	0.42	0.43	0.44
9.0	0.05	0.10	0.19	0.25	0.29	0.31	0.33	0.34	0.36	0.37	0.38	0.40	0.41
12.0	0.06	0.11	0.20	0.24	0.27	0.29	0.30	0.31	0.33	0.34	0.35	0.36	0.38

表Ⅱ-3 管路进口和出口的局部阻力系数 ζ

$$h_j = \zeta \frac{v^2}{2g}$$

具有交角 α^0 的进口（$\alpha \leq 90°$）										
α^0	5	10	15	20	30	40	50	60	70	80	90
ζ	1.00	0.99	0.98	0.96	0.91	0.85	0.78	0.70	0.63	0.56	0.50

垂直进口的 ζ			垂直出口 ζ 注入水池
未修圆	稍修圆	完全修圆	
0.50	0.20~0.25	0.05~0.10	1.00

表Ⅱ-4 等径三通的局部阻力系数 ζ

简 图	局部阻力系数 ζ	公 式
汇合（$Q_支$，ΔQ，$Q_总$）	$Q_总 = Q_支$ 时，$\zeta_1 = 1.5$ $Q_支 = 0$ 时，$\zeta_2 = 0.1$	$h_{j1} = \zeta_1 \dfrac{v_总^2}{2g}$
分支（$Q_支$，$Q_总$，ΔQ）	$Q_支 = Q_总$ 时，$\zeta_1 = 1.5$ $Q_支 = 0$ 时，$\zeta_2 = 0.1$	$h_{j2} = \zeta_2 \dfrac{v_总^2}{2g}$

续表

简 图	局部阻力系数 ζ	公 式
直流 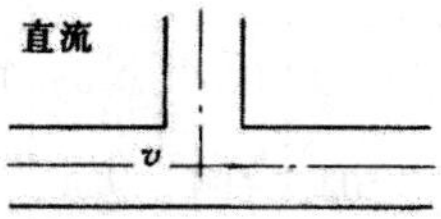	0.1	
转弯 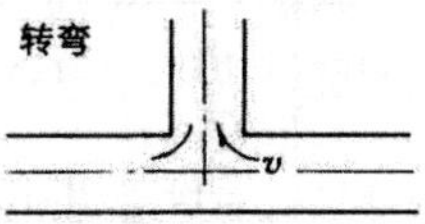	1.5	$h_j = \zeta \dfrac{v^2}{2g}$
分支 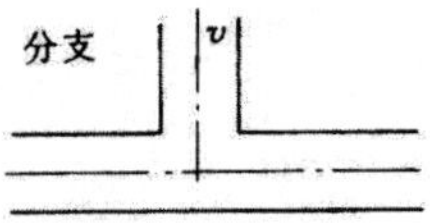	1.5	
汇合 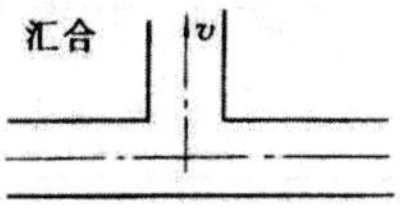	3.0	

表Ⅱ-5 弯管和弯头局部阻力系数 ζ

弯 管

简 图	局部阻力系数 ζ							公 式
90°弯管 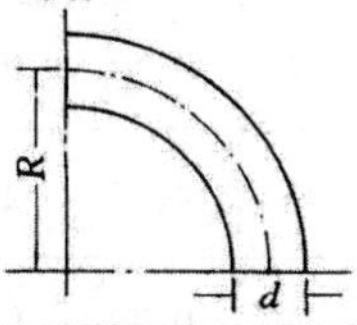	$\dfrac{R}{a}$	0.5	1.0	1.5	2.0	3.0	4.0	5.0	$h_j = \zeta_{90°} \cdot \dfrac{v^2}{2g}$
	$\zeta_{90°}$	1.20	0.80	0.60	0.48	0.36	0.30	0.29	
任意角度弯管 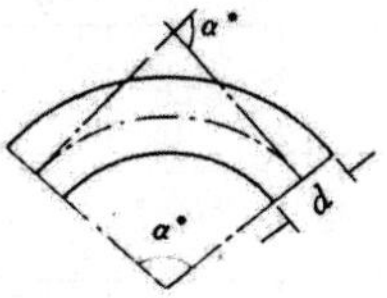	$a°$	20	30	40	50	60	70	80	$\zeta_{a°} = \alpha \zeta_{90°}$
	α	0.40	0.55	0.65	0.75	0.83	0.88	0.95	
	$a°$	90	100	120	140	160	180		$h_j = \zeta_{a°} \dfrac{v^2}{2g}$
	α	1.00	1.05	1.13	1.20	1.27	1.33		

铸铁弯头

$$h_j = \zeta \frac{v^2}{2g}$$

标准铸铁 90°弯头	d	75	100	125	150	200	250	300	350	400	450	500	600	700	800	900
	ζ	0.34	0.42	0.43	0.48	0.48	0.50	0.52	0.59	0.60	0.62	0.64	0.67	0.68	0.70	0.71
标准铸铁 45°弯头	d	75	100	125	150	200	250	300	350	400	450	500	600	700	800	900
	ζ	0.17	0.21	0.22	0.24	0.24	0.26	0.26	0.30	0.30	0.32	0.32	0.34	0.34	0.35	0.36
标准可锻铸铁 90°弯头	d	15		20		25		32	40		50	70	80	100	125	150
	ζ	0.95		1.00		1.03		1.04	1.10		1.10	1.12	1.13	1.14	1.16	1.18

表Ⅱ-6 阀件、节流及滤水装置的局部阻力系数 ζ

$$h_j = \zeta \frac{v^2}{2g}$$

类别		局部阻力系数 ζ							
升降式止回阀		7.5							
旋启式止回阀	d	150	200	250	300	350	400	500	≥600
	ζ	6.5	5.5	4.5	3.5	3.0	2.5	1.8	1.7
闸阀	开启度	$\frac{1}{8}$	$\frac{2}{8}$	$\frac{3}{8}$	$\frac{4}{8}$	$\frac{5}{8}$	$\frac{6}{8}$	$\frac{7}{8}$	全开
	ζ	97.8	17.0	5.52	2.06	0.81	0.26	0.15	0.05
孔板	$\frac{d}{D}$	0.30	0.40	0.45	0.50	0.55	0.60	0.65	0.70	0.75	0.80
	ζ	309	87	50.4	29.8	18.4	11.3	7.35	4.37	2.66	1.55
标准喷嘴	$\frac{d}{D}$	0.30	0.40	0.45	0.50	0.55	0.60	0.65	0.70	0.75	0.80
	ζ	108.8	29.8	16.9	9.9	5.9	3.5	2.1	1.2	0.76	—
文丘利管	$\frac{d}{D}$	0.30	0.40	0.45	0.50	0.55	0.60	0.65	0.70	0.75	0.80
	ζ	19	5.3	3.06	1.9	1.15	0.69	0.42	0.26	—	—
无底阀滤水网		2~3								
有底阀滤水网	d	40	50	75	100	150	200	250	300	350~450	500~600
	ζ	12	10	8.5	7.0	6.0	5.2	4.4	3.7	3.6	3.5

附录Ⅲ 输油管水力计算用表

表Ⅲ-1 管路计算表A（无缝钢管）

公称直径		外径 mm	壁厚 mm	内径 d m	d^2	$\dfrac{\pi}{4}d^2$	$d^4 \times 10^4$	$d^{4.75} \times 10^4$	$d^5 \times 10^5$
mm	in								
50	2	50	3.5	0.043	0.00185	0.00155	0.0342	0.00323	0.0147
70	3	76	3.5	0.069	0.00476	0.00374	0.2267	0.0305	0.1564
			1.5	0.073	0.00533	0.00418	0.2846	0.0399	0.2078
100	4	108	4	0.100	0.0100	0.00785	1.0000	0.1778	1.0000
		114	6	0.102	0.0104	0.00817	1.0824	0.1954	1.1041
			5	0.104	0.0108	0.00848	1.1698	0.2144	1.2166
125	5	140	5	0.130	0.0169	0.01325	2.8561	0.6181	3.7129
		146	8	0.130	0.0169	0.01325	2.8561	0.6181	3.7129
			7	0.132	0.0174	0.01362	3.0359	0.6651	4.0074
			6	0.134	0.0179	0.01402	3.2242	0.7140	4.3204
150	6	159	5	0.149	0.0222	0.01740	4.9288	1.181	7.344
		168	8	0.152	0.0231	0.1811	5.3379	1.297	8.114
			7	0.154	0.0237	0.1861	5.6245	1.382	8.662
			6	0.156	0.0243	0.1911	5.9224	1.470	9.329
200	8	219	9	0.201	0.0404	0.03170	16.321	4.900	32.81
			8	0.203	0.0412	0.03233	16.982	5.136	34.47
			7	0.205	0.0420	0.03295	17.850	5.386	36.59
			6	0.207	0.0428	0.03360	18.360	5.635	38.00
250	10	273	10	0.253	0.0640	0.5022	40.960	14.62	103.63
			9	0.255	0.0650	0.5100	42.280	15.17	107.82
			8	0.257	0.0661	0.5190	43.625	15.75	114.81
			7	0.259	0.0671	0.5260	44.997	16.34	116.54
300	12	325	12	0.301	0.0906	0.07115	82.084	33.38	247.07
			10	0.305	0.0930	0.07300	86.536	35.52	263.94
			9	0.307	0.0942	0.07390	88.829	36.62	212.70
			8	0.309	0.0955	0.07490	91.166	37.80	281.70
350	14	377	12	0.353	0.1246	0.0978	155.25	71.12	548.0
			11	0.355	0.1260	0.0990	158.76	73.03	563.6
			10	0.357	0.1274	0.1000	162.43	75.02	579.9
			9	0.359	0.1293	0.1016	167.39	77.03	600.9
400	16	426	14	0.398	0.1584	0.1242	250.90	125.8	998.6
			13	0.400	0.1600	0.1254	256.00	128.8	1024.0
			12	0.402	0.1616	0.1265	261.14	131.8	1049.8
			11	0.404	0.1632	0.1280	266.39	135.1	1076.2
450	18	480	14	0.452	0.2043	0.1603	417.38	230.0	1886.6
			12	0.456	0.2079	0.1630	432.36	240.0	1971.6
			11	0.458	0.2098	0.1648	440.00	245.0	2015.2
			10	0.460	0.2116	0.1658	447.75	250.2	2059.6
500	20	530	14	0.502	0.2520	0.1977	635.04	378.7	3187.9
			12	0.506	0.2560	0.2008	655.54	393.5	3317.1
			11	0.508	0.2580	0.2028	665.97	401.0	3883.1
			10	0.510	0.2601	0.2040	676.52	408.4	3450.2
600	24	630	14	0.602	0.3624	0.2842	1313.3	897.5	7906.3
			12	0.606	0.3672	0.2880	1348.6	926.6	8172.6
			11	0.608	0.3697	0.2900	1366.5	940.8	8308.3
			10	0.610	0.3721	0.2920	1384.6	955.3	8445.9
700	28	720	9	0.702	0.4928	0.3870	2428.5	1849	17048
			8	0.704	0.4956	0.3895	2456.3	1889	17293

表Ⅲ-2　管路计算表 B（流量）

Q, m³/s	$Q^{1.75}\times 10^4$	$Q^2\times 10^4$	Q, m³/s	$Q^{1.75}\times 10^4$	$Q^2\times 10^4$
0.001	0.05624	0.010	0.190	546.9	361
0.002	0.1892	0.040	0.200	598.0	400
0.003	0.3846	0.090	0.210	651.5	441
0.004	0.6362	0.160	0.220	706.8	484
0.005	0.9404	0.250	0.230	763.7	529
0.006	1.294	0.360	0.240	823.0	576
0.007	1.694	0.490	0.250	883.5	625
0.008	2.190	0.640	0.260	947.0	676
0.009	2.630	0.810	0.270	1011	729
0.010	3.612	1.000	0.280	1078	784
0.011	3.737	1.21	0.290	1146	841
0.012	4.351	1.44	0.300	1216	900
0.013	5.003	1.69	0.310	1288	961
0.014	5.698	1.96	0.320	1361	1024
0.015	6.431	2.25	0.330	1437	1089
0.016	7.199	2.56	0.340	1514	1156
0.017	8.001	2.89	0.350	1593	1225
0.018	8.846	3.24	0.360	1673	1296
0.019	9.724	3.61	0.370	1755	1369
0.020	10.64	4.00	0.380	1839	1444
0.025	15.71	6.25	0.390	1925	1521
0.030	21.62	9.00	0.400	2012	1600
0.035	28.32	12.25	0.410	2101	1681
0.040	35.78	16.00	0.420	2191	1764
0.045	43.96	20.25	0.430	2284	1849
0.050	52.88	25.00	0.440	2377	1936
0.055	61.05	30.25	0.450	2472	2025
0.060	72.76	36.00	0.460	2570	2116
0.065	83.67	42.25	0.470	2668	2209
0.070	95.29	49.00	0.480	2767	2304
0.075	107.25	56.25	0.490	2870	2401
0.080	120.34	64.00	0.500	2973	2500
0.085	133.8	72.25	0.550	3513	3025
0.090	147.9	81.00	0.600	4091	3600
0.095	162.6	90.25	0.650	4705	4225
0.100	177.8	100.00	0.700	5357	4900
0.110	210.5	121.0	0.750	6045	5625
0.120	244.5	144.0	0.800	6726	6400
0.130	281.4	169.0	0.850	7525	7225
0.140	320.4	196.0	0.900	8315	8100
0.150	361.6	225.0	0.950	9141	9025
0.160	404.7	256.0	1.000	10000	10000
0.170	450.6	289.0	1.050	10900	11020
0.180	497.5	324.0	1.100	11815	12100

附录Ⅳ 气体动力学函数表

表Ⅳ-1 气体动力学函数表 ($k=1.4$)

λ	τ	π	ε	q	y	f	r	M
0.00	1.0000	1.0000	1.0000	0.0000	0.0000	1.0000	1.0000	0.0000
0.01	1.0000	0.9999	0.9999	0.0158	0.0158	1.0000	0.9999	0.0091
0.02	0.9999	0.9998	0.9998	0.0315	0.0316	1.0002	0.9996	0.0183
0.03	0.9999	0.9995	0.9997	0.0473	0.0473	1.0006	0.9989	0.0274
0.04	0.9997	0.9990	0.9993	0.0631	0.0631	1.0009	0.9981	0.0365
0.05	0.9996	0.9986	0.9990	0.0788	0.0789	1.0015	0.9971	0.0457
0.06	0.9994	0.3979	0.9985	0.0945	0.0947	1.0021	0.9958	0.0548
0.07	0.9992	0.9971	0.9979	0.1102	0.1105	1.0028	0.9943	0.0639
0.08	0.9989	0.3963	0.9974	0.1259	0.1263	1.0038	0.9925	0.0731
0.09	0.9987	0.9953	0.9967	0.1415	0.1422	1.0047	0.9906	0.0822
0.10	0.9983	0.9942	0.9959	0.1571	0.1580	1.0058	0.9885	0.0914
0.11	0.9980	0.9929	0.9949	0.1726	0.1739	1.0070	0.9860	0.1005
0.12	0.9976	0.9916	0.9940	0.1882	0.1897	1.0083	0.9834	0.1097
0.13	0.9972	0.9901	0.9929	0.2036	0.2056	1.0100	0.9806	0.1190
0.14	0.9967	0.9886	0.9918	0.2190	0.2216	1.0113	0.9776	0.1280
0.15	0.9963	0.9870	0.9907	0.2344	0.2375	1.0129	0.9744	0.1372
0.16	0.9957	0.9851	0.9893	0.2497	0.2535	1.0147	0.9709	0.1460
0.17	0.9952	0.9832	0.9880	0.2649	0.2695	1.0165	0.9673	0.1560
0.18	0.9946	0.9812	0.9866	0.2801	0.2855	1.0185	0.9634	0.1650
0.19	0.9940	0.9791	0.9850	0.2952	0.3015	1.0206	0.9594	0.1740
0.20	0.9933	0.9768	0.9834	0.3102	0.3176	1.0227	0.9551	0.1830
0.21	0.9927	0.9745	0.9817	0.3252	0.3337	1.0250	0.9507	0.1920
0.22	0.9919	0.3720	0.9799	0.3401	0.3499	1.0274	0.9461	0.2020
0.23	0.9912	0.9695	0.9781	0.3549	0.3660	1.0298	0.9414	0.2109
0.24	0.9904	0.9668	0.9762	0.3696	0.3823	1.0315	0.9373	0.2202
0.25	0.9896	0.9640	0.9742	0.3842	0.3985	1.0350	0.9314	0.2290
0.26	0.9887	0.9611	0.9721	0.3987	0.4148	1.0378	0.9261	0.2387
0.27	0.9879	0.9581	0.9699	0.4131	0.4311	1.0406	0.9207	0.2480
0.28	0.9869	0.9550	0.9677	0.4274	0.4475	1.0435	0.9152	0.2573
0.29	0.9860	0.9518	0.9653	0.4416	0.4640	1.0465	0.9095	0.2670
0.30	0.9850	0.9485	0.9630	0.4557	0.4804	1.0496	0.9037	0.2760
0.31	0.9840	0.9451	0.9605	0.4697	0.4970	1.0528	0.8977	0.2850
0.32	0.9829	0.9415	0.9579	0.4835	0.5135	1.0559	0.8917	0.2947
0.33	0.9819	0.9379	0.9552	0.4972	0.5302	1.0593	0.8854	0.3040
0.34	0.9807	0.9342	0.9525	0.5109	0.5469	1.0626	0.8791	0.3134
0.35	0.9796	0.9303	0.9497	0.5243	0.5636	1.0661	0.8727	0.3228
0.36	0.9784	0.9265	0.9469	0.5377	0.5804	1.0696	0.8662	0.3322
0.37	0.9772	0.9224	0.9439	0.5509	0.5973	1.0732	0.8595	0.3417
0.38	0.9759	0.9183	0.9409	0.5640	0.6142	1.0768	0.8528	0.3511
0.39	0.9747	0.9141	0.9378	0.5769	0.6312	1.0805	0.8460	0.3606
0.40	0.9733	0.9097	0.9346	0.5897	0.6482	1.0842	0.8391	0.3701
0.41	0.9720	0.9053	0.9314	0.6024	0.6654	1.0880	0.8321	0.3796
0.42	0.9706	0.6008	0.9281	0.6149	0.6826	1.0918	0.8251	0.3892
0.43	0.9692	0.8962	0.9247	0.6272	0.6998	1.0957	0.8179	0.3987
0.44	0.9677	0.8915	0.9212	0.6394	0.7172	1.0996	0.8108	0.4083
0.45	0.9663	0.8868	0.9178	0.6515	0.7346	1.1036	0.8035	0.4179
0.46	0.9647	0.8819	0.9142	0.6633	0.7521	1.1076	0.7963	0.4275
0.47	0.9632	0.8770	0.9105	0.6750	0.7697	1.1116	0.7889	0.4372
0.48	0.9616	0.8719	0.9067	0.6865	0.7874	1.1156	0.7816	0.4468
0.49	0.9600	0.8668	0.9029	0.6979	0.8052	1.1197	0.7741	0.4565

续表

λ	τ	π	ε	q	y	f	r	M
0.50	0.9583	0.8616	0.8991	0.7091	0.8230	1.1239	0.7666	0.4663
0.51	0.9567	0.8563	0.8951	0.7201	0.8409	1.1279	0.7592	0.4760
0.52	0.9549	0.8509	0.8911	0.7309	0.8590	1.1320	0.7517	0.4858
0.53	0.9532	0.8455	0.8871	0.7416	0.8771	1.1362	0.7442	0.4956
0.54	0.9514	0.8400	0.8829	0.7520	0.8953	1.1403	0.7366	0.5054
0.55	0.9496	0.8344	0.8787	0.7623	0.9136	1.1445	0.7290	0.5152
0.56	0.9477	0.8287	0.8744	0.7724	0.9321	1.1486	0.7215	0.5251
0.57	0.9459	0.8230	0.8701	0.7833	0.9506	1.1528	0.7139	0.5350
0.58	0.9439	0.8172	0.8657	0.7920	0.9692	1.1569	0.7064	0.5450
0.59	0.9420	0.8112	0.8612	0.8015	0.9880	1.1610	0.6987	0.5549
0.60	0.9400	0.8053	0.8567	0.8109	1.0069	1.1651	0.6912	0.5649
0.61	0.9380	0.7992	0.8521	0.8198	1.0258	1.1691	0.6836	0.5750
0.62	0.9359	0.7932	0.8475	0.8288	1.0449	1.1733	0.6760	0.5850
0.63	0.9339	0.7870	0.8428	0.8375	1.0641	1.1772	0.6685	0.5951
0.64	0.9317	0.7808	0.8380	0.8459	1.0842	1.1812	0.6610	0.6053
0.65	0.9296	0.7745	0.8332	0.8543	1.1030	1.1852	0.6535	0.6154
0.66	0.9274	0.7681	0.8283	0.8623	1.1226	1.1891	0.6460	0.6256
0.67	0.9252	0.7617	0.8233	0.8701	1.1423	1.1929	0.6386	0.6359
0.68	0.9229	0.7553	0.8183	0.8778	1.1622	1.1967	0.6311	0.6461
0.69	0.9207	0.7488	0.8133	0.8852	1.1822	1.2005	0.6237	0.6565
0.70	0.9183	0.7422	0.8082	0.8924	1.2024	1.2042	0.6163	0.6668
0.71	0.9160	0.7356	0.8030	0.8993	1.2227	1.2078	0.6090	0.6772
0.72	0.9136	0.7289	0.7978	0.9061	1.2431	1.2114	0.6017	0.6876
0.73	0.9112	0.7221	0.7925	0.9126	1.2637	1.2148	0.5944	0.6981
0.74	0.9087	0.7154	0.7872	0.9189	1.2845	1.2183	0.5872	0.7086
0.75	0.9063	0.7086	0.7819	0.9250	1.3054	1.2216	0.5800	0.7192
0.76	0.9037	0.7017	0.7764	0.9308	1.3265	1.2249	0.5729	0.7298
0.77	0.9012	0.6948	0.7710	0.9364	1.3478	1.2280	0.5658	0.7404
0.78	0.8986	0.6878	0.7655	0.9418	1.3692	1.2311	0.5587	0.7511
0.79	0.8960	0.6809	0.7599	0.9469	1.3908	1.2341	0.5517	0.7619
0.80	0.8933	0.6738	0.7543	0.9518	1.4126	1.2370	0.5447	0.7727
0.81	0.8907	0.6668	0.7486	0.9565	1.4346	1.2398	0.5378	0.7835
0.82	0.8879	0.6597	0.7429	0.9610	1.4567	1.2425	0.5306	0.7944
0.83	0.8852	0.6526	0.7372	0.9652	1.4790	1.2451	0.5241	0.8053
0.84	0.8824	0.6454	0.7314	0.9691	1.5016	1.2475	0.5174	0.8163
0.85	0.8796	0.6382	0.7256	0.9729	1.5243	1.2498	0.5107	0.8274
0.86	0.8767	0.6310	0.7197	0.9764	1.5473	1.2520	0.5040	0.8384
0.87	0.8739	0.6238	0.7138	0.9796	1.5704	1.2541	0.4974	0.8496
0.88	0.8709	0.6165	0.7079	0.9826	1.5938	1.2560	0.4908	0.8608
0.89	0.8880	0.6092	0.7019	0.9854	1.6174	1.2579	0.4843	0.8721
0.90	0.8650	0.6019	0.6959	0.9879	1.6412	1.2595	0.4779	0.8833
0.91	0.8620	0.5946	0.6898	0.9902	1.6652	1.2611	0.4715	0.8947
0.92	0.8589	0.5873	0.6838	0.9923	1.6895	1.2625	0.4652	0.9062
0.93	0.8559	0.5800	0.6776	0.9941	1.7140	1.2637	0.4589	0.9177
0.94	0.8527	0.5726	0.6715	0.9957	1.7388	1.2648	0.4527	0.9292
0.95	0.8496	0.5653	0.6653	0.9970	1.7638	1.2658	0.4466	0.9409
0.96	0.8464	0.5579	0.6591	0.9981	1.7891	1.2666	0.4405	0.9526
0.97	0.8432	0.5505	0.6528	0.9989	1.8146	1.2671	0.4344	0.9644
0.98	0.8399	0.5431	0.6466	0.9993	1.8404	1.2676	0.4285	0.9761
0.99	0.8367	0.5357	0.6403	0.9999	1.8665	1.2678	0.4225	0.9880

续表

λ	τ	π	ε	q	y	f	r	M
1.00	0.8333	0.5283	0.6340	1.0000	1.8929	1.2679	0.4167	1.0000
1.01	0.8300	0.5209	0.6276	0.9999	1.9195	1.2678	0.4109	1.0120
1.02	0.8266	0.5135	0.6212	0.9995	1.9464	1.2675	0.4051	1.0241
1.03	0.8232	0.5061	0.6148	0.9989	1.9737	1.2671	0.3994	1.0363
1.04	0.8197	0.4987	0.6084	0.9980	2.0013	1.2664	0.3938	1.0486
1.05	0.8163	0.4913	0.6019	0.9969	2.0291	1.2655	0.3882	1.0609
1.06	0.8127	0.4840	0.5955	0.9957	2.0573	1.2646	0.3827	1.0733
1.07	0.8092	0.4766	0.5890	0.9941	2.0858	1.2633	0.3773	1.0858
1.08	0.8056	0.4693	0.5826	0.9924	2.1147	1.2620	0.3719	1.0985
1.09	0.8020	0.4619	0.5760	0.9903	2.1439	1.2602	0.3665	1.1111
1.10	0.7983	0.4546	0.5694	0.9880	2.1734	1.2584	0.3613	1.1239
1.11	0.7947	0.4473	0.5629	0.9856	2.2034	1.2564	0.3560	1.1367
1.12	0.7909	0.4400	0.5564	0.9829	2.2337	1.2543	0.3508	1.1496
1.13	0.7872	0.4328	0.5498	0.9800	2.2643	1.2519	0.3457	1.1627
1.14	0.7884	0.4255	0.5432	0.9768	2.2954	1.2491	0.3407	1.1758
1.15	0.7796	0.4184	0.5366	0.9735	2.3269	1.2463	0.3357	1.1890
1.16	0.7757	0.4111	0.5300	0.9698	2.3588	1.2432	0.3307	1.2023
1.17	0.7719	0.4040	0.5234	0.9659	2.3911	1.2398	0.3258	1.2157
1.18	0.7679	0.3969	0.5168	0.9620	2.4238	1.2364	0.3210	1.2292
1.19	0.7640	0.3898	0.5102	0.9577	2.4570	1.2326	0.3162	1.2428
1.20	0.7600	0.3827	0.5035	0.9531	2.4906	1.2286	0.3115	1.2566
1.21	0.7560	0.3757	0.4969	0.9484	2.5247	1.2244	0.3068	1.2708
1.22	0.7519	0.3687	0.4903	0.9435	2.5593	1.2200	0.3022	1.2843
1.23	0.7478	0.3617	0.4837	0.9384	2.5944	1.2154	0.2976	1.2974
1.24	0.7437	0.3548	0.4770	0.9331	2.6300	1.2105	0.2931	1.3126
1.25	0.7396	0.3479	0.4704	0.9275	2.6660	1.2054	0.2886	1.3268
1.26	0.7354	0.3411	0.4638	0.9217	2.7026	1.2000	0.2842	1.3413
1.27	0.7312	0.3343	0.4572	0.9159	2.7398	1.1946	0.2798	1.3558
1.28	0.7269	0.3275	0.4505	0.9096	2.7775	1.1887	0.2755	1.3705
1.29	0.7227	0.3208	0.4439	0.9033	2.8158	1.1826	0.2713	1.3853
1.30	0.7183	0.3142	0.4374	0.8969	2.8547	1.1765	0.2670	1.4002
1.31	0.7140	0.3075	0.4307	0.8901	2.8941	1.1699	0.2629	1.4153
1.32	0.7096	0.2010	0.4241	0.8831	2.9343	1.1632	0.2574	1.4305
1.33	0.7052	0.2945	0.4176	0.8761	2.9750	1.1562	0.2547	1.4458
1.34	0.7007	0.3880	0.4110	0.8688	3.0164	1.1490	0.2507	1.4613
1.35	0.6962	0.2816	0.4045	0.8614	3.0586	1.1417	0.2467	1.4769
1.36	0.6917	0.2753	0.3980	0.8538	3.1013	1.1341	0.2427	1.4927
1.37	0.6872	0.2690	0.3914	0.8459	3.1448	1.1261	0.2389	1.5087
1.38	0.6826	0.2628	0.3850	0.8380	3.1889	1.1180	0.2350	1.5248
1.39	0.6780	0.2566	0.3785	0.8299	3.2340	1.1098	0.2312	1.5410
1.40	0.6733	0.2505	0.3720	0.8216	3.2798	1.1012	0.2275	1.5575
1.41	0.6687	0.2445	0.3656	0.8131	3.3263	1.0924	0.2238	1.5741
1.42	0.6639	0.2385	0.3592	0.8046	3.3737	1.0835	0.2201	1.5909
1.43	0.6592	0.2326	0.3528	0.7958	3.4219	1.0742	0.2165	1.6078
1.44	0.6544	0.2267	0.3464	0.7869	3.4710	1.0648	0.2129	1.6250
1.45	0.6496	0.2209	0.3401	0.7778	3.5211	1.0551	0.2094	1.6423
1.46	0.6447	0.2152	0.3338	0.7687	3.5720	1.0453	0.2059	1.6598
1.47	0.6398	0.2095	0.3275	0.7593	3.6240	1.0351	0.2024	1.6776
1.48	0.6349	0.2040	0.3212	0.7499	3.6768	1.0249	0.1990	1.6955
1.49	0.6300	0.1985	0.3150	0.7404	3.7308	1.0144	0.1956	1.7137

续表

λ	τ	π	ε	q	y	f	r	M
1.50	0.6250	0.1930	0.3088	0.7307	3.7858	1.0037	0.1923	1.7321
1.51	0.6200	0.1876	0.3027	0.7209	3.8418	0.9927	0.1890	1.7506
1.52	0.6149	0.1824	0.2965	0.7110	3.8990	0.9816	0.1858	1.7694
1.53	0.6099	0.1771	0.2904	0.7009	3.9574	0.9703	0.1825	1.7885
1.54	0.6047	0.1720	0.2844	0.6909	4.0172	0.9590	0.1794	1.8078
1.55	0.5996	0.1669	0.2784	0.6807	4.0778	0.9472	0.1762	1.8273
1.56	0.5944	0.1619	0.2724	0.6703	4.1398	0.9353	0.1731	1.8471
1.57	0.5892	0.1570	0.2665	0.6599	4.2034	0.9233	0.1700	1.8672
1.58	0.5839	0.1522	0.2606	0.6494	4.2680	0.9111	0.1670	1.8875
1.59	0.5786	0.1474	0.2547	0.6389	4.3345	0.8988	0.1640	1.9081
1.60	0.5733	0.1427	0.2489	0.6282	4.4020	0.8861	0.1611	1.9290
1.61	0.5680	0.1381	0.2431	0.6175	4.4713	0.8734	0.1581	1.9501
1.62	0.5626	0.1336	0.2374	0.6067	4.5422	0.8604	0.1552	1.9716
1.63	0.5572	0.1291	0.2317	0.5958	4.6144	0.8474	0.1524	1.9934
1.64	0.5517	0.1248	0.2261	0.5850	4.6887	0.8343	0.1495	2.0155
1.65	0.5463	0.1205	0.2205	0.5740	4.7647	0.8210	0.1467	2.0380
1.66	0.5407	0.1163	0.2150	0.5630	4.8424	0.8075	0.1440	2.0607
1.67	0.5352	0.1121	0.2095	0.5520	4.9221	0.7939	0.1413	2.0839
1.68	0.5296	0.1081	0.2041	0.5409	5.0037	0.7802	0.1386	2.1073
1.69	0.5240	0.1041	0.1988	0.5298	5.0877	0.7664	0.1359	2.1313
1.70	0.5183	0.1003	0.1934	0.5187	5.1735	0.7524	0.1333	2.1555
1.71	0.5126	0.0965	0.1881	0.5075	5.3167	0.7383	0.1306	2.1802
1.72	0.5069	0.0928	0.1830	0.4965	5.3520	0.7243	0.1281	2.2053
1.73	0.5012	0.0891	0.1778	0.4852	5.4449	0.7100	0.1255	2.2308
1.74	0.4954	0.0856	0.1727	0.4741	5.5403	0.6957	0.1230	2.2567
1.75	0.4896	0.0821	0.1677	0.4630	5.6383	0.6813	0.1205	2.2831
1.76	0.4837	0.0787	0.1628	0.4520	5.7390	0.6669	0.1181	2.3100
1.77	0.4779	0.0754	0.1578	0.4407	5.8427	0.6523	0.1156	2.3374
1.78	0.4719	0.0722	0.1530	0.4296	5.9495	0.6378	0.1132	2.3653
1.79	0.4660	0.0691	0.1482	0.4185	6.0593	0.6232	0.1108	2.3937
1.80	0.4600	0.0660	0.1435	0.4075	6.1723	0.6085	0.1085	2.4227
1.81	0.4540	0.0630	0.1389	0.3965	6.2893	0.5938	0.1062	2.4523
1.82	0.4479	0.0602	0.1343	0.3855	6.4091	0.5791	0.1039	2.4824
1.83	0.4418	0.0573	0.1298	0.3746	6.5335	0.5644	0.1016	2.5132
1.84	0.4357	0.0546	0.1253	0.3638	6.6607	0.5497	0.0994	2.5449
1.85	0.4296	0.0520	0.1210	0.3530	6.7934	0.5349	0.0971	2.5766
1.86	0.4234	0.0494	0.1167	0.3423	6.9298	0.5202	0.0949	2.6094
1.87	0.4172	0.0469	0.1124	0.3316	7.0707	0.5055	0.0928	2.6429
1.88	0.4109	0.0445	0.1083	0.3211	7.2162	0.4909	0.0906	2.6772
1.89	0.4047	0.0422	0.1042	0.3105	7.3673	0.4762	0.0885	2.7123
1.90	0.3983	0.0399	0.1002	0.3002	7.5243	0.4617	0.0864	2.7481
1.91	0.3920	0.0377	0.0962	0.2898	7.6858	0.4472	0.0843	2.7849
1.92	0.3856	0.0356	0.0923	0.2797	7.8540	0.4327	0.0823	2.8225
1.93	0.3792	0.0336	0.0885	0.2695	8.0289	0.4183	0.0803	2.8612
1.94	0.3727	0.0316	0.0848	0.2596	8.2098	0.4041	0.0782	2.9007
1.95	0.3662	0.0297	0.0812	0.2497	8.3985	0.3899	0.0763	2.9414
1.96	0.3597	0.0279	0.0776	0.2409	8.5943	0.3758	0.0743	2.9831
1.97	0.3532	0.0262	0.0741	0.2304	8.7984	0.3618	0.0724	3.0301
1.98	0.3466	0.0245	0.0707	0.2209	9.0112	0.3480	0.0704	3.0701
1.99	0.3400	0.0229	0.0674	0.2116	9.2329	0.3343	0.0685	3.1155

续表

λ	τ	π	ϵ	q	y	f	r	M
2.00	0.3333	0.0214	0.0642	0.2024	9.464	0.3203	0.0668	3.1622
2.01	0.3267	0.0199	0.0610	0.1934	9.706	0.3071	0.0648	3.2104
2.02	0.3199	0.0185	0.0579	0.1845	9.964	0.2942	0.0630	3.2603
2.03	0.3132	0.0172	0.0549	0.1758	10.224	0.2811	0.0612	3.3112
2.04	0.3064	0.0159	0.0520	0.1672	10.502	0.2683	0.0594	3.3612
2.05	0.2996	0.0147	0.0191	0.1588	10.794	0.2556	0.0576	3.4190
2.06	0.2927	0.0136	0.0464	0.1507	11.102	0.2431	0.0558	3.4759
2.07	0.2859	0.0125	0.0437	0.1427	11.422	0.2309	0.0541	3.5310
2.08	0.2789	0.0115	0.0411	0.1348	11.762	0.2189	0.0524	3.5951
2.09	0.2720	0.0105	0.0386	0.1272	11.121	0.2070	0.0507	3.6583
2.10	0.2650	0.0096	0.0361	0.1198	12.500	0.1956	0.0490	3.7210
2.11	0.2589	0.0087	0.0338	0.1125	12.901	0.1843	0.0473	3.7922
2.12	0.2509	0.0079	0.0315	0.1055	13.326	0.1733	0.0457	3.8633
2.13	0.2439	0.0072	0.0294	0.0986	13.778	0.1626	0.0440	3.9370
2.14	0.2367	0.0065	0.0273	0.0921	14.259	0.1522	0.0424	4.0150
2.15	0.2296	0.0058	0.0253	0.0857	14.772	0.1420	0.0408	4.0961
2.16	0.2224	0.0052	0.0233	0.0795	15.319	0.1322	0.0393	4.1797
2.17	0.2152	0.0046	0.0215	0.0735	15.906	0.1226	0.0377	4.2702
2.18	0.2079	0.0041	0.0197	0.0678	16.537	0.1134	0.0361	4.3612
2.19	0.2006	0.0036	0.0180	0.0623	17.218	0.1045	0.0346	4.4633
2.20	0.1933	0.0032	0.0164	0.0570	17.949	0.0960	0.0331	4.5674
2.21	0.1860	0.0028	0.0149	0.0520	18.742	0.0878	0.0316	4.6778
2.22	0.1786	0.0024	0.0135	0.0472	19.607	0.0799	0.0301	4.7954
2.23	0.1712	0.0021	0.0121	0.0427	20.548	0.0724	0.0287	4.9201
2.24	0.1637	0.0018	0.0116	0.0408	22.983	0.0695	0.0255	5.0533
2.25	0.1563	0.00151	0.00966	0.0343	22.712	0.0585	0.0258	5.1958
2.26	0.1487	0.00127	0.00813	0.0290	23.968	0.0496	0.0256	5.3494
2.27	0.1412	0.00106	0.00749	0.0268	25.361	0.0461	0.0229	5.5117
2.28	0.1336	0.00087	0.00652	0.0234	26.893	0.0404	0.0216	5.6910
2.29	0.1260	0.00071	0.00564	0.0204	28.669	0.0352	0.0202	5.8891
2.30	0.1183	0.00057	0.00482	0.0175	30.658	0.0302	0.0189	6.1033
2.31	0.1106	0.00045	0.00407	0.0148	32.937	0.0258	0.0175	6.3399
2.32	0.1029	0.00035	0.00400	0.0124	35.551	0.021	0.0161	6.6008
2.33	0.0952	0.00027	0.00280	0.0103	38.606	0.0180	0.0148	6.8935
2.34	0.0874	0.00020	0.00226	0.0083	42.233	0.0146	0.0135	7.2254
2.35	0.0796	0.00014	0.00170	0.0063	46.593	0.0111	0.0122	7.6053
2.36	0.0717	$0.988 \cdot 10^{-4}$	0.00138	0.0051	51.914	0.0090	0.0109	8.0150
2.37	0.0638	$0.657 \cdot 10^{-4}$	0.00103	0.0038	58.569	0.0068	0.0096	8.5619
2.38	0.0559	$0.413 \cdot 10^{-4}$	0.00074	0.0028	67.144	0.0049	0.0084	9.1882
2.39	0.0480	$0.242 \cdot 10^{-4}$	0.00050	0.0019	78.613	0.0034	0.0071	9.9624
2.40	0.0400	$0.128 \cdot 10^{-4}$	0.00032	0.0012	94.703	0.0022	0.0059	10.957
2.41	0.0320	$0.584 \cdot 10^{-5}$	0.00018	0.0007	118.94	0.0012	0.0047	12.306
2.42	0.0239	$0.211 \cdot 10^{-5}$	$0.884 \cdot 10^{-4}$	0.0003	159.65	0.0006	0.0035	11.287
2.43	0.0158	$0.499 \cdot 10^{-6}$	$0.315 \cdot 10^{-4}$	0.0001	242.16	0.0002	0.0025	17.631
2.44	0.0077	$0.316 \cdot 10^{-7}$	$0.410 \cdot 10^{-5}$	$0.058 \cdot 10^{-4}$	499.16	$0.285 \cdot 10^{-4}$	0.0011	25.367
2.449	0	0	0	0	∞	0	0	∞

表 IV-2 气体动力学函数表 ($k = 1.33$)

λ	τ	π	ε	q	y	f	r	M
0.00	1.0000	1.0000	1.0000	0.0000	0.0000	1.0000	1.0000	0.0000
0.01	1.0000	0.9999	0.9999	0.0159	0.0159	1.0000	1.0000	0.0093
0.02	0.9999	0.9998	0.9999	0.0318	0.0318	1.0003	0.9995	0.0185
0.03	0.9999	0.9995	0.9997	0.0476	0.0477	1.0006	0.9990	0.0278
0.04	0.9998	0.9991	0.9993	0.0635	0.0636	1.0009	0.9982	0.0371
0.05	0.9997	0.9986	0.9990	0.0793	0.0795	1.0015	0.9972	0.0463
0.06	0.9995	0.9980	0.9985	0.0952	0.0954	1.0021	0.9959	0.0556
0.07	0.9993	0.9972	0.9979	0.1110	0.1113	1.0028	0.9944	0.0649
0.08	0.9991	0.9964	0.9973	0.1267	0.1272	1.0037	0.9928	0.0742
0.09	0.9989	0.9954	0.9965	0.1425	0.1431	1.0046	0.9908	0.0834
0.10	0.9986	0.9944	0.9958	0.1582	0.1591	1.0057	0.9887	0.0927
0.11	0.9983	0.9932	0.9949	0.1738	0.1750	1.0069	0.9864	0.1020
0.12	0.9980	0.9918	0.9938	0.1894	0.1910	1.0081	0.9838	0.1113
0.13	0.9976	0.9904	0.9928	0.2052	0.2072	1.0096	0.9810	0.1206
0.14	0.9972	0.9889	0.9917	0.2205	0.2220	1.0111	0.9781	0.1299
0.15	0.9968	0.9872	0.9903	0.2360	0.2390	1.0126	0.9749	0.1392
0.16	0.9964	0.9854	0.9890	0.2514	0.2551	1.0143	0.9715	0.1485
0.17	0.9959	0.9836	0.9877	0.2667	0.2712	1.0162	0.9679	0.1578
0.18	0.9954	0.9816	0.9862	0.2820	0.2873	1.0181	0.9642	0.1672
0.19	0.9949	0.9796	0.9846	0.2972	0.3034	1.0202	0.9602	0.1765
0.20	0.9943	0.9774	0.9830	0.3123	0.3195	1.0223	0.9561	0.1858
0.21	0.9938	0.9751	0.9812	0.3273	0.3357	1.0245	0.9518	0.1952
0.22	0.9932	0.9728	0.9795	0.3423	0.3519	1.0269	0.9473	0.2045
0.23	0.9925	0.9702	0.9775	0.3571	0.3681	1.0292	0.9427	0.2139
0.24	0.9918	0.9675	0.9755	0.3719	0.3844	1.0317	0.9378	0.2233
0.25	0.9912	0.9648	0.9734	0.3866	0.4007	1.0343	0.9329	0.2327
0.26	0.9904	0.9619	0.9712	0.4011	0.4170	1.0369	0.9277	0.2420
0.27	0.9897	0.9590	0.9690	0.4156	0.4334	1.0396	0.9224	0.2515
0.28	0.9889	0.9560	0.9667	0.4300	0.4498	1.0425	0.9170	0.2609
0.29	0.9881	0.9529	0.9644	0.4443	0.4662	1.0455	0.9114	0.2703
0.30	0.9873	0.9496	0.9619	0.4584	0.4827	1.0485	0.9057	0.2797
0.31	0.9864	0.9463	0.9594	0.4724	0.4992	1.0516	0.8999	0.2892
0.32	0.9855	0.9428	0.9567	0.4863	0.5158	1.0547	0.8940	0.2986
0.33	0.9846	0.9393	0.9540	0.5001	0.5324	1.0579	0.8879	0.3081
0.34	0.9836	0.9356	0.9512	0.5137	0.5491	1.0612	0.8817	0.3176
0.35	0.9827	0.9319	0.9484	0.5273	0.5658	1.0645	0.8754	0.3271
0.36	0.9817	0.9281	0.9455	0.5407	0.5826	1.0680	0.8690	0.3366
0.37	0.9806	0.9241	0.9424	0.5539	0.5994	1.0714	0.8625	0.3462
0.38	0.9796	0.9201	0.9393	0.5670	0.6162	1.0750	0.8560	0.3557
0.39	0.9785	0.9159	0.9361	0.5799	0.6332	1.0785	0.8493	0.3653
0.40	0.9773	0.9118	0.9329	0.5928	0.6501	1.0822	0.8425	0.3749
0.41	0.9762	0.9075	0.9296	0.6055	0.6672	1.0859	0.8357	0.3845
0.42	0.9750	0.9030	0.9262	0.6179	0.6843	1.0896	0.8288	0.3941
0.43	0.9739	0.8985	0.9227	0.6303	0.7014	1.0933	0.8218	0.4037
0.44	0.9726	0.8940	0.9192	0.6425	0.7187	1.0972	0.8148	0.4134
0.45	0.9713	0.8893	0.9156	0.6545	0.7359	1.1010	0.8078	0.4230
0.46	0.9700	0.8850	0.9123	0.6666	0.7533	1.1053	0.8006	0.4305
0.47	0.9687	0.8797	0.9081	0.6780	0.7707	1.1088	0.7934	0.4424
0.48	0.9674	0.8749	0.9044	0.6896	0.7882	1.1128	0.7862	0.4522
0.49	0.9660	0.8699	0.9005	0.7609	0.8058	1.1167	0.7790	0.4619

续表

λ	τ	π	ε	q	y	f	r	M
0.50	0.9646	0.8648	0.8966	0.7121	0.8234	1.1207	0.7717	0.4717
0.51	0.9632	0.8596	0.8925	0.7230	0.8411	1.2146	0.7644	0.4815
0.52	0.9617	0.8544	0.8884	0.7339	0.8589	1.1287	0.7570	0.4913
0.53	0.9602	0.8491	0.8843	0.7445	0.8768	1.1327	0.7496	0.5011
0.54	0.9587	0.8436	0.8799	0.7548	0.8947	1.1365	0.7423	0.5110
0.55	0.9572	0.8382	0.8757	0.7651	0.9128	1.1406	0.7349	0.5208
0.56	0.9556	0.8327	0.8714	0.7752	0.9309	1.1447	0.7275	0.5308
0.57	0.9540	0.8271	0.8670	0.7850	0.9491	1.1487	0.7200	0.5407
0.58	0.9524	0.8214	0.8625	0.7946	0.9674	1.1526	0.7126	0.5506
0.59	0.9507	0.8156	0.8579	0.8040	0.9858	1.1565	0.7052	0.5606
0.60	0.9490	0.8098	0.8533	0.8133	1.0043	1.1605	0.6978	0.5706
0.61	0.9473	0.8040	0.8487	0.8224	1.0229	1.1645	0.6904	0.5807
0.62	0.9456	0.7980	0.8439	0.8312	1.0416	1.1684	0.6830	0.5907
0.63	0.9438	0.7921	0.8393	0.8399	1.0604	1.1724	0.6756	0.6008
0.64	0.9420	0.7860	0.8344	0.8483	1.0792	1.1762	0.6683	0.6109
0.65	0.9402	0.7798	0.8294	0.8564	1.0982	1.1799	0.6609	0.6211
0.66	0.9383	0.7737	0.8246	0.8645	1.1173	1.1838	0.6536	0.6313
0.67	0.9364	0.7674	0.8195	0.8722	1.1366	1.1874	0.6463	0.6415
0.68	0.9345	0.7612	0.8145	0.8798	1.1559	1.1911	0.6390	0.6517
0.69	0.9326	0.7548	0.8094	0.8871	1.1753	1.1947	0.6318	0.6620
0.70	0.9306	0.7483	0.8041	0.8941	1.1949	1.1981	0.6246	0.6723
0.71	0.9286	0.7419	0.7989	0.9011	1.1246	1.2017	0.6174	0.6826
0.72	0.9266	0.7354	0.7937	0.9077	1.2343	1.2051	0.6102	0.6930
0.73	0.9245	0.7289	0.7884	0.9143	1.2543	1.2086	0.6031	0.7034
0.74	0.9224	0.7223	0.7830	0.9204	1.2743	1.2118	0.5961	0.7139
0.75	0.9203	0.7157	0.7777	0.9265	1.2945	1.2151	0.5890	0.7243
0.76	0.9182	0.7090	0.7722	0.9322	1.3148	1.2182	0.5820	0.7348
0.77	0.9160	0.7023	0.7666	0.9377	1.3353	1.2212	0.5751	0.7454
0.78	0.9138	0.6955	0.7611	0.9430	1.3559	1.2241	0.5682	0.7561
0.79	0.9116	0.6887	0.7555	0.9481	1.3766	1.2270	0.5613	0.7666
0.80	0.9094	0.6819	0.7499	0.9529	1.3975	1.2298	0.5545	0.7772
0.81	0.9071	0.6750	0.7442	0.9575	1.4185	1.2324	0.5477	0.7880
0.82	0.9048	0.6681	0.7384	0.9618	1.4397	1.2349	0.5410	0.7987
0.83	0.9024	0.6612	0.7326	0.9660	1.4610	1.2374	0.5343	0.8095
0.84	0.9001	0.6542	0.7268	0.9698	1.4825	1.2397	0.5277	0.8203
0.85	0.8977	0.6472	0.7210	0.9735	1.5042	1.2419	0.5211	0.8312
0.86	0.8953	0.6402	0.7151	0.9769	1.5260	1.2440	0.5146	0.8421
0.87	0.8928	0.6332	0.7092	0.9802	1.5479	1.2461	0.5082	0.8531
0.88	0.8903	0.6261	0.7032	0.9830	1.5701	1.2478	0.5018	0.8641
0.89	0.8878	0.6191	0.6973	0.9859	1.5924	1.2497	0.4954	0.8751
0.90	0.8853	0.6120	0.6913	0.9883	1.6149	1.2512	0.4891	0.8862
0.91	0.8827	0.6048	0.6852	0.9904	1.6376	1.2525	0.4829	0.8974
0.92	0.8801	0.5977	0.6791	0.9925	1.6605	1.2539	0.4767	0.9086
0.93	0.8775	0.5906	0.6730	0.9943	1.6835	1.2552	0.4705	0.9198
0.94	0.8749	0.5834	0.6669	0.9957	1.7068	1.2561	0.4645	0.9311
0.95	0.8722	0.5763	0.6608	0.9972	1.7302	1.2572	0.4584	0.9424
0.96	0.8695	0.5691	0.6545	0.9981	1.7539	1.2577	0.4525	0.9538
0.97	0.8667	0.5619	0.6483	0.9989	1.7778	1.2583	0.4466	0.9553
0.98	0.8640	0.5547	0.6420	0.9995	1.8018	1.2586	0.4407	0.9768
0.99	0.8612	0.5476	0.6359	1.0000	1.8261	1.2591	0.4349	0.9884

续表

λ	τ	π	ε	q	y	f	r	M
1.00	0.8584	0.5404	0.6296	1.0000	1.8506	1.2591	0.4292	1.0000
1.01	0.8555	0.5332	0.6233	1.0000	1.8754	1.2590	0.4235	1.0117
1.02	0.8527	0.5260	0.6169	0.9995	1.9003	1.2587	0.4179	1.0234
1.03	0.8497	0.5188	0.6105	0.9989	1.9255	1.2583	0.4123	1.0352
1.04	0.8468	0.5116	0.6042	0.9981	1.9509	1.2576	0.4068	1.0471
1.05	0.8439	0.5045	0.5979	0.9972	1.9766	1.2570	0.4014	1.0590
1.06	0.8409	0.4973	0.5914	0.9958	2.0025	1.2559	0.3960	1.0710
1.07	0.8379	0.4902	0.5850	0.9944	2.0286	1.2548	0.3906	1.0830
1.08	0.8348	0.4830	0.5786	0.9926	2.0550	1.2534	0.3854	1.0951
1.09	0.8317	0.4759	0.5722	0.9907	2.0818	1.2520	0.3801	1.1073
1.10	0.8286	0.4688	0.5658	0.9886	2.1087	1.2503	0.3750	1.1196
1.11	0.8255	0.4617	0.5593	0.9862	2.1360	1.2484	0.3698	1.1319
1.12	0.8223	0.4546	0.5528	0.9835	2.1635	1.2463	0.3648	1.1443
1.13	0.8192	0.4475	0.5463	0.9806	2.1913	1.2439	0.3598	1.1567
1.14	0.8159	0.4405	0.5399	0.9777	2.2194	1.2415	0.3548	1.1693
1.15	0.8127	0.4335	0.5334	0.9744	2.2478	1.2388	0.3499	1.1819
1.16	0.8094	0.4265	0.5269	0.9709	2.2765	1.2359	0.3451	1.1946
1.17	0.8061	0.4196	0.5205	0.9674	2.3055	1.2330	0.3403	1.2073
1.18	0.8028	0.4126	0.5140	0.9634	2.3349	1.2296	0.3356	1.2202
1.19	0.7994	0.4057	0.5075	0.9593	2.3646	1.2261	0.3309	1.2331
1.20	0.7961	0.3986	0.5007	0.9545	2.3940	1.2218	0.3263	1.2461
1.21	0.7926	0.3920	0.4946	0.9506	2.4249	1.2186	0.3217	1.2592
1.22	0.7892	0.3852	0.4881	0.9459	2.4556	1.2146	0.3172	1.2723
1.23	0.7857	0.3784	0.4816	0.9410	2.4867	1.2102	0.3127	1.2856
1.24	0.7822	0.3716	0.4751	0.9357	2.5181	1.2055	0.3083	1.2990
1.25	0.7787	0.3649	0.4686	0.9305	2.5500	1.2008	0.3039	1.3124
1.26	0.7752	0.3583	0.4622	0.9252	2.5821	1.1961	0.2996	1.3259
1.27	0.7716	0.3516	0.4557	0.9193	2.6147	1.1907	0.2953	1.3396
1.28	0.7680	0.3450	0.4493	0.9135	2.6477	1.1853	0.2911	1.3533
1.29	0.7643	0.3385	0.4429	0.9075	2.6811	1.1799	0.2869	1.3671
1.30	0.7606	0.3320	0.4365	0.9014	2.7149	1.1741	0.2828	1.3820
1.31	0.7570	0.3255	0.4300	0.8949	2.7492	1.1680	0.2787	1.3950
1.32	0.7532	0.3191	0.4236	0.8883	2.7838	1.1618	0.2747	1.4091
1.33	0.7495	0.3128	0.4173	0.8816	2.8190	1.1555	0.2707	1.4234
1.34	0.7457	0.3065	0.4110	0.8749	2.8545	1.1491	0.2667	1.4377
1.35	0.7419	0.3002	0.4046	0.8677	2.8905	1.1421	0.2629	1.4521
1.36	0.7380	0.2940	0.3984	0.8606	2.9271	1.1351	0.2590	1.4667
1.37	0.7342	0.2878	0.3920	0.8531	2.9642	1.1277	0.2552	1.4814
1.38	0.7303	0.2817	0.3857	0.8455	3.0017	1.1202	0.2515	1.4960
1.39	0.7264	0.2757	0.3796	0.8381	3.0398	1.1129	0.2477	1.5110
1.40	0.7224	0.2697	0.3733	0.8303	3.0784	1.1051	0.2441	1.5290
1.41	0.7184	0.2637	0.3671	0.8221	3.1176	1.0968	0.2404	1.5412
1.42	0.7144	0.2578	0.3609	0.8140	3.1573	1.0885	0.2368	1.5564
1.43	0.7104	0.2520	0.3548	0.8060	3.1977	1.0803	0.2333	1.5719
1.44	0.7063	0.2463	0.3487	0.7976	3.2386	1.0717	0.2298	1.5875
1.45	0.7022	0.2406	0.3426	0.7891	3.2802	1.0629	0.2263	1.6031
1.46	0.6981	0.2349	0.3365	0.7805	3.3222	1.0539	0.2229	1.6188
1.47	0.6940	0.2294	0.3305	0.7718	3.3649	1.0447	0.2195	1.6349
1.48	0.6898	0.2238	0.3245	0.7629	3.4083	1.0353	0.2162	1.6510
1.49	0.6856	0.2184	0.3186	0.7540	3.4524	1.0258	0.2129	1.6672

续表

λ	τ	π	ε	q	y	f	r	M
1.50	0.6813	0.2138	0.3126	0.7449	3.4972	1.0160	0.2097	1.6836
1.51	0.6771	0.2077	0.3067	0.7357	3.5426	1.0061	0.2064	1.7002
1.52	0.6728	0.2024	0.3009	0.7265	3.5890	0.9961	0.2032	1.7169
1.53	0.6285	0.1973	0.2951	0.7172	3.6358	0.9858	0.2001	1.7338
1.54	0.6641	0.1921	0.2893	0.7077	3.6836	0.9754	0.1970	1.7508
1.55	0.6597	0.1871	0.2836	0.6982	3.7321	0.9649	0.1939	1.7680
1.56	0.6553	0.1821	0.2779	0.6886	3.7813	0.9541	0.1909	1.7854
1.57	0.6509	0.1772	0.2722	0.6789	3.8316	0.9432	0.1879	1.8029
1.58	0.6464	0.1723	0.2666	0.6691	3.8825	0.9321	0.1849	1.8207
1.59	0.6420	0.1676	0.2610	0.6593	3.9345	0.9209	0.1820	1.8386
1.60	0.6374	0.1628	0.2554	0.6492	3.9874	0.9093	0.1791	1.8567
1.61	0.6329	0.1582	0.2500	0.6394	4.0410	0.8981	0.1762	1.8750
1.62	0.6283	0.1537	0.2446	0.6294	4.0957	0.8865	0.1734	1.8935
1.63	0.6237	0.1492	0.2392	0.6193	4.1514	0.8746	0.1706	1.9122
1.64	0.6191	0.1448	0.2338	0.6092	4.2080	0.8628	0.1678	1.9311
1.65	0.6144	0.1404	0.2286	0.5991	4.2659	0.8508	0.1651	1.9503
1.66	0.6097	0.1362	0.2233	0.5889	4.3250	0.8387	0.1623	1.9696
1.67	0.6050	0.1320	0.2181	0.5786	4.3849	0.8264	0.1597	1.9892
1.68	0.6003	0.1278	0.2130	0.5684	4.4458	0.8141	0.1570	2.0089
1.69	0.5955	0.1238	0.2079	0.5561	4.5082	0.8016	0.1544	2.0290
1.70	0.5907	0.1198	0.2029	0.5478	4.5718	0.7890	0.1519	2.0493
1.71	0.5859	0.1159	0.1979	0.5374	4.6362	0.7764	0.1493	2.0698
1.72	0.5810	0.1121	0.1929	0.5271	4.7027	0.7637	0.1468	2.0906
1.73	0.5761	0.1083	0.1881	0.5168	4.7703	0.7509	0.1443	2.1112
1.74	0.5712	0.1047	0.1833	0.5065	4.8390	0.7381	0.1418	2.1330
1.75	0.5663	0.1011	0.1785	0.4961	4.9090	0.7250	0.1394	2.1546
1.76	0.5613	0.0975	0.1738	0.4858	4.9808	0.7120	0.1370	2.1765
1.77	0.5563	0.0941	0.1691	0.4755	5.0543	0.6990	0.1346	2.1987
1.78	0.5513	0.0907	0.1645	0.4652	5.1291	0.6858	0.1323	2.2211
1.79	0.5462	0.0874	0.1620	0.4550	5.2057	0.6727	0.1299	2.2439
1.80	0.5411	0.0842	0.1555	0.4447	5.3839	0.6595	0.1276	2.2670
1.81	0.5360	0.0810	0.1511	0.4345	5.3642	0.6462	0.1254	2.2905
1.82	0.5309	0.0779	0.1468	0.4243	5.4459	0.6329	0.1231	2.3143
1.83	0.5257	0.0749	0.1425	0.4142	5.5297	0.6197	0.1209	2.3384
1.84	0.5205	0.0720	0.1383	0.4041	5.6153	0.6063	0.1187	2.3629
1.85	0.5153	0.0691	0.1341	0.3927	5.6835	0.5930	0.1165	2.3877
1.86	0.5100	0.0663	0.1300	0.3841	5.7928	0.5797	0.1144	2.4130
1.87	0.5047	0.0636	0.1260	0.3741	5.8850	0.5664	0.1122	2.4386
1.88	0.4994	0.0609	0.1220	0.3643	5.9795	0.5531	0.1101	2.4647
1.89	0.4941	0.0583	0.1181	0.3545	6.0764	0.5398	0.1081	2.4911
1.90	0.4887	0.0558	0.1142	0.3447	6.1757	0.5266	0.1060	2.5180
1.91	0.4833	0.0534	0.1105	0.3351	6.2779	0.5134	0.1040	2.5454
1.92	0.4779	0.0510	0.1067	0.3256	6.3820	0.5002	0.1020	2.5731
1.93	0.4724	0.0487	0.1031	0.3161	6.4899	0.4871	0.1000	2.6015
1.94	0.4670	0.0465	0.0995	0.3064	6.5949	0.4740	0.0980	2.6302
1.95	0.4615	0.0443	0.0960	0.2973	6.7128	0.4609	0.0961	2.6596
1.96	0.4559	0.0422	0.0925	0.2881	6.8289	0.4480	0.0942	2.6894
1.97	0.4504	0.0402	0.0892	0.2790	6.9487	0.4352	0.0923	2.7198
1.98	0.4448	0.0382	0.0858	0.2700	7.0720	0.4224	0.0904	2.7507
1.99	0.4391	0.0363	0.0826	0.2611	7.1985	0.4097	0.0885	2.7822

续表

λ	τ	π	ε	q	y	f	r	M
2.00	0.4335	0.0344	0.0794	0.2523	7.3288	0.3971	0.0867	2.8143
2.01	0.4278	0.0326	0.0763	0.2436	7.4635	0.3845	0.0849	2.8471
2.02	0.4221	0.0309	0.0733	0.2351	7.6020	0.3723	0.0831	2.8806
2.03	0.4164	0.0293	0.0703	0.2267	7.7448	0.3600	0.0813	2.9147
2.04	0.4106	0.0277	0.0674	0.2183	7.8923	0.3477	0.0795	2.9496
2.05	0.4048	0.0261	0.0645	0.2101	8.0444	0.3357	0.0778	2.9852
2.06	0.3990	0.0247	0.0618	0.2022	8.2016	0.3240	0.0761	2.0215
2.07	0.3931	0.0232	0.0591	0.1942	8.3639	0.3122	0.0744	3.0587
2.08	0.3873	0.0219	0.0564	0.1864	8.5323	0.3005	0.0727	3.0967
2.09	0.3814	0.0205	0.0539	0.1788	8.7059	0.2891	0.0710	3.1356
2.10	0.3754	0.0193	0.0514	0.1713	8.8854	0.2778	0.0694	3.1754
2.11	0.3695	0.0181	0.0489	0.1640	9.0725	0.2668	0.0678	3.2162
2.12	0.3635	0.0169	0.0466	0.1569	9.2652	0.2559	0.0662	3.2579
2.13	0.3574	0.0158	0.0443	0.1500	9.4829	0.2451	0.0646	3.3007
2.14	0.3514	0.0148	0.0420	0.1429	9.6737	0.2345	0.0630	3.3446
2.15	0.3453	0.0138	0.0399	0.1362	9.8903	0.2242	0.0614	3.3897
2.16	0.3392	0.0128	0.0378	0.1296	10.116	0.2140	0.0599	3.4360
2.17	0.3331	0.0119	0.0357	0.1232	10.349	0.2041	0.0583	3.4836
2.18	0.3269	0.0110	0.0338	0.1170	10.592	0.1943	0.0568	3.5324
2.19	0.3207	0.0102	0.0319	0.1109	10.847	0.1847	0.0553	3.5828
2.20	0.3145	0.0094	0.0300	0.1050	11.111	0.1755	0.0539	3.6344
2.21	0.3083	0.0087	0.0282	0.0993	11.388	0.1664	0.0524	3.6877
2.22	0.3020	0.0080	0.0266	0.0937	11.678	0.1575	0.0509	3.7428
2.23	0.2957	0.0074	0.0249	0.0883	11.980	0.1488	0.0495	3.7995
2.24	0.2894	0.0068	0.0233	0.0830	12.297	0.1404	0.0481	3.8579
2.25	0.2830	0.00620	0.0218	0.0780	12.629	0.1323	0.0467	3.9185
2.26	0.2766	0.00560	0.0204	0.0731	12.978	0.1243	0.0453	3.9811
2.27	0.2702	0.00512	0.0190	0.0684	13.345	0.1167	0.0439	4.0458
2.28	0.2638	0.00465	0.0176	0.0638	13.732	0.1092	0.0426	4.1131
2.29	0.2573	0.00421	0.0163	0.0595	14.139	0.1021	0.0412	4.1828
2.30	0.2508	0.00379	0.0151	0.0553	14.568	0.0951	0.0399	4.2551
2.31	0.2443	0.00341	0.0140	0.0512	15.023	0.0885	0.0385	4.3304
2.32	0.2377	0.00306	0.0129	0.0471	15.505	0.0821	0.0372	4.4086
2.33	0.2311	0.00273	0.0118	0.0437	16.014	0.0759	0.0360	4.4903
2.34	0.2245	0.00243	0.0108	0.0402	16.557	0.0700	0.0347	4.5756
2.35	0.2179	0.00215	0.0099	0.0369	17.136	0.0644	0.0334	4.6647
2.36	0.2112	0.00190	0.0090	0.0337	17.751	0.0590	0.0321	4.7578
2.37	0.2045	0.00167	0.0081	0.0307	18.411	0.0539	0.0309	4.8557
2.38	0.1978	0.00146	0.0074	0.0278	19.118	0.0491	0.0297	4.9586
2.39	0.1910	0.00127	0.0066	0.0252	19.876	0.0445	0.0285	5.0665
2.40	0.1842	0.00109	0.0059	0.0226	20.696	0.0402	0.0272	5.1807
2.41	0.1774	0.00095	0.0053	0.0205	21.579	0.0364	0.0261	5.3011
2.42	0.1706	0.00080	0.0047	0.0181	22.536	0.0323	0.0249	5.4288
2.43	0.1637	0.00068	0.0041	0.0160	23.581	0.0287	0.0234	5.5645
2.44	0.1568	0.00057	0.0036	0.0141	24.719	0.0254	0.0225	5.7089
2.45	0.1499	0.00048	0.0032	0.0124	26.050	0.0223	0.0214	5.8630
2.46	0.1429	0.00039	0.0027	0.0108	27.345	0.0194	0.0203	6.0288
2.47	0.1359	0.00032	0.0024	0.0093	28.863	0.0168	0.0191	6.2067
2.48	0.1289	0.00026	0.0020	0.0079	30.556	0.0144	0.0180	6.3990
2.49	0.1219	0.00021	0.0017	0.0067	32.459	0.0122	0.0169	6.6079

续表

λ	τ	π	ε	q	y	f	r	M
2.50	0.1148	0.000163	0.001420	0.00503	34.587	0.01030	0.01580	6.8355
2.51	0.1077	0.000126	0.001169	0.00466	37.012	0.00853	0.01480	7.5851
2.52	0.1006	$0.955 \cdot 10^{-4}$	0.000949	0.00380	36.796	0.00698	0.01370	7.3614
2.53	0.0934	$0.710 \cdot 10^{-4}$	0.000759	0.00305	43.011	0.00562	0.01273	7.6681
2.54	0.0863	$0.514 \cdot 10^{-4}$	0.000596	0.00240	46.774	0.00444	0.01160	8.0125
2.55	0.0791	$0.362 \cdot 10^{-4}$	0.000457	0.00185	51.242	0.00343	0.01050	8.4028
2.56	0.0718	$0.240 \cdot 10^{-4}$	0.000342	0.00139	56.629	0.00258	0.00952	8.8506
2.57	0.0646	$0.160 \cdot 10^{-4}$	0.000248	0.00101	63.248	0.00188	0.00850	9.3716
2.58	0.0573	$0.986 \cdot 10^{-5}$	0.000172	0.00070	71.572	0.00132	0.00748	9.9892
2.59	0.0499	$0.568 \cdot 10^{-5}$	0.000114	0.00047	82.393	0.00088	0.00648	10.7387
2.60	0.0426	$0.299 \cdot 10^{-5}$	$0.702 \cdot 10^{-4}$	0.00029	96.998	0.00054	0.00548	11.6736
2.61	0.0052	$0.139 \cdot 10^{-5}$	$0.394 \cdot 10^{-4}$	0.00016	117.79	0.00031	0.00450	12.8883
2.62	0.0278	$0.536 \cdot 10^{-6}$	$0.193 \cdot 10^{-4}$	$0.802 \cdot 10^{-4}$	149.68	$0.152 \cdot 10^{-4}$	0.00353	14.5579
2.63	0.0204	$0.153 \cdot 10^{-6}$	$0.750 \cdot 10^{-5}$	$0.313 \cdot 10^{-4}$	205.17	$0.594 \cdot 10^{-4}$	0.00257	17.0777
2.64	0.0129	$0.243 \cdot 10^{-7}$	$0.188 \cdot 10^{-5}$	$0.782 \cdot 10^{-5}$	322.26	$0.150 \cdot 10^{-4}$	0.00162	21.5366
2.65	0.0054	$0.728 \cdot 10^{-9}$	$0.135 \cdot 10^{-6}$	$0.567 \cdot 10^{-5}$	779.12	$0.108 \cdot 10^{-5}$	0.00067	33.3991
2.657	0	0	0	0	∞	0	0	∞

附录Ⅴ 国际单位、工程单位、物理单位对照换算表

量	符号	国际单位 名称	国际单位 代号	工程单位 名称	工程单位 代号	物理单位 名称	物理单位 代号	换算关系
长度	L	米	m	米	m	厘米	cm	$1m=100cm$
质量	M	千克	kg	$\frac{公斤力\cdot秒^2}{米}$	$\frac{kgf\cdot s^2}{m}$	克	g	$1kg=10^3 g$
时间	t	秒	s	秒	s	秒	s	
力	F	牛顿$=\frac{千克\cdot 米}{秒^2}$	$N=\frac{kg\cdot m}{s^2}$	公斤力	kgf	$\frac{克\cdot厘米}{秒^2}=$达因	$\frac{g\cdot cm}{s^2}=dyn$	$1kgf=9.8N=$ $9.8\times 10^5 dyn$
平面角	θ	弧度	rad	弧度	rad	弧度	rad	
温度	T	开尔文	K	摄氏度	℃	摄氏度	℃	$1K=t℃+273.15$
应力	p	$\frac{牛顿}{米^2}=$帕	$\frac{N}{m^2}=Pa$	$\frac{公斤力}{米^2}$	$\frac{kgf}{m^2}$	$\frac{达因}{厘米^2}$	$\frac{dyn}{cm^2}$	$1\frac{kgf}{m^2}=9.8Pa$
密度	ρ	$\frac{千克}{米^3}$	$\frac{kg}{m^3}$	$\frac{公斤力\cdot秒^2}{米^4}$	$\frac{kgf\cdot s^2}{m^4}$	$\frac{克}{厘米^3}$	$\frac{g}{cm^3}$	$1\frac{kgf\cdot s^2}{m^4}=9.8\frac{kg}{m^3}$
重度	γ	$\frac{牛顿}{米^3}$	$\frac{N}{m^3}$	$\frac{公斤力}{米^3}$	$\frac{kgf}{m^3}$	$\frac{达因}{厘米^3}$	$\frac{dyn}{cm^3}$	
速度	u	$\frac{米}{秒}$	$\frac{m}{s}$	$\frac{米}{秒}$	$\frac{m}{s}$	$\frac{厘米}{秒}$	$\frac{cm}{s}$	
加速度	a	$\frac{米}{秒^2}$	$\frac{m}{s^2}$	$\frac{米}{秒^2}$	$\frac{m}{s^2}$	$\frac{厘米}{秒^2}$	$\frac{cm}{s^2}$	
角速度	ω	$\frac{弧度}{秒}$	$\frac{rad}{s}$	$\frac{弧度}{秒}$	$\frac{rad}{s}$	$\frac{弧度}{秒}$	$\frac{rad}{s}$	
功、能	W	$\frac{千克\cdot 米^2}{秒^2}=$焦耳	$\frac{kg\cdot m^2}{s^2}=J$	公斤力·米	kgf·m	达因·厘米（尔格）	dyn·cm (erg)	$1kgf\cdot m=9.8J$ $=9.8\times 10^7 erg$
功率	N	$\frac{千克\cdot 米^2}{秒^3}=$瓦	$\frac{kg\cdot m^2}{s^3}=W$	$\frac{公斤\cdot 米}{秒}$	$\frac{kgf\cdot m}{s}$	$\frac{尔格}{秒}$	$\frac{erg}{s}$	$1\frac{kgf\cdot m}{s}=9.8W$ $=9.8\times 10^7 erg/s$
动力粘度	μ	$\frac{千克}{米\cdot 秒}=$帕·秒 $=\frac{N\cdot s}{m^2}$	$\frac{kg}{m\cdot s}=Pa\cdot s$	$\frac{公斤\cdot 秒}{米^2}$	$\frac{kgf\cdot s}{m^2}$	$\frac{达因\cdot 秒}{厘米^2}=$泊	$\frac{dyn\cdot s}{cm^2}=p$ $=\frac{g}{cm\cdot s}$	$1\frac{kgf\cdot s}{m^2}=9.8Pa\cdot s$ $1p=10^{-1}Pa\cdot s$
运动粘度	ν	米^2/秒	m^2/s	米^2/秒	m^2/s	$\frac{厘米^2}{秒}=$沱	$\frac{cm^2}{s}=st$	$1\frac{m^2}{s}=10^4 st$

参考书目

[1] 赵学端著. 水力学及空气动力学. 上海科学技术出版社, 1959
[2] 北京工业学院, 西北工业大学合编. 水力学及水力机械（上册）. 中国工业出版社, 1962
[3] 姚笛芳编. 实用空气动力学. 北京科学教育出版社, 1961
[4] 东北工学院, 北京钢铁学院合编. 工程流体力学泵与风机. 中国工业出版社, 1962
[5] 山东工学院, 东北电力学院合编. 工程流体力学. 电力工业出版社, 1980
[6] 郑洽余, 鲁钟琪主编. 流体力学. 机械工业出版社, 1980
[7] 陈家琅等编. 水力学. 石油工业出版社, 1980
[8] 清华大学水力学教研组编. 水力学（上册）. 人民教育出版社, 1981
[9] 王树人主编. 水击理论与水击计算. 清华大学出版社, 1981
[10] 吴望一编著. 流体力学（上册）. 北京大学出版社, 1982
[11] 湖南大学汪兴华编. 工程流体力学习题集. 机械工业出版社, 1983
[12] Γ.Н. 阿勃拉莫维奇著. 梁秀彦译. 实用空气动力学. 高等教育出版社, 1955
[13] Р.И. 希辛柯著, 袁恩熙、陈家琅译. 泥浆水力学. 石油工业出版社, 1959
[14] W. 考夫曼著, 江刚译. 工程流体力学. 上海科学技术出版社, 1959
[15] A.H. 夏皮罗著, 陈立子等译. 可压缩流体动力学与热力学. 科学出版社, 1966
[16] A.N. 鲍里先苛著, 李正荣等译. 发动机气体动力学. 国防工业出版社, 1966
[17] Richard H. F. Pao, 谢尔昌译. 流体力学. 工业图书股份有限公司, 1975
[18] O. 平克斯, B. 斯德因里斯特著. 流体动力润滑理论. 机械工业出版社, 1980
[19] J.A. 福克斯著, 陈祖泽译. 管网中不稳定流动的水力分析. 石油工业出版社, 1983
[20] Wilkinsen. Non-Newtonion Fluids, 1960
[21] Raymond C. Binder. Fluid Mechanics, 4th ed., 1962
[22] W. H. li, S. H. Lam. PriniPles of Fluid Mechnicics, Addisonwesley Publishing Company, Inc., 1964
[23] Dr. Hermann Scliting. Boundary-Layer Theory, 6th ed., 1968
[24] F. A. Holland. Fluid Flow for Chemical Engineers, 1973
[25] Robert W. Fox, Alan T. Mc Donald. Introduction to Fluid Mechanics, Znd ed., 1978
[26] Reuben M. Olson. Essentials of Engineering Fluid Mechanics, 4th ed., 1980
[27] А.Ш. ДОРФМАП. АЭРОДИНАМИКА ДИФФУЗОРОВ И ВЫХЛОПИЪЫХ ПАТРУБКОВ ТУРБОПУШКН, 1960
[28] М. Е. ДЕЙЧ. ТЕХНИЧЕСКАЯ ГАЗОЛИНАМИКА, 1961